国家出版基金项目

领土与海洋争端问题研究丛书

丛书主编 张海文 吴继陆

《联合国海洋法公约》项下仲裁程序规则研究

高健军／著

知识产权出版社
全国百佳图书出版单位
——北京——

图书在版编目（CIP）数据

《联合国海洋法公约》项下仲裁程序规则研究/高健军著．――北京：知识产权出版社，2020.5

（领土与海洋争端问题研究丛书/张海文，吴继陆主编）

ISBN 978-7-5130-6775-1

Ⅰ.①联…　Ⅱ.①高…　Ⅲ.①《联合国海洋法公约》—国际争端—国际仲裁—研究　Ⅳ.①D993.5

中国版本图书馆 CIP 数据核字（2020）第 023011 号

责任编辑：庞从容　唐仲江　　　　　　责任校对：谷　洋
封面设计：乔智炜　　　　　　　　　　责任印制：刘译文

《联合国海洋法公约》项下仲裁程序规则研究
高健军　著

出版发行：知识产权出版社有限责任公司	网　　址：http://www.ipph.cn
社　　址：北京市海淀区气象路 50 号院	邮　　编：100081
责编电话：010-82000860 转 8726	责编邮箱：pangcongrong@163.com
发行电话：010-82000860 转 8101/8102	发行传真：010-82000893/82005070/82000270
印　　刷：三河市国英印务有限公司	经　　销：各大网上书店、新华书店及相关专业书店
开　　本：710mm×1000mm　1/16	印　　张：19.75
版　　次：2020 年 5 月第 1 版	印　　次：2020 年 5 月第 1 次印刷
字　　数：350 千字	定　　价：88.00 元
ISBN 978-7-5130-6775-1	

出版权专有　侵权必究

如有印装质量问题，本社负责调换。

丛书编委会

（以姓氏笔画为序）

马新民　王宗来　王润贵　孔令杰
朱利江　吴继陆　余民才　张海文
张新军　陈喜峰　罗　刚　周　健
施余兵　高圣惕　高健军　黄　瑶
董　玠　傅崐成

GENERAL EDITOR'S PREFACE

总　序

领土与海洋问题事关国家主权、安全与发展，数百年来一直是国际关系演进、国际法发展中历久弥新的主题之一。妥善处理领土与海洋争端是世界性难题。据不完全统计，当今世界上仍存在60多处领土争端和200多条未划定的海洋边界。和平解决争端是各国的共同愿望，也是国际法的基本要求。但这类争端每每涉及久远的历史恩怨、敏感的民族情绪，数十年、上百年悬而未决，在复杂多变的外来因素催化下，反而会随时升温、激化，引发新的冲突和战争。

中国与邻国之间的领土与海洋争端在外交磋商及学界研究中经常被称为东海问题、南海问题，近十年来也成为国际舆论的热点话题。领土归属和海洋划界是国际法、海洋法中的经典问题；海上执法争端自1990年代开始增多。在国际法院等裁决机构的案例中，这三个问题越来越深入地联系在一起，这是一个值得重视的发展趋势。2013年开始、2016年结束的所谓南海仲裁案，实质上也是将这三个方面的争端经过包装后强行提起和推进的。

"领土与海洋争端问题研究丛书"围绕领土归属、海洋划界和海上执法这三个密切相连的议题，以全面、客观、深入的学术研究为基础，以解决中国面临的实际问题为导向。第一批拟出版的10本（卷）内容既有所侧重又相互呼应，主要包括三类：一是案例分析，逐一评析国际裁决机构关于领土与海洋争端的所有裁决，力求客观全面地反映所涉重要法律问题，为深入全面地了解相关程序问题及实体问题的发展变化提供基础性研究成果；二是专题研究，例如领土取得的国际法规则、海洋划界方法论、强制仲裁机制、国际法中的关键日期等；三是国别或综合研究，例如菲律宾领土及海洋主张研究、南海问题研究等。

本丛书具有包容性，尊重入选的每一位作者的个人学术观点，鼓励对相同议题的相互补充、质疑与启发。本丛书亦具有开放性，欢迎国内同人奉献与本套丛书相关主题的学术成果，不断丰富本丛书的学术内涵，拓展领土与海洋问题研究的广度和深度。我们期待本丛书的陆续出版能促进中国国际法研究，并为实务部门的工作提供有益的参考。

本丛书从策划、组织至出版历经近5年。在丛书即将出版之际，我们对各位著作者慨然同意将个人成果纳入丛书表示感谢！本丛书是在大量研究成果基础上形成的，相关研究得到多个部门单位的长期指导与大力支持，在此特别感谢自然资源部国际合作司（原国家海洋局国际合作司）和自然资源部海洋发展战略研究所（原国家海洋局海洋发展战略研究所）！

本丛书2018年由知识产权出版社申报"'十三五'国家重点图书出版规划"并顺利入选，2020年成功获得国家出版基金资助。知识产权出版社领导给予了大力支持，丛书责任编辑庞从容女士、薛迎春女士、唐仲江先生付出了大量辛劳，在此谨表谢意！

张海文　吴继陆

2020年3月8日

PREFACE

序　言

　　仲裁是解决国际争端的一种重要方法，而仲裁程序是一个有许多问题可供研究的领域。[1] 本书的目的在于研究1982年《联合国海洋法公约》[2]（以下简称"《公约》"）附件七仲裁法庭[3]的程序规则[4]。附件七的仲裁不仅是《公约》第十五部分所规定的四种导致有拘束力裁判的强制程序之一，而且被设置为保底程序。[5] 这是近些年来附件七仲裁程序被《公约》缔约国频繁启动的原因之所在，由此需要对此种争端解决方法进行全面研究。关于"程序"的界定问题有不同看法，存在所谓的广义和狭义之分。[6] 国际争端解决的法律规则大致包括三类：有关争端各方之间是非曲直问题的实体规则，有关法庭的管辖权和争端各方诉求的可受理性的规则，以及有关案件审理进程的规则。广义的程序规则与实体规则相对应，不仅包括有关案件审理进程的规

---

[1] 参见［美］克里斯多佛·R. 德拉奥萨、理查德·W. 奈马克主编：《国际仲裁科学探索：实证研究精选集》，陈福勇、丁建勇译，中国政法大学出版社2010年版，第108页。

[2] 《联合国海洋法公约》于1982年12月10日开放签字，1994年11月16日生效，1833 U. N. T. S. 202。

[3] 需要说明的是，《公约》中使用的是"仲裁法庭"而非"仲裁庭"一词。因此，除非直接引用中含有"仲裁庭"的表述，否则本书中将使用"仲裁法庭"的概念。

[4] "巴巴多斯诉特立尼达和多巴哥案"的仲裁法庭庭长曾说："程序规则是法庭根据《联合国海洋法公约》附件七第5条制定的规则。它们不是当事方的规则，而是法庭的规则。……对争端双方有拘束力，由此法庭期望并要求争端双方完全遵守它。"Barbados v. Trinidad and Tobago, Hearing Transcript (Day 5), p. 36.

[5] 《公约》第287条第5款规定："如果争端各方未接受同一程序以解决这项争端，除各方另有协议外，争端仅可提交附件七所规定的仲裁。"

[6] 关于该问题的讨论，参见［英］切斯特·布朗：《国际裁决的共同法》，韩秀丽、万盈盈、傅贤贞等译，法律出版社2015年版，第8、12页。

则，而且包括有关管辖权和可受理性的规则[7]；而狭义的程序规则并不包括管辖权和可受理性方面的规则。本书是在狭义上使用"程序规则"这一概念的。

不同于常设国际裁判机构，《公约》附件七的仲裁法庭并不拥有一套适用于各案的统一的程序规则。附件七仲裁法庭的程序规则主要有两个渊源：《公约》（特别是附件七）的规定以及专门为某一特定案件制定的程序规则。附件七第4条规定，仲裁法庭"应按照本附件及本公约的其他规定执行职务"。附件七规定了仲裁程序的基本框架，包括程序的提起、仲裁法庭的组成、仲裁法庭职务的执行、争端各方的职责、不到案、裁决和裁决书、法庭的开支等。同时，附件七第5条规定："除非争端各方另有协议，仲裁法庭应确定其自己的程序，保证争端每一方有陈述意见和提出其主张的充分机会。"该规定构成仲裁法庭制定其程序规则的依据。就条约设立的仲裁法庭而言，有关条约通常就法庭的程序规则作出大致的规定，同时授权法庭根据条约的用语和精神来补充和细化这些规则。[8] 其实一般认为仲裁法庭拥有制定自己程序规则的固有权力，而无论仲裁协定是否明确授权。[9] 专案程序规则的优点是使得仲裁法庭得以在考虑手头案件的具体情况以及争端各方的意见后制定程序[10]，从而使所制定的程序规则能够最大限度地满足案件的需求。但是此种方式的缺点也很明显：它缺乏那种自始就规定一整套程序规则的做法的可预见性，而且将耗时的程序规则制定过程推迟到仲裁法庭

---

[7] 例如，"帝汶海调解案"的程序规则第11条就含有"委员会关于程序事项（包括管辖权）的决定"的表述。In the Matter of the Maritime Boundary between Timor-Leste and Australia before a Conciliation Commission constituted under Annex V to the 1982 United Nations Convention on the Law of the Sea (Timor-Leste v. Australia) (The Timor Sea Conciliation), Rules of Procedure, 22 August 2016 (https：//pca-cpa.org/en/cases/132/).

[8] See Georgios Petrochilos, *Procedural Law in International Arbitration*, Oxford University Press, 2004, p.235.

[9] See Commentary on the Draft Convention on Arbitral Procedure Adopted by the International Law Commission at its Fifth Session, prepared by the Secretariat, 1955 (http：//legal.un.org/docs/? path = ../ilc/documentation/english/a_cn4_92.pdf&lang = EF), p.55. 还参见王鹏：《论国际混合仲裁的性质——与国际商事仲裁和国家间仲裁的比较研究》，人民出版社2007年版，第113页。

[10] See Brooks Daly, "The Abyei Arbitration: Procedural Aspects of An Intra-State Border Arbitration", *Leiden Journal of International Law*, 23 (2010), p.805.

组成后[11]，由此使得仲裁法庭在组成后无法在短时间内即开始审理案件。

本书的研究对象是各附件七仲裁法庭制定的程序规则及其相关实践，所采取的主要研究方法是比较分析。各个法庭所制定的程序规则因个案情况不同而有所差异十分正常，但这并不意味着这些程序规则之间没有联系。相反，出于法律和实践上的原因，各附件七程序规则之间的联系几乎是无法避免的。第一，尽管仲裁法庭有权制定其程序规则，但它所制定的程序规则不得与组成法庭的基本法律文件相矛盾。[12] 切斯特·布朗（Chester Brown）教授指出，虽然程序规则被视为程序法的一个渊源，但是其内容实际上是由法庭成员而非缔约国来决定的，因此，程序规则中的规定"代表了一种只是间接来自国家同意的法律渊源"[13]。就附件七仲裁法庭而言，《公约》第十五部分及附件七是法庭的基本法律文件，而且附件七第4条明确要求仲裁法庭"应按照本附件及本公约的其他规定执行职务"。由此仲裁法庭制定的程序规则只能解释和补充附件七的规定。而在附件七规定的框架内，各程序规则之间不可避免会存在内容上的联系。第二，虽然理论上讲一个附件七仲裁法庭可以在附件七规定的框架内制定一套与众不同的程序规则，但是考虑到制定一整套全新的程序规则所要花费的大量时间和将要面临的各种困难，更为高效和保险的方式毋宁是参考之前的程序规则，并根据案件的具体情况作出必要的调整。

在对附件七仲裁法庭制定的程序规则进行比较分析时，本书还将参考常设仲裁法院（Permanent Court of Arbitration）的相关文件及其近年来

---

[11] Ibid.
[12] 参见［英］切斯特·布朗：《国际裁决的共同法》，韩秀丽、万盈盈、傅贤贞等译，法律出版社2015年版，第89页。
[13] 同上，第54页。

管理的其他一些国家间仲裁的实践。[14] 作为常设仲裁法院基础文件之一的1907年《和平解决国际争端公约》[15] "为了促进仲裁的发展"，在第四部分第三章规定了一套仲裁程序规则——它们将适用于仲裁程序，"除非当事国已经就其他规则达成协议"[16] 而常设仲裁法院1992年制定的《仲裁两国间争端之任择性程序规则》（以下简称"《PCA仲裁规则

---

[14] 除了《公约》附件七的仲裁，近年来常设仲裁法院管理的国家间仲裁案还包括：Arbitration under the Timor Sea Treaty (Case concerning the Meaning of Article 8 (B)) (Timor-Leste v. Australia) ["《帝汶海条约》第8条（B）仲裁案"（东帝汶诉澳大利亚）]; Arbitration under the Timor Sea Treaty (Timor-Leste v. Australia) ["《帝汶海条约》仲裁案"（东帝汶诉澳大利亚）]; The Republic of Ecuador v. The United States of America（"厄瓜多尔诉美国案"）; Arbitration between Croatia and Slovenia（"克罗地亚/斯洛文尼亚仲裁案"）; Railway Land Arbitration (Malaysia/Singapore) ["铁路用地仲裁案"（马来西亚/新加坡）]; Indus Waters Kishenganga Arbitration (Pakistan v. India) ["印度河水吉申甘加仲裁案"（巴基斯坦诉印度）]; Iron Rhine Arbitration (Belgium/Netherlands) ["艾恩·莱茵铁路仲裁案"（比利时/荷兰）]; OSPAR Arbitration (Ireland v. United Kingdom) ["《大西洋环境公约》仲裁案"（爱尔兰诉英国）]; Eritrea-Ethiopia Boundary Commission（"厄立特里亚/埃塞俄比亚边界委员会"）和 Eritrea-Ethiopia Claims Commission（"厄立特里亚/埃塞俄比亚求偿委员会"）; Eritrea-Yemen Arbitration（"厄立特里亚/也门仲裁案"）。在常设仲裁法院网站上可以获得这些案件的资料。

[15] 常设仲裁法院由1899年《和平解决国际争端公约》设立。1907年《和平解决国际争端公约》第91条规定，它生效后将在缔约国间代替1899年公约。这两个公约的英文文本都可以在常设仲裁法院网站上获得。1899 Convention for the Pacific Settlement of International Disputes; 1907 Convention for the Pacific Settlement of International Disputes (https://pca-cpa.org/en/documents/pca-conventions-and-rules/)。需要指出的是，1907年《和平解决国际争端公约》的作准文本为法文，而该公约的中文译本可参见叶兴平主编：《国际争端解决重要法律文献》，法律出版社2006年版，第3—15页。

[16] See 1907 Convention for the Pacific Settlement of International Disputes, art. 51. "帕尔马斯岛案"仲裁员指出，根据第51条，对于1907年公约项下的仲裁程序，该公约的规定或者应作为"补充法律"（subsidiary law）适用，或至少应当有助于仲裁协定的解释。The Island of Palmas (or Miangas) Case (United States of America/ The Netherlands), Award, 4 April 1928 (https://pca-cpa.org/en/cases/94), p. 10. 1949年《和平解决国际争端修订总议定书》第26条规定，如果仲裁协定对于程序没有足够详细的规定，在必要的范围内应适用1907年《和平解决国际争端公约》的规定。Revised General Act for the Pacific Settlement of International Disputes, 71 U. N. T. S. 101, 1949年4月28日通过，1950年9月20日生效。该议定书英文和法文为作准文本。中文本可参见王铁崖、田如萱编：《国际法资料选编》，法律出版社1982年版，第953—964页。

1992》")[17] 以及 2012 年制定的《仲裁规则》(以下简称"《PCA 仲裁规则 2012》")[18] 在这方面是特别相关的(本书中将它们称为"常设仲裁法院的仲裁规则")。此外,1958 年国际法委员会拟定的《仲裁程序示范规则》[19] 具有很高的参考价值,因为其中主要是对有关国际仲裁现存法律的编纂[20],而且该示范规则曾对《公约》附件七的制定产生过影响[21]。除仲裁实践外,本书在一些问题上还将参考国际法院和国际海洋法法庭的程序规则和它们的实践。附件七仲裁法庭与国际法院、国际海洋法法庭同列为《公约》第 287 条中的导致有拘束力裁判的强制程序[22]。就国家间仲裁与国际法院的关系而言,学者们在研究前者时"几乎无一例外"地会涉及后者的实践[23]。有学者注意到国际法庭在一些程序问题上存在采取相同做法的倾向,并提出了"国际裁判的共同法"(common law of international adjudication)的概念[24]。

---

[17] Permanent Court of Arbitration Optional Rules for Arbitrating Disputes between Two States (https://pca-cpa.org/en/documents/pca-conventions-and-rules/). 自 1992 年 10 月 20 日起生效。

[18] PCA Arbitration Rules 2012 (https://pca-cpa.org/en/documents/pca-conventions-and-rules/). 自 2012 年 12 月 17 日起生效。

[19] ILC, Model Rules on Arbitral Procedure, in Yearbook of the International Law Commission (1958), Vol. II, pp. 83-86.《仲裁程序示范规则》的中文本可以参见王铁崖、田如萱编:《国际法资料选编》,法律出版社 1982 年版,第 965—976 页。还可参见联大决议 A/RES/1262 (XIII): Question of arbitral procedure, 14 November 1958。

[20] See Report of the International Law Commission Covering the Work of its Fifth Session, 1 June-14 August 1953, in Yearbook of the International Law Commission (1953), Vol. II, p. 200, para. 15.

[21] See Shabtai Rosenne & Louis B. Sohn (vol. eds.), *United Nations Convention on the Law of the Sea* 1982: *A Commentary*, Vol. V, Martinus Nijhoff Publishers, 1989, pp. 421-422.

[22] See Chagos Marine Protected Area Arbitration, Reasoned Decision on Challenge against Judge Christopher Greenwood, para. 168.《国际海洋法法庭规约》为《公约》的附件六。

[23] 参见王鹏:《论国际混合仲裁的性质——与国际商事仲裁和国家间仲裁的比较研究》,人民出版社 2007 年版,第 11、12 页。

[24] See Chester Brown, "The Cross-Fertilization of Principles Relating to Procedure and Remedies in the Jurisprudence of International Courts and Tribunals", *Loyola of Los Angeles International and Comparative Law Review*, 30 (2008), pp. 221-222. 该学者指出:"这一措辞指国际法院和法庭有关程序和救济问题适用日益相同的规则,无论是其基本法律文件规定了某些程序和救济的情况,还是在其规约和规则中存在空白(lacunae)的情况。"[英] 切斯特·布朗:《国际裁决的共同法》,韩秀丽、万盈盈、傅贤贞等译,法律出版社 2015 年版,第 6 页。

本书主要围绕现有附件七仲裁法庭的程序规则展开。全书除序言和结论外包括六章。第一章按照时间顺序逐一检视目前可以获得的附件七仲裁法庭的程序规则的结构，以便查明它们都对哪些事项进行了规定。第二章至第六章大致按照程序规则的结构依次考察这些规则的内容。特别是，它们对哪些问题的规定采取了一致或相近的立场，而对哪些问题的规定却存在明显的差异，以及各个法庭在实践中是如何处理相关问题的，并在考察的基础上对相关规定和实践进行分析。具体而言，第二章分析程序规则的"引言"部分，第三章讨论仲裁法庭的组成问题，第四章研究仲裁审理中的一般问题，第五章研究仲裁审理中的几个特殊问题，而第六章讨论裁决的问题。除了附件七程序规则中明确规定的问题，本书对于第三方、裁决的复核和无效等仲裁实践中出现或可能出现的问题也进行了讨论。

有几点需要说明：第一，本书的研究资料截至2019年6月，书中的"目前"指的也是这一时间。第二，由于我国学者已经对"南海仲裁案"进行了大量研究[25]，因此，本书并不专门对该案进行分析。第三，作者曾发表了《1982年〈联合国海洋法公约〉附件七仲裁法庭的程序规则——基于目前可获样本的比较研究》一文（《中国国际法年刊》2014年卷），其中许多内容都被纳入本书中。

---

[25] 特别参见中国国际法学会：《南海仲裁案裁决之批判》，外文出版社2018年版。

CONTENTS

目　录

总　序 / 001
序　言 / 001

第一章　程序规则的制定和结构 · 001
　　一、程序规则的制定 /001
　　二、程序规则的结构 /009

第二章　程序规则的引言 · 016
　　一、程序规则的适用范围 /016
　　二、书记处、通知和期间的计算、程序的开始、
　　　　代表和协助 /021
　　　　（一）书记处 /021
　　　　（二）通知和期间的计算 /022
　　　　（三）程序的开始 /026
　　　　（四）代表和协助 /027

第三章　仲裁法庭的组成 · 032
　　一、仲裁员的指派 /032
　　　　（一）概述 /032
　　　　（二）程序规则的规定 /038

（三）《指派条件》/041

二、质疑仲裁员 /043

　　（一）程序规则的规定 /043

　　（二）"查戈斯群岛海洋保护区仲裁案" /053

三、更换仲裁员 /058

　　（一）更换的原因 /058

　　（二）替代仲裁员的指派 /060

　　（三）先前程序的重复 /064

　　（四）仲裁法庭的实践 /065

第四章　仲裁审理（一）· 068

一、总则 /068

　　（一）程序规则的规定 /068

　　（二）分析 /069

二、仲裁的地点和语言 /075

　　（一）仲裁地点 /075

　　（二）仲裁语言 /078

三、程序的透明度 /084

　　（一）概述 /084

　　（二）案件的公开 /086

　　（三）书状和庭审的公开 /086

　　（四）裁决和命令的公开 /090

　　（五）机密信息的保护 /092

四、书状 /093

　　（一）书状的提交 /093

　　（二）书状和诉求的修改 /099

　　（三）书面程序结束 /103

五、庭审 /104

　　（一）庭审的时间安排和进程 /104

　　（二）询问证人 /112

　　（三）庭审结束 /122

六、证据 /124

　　（一）程序规则的规定 /124

　　（二）当事方的证明责任 /127

　　（三）法庭评价证据的自由 /133

　　（四）法庭收集证据的权力 /140

七、仲裁法庭指派的专家 /149

　　（一）程序规则的规定 /150

　　（二）仲裁法庭的实践 /152

八、关于行政和常规程序的决定 /159

第五章　仲裁审理（二）· 165

一、初步反对主张 /165

　　（一）程序规则的规定 /165

　　（二）仲裁法庭的实践 /172

二、不到案 /181

三、临时措施 /186

四、第三方问题 /189

　　（一）仲裁法庭的实践 /189

　　（二）评论 /190

第六章　裁决 · 195

一、裁决的形式和效力 /195

　　（一）裁决的形式 /195

（二）裁决的效力 /204

二、和解或其他终止理由 /204

　　（一）程序规则的规定 /204

　　（二）因和解终止程序 /206

　　（三）因其他理由终止程序 /208

三、裁决的解释、执行、更正、补充、复核和无效 /210

　　（一）裁决的解释或执行 /210

　　（二）裁决的更正 /214

　　（三）补充裁决 /216

　　（四）裁决的复核 /218

　　（五）裁决的无效 /223

四、开支、费用及开支的缴存 /228

　　（一）仲裁法庭的开支和当事方的费用 /228

　　（二）仲裁法庭开支的缴存 /234

结　论 · 237

附　录 · 248

　　附录一　《联合国海洋法公约》附件七 /248

　　附录二　部分附件七仲裁实践一览表 /251

　　附录三　"莫克斯工厂案"程序规则 /255

　　附录四　"自由号仲裁案"程序规则 /261

参考文献 · 273

一、程序规则 /273

　　（一）《联合国海洋法公约》附件七仲裁法庭的程序
　　　　规则 /273

　　（二）其他程序规则 /274

二、条约和其他资料 /275

    （一）条约 /275

    （二）其他资料 /277

三、案例 /279

    （一）《联合国海洋法公约》附件七仲裁案 /279

    （二）其他案件 /283

四、著述 /290

    （一）中文 /290

    （二）英文 /291

第一章　程序规则的制定和结构

一、程序规则的制定

尽管《公约》附件七第5条并未要求仲裁法庭必须制定一套程序规则，但实践中法庭通常通过制定专门的程序规则的方式来确定其在特定案件中的程序。截至2019年6月，在已知的提交《公约》附件七仲裁的案件中，有13个案件的法庭制定了"程序规则"。[1]但其中"新加坡在柔佛海峡内及其周围围海造地案"（马来西亚诉新加坡）和"杜兹吉

---

[1] 按照提起仲裁的时间顺序包括：（1）The MOX Plant Case（Ireland v. United Kingdom）["莫克斯工厂案"（爱尔兰诉英国）]；（2）Land Reclamation by Singapore in and around the Straits of Johor（Malaysia v. Singapore）["新加坡在柔佛海峡内及其周围围海造地案"（马来西亚诉新加坡）]；（3）Barbados v. Trinidad and Tobago（"巴巴多斯诉特立尼达和多巴哥案"）；（4）Guyana v. Suriname（"圭亚那诉苏里南案"）；（5）Bay of Bengal Maritime Boundary Arbitration between Bangladesh and India（Bangladesh v. India）["孟加拉湾海洋边界仲裁案"（孟加拉国诉印度）]；（6）The Chagos Marine Protected Area Arbitration（Mauritius v. United Kingdom）["查戈斯群岛海洋保护区仲裁案"（毛里求斯诉英国）]；（7）ARA Libertad Arbitration（Argentina v. Ghana）["自由号仲裁案"（阿根廷诉加纳）]；（8）South China Sea Arbitration（the Philippines v. China）["南海仲裁案"（菲律宾诉中国）]；（9）Atlanto-Scandian Herring Arbitration（Denmark in respect of the Faroe Islands v. the European Union）["大西洋鲱鱼仲裁案"丹麦（法罗群岛）诉欧盟]；（10）Arctic Sunrise Arbitration（the Netherlands v. the Russian Federation）["北极日出号仲裁案"（荷兰诉俄罗斯）]；（11）Duzgit Integrity Arbitration（Malta v. São Tomé and Príncipe）["杜兹吉特·完整号仲裁案"（马耳他诉圣多美和普林西比）]；（12）The "Enrica Lexie" Incident（Italy v. India）["恩丽卡·莱克西号事件案"（意大利诉印度）]；（13）Dispute concerning Coastal State Rights in the Black Sea, Sea of Azov, and Kerch Strait（Ukraine v. the Russian Federation）["黑海、亚速海和刻赤海峡的沿海国权利争端案"（乌克兰诉俄罗斯）]。上述案件的相关资料都在常设仲裁法院的网站上（http：//pca-org/en/cases/）。

特·完整号仲裁案"(马耳他诉圣多美和普林西比)的程序规则[2]并未在常设仲裁法院的网站上公布。"麦氏金枪鱼案"(新西兰和澳大利亚诉日本)是第一起《公约》附件七仲裁案[3],但该案法庭没有制定专门的程序规则[4]。该案争端各方在仲裁法庭组成后与庭长举行会议,并就案件审理中的一些程序问题达成协议[5] 2019年4月提起的"关于三艘乌克兰海军船只及船上24名军人的豁免争端案"(乌克兰诉俄罗斯)到同年6月尚未完成仲裁法庭的组成和程序规则的制定[6],因此没有包含在本书的研究范围内。以下按照制定的时间顺序对附件七仲裁法庭程序规则的制定过程和基本结构加以梳理。

- **"莫克斯工厂案"(爱尔兰诉英国)**

2001年10月,爱尔兰将它与英国之间围绕莫克斯工厂的争端提交《公约》附件七的仲裁程序。2002年2月,仲裁法庭组成。2002年7月,

---

[2] "围海造地案"的法庭"经过与各方的广泛协商,通过2004年7月19日的命令确立了其程序规则"。Land Reclamation by Singapore in and around the Straits of Johor, Award on Agreed Terms, 1 September 2005, para. 16. 在"杜兹吉特·完整号仲裁案"中,法庭经与各方协商,于2014年5月27日发布第1号程序令,制定了程序规则。See Duzgit Integrity Arbitration, Award of 2016, para. 12.
[3] 需要说明的是,该案最初包括两个案件,分别是新西兰诉日本和澳大利亚诉日本。国际海洋法法庭在审理临时措施请求时曾将两个请求合并,但仍然是两个案件(第3和第4号案)。但后来在仲裁法庭审理的过程中,两个案件最终成了一个单一案件(case)。法庭在处理各方间关于案件名称的分歧时指出:澳大利亚和新西兰希望在案件中被视为一个单一当事方,而日本没有反对。See the Southern Bluefin Tuna Case (Australia and New Zealand v. Japan), Award on Jurisdiction and Admissibility, paras. 1-4, 11. See further Hearing Transcript, Vol. I (7 May 2000). 该案的材料载于https://icsid.worldbank.org/en/Pages/about/Southern-Bluefin-Tuna-Case—Australia-and-New-Zealand-v.-Japan.aspx。
[4] 该案中,在争端各方提交的书状和法庭的裁决书中均未提及曾制定程序规则,而且法庭详细说明了一些程序性问题的处理方式。
[5] 包括提交书状的安排、庭审的时间和地点、仲裁语言、费用的分配以及仲裁员的报酬等。See the Southern Bluefin Tuna Case, Award on Jurisdiction and Admissibility, para. 7.
[6] 该案由日期为2019年3月31日的仲裁通知提起。根据原告,仲裁通知于4月1日送给被告。See Request of Ukraine for the prescription of provisional measures under article 290, paragraph 5, of the United Nations Convention on the Law of the Sea of 16 April 2019, para. 4. 在仲裁法庭组成前,国际海洋法法庭应原告请求根据《公约》第290条第5款规定了临时措施。Detention of three Ukrainian Naval Vessels (Ukraine v. Russian Federation), ITLOS, Provisional Measures, Order of 25 May 2019 (www.itlos.org)。

法庭制定了程序规则[7],后在同年12月的第2号命令中对程序规则所规定的书状(pleadings)提交时间进行了修改[8]。本案的程序规则是由争端各方议定的[9],除前言外,包括四节,共18条。第一节"引言"包括4条:适用范围(第1条)、通知和期间的计算(第2条)、程序的开始(第3条)、代表和协助(第4条)。第二节"法庭的组成"包括3条:仲裁员的数量和指派(第5条)、质疑仲裁员(第6条)、更换仲裁员(第7条)。第三节"审理"包括7条:总则(第8条)、仲裁的地点和语言(第9条)、书状的顺序和内容(第10条)、初步反对主张(第11条)、证据和庭审(第12—13条)、关于行政和常规程序的决定(第14条)。第四节"裁决"包括4条:裁决的公布(第15条)、开支和费用(第16—17条)、开支的缴存(第18条)。

- **"圭亚那诉苏里南案"**

2004年2月24日,圭亚那将它与苏里南之间的海洋划界及其他相关争端提交《公约》附件七的仲裁程序。2004年6月,双方向法庭提交了程序规则草案,而法庭在同年7月的程序会议上经各方同意制定了程序规则。[10]该案程序规则共20条,同样包括四节,且各节的标题也与"莫克斯工厂案"的程序规则相同。第一节同样包括4条,且各条的标题和排列顺序与"莫克斯工厂案"的程序规则相同。第二节包括2条:仲裁员的数量和指派(第5条)与更换仲裁员(第6条),而没有规定质疑仲裁员的问题。第三节同样包括7条,而且除第8条的标题(会议和庭审地点及仲裁语言)有所不同外,各条的标题和排列顺序也与"莫克斯工厂案"的程序规则相同。第四节包括7条,与"莫克斯工厂案"的程序规则差别较大。除裁决的公布(第14条)、开支和费用(第18—19条)、开支的缴存(第20条)外,还规定了裁决的形式和效力(第15条)、裁决的解释(第16条)和裁决的更正(第17条)。

---

[7] See the MOX Plant Case, Rejoinder of the United Kingdom, para. 1.1.
[8] See the MOX Plant Case, Order No. 2 (Time-Limits for Submission of Pleadings), 10 December 2002.
[9] See the MOX Plant Case, Rules of Procedure, Preface.
[10] See Guyana v. Suriname, Award of 17 September 2007, paras. 7-8; Rules of Procedure, Preface.

- **"巴巴多斯诉特立尼达和多巴哥案"**

2004年2月16日，巴巴多斯就其与特立尼达和多巴哥之间的海洋划界争端提起附件七的仲裁程序。鉴于双方未能就程序规则达成协议，仲裁法庭起草了程序规则，并在2004年8月的会议上听取各方对草案的意见。会议结束时法庭发布第2号命令，制定了程序规则。[11]该规则在结构上与"圭亚那诉苏里南案"的程序规则几乎完全相同，只是在第三节增加了一条有关保密性的规定（第13条）。因此，该程序规则共21条。

- **"孟加拉湾海洋边界仲裁案"（孟加拉国诉印度）**

2009年10月，孟加拉国将与印度的海洋划界争端提交附件七的仲裁程序。各方就程序规则达成协议。[12]2010年5月，法庭在第一次程序会议上通过了程序规则。[13]2013年2月，法庭通过信件修改了程序规则中的一些规定，包括法庭在复辩状提交后进行庭审的时限。[14]该案程序规则包括四节，共21条，在结构上与"圭亚那诉苏里南案"和"巴巴多斯诉特立尼达和多巴哥案"基本相同。与"圭亚那诉苏里南案"的程序规则相比，本案程序规则增加了一条关于临时措施的规定（第11条）；而与"巴巴多斯诉特立尼达和多巴哥案"相比，在增加规定临时措施内容的同时删除了关于保密性的规定。

- **"查戈斯群岛海洋保护区仲裁案"（毛里求斯诉英国）**

2010年12月，毛里求斯将有关英国决定在查戈斯群岛周围建立海洋保护区的争端提交附件七的仲裁程序。2012年1月和3月，各方和仲裁法庭就程序规则草案交换了意见，特别是关于庭审的地点以及处理初步反对主张的程序问题。"经过与各方协商"，法庭最终在2012年3月制

---

[11] See Barbados v. Trinidad and Tobago, Order No. 2, 23 August 2004; Award of 11 April 2006, para. 12. 该程序规则的前言指出："鉴于争端各方未另有协议，由此法庭按照《公约》附件七第5条制定了下述程序规则。"

[12] See Bay of Bengal Maritime Boundary Arbitration between Bangladesh and India, Rules of Procedure, Preface.

[13] See Bay of Bengal Maritime Boundary Arbitration between Bangladesh and India, Award of 7 July 2014, para. 13.

[14] Ibid., para. 38.

定了程序规则。[15] 2014 年经各方同意，法庭修改了程序规则中有关庭审地点的规定。[16] 该案程序规则共 20 条，在结构上与"莫克斯工厂案"的程序规则几乎完全相同，只是在第四节增加了两条：裁决的解释（第 16 条）和裁决的更正（第 17 条）。

- **"自由号仲裁案"（阿根廷诉加纳）**

2012 年 10 月，阿根廷就加纳对阿根廷护卫舰"自由号"所采取的扣留和司法措施提起附件七的仲裁程序。仲裁法庭组成后与各方举行了程序会议。在考虑了各方在会上的意见以及它们各自提交的评论后，法庭于 2013 年 7 月发布第 1 号程序令，制定了程序规则。[17] 该案程序规则共 28 条，包括四节。第一节和第二节在结构上与之前的程序规则没有明显差别，只是第二节的标题从"法庭的组成"改为"仲裁法庭的组成"，并用两个条款来规定对仲裁员的质疑问题（第 6—7 条）。然而，第三节和第四节在条款的数量和形式方面与之前的程序规则相比存在较大的变化。第三节包括 12 条：总则（第 9 条）、仲裁地点（第 10 条）、仲裁语言（第 11 条）、程序公开（第 12 条）、初步反对主张（第 13 条）、书面陈词（written submissions）的格式（第 14 条）、证据（第 15—17 条）、庭审（第 18 条）、仲裁法庭指派的专家（第 19 条）、关于行政和常规程序的决定（第 20 条）。其中，该案程序规则将之前放在一起规定的仲裁的地点和语言，以及证据和庭审分别加以规定，并首次单独规定了法庭指派专家的问题，但没有规定书状的提交顺序问题。第四节包括 8 条。除了裁决的解释（第 23 条）、裁决的更正（第 24 条）、开支和费用（第 26—27 条）、开支的缴存（第 28 条）这些之前的规则规定过的事项外，还新增加了和解或其他终止理由（第 22 条）和补充裁决（第 25 条）的规定，但没有专门规定"裁决的公布"，因为其中部分内容已经包括在第 12 条"程序公开"中了。另外，第 21 条的标题为"裁决"，而非之前程序规则中使用的"裁决的形式和效力"。

---

[15] Chagos Marine Protected Area Arbitration, Award of 18 March 2015, para. 26. See also Rules of Procedure, Preface.

[16] Chagos Marine Protected Area Arbitration, Award, para. 51.

[17] See ARA Libertad Arbitration, Rules of Procedure, Preface; Procedural Order No. 1, 31 July 2013; Termination Order, 11 November 2013.

·"大西洋鲱鱼仲裁案"[丹麦(法罗群岛)诉欧盟]

2013年8月,丹麦代表法罗群岛就它与欧盟间有关大西洋鲱鱼这一跨界鱼类种群的争端提起附件七项下的仲裁程序。2013年12月9日,仲裁法庭组成,同日争端双方共同提交了建议的程序规则。[18] 2014年3月,仲裁法庭与各方协商后发布了第1号程序令,制定了程序规则。[19]该程序规则同样包括四节,共28条。第一节包括3条:适用范围(第1条)、通知和期间的计算(第2条)、代表和协助(第3条),但没有像之前的程序规则那样规定程序的开始时间。第二节与"自由号仲裁案"的程序规则相同。第三节包括13条,与"自由号仲裁案"的程序规则类似,只是首次明确规定了"审理中止"(stay of proceedings)的问题(第13条)。第四节包括8条,大致类似于"自由号仲裁案"的情况,包括裁决(第21条)、和解或其他终止理由(第22条)、裁决的解释(第23条)、裁决的更正(第24条)、补充裁决(第25条)、开支和费用(第26—27条)、开支的缴存(第28条)。该案程序规则的一个显著特点是包含了3个附件,分别详细开列了"2014年的官方假日""分解程序情况下的仲裁程序时间表""无分解程序情况下的仲裁程序时间表"。

·"北极日出号仲裁案"(荷兰诉俄罗斯)

2013年10月,荷兰将有关俄罗斯登临和扣押其船只"北极日出号"的争端提交附件七的仲裁程序。俄罗斯拒绝参加仲裁程序。仲裁法庭组成后,2014年2月邀请各方就程序规则草案提交评论。荷兰提交了评论。2014年3月17日,法庭在第一次程序会议上制定了程序规则,3月21日向各方送交了第2号程序令(程序规则和初步的程序时间表)。[20]该案程序规则包括四节,共33条。第一节包括5条,与之前的规则相比增加了单独规定"行政"的一条(第5条)。第二节与"自由号仲裁案"的程序规则相同,包括4条,分别规定仲裁员的数量和指派(第6条)、质疑仲裁员(第7—8条)和更换仲裁员(第9条)。第三节包括16条,

---

[18] See Atlanto-Scandian Herring Arbitration, Procedural Order No. 1, 15 March 2014.
[19] See Atlanto-Scandian Herring Arbitration, Termination Order, 23 September 2014.
[20] See Arctic Sunrise Arbitration, Award on Jurisdiction, 26 November 2014, paras. 17-27.

除了之前程序规则规定过的内容，如：总则（第 10 条）、关于行政和常规程序的决定（第 11 条）、仲裁地点（第 14 条）、仲裁语言（第 15 条）、信息公布（第 16 条）、书状的顺序（第 17 条）、书面陈词的格式（第 18 条）、初步反对主张（第 20 条）、临时措施（第 21 条）、证据（第 22 条）、庭审（第 23 条）和仲裁法庭指派的专家（第 24 条）；该程序规则还单独规定了以下内容：通讯（第 12 条）、可适用的法律与和解者（*amiable compositeur*）（第 13 条）、对书状的修改（第 19 条）、未出庭或提交陈词（第 25 条）。第四节包括 8 条，大致类似于"自由号仲裁案"的情况，包括：裁决的形式和效力（第 26 条）、和解或其他终止理由（第 27 条）、裁决的解释（第 28 条）、裁决的更正（第 29 条）、补充裁决（第 30 条）、开支（第 31 条）、费用（第 32 条）、开支的缴存（第 33 条）。

- **"恩丽卡·莱克西号事件案"（意大利诉印度）**

2015 年 6 月，意大利就有关"恩丽卡·莱克西号"事件的争端针对印度提起附件七的仲裁程序。仲裁法庭于 2016 年 1 月 18 日与争端各方举行了第一次程序会议，翌日经各方同意制定了程序规则。[21] 该案程序规则共 23 条。与之前的程序规则相比，在所规定的事项方面差别不大，但在结构上却存在明显不同：包括六节，将"开支和费用"从"裁决"中分离出来，并专节规定了"透明度"问题。具体而言，第一节"引言"包括 4 条：适用范围（第 1 条）、通知和期间的计算（第 2 条）、程序的开始（第 3 条）、代表和协助（第 4 条）。第二节"仲裁法庭的组成"包括 2 条：仲裁员的数量和指派（第 5 条）、更换仲裁员（第 6 条）。第三节"审理"包括 8 条，除第 10 条和第 14 条的标题外，其他各条的标题及顺序与"孟加拉湾海洋边界仲裁案"的程序规则一致：总则（第 7 条）、会议和庭审的地点以及仲裁的语言（第 8 条）、书状的顺序和内容（第 9 条）、对管辖权和/或可受理性的反对主张（第 10 条）、临时措施（第 11 条）、证据和庭审（第 12—13 条）、仲裁法庭的决定（第 14 条）。第四节"裁决"包括 5 条：裁决的作出（第 15 条）、裁决的形式和效力（第 16 条）、和解或其他终止理由（第 17 条）、裁决的解释或执行（第 18 条）、裁决的更正（第 19

---

[21] See the "Enrica Lexie" Incident, Rules of Procedure, Preface; Request for the Prescription of Provisional Measures, Order of 29 April 2016, paras. 16-17.

条)。第五节"开支和费用"包括3条:开支和费用(第20—21条)、开支的缴存(第22条)。第六节"透明度"包括1条(第23条)。

- **"沿海国权利争端案"(乌克兰诉俄罗斯)**

2016年9月,乌克兰就有关在黑海、亚速海和刻赤海峡的沿海国权利的争端针对俄罗斯提起附件七的仲裁程序。仲裁法庭在与争端各方举行的第一次程序会议上考虑了程序问题,并于2017年5月18日经各方同意制定了程序规则。[22] 该案程序规则共27条,与"恩丽卡·莱克西号事件案"的程序规则一样包括六节。其中,第一、第二、第五和第六节与"恩丽卡·莱克西号事件案"程序规则的结构一样。第三节称为"仲裁审理",而非如之前的程序规则那样称为"审理",包括11条:总则(第7条)、庭审和会议的地点(第8条)、语言和翻译(第9条)、对管辖权和/或可受理性的反对主张(第10条)、反诉(第11条)、临时措施(第12条)、书状的时间表和形式(第13—14条)、证据(第15条)、庭审(第16条)、仲裁法庭指派的专家(第17条)。第四节"裁决"包括6条:决定(第18条)、裁决的形式和效力(第19条)、可适用的法律(第20条)、和解或其他终止理由(第21条)、裁决的解释或执行(第22条)、裁决的更正(第23条)。

综上,一些案件中的程序规则是由争端各方议定的,如"莫克斯工厂案""圭亚那诉苏里南案""孟加拉湾海洋边界仲裁案""大西洋鲱鱼仲裁案";而仲裁法庭在一些程序规则的制定过程中发挥了主导作用,如"巴巴多斯诉特立尼达和多巴哥案"和"北极日出号仲裁案"。《公约》附件七第5条关于"除非争端各方另有协议,仲裁法庭应确定其自己的程序"的规定表明,仲裁法庭制定程序规则的权力受到争端各方间协议的制约。从仲裁法庭组成到程序规则制定完毕,各案所花时间并不相同,大致为3—5个月。[23] 但也存在例外的情况,譬如,"查戈斯群岛海洋保护区仲裁案"中这一时间为1年,但该案的特殊之处在于仲裁法

---

[22] See Dispute concerning Coastal State Rights in the Black Sea, Sea of Azov, and Kerch Strait, Rules of Procedure, Preface; PCA Press Release, 22 May 2017.

[23] 例如,在"孟加拉湾海洋边界仲裁案""大西洋鲱鱼仲裁案""恩丽卡·莱克西号事件案"中这一时间为3个多月,在"沿海国权利争端案"中为4个多月,在"自由号仲裁案"中为5个多月,在"莫克斯工厂案"中为5个月左右。

庭组成后首先花了大量时间处理争端一方对仲裁员的质疑。相反，"北极日出号仲裁案"的程序规则在仲裁法庭组成后2个月就制定完成了。此外，一些仲裁法庭在程序规则制定后会将其纳入程序令中发布，其中既包括程序规则由仲裁法庭主导制定的情况，如"巴巴多斯诉特立尼达和多巴哥案""自由号仲裁案""北极日出号仲裁案"；也包括程序规则由争端各方议定的情况，如"大西洋鲱鱼仲裁案"。[24]

二、程序规则的结构

除"大西洋鲱鱼仲裁案"的程序规则包括前言、正文和附件三部分外，其他程序规则都由前言和正文两个部分构成。简短的前言通常会首先指出争端双方均为《公约》缔约国，随后简要介绍案件的提起和仲裁法庭的组成情况，最后援引《公约》附件七第5条的规定并介绍程序规则的制定过程。按照正文结构的相似度，可以将上述程序规则大致划分为三类：(1) 从"莫克斯工厂案"到"查戈斯群岛海洋保护区仲裁案"之间的程序规则；(2) 从"自由号仲裁案"到"北极日出号仲裁案"之间的程序规则；(3) "恩丽卡·莱克西号事件案"和"沿海国权利争端案"的程序规则。其中，"自由号仲裁案"和"恩丽卡·莱克西号事件案"为两个分界点。第三类程序规则与前两类的区别在于：它的正文包括六节，而其他两类的正文都由四节组成。而第一类和第二类程序规则的区别在于程序规则所规定的事项的内容和方式——如第二类程序规则就案件的公开和法庭指派专家问题作了单独规定；结果第二类程序规则的条款数量远较第一类为多——从第一类中的最多21条到"北极日出号仲裁案"的33条。各程序规则在规定的具体事项上也有所不同。其中一些源于案件的具体情况，如"大西洋鲱鱼仲裁案"的程序规则关于审理中止的规定——该案争端双方在程序规则制定后不久即通知法庭它们就"预定（predetermined）的审理中止"达成了一致意见[25]；"恩丽卡·莱克西号事件案"的程序规则关于临时措施的规定——该案中意大利在程序规则制定前就已经提出了临时措施的请求；以及"北极日出号

---

[24] 另外，"围海造地案"和"杜兹吉特·完整号仲裁案"的程序规则也被纳入法庭的命令中。

[25] See Atlanto-Scandian Herring Arbitration, Procedural Order No. 2, 30 June 2014.

仲裁案"的程序规则专门规定的不到案问题等。另外，一些案件（如"北极日出号仲裁案""沿海国权利争端案"）的程序规则专门规定了"可适用的法律"问题，但这样的规定是否必要值得商榷，因为它们只是大致重申了《公约》第293条的内容。《国际海洋法法庭规则》中就未包含"可适用的法律"的规定。

然而，与这些程序规则之间的差异相比，它们在结构方面存在的显著共同之处更令人瞩目。其一，所有程序规则都包括以下四节：第一节"引言"；第二节"（仲裁）法庭的组成"；第三节"（仲裁）审理"和第四节"裁决"。其二，各节都存在一些相同的要素，特别是第一、第二和第四节。其中，第一节"引言"基本包括按照如下顺序排列的4个条款：适用范围（第1条）、通知和期间的计算（第2条）、程序的开始（第3条）、代表和协助（第4条）。只有"大西洋鲱鱼仲裁案"的程序规则没有规定"程序的开始"。另外，"北极日出号仲裁案"的程序规则还单独就案件的书记处作出规定（第5条），而该问题在其他程序规则中被作为第1条"适用范围"的第3款。鉴于将书记处问题包括在"适用范围"内有些勉强，因此对其加以单独规定也不无道理。同时，因为程序规则中许多条款都将涉及书记处问题，所以应在"适用范围"后立即对书记处问题作出规定。关于第二节"仲裁法庭的组成"，所有程序规则都用两个条款分别就仲裁员的数量和指派，以及更换仲裁员问题作出规定。另外，一些程序规则中还规定了质疑仲裁员的问题。[26] 关于第四节"裁决"，除"莫克斯工厂案"外的程序规则都规定了裁决的形式和效力（在"自由号仲裁案"和"大西洋鲱鱼仲裁案"中称为"裁决"）、裁决的解释和裁决的更正问题。"自由号仲裁案"以来的程序规则还规定了和解或其他终止理由的问题，而上述第二类程序规则还规定了补充裁决问题。另外，所有程序规则都规定了开支、费用以及开支的缴存问题，无论是否规定在单独一节中。关于第三节"审理"，所有程序规则都含有总则、仲裁地点、仲裁语言、书状、初步反对主张、证据、庭审等事项。所有程序规则都规定了法庭的决定问题，其中绝大多数规定在第三节，而1个

---

[26] 包括"莫克斯工厂案""查戈斯群岛海洋保护区仲裁案""自由号仲裁案""大西洋鲱鱼仲裁案""北极日出号仲裁案"的程序规则。

（"沿海国权利争端案"）规定在第四节。另外，一些案件的程序规则规定了临时措施问题[27]，还有一些单独规定了仲裁法庭指派专家问题[28]，以及案件的保密或公开问题[29]。

各附件七仲裁法庭的程序规则之间的诸多共同之处并非偶然。这不仅与它们具有共同的法律依据（《公约》）以及在实践中相互参照有关，而且与这些案件都是由常设仲裁法院管理的事实直接相关。一个相关的事例是"印度河水吉申甘加仲裁案"（巴基斯坦诉印度）。该案是按照1960年《印度河水条约》（Indus Waters Treaty）提起并由常设仲裁法院管理的。该条约附件G规定了一些仲裁程序规则[30]。仲裁法庭组成后决定制定《补充程序规则》（Supplemental Rules of Procedure），并提出了两个选项供各方考虑：（1）《PCA仲裁规则1992》；或者（2）由常设仲裁法院管理的《公约》附件七仲裁法庭所使用的"与此类似"的程序规则。[31] 常设仲裁法院前秘书长恰科·范登豪特（Tjaco T. van den Hout，1999—2008年在职）曾指出，《公约》附件七仲裁争端各方曾请求常设仲裁法院帮助起草程序规则，并特别提到"莫克斯工厂案"[32]。如果将前两类附件七仲裁法庭的程序规则的基本结构与处理国家间仲裁的

---

[27] 包括"孟加拉湾海洋边界仲裁案""北极日出号仲裁案""恩丽卡·莱克西号事件案""沿海国权利争端案"的程序规则。

[28] 包括"自由号仲裁案""大西洋鲱鱼仲裁案""北极日出号仲裁案""沿海国权利争端案"的程序规则。

[29] 包括"巴巴多斯诉特立尼达和多巴哥案""自由号仲裁案""大西洋鲱鱼仲裁案""北极日出号仲裁案""恩丽卡·莱克西号事件案""沿海国权利争端案"的程序规则。

[30] Indus Waters Treaty 1960 Between the Government of India, the Government of Pakistan and the International Bank for Reconstruction and Development, 1960年9月19日签署，1961年1月12日生效，溯及力至1960年4月1日。该条约是"印度河水吉申甘加仲裁案"法庭2013年所作"部分裁决"的附件。

[31] See the Indus Waters Kishenganga Arbitration (Pakistan v. India), Partial Award of 18 February 2013, paras. 23-24. 该案仲裁法庭制定的《补充程序规则》没有在常设仲裁法院网站上公布。

[32] See Tjaco T. Van den Hout, "Resolution of International Disputes: the Role of the Permanent Court of Arbitration-Reflections on the Centenary of the 1907 Convention for the Pacific Settlement of International Disputes", *Leiden Journal of International Law*, 21 (2008), p. 654.

《PCA 仲裁规则 1992》[33] 加以比较,就会发现它们之间存在高度的相似性。《PCA 仲裁规则 1992》基于《联合国国际贸易法委员会仲裁规则》(1976 年)而制定,并作了一些修改,以便除其他外"反映国家间争端的国际公法特点以及适宜此类争端的外交实践"[34]。2012 年常设仲裁法院根据 2010 年修订的《联合国国际贸易法委员会仲裁规则》[35] 以及自己的实践经验制定了适用于仲裁至少当事一方为国家、国家控制的实体或政府间国际组织的争端的仲裁规则,即《PCA 仲裁规则 2012》。该规则并不取代常设仲裁法院之前制定的几套仲裁规则,它们仍然有效。[36]《PCA 仲裁规则 2012》也可以适用于国家间仲裁,但它在保持了《PCA

---

[33] 《PCA 仲裁规则 1992》的条款如下。第一节"绪则":适用范围(第 1 条)、通知和期间的计算(第 2 条)、仲裁通知(第 3 条)、代表和协助(第 4 条);第二节"仲裁法庭的组成":仲裁员的数量(第 5 条)、仲裁员的指派(第 6—8 条)、质疑仲裁员(第 9—12 条)、更换仲裁员(第 13 条)、更换仲裁员情况下的重复庭审(第 14 条);第三节"仲裁审理":总则(第 15 条)、仲裁地点(第 16 条)、语言(第 17 条)、申请书(第 18 条)、答辩书(第 19 条)、对申请或答辩的修改(第 20 条)、对仲裁法庭管辖权的抗辩(第 21 条)、进一步的书面陈述(第 22 条)、期间(第 23 条)、证据和庭审(第 24 和 25 条)、临时保护措施(第 26 条)、专家(第 27 条)、未出庭或提交陈词(第 28 条)、庭审结束(第 29 条)、放弃规则(第 30 条);第四节"裁决":决定(第 31 条)、裁决的形式和效力(第 32 条)、可适用的法律(第 33 条)、和解或其他终止理由(第 34 条)、裁决的解释(第 35 条)、裁决的更正(第 36 条)、补充裁决(第 37 条)、费用(第 38—40 条)、费用的缴存(第 41 条)。

[34] PCA Arbitration Rules 1992, Notes to the Text. UNCITRAL Arbitration Rules (1976) [《联合国国际贸易法委员会仲裁规则》(1976 年)],1976 年 12 月 15 日制定,http://www.uncitral.org/。

[35] UNCITRAL Arbitration Rules (as revised in 2010) [《联合国国际贸易法委员会仲裁规则》(2010 年修订)],http://www.uncitral.org/。

[36] PCA Arbitration Rules 2012, Introduction. 除《PCA 仲裁规则 1992》外,常设仲裁法院在 20 世纪 90 年代还制定有其他任择性仲裁规则,分别适用于只有一方当事人为国家的仲裁、国际组织间或国际组织和国家间的仲裁,以及国际组织和私人当事方之间的仲裁,而它们的结构和《PCA 仲裁规则 1992》几乎完全一样。See PCA Optional Rules for Arbitrating Disputes between Two Parties of Which Only One is a State (1993), PCA Optional Rules for Arbitration Involving International Organizations and States (1996), and PCA Optional Rules for Arbitration between International Organizations and Private Parties (1996) (https://pca-cpa.org/en/documents/pca-conventions-and-rules/)。

仲裁规则1992》基本结构的同时，在所规定的事项[37]和内容方面有所变化。例如，将《PCA仲裁规则1992》放在一起规定的"证据和庭审"分别规定为"证据"和"庭审"；将"专家"改为"仲裁法庭指派的专家"；将"未出庭或提交陈词"改为"不到案"；将"可适用的法律"改为"可适用的法律、和解者"。其中一些变化也反映在此后制定的第二类附件七仲裁程序规则中。其实，不仅是《公约》附件七项下的仲裁案，常设仲裁法院管理的许多国家间仲裁案的程序规则也都与《PCA仲裁规则1992》类似。2001年"拉森诉夏威夷王国仲裁案"的法庭曾指出，虽然《联合国国际贸易法委员会仲裁规则》本身在国际法中并无任何效力，但它是一套方便的规则，争端各方可以同意将其适用于仲裁争端，并按照自己案件的情况修改其规定。[38]该评论同样适用于常设仲裁法院的程序规则。一些案件的仲裁协定明确规定将《PCA仲裁规则

---

[37] 《PCA仲裁规则2012》的条款如下。第一节"绪则"：适用范围（第1条）、通知和期间的计算（第2条）、仲裁通知（第3条）、对仲裁通知的答复（第4条）、代表和协助（第5条）、指派机构（第6条）；第二节"仲裁法庭的组成"：仲裁员的数量（第7条）、仲裁员的指派（第8—10条）、披露和质疑仲裁员（第11—13条）、更换仲裁员（第14条）、更换仲裁员情况下的重复庭审（第15条）、免责（第16条）；第三节"仲裁审理"：总则（第17条）、仲裁地点（第18条）、语言（第19条）、申请书（第20条）、答辩书（第21条）、对申请或答辩的修改（第22条）、对仲裁法庭管辖权的抗辩（第23条）、进一步的书面陈述（第24条）、期间（第25条）、临时措施（第26条）、证据（第27条）、庭审（第28条）、仲裁法庭指派的专家（第29条）、不到案（第30条）、审理结束（第31条）、放弃反对的权利（第32条）；第四节"裁决"：决定（第33条）、裁决的形式和效力（第34条）、可适用的法律及和解者（第35条）、和解或其他终止理由（第36条）、裁决的解释（第37条）、裁决的更正（第38条）、补充裁决（第39条）、费用的定义（第40条）、仲裁员的收费和开支（第41条）、费用的分担（第42条）、费用的缴存（第43条）。

[38] See Larsen v. Hawaiian Kingdom, Award of 5 February 2001（https://pca-cpa.org/en/cases/35/), para. 10. 5. 1982年《公约》也提到了该规则。《公约》第188条第2款规定，有关"'区域'内活动"的合同的解释或适用的争端，经争端任何一方请求，应提交有拘束力的商业仲裁，除非争端各方另有协议。"在合同没有规定此种争端所应适用的仲裁程序的情形下，除非争端各方另有协议，仲裁应按照联合国国际贸易法委员会的仲裁规则，或管理局的规则、规章和程序中所规定的其他这种仲裁规则进行。"还参见《公约》附件三第5条第4款。该套规则也"被应用在许多国家间的仲裁协定中"。Chagos Marine Protected Area Arbitration, Reasoned Decision on Challenge against Judge Christopher Greenwood, para. 155.

1992》作为其程序规则的基础。[39] 还有一些常设仲裁法院管理的案件的仲裁协定虽然没有规定《PCA 仲裁规则 1992》作为其程序规则的基础，但是它们的程序规则也同样类似于《PCA 仲裁规则 1992》。例如"《大西洋环境公约》仲裁案"（爱尔兰诉英国）[40] 以及东帝汶和澳大利亚之间的两个基于《帝汶海条约》的仲裁案[41]。特别是，"《大西洋环境公约》仲裁案"的程序规则在前言中明确指出它将"替代"《大西洋环境公约》所规定的仲裁程序。现任常设仲裁法院副秘书长和首席法律顾问达利（Brooks W. Daly）曾指出，通过援引纳入一套既存的程序规则是设计仲裁程序时最保险的"万全之策"（all-round approach），而且使用已经在类似争端中被成功应用的长期确立的规则可以降低程序规则中遗漏规定某些问题的发生概率。[42] 值得注意的是，在附件七的制定过程中曾一度将 1907 年《和平解决国际争端公约》规定为默认程序规则。1975 年《非正式单一协商案文》和 1976 年 5 月《非正式单一协商案文》（订正一）规定："如果法庭不能就其程序规则达成一致，应适用 1907 年海牙《和平解决国际争端公约》第四部分。"[43] 该规定后来在《订正的单一

---

[39] 例如，"厄立特里亚/埃塞俄比亚边界委员会"（https://pca-cpa.org/en/cases/99/）和"厄立特里亚/埃塞俄比亚求偿委员会"（https://pca-cpa.org/en/cases/71/）的仲裁协定：Agreement between the Government of the Federal Democratic Republic of Ethiopia and the Government of the State of Eritrea of 12 December 2000, art. 4 (11)；"艾恩·莱茵铁路仲裁案"（https://pca-cpa.org/en/cases/1/）的仲裁协定：Arbitration Agreement of 22 July 2003；"克罗地亚/斯洛文尼亚仲裁案"（https://pca-cpa.org/en/cases/3）的仲裁协定：Arbitration Agreement between the Government of the Republic of Croatia and the Government of the Republic of Slovenia of 4 November 2009, art. 6 (2)；"铁路用地仲裁案"的仲裁协定：Submission Agreement between Singapore and Malaysia dated 9 January 2012, art. 3 (1).

[40] Dispute concerning Access to Information under Article 9 of the OSPAR Convention (Ireland v. United Kingdom) (OSPAR Arbitration), Rules of Procedure, 21 February 2002 (https://pca-cpa.org/en/cases/34/).

[41] Arbitration under the Timor Sea Treaty (Timor-Leste v. Australia), Rules of Procedure, 6 December 2013 (https://pca-cpa.org/en/cases/37/); Arbitration under the Timor Sea Treaty (Case concerning the Meaning of Article 8 (B)) (Timor-Leste v. Australia), Rules of Procedure, 9 September 2016 (https://pca-cpa.org/en/cases/141/).

[42] See Brooks Daly, "The Abyei Arbitration: Procedural Aspects of An Intra-State Border Arbitration", *Leiden Journal of International Law*, 23 (2010), p. 806.

[43] Informal Single Negotiating Text (part IV), 21 July 1975, A/CONF. 62/WP. 9, Annex I B, art. 3; Informal Single Negotiating Text (part IV), 6 May 1976, A/CONF. 62/WP. 9/Rev. 1, Annex I B, art. 3.

协商案文》中被删除了。[44] 虽然附件七没有纳入一套标准的程序规则，但是这并不影响仲裁法庭在制定程序规则时参照既存的程序规则。而当案件被交由常设仲裁法院管理时，参照其所起草的程序规则似乎就是一件相当自然的事情了。近来出现的第三类程序规则在整体结构上的变化显示出具体案件中的仲裁法庭和争端各方在制定程序规则方面的自由，但它们在所规定的事项方面变化不大。鉴于目前采用六节结构的程序规则的数量有限，本书将按照大多数附件七程序规则所采用的四节结构展开讨论。

---

[44] See Revised Single Negotiating Text (part IV), 23 November 1976, A/CONF.62/WP.9/Rev.2, Annex III, art.5. See further Shabtai Rosenne & Louis B. Sohn (vol. eds.), *United Nations Convention on the Law of the Sea 1982: A Commentary*, Vol. V, Martinus Nijhoff Publishers, 1989, pp. 430-431.

第二章　程序规则的引言

一、程序规则的适用范围

所有程序规则的第 1 条都称为"适用范围"。绝大部分案件的程序规则的第 1 条都包括 3 款，分别规定了程序规则的适用和修改、未调整问题的决定以及书记处。然而，有关书记处的规定似乎不属于通常意义上的"适用范围"。"北极日出号仲裁案"的程序规则就将其单列为一条。

就第 1 条第 1 款的具体内容而言，大多数程序规则规定仲裁法庭应按照"本规则、《公约》"和《公约》附件七的相关规定执行职务。这样的表述有些类似《公约》附件七第 4 条关于仲裁法庭"应按照本附件及本公约的其他规定执行职务"的规定，但通常意义上的法律规则的适用范围应是指这些程序规则适用于哪些仲裁。例如，《PCA 仲裁规则 1992》第 1 条"适用范围"第 1 款规定：如果各方书面同意争端应提交《PCA 仲裁规则 1992》项下的仲裁，那么此类争端应按照本规则解决。另外，这些程序规则的第 1 条第 1 款还规定可以对程序规则进行"修改或补充"。然而，它们关于修改程序规则的主体的规定存在差异。其中，5 个规定争端各方可以在与仲裁法庭协商后达成书面协议对本规则做修改或补充[1]；几个大致规定仲裁法庭在征询各方意见后可以对程序规则进行

---

[1] The MOX Plant Case, Rules of Procedure, art. 1（1）; Guyana v. Suriname, Rules of Procedure, art. 1（1）; Bay of Bengal Maritime Boundary Arbitration between Bangladesh and India, Rules of Procedure, art. 1（1）; Chagos Marine Protected Area Arbitration, Rules of Procedure, art. 1（1）; the "Enrica Lexie" Incident, Rules of Procedure, art. 1（1）.

修改或补充[2]；而"巴巴多斯诉特立尼达和多巴哥案"的程序规则规定仲裁法庭在与各方协商后可以"议定"对程序规则进行修改或补充[3]。这种差异与程序规则制定的情况有一定关系。如上所述，一些程序规则是由争端各方议定的，而一些则是由法庭主导制定的。前一类程序规则将对它的修改权交给了争端双方，而后一类则规定对程序规则的修改或补充由法庭在征询争端各方的意见后予以确定。

"自由号仲裁案"和"大西洋鲱鱼仲裁案"的程序规则第1条第1款的规定与上述规则有所不同。"自由号仲裁案"的程序规则规定："本规则应在补充的基础上（on a supplemental basis）在本案中适用，从属于《公约》（包括其附件七）……《指派条件》（Terms of Appointment），以及仲裁法庭后续的程序令。""大西洋鲱鱼仲裁案"程序规则的规定基本相同，但没有提及《指派条件》[4]。与多数程序规则从仲裁法庭执行职务的角度所作的规定相比，这两个程序规则中的表述更像是在界定程序规则的"适用范围"。而且后一种表述清楚地界定了程序规则与《公约》（包括附件七）之间的位阶关系。前一种表述将程序规则、《公约》和《公约》附件七相提并论，而且将程序规则放在《公约》和《公约》附件七之前。而后一种表述则明确规定程序规则在案件中的适用应"从属于《公约》（包括其附件七）"。这样的表述不仅是准确的而且是必要的——因为各案程序规则无疑只能作为《公约》的"补充"被适用[5]。需要指出的是，明确程序规则在案件中的适用应从属于《公约》（包括其附件七）的规定还存在于其他案件法庭的程序令中[6]。至于将程序规则的适用受制于"仲裁法庭后续的程序令"的规定，它等于授权仲裁法庭可以自己修改程序规则。与上述那些允许仲裁法庭在征询各方意见后对程序规则进行修改

---

[2] Arctic Sunrise Arbitration, Rules of Procedure, art. 1（1）; Dispute concerning Coastal State Rights, Rules of Procedure, art. 1（1）.
[3] Barbados v. Trinidad and Tobago, Rules of Procedure, art. 1（1）.
[4] 然而，该案法庭的程序令提到了《指派条件》，规定：程序规则应在本案中适用，"从属于《公约》（包括其附件七）、《指派条件》，以及仲裁法庭后续的程序令"。Atlanto-Scandian Herring Arbitration, Procedural Order No. 1, 15 March 2014, para. 1.1.
[5] "帝汶海调解案"程序规则的序言明确规定："本程序规则补充《公约》附件五的内容。"
[6] 例如，"北极日出号仲裁案"法庭的第2号程序令规定：程序规则应在本案中适用，"从属于《公约》（包括其附件七）"、《指派条件》，以及仲裁法庭后续的程序令。Arctic Sunrise Arbitration, Procedural Order No. 2（Rules of Procedure; Initial Procedural Timetable）, 17 March 2014, para. 1.1.

的规定相比,从属于"仲裁法庭后续的程序令"的表述在一定程度上限制了仲裁法庭修改程序规则的方式。

就目前的实践而言,对程序规则的修改集中在一些具体问题上,如书状的提交、庭审的时间和地点。此种现象发生在"莫克斯工厂案""圭亚那诉苏里南案""孟加拉湾海洋边界仲裁案""查戈斯群岛海洋保护区仲裁案""恩丽卡·莱克西号事件案"中。这些案件的程序规则在这方面有两个共同点。第一,它们的第1条第1款都规定:"争端各方可以在与仲裁法庭协商后,达成书面协议对本规则做修改或补充。"第二,这些程序规则都对书状的提交时间作了具体规定,同时允许仲裁法庭应一方请求,并在查明另一方的意见后延长书状的提交时间。然而,这些案件中对程序规则的修改过程却大相径庭。2002年"莫克斯工厂案"仲裁法庭发布第2号命令,同意英国延期提交辩诉状的请求,并修改了程序规则中规定的各书状的提交时间。[7] 但该命令仅提到有关书状提交的程序规则第10条,而没有提到程序规则第1条。然而,尽管第10条第5款关于延期的规定可以被用来解释仲裁法庭允许英国延期提交辩诉状的决定,但是该款无法解释仲裁法庭关于延期提交其他后续书状的决定。仲裁法庭在2003年的第3号命令中明确表示第2号命令"修改"了程序规则。[8] 类似地,2016年意大利在"恩丽卡·莱克西号事件案"中请求延期两周提交诉状以及后续书状。然而,意大利的请求是"根据程序规则第1条第1款和第9条第6款"提出的,而且印度确认不反对意大利的延期请求。仲裁法庭随即发布程序令,同意了意大利的延期请求,并由此"修改"了程序规则第9条关于提交书状日期的规定。[9] 此后双方按照修改后的日期提交了诉状和辩诉状。由于印度在辩诉状中提出了一个反诉,2017年意大利致信仲裁法庭,就处理印度反诉的书面程序提出建议,而印度同意意大利的建议。仲裁法庭随后发布程序令,对程序规则第9条作了进一步修改,补充了关于反诉的规定。[10] 2018年2月法

---

[7] See the MOX Plant Case, Order No. 2 of 10 December 2002.

[8] See the MOX Plant Case, Order No. 3 of 24 June 2003 (Suspension of Proceedings on Jurisdiction and Merits, and Request for Further Provisional Measures), para. 7.

[9] See the "Enrica Lexie" Incident, Procedural Order No. 2 (Extension of the Due Dates for Written Submissions), 9 September 2016.

[10] See the "Enrica Lexie" Incident, Procedural Order No. 3 (Procedural Calendar for Pleadings in respect of India's Counter-Claim), 1 June 2017.

庭应意大利的延期请求再次发布程序令，修改了之前的程序令所确定的意大利提交书状的期限。[11] 但是，并非所有仲裁法庭都用程序令方式处理程序规则的修改问题，而且有些处理方式甚至颇为随意。"圭亚那诉苏里南案"仲裁法庭 2005 年先后同意了各方延期提交诉状或辩诉状的请求。2006 年圭亚那致信庭长，请求其确认圭亚那关于各方延期提交答辩状和复辩状的日期，书记处根据庭长的指示进行了确认。[12] 在"孟加拉湾海洋边界仲裁案"中，仲裁法庭说"各方同意"将提交辩诉状、答辩状和复辩状的日期延后两个月。[13] 在"查戈斯群岛海洋保护区仲裁案"中，英国请求延期提交辩诉状，各方随后就修改的书状提交日程"达成协议"，并"传给"法庭。此后毛里求斯请求延期提交答辩状，法庭表示同意，但条件是给予英国提交复辩状以同样的延期。[14]

除了修改程序规则中有关提交书状的规定外，几个案件中还修改了庭审的时间和地点。"孟加拉湾海洋边界仲裁案"法庭还通过"信件"修改了程序规则第 13 条关于应不迟于复辩状提交后 3 个月进行庭审的规定。[15] 最终法庭直到 2013 年 12 月初才进行庭审，比预定的时间晚了 1 个多月。"查戈斯群岛海洋保护区仲裁案"法庭修改了程序规则第 9 条关于在阿联酋迪拜进行庭审的规定。仲裁法庭经过与各方协商，决定将庭审地点改在土耳其的伊斯坦布尔。随后"经各方同意"，正式修改了程序规则第 9 条。[16] 此外，"恩丽卡·莱克西号事件案"法庭使用程序令修改了程序规则中关于"透明度"的规定，大大降低了程序的公开性。[17]

所有程序规则的第 1 条第 2 款都规定了对未决程序性问题的处理。实践显示，无论程序规则规定得何等详尽，可能都无法涵盖审理过程中

---

[11] See the "Enrica Lexie" Incident, Procedural Order No. 4 (Amendments to the Procedural Calendar), 12 February 2018.

[12] See Guyana v. Suriname, Award, paras. 22-23, 88, 92.

[13] See Bay of Bengal Maritime Boundary Arbitration between Bangladesh and India, Award, paras. 28-30.

[14] See Chagos Marine Protected Area Arbitration, Award, paras. 32-34.

[15] See Bay of Bengal Maritime Boundary Arbitration between Bangladesh and India, Award, para. 38.

[16] See Chagos Marine Protected Area Arbitration, Award, paras. 50-51.

[17] See the "Enrica Lexie" Incident, Procedural Order No. 7 (Amendments to the Rules of Procedure), 16 May 2019.

发生的所有程序性问题。这些程序规则一致规定仲裁法庭有权对未决程序性问题作出决定。这样的规定可以在附件七第 5 条中找到依据,即"除非争端各方另有协议,仲裁法庭应确定其自己的程序"。显然,如果法庭有权力在各方缺乏协议的情况下规定整个程序,那么它也有权,而且有义务解决任何程序问题。[18] 然而,这些程序规则的具体规定之间也存在差异,大致可分为两类。(1) 多数程序规则规定:对于本规则、附件七和《公约》其他规定没有明确规定的任何程序问题,如果争端各方未另有协议,该问题应由仲裁法庭"在与争端各方协商后"决定或"在征询(或查明)争端各方的意见后"确定。其中,6 个程序规则规定仲裁法庭应"在与争端各方协商后决定"[19],而几个程序规则规定仲裁法庭应"在征询(或查明)争端各方的意见后"确定[20]。显然,与"征询(或查明)争端各方的意见"相比,"与争端各方协商"的表述为仲裁法庭设置了更高的要求。(2)"自由号仲裁案"的程序规则规定:"对于《公约》(包括其附件七)、本规则以及仲裁法庭发布的现有程序令没有明确规定的任何程序问题,该问题应由仲裁法庭在与争端各方协商后确定。""大西洋鲱鱼仲裁案"的规定基本相同。[21] 与第一类相比,这两个程序规则的规定有两点明显不同。第一,与它们第 1 条第 1 款的规定保持一致,从未决事项的范围内排除了已为仲裁法庭的程序令所决定的问题。第二,没有规定"如果争端各方未另有协议"这一条件。考虑到在附件七第 5 条的规定中,"争端各方另有协议"是对仲裁法庭确定程序的权力的重要限制,忽略这一条件显然是不适当的。然而,这两个程序规则同样要求"仲裁法庭在与争端各方协商后"作出决定。

---

[18] See Report of the International Law Commission Covering the Work of its Fifth Session, 1 June-14 August 1953, in Yearbook of the International Law Commission (1953), Vol. II, p. 200, para. 42.

[19] 包括"莫克斯工厂案""圭亚那诉苏里南案""巴巴多斯诉特立尼达和多巴哥案""孟加拉湾海洋边界仲裁案""查戈斯群岛海洋保护区仲裁案""恩丽卡·莱克西号事件案"的程序规则。

[20] 包括"北极日出号仲裁案"和"沿海国权利争端案"的程序规则。

[21] "大西洋鲱鱼仲裁案"的程序规则规定:"对于《公约》(包括其附件七)、本规则以及适当时,仲裁法庭发布的程序令没有明确规定的任何程序问题,该问题应由仲裁法庭在与争端各方协商后确定。"

二、书记处、通知和期间的计算、程序的开始、代表和协助

(一) 书记处

书记处在仲裁过程中发挥着不可或缺的重要作用。就附件七仲裁而言,除"麦氏金枪鱼案"中由"国际投资争端解决中心"(ICSID)作为书记处外[22],其他案件均交由常设仲裁法院管理。[23] 詹宁斯(Robert Jennings)在梳理了仲裁过程中需要处理的各种问题后表示:一点也不惊讶如今越来越多的仲裁案件交给常设仲裁法院管理,因为它不仅可以提供在管理和国际法方面均具有经验的人员,而且能够提供必要的设施和服务。[24] 而桑兹(Philippe Sands)教授也指出,《公约》没有规定仲裁场所,而常设仲裁法院作为具有此类丰富经验的唯一机构似乎是合理之选。[25]

目前附件七程序规则中关于书记处的规定大致有3种表述。(1) 4个程序规则规定:"常设仲裁法院的国际事务局……应作为书记处,并应负责仲裁程序的档案。"[26] (2) 3个程序规则规定:"常设仲裁法院应作为

---

[22] 它的任务包括:是各方和仲裁法庭之间的官方联系渠道;安排管辖权庭审(包括逐字记录);从各方提供的资金中支付仲裁法庭成员的费用,报销他们与审理有关的旅费和其他支出,以及支付其他必要的开支。See the Southern Bluefin Tuna Case, Award on Jurisdiction and Admissibility, para. 9.

[23] 但常设仲裁法院并非总是唯一的备选方案,有的案件的当事方还曾考虑在汉堡仲裁,并使用国际海洋法法庭的书记处作为仲裁的秘书处,但无果而终。See Remarks of Professor Philippe Sands QC on the occasion of a Celebration of the Centenary of the PCA, The Hague, 18 October 2007 (https://pca-cpa.org/en/about/introduction/history/), p. 3.

[24] See Robert Jennings, "The Difference between Conducting a Case in the ICJ and in an ad hoc Arbitration Tribunal-An Inside View", in N. Ando (et al.) eds., *Liber Amicorum Judge Shigeru Oda*, Kluwer Law International, 2002, pp. 905-908.

[25] See Remarks of Professor Philippe Sands QC on the occasion of a Celebration of the Centenary of the PCA, The Hague, 18 October 2007 (https://pca-cpa.org/en/about/introduction/history/), p. 3. See also Gilbert Guillaume, The Contribution of the Permanent Court of Arbitration and its International Bureau to Arbitration between States (https://pca-cpa.org/en/about/introduction/history/), p. 7.

[26] 包括"莫克斯工厂案""巴巴多斯诉特立尼达和多巴哥案""圭亚那诉苏里南案""查戈斯群岛海洋保护区仲裁案"的程序规则。

书记处,并应负责仲裁程序的档案。"[27] (3) 几个程序规则规定:海牙的常设仲裁法院的国际事务局应作为本案的书记处;它应管理仲裁程序的档案,并按照仲裁法庭的指示提供适当的书记处服务。[28] 常设仲裁法院的国际事务局是常设仲裁法院的秘书处,为仲裁和调解等程序提供书记处服务,其首长为常设仲裁法院秘书长。[29] 常设仲裁法院秘书长在同意接受书记处工作后,会任命常设仲裁法院的一名法律官员为书记官长。

所有程序规则都规定书记处的一项重要职责是管理和保存案件档案。常设仲裁法院在这方面的做法是:程序结束后,无限期保存所有裁决;保存书状、程序令、通信至少 5 年;以保密方式销毁其他交存常设仲裁法院的文件,除非争端各方或仲裁员要求归还。[30] 根据 1999 年荷兰和常设仲裁法院缔结的《常设仲裁法院总部协定》,常设仲裁法院的档案无论位于何处均不得侵犯。[31] 除负责案件档案外,各程序规则在其他条款中还为书记处规定了许多其他职能。"北极日出号仲裁案"的《指派条件》规定书记处应作为争端各方和法庭之间的交流渠道。[32] 当然,常设仲裁法院提供书记处服务是要收取费用的。[33]

(二) 通知和期间的计算

所有程序规则的第 2 条都规定了通知和期间的计算问题,大体可分为三类。

(1) "莫克斯工厂案"等 7 个程序规则。"自由号仲裁案"之前的 5

---

[27] 包括"孟加拉湾海洋边界仲裁案""恩丽卡·莱克西号事件案""沿海国权利争端案"的程序规则。

[28] 包括"自由号仲裁案""大西洋鲱鱼仲裁案""北极日出号仲裁案"的程序规则。

[29] 参见常设仲裁法院网站关于秘书长的介绍(https://pca-cpa.org/en/about/introduction/secretary-general/)。

[30] See Brooks W. Daly, Evgeniya Goriatcheva, Hugh A. Meighen, *A Guide to the PCA Arbitration Rules*, Oxford University Press, 2014, p. 21.

[31] Agreement concerning the Headquarters of the Permanent Court of Arbitration between the Kingdom of the Netherlands and the Permanent Court of Arbitration, 2304 U. N. T. S. 101, art. 3 (3). 1999 年 3 月 30 日签订,2000 年 8 月 9 日生效。

[32] See Arctic Sunrise Arbitration, Procedural Order No. 1 (Terms of Appointment), 17 March 2014, para. 6.1.1.

[33] Ibid., paras. 6.1.3-6.1.4.

个程序规则在这方面的规定近乎一致：

> 1. 为本规则的目的，任何通知，包括通知书、公文或提议，一俟送达国际事务局（或常设仲裁法院或书记处）或按照……指定的当事方的代理人即视为国际事务局（或常设仲裁法院或仲裁法庭）或该方收讫。
>
> 2. 为计算本规则中的期间的目的，此期间应从通知收讫的第二天开始计算。如果期间的最后一天在（有关）当事方的国家（或当事国）或在荷兰为官方假日或非工作日[34]，则期间顺延至第一个工作日。在期间内发生的官方假日或非工作日包括在期间的计算之内。

"恩丽卡·莱克西号事件案"和"沿海国权利争端案"程序规则的相关规定也与上述规定基本一致，但是增加了第 3 款："除非另有规定，所有期限（time limits）的截止时间为海牙相关日期的午夜。"

上述第 1 款规定了给仲裁法庭和当事方的通知的送交问题。给当事方的通知应送达其指派的代理人，这一规定与国际法院和国际海洋法法庭的实践一致。[35] 相应地，当事方应告知其代理人的姓名和地址。就给仲裁法庭的公文而言，送交的最终对象当然是仲裁法庭。鉴于这些程序规则都将常设仲裁法院规定为书记处，因此那种规定"一俟送达……书记处……即视为仲裁法庭收讫"的表述最为恰当。[36] 相反，那种规定

---

[34] "巴巴多斯诉特立尼达和多巴哥案"的程序规则还包括在英国的官方假日或非工作日。

[35] 《国际法院规则》第 40 条第 1 款规定，当事国代理人应在法院所在地有送达地址，与案件有关的一切公文都将送达该地址。"送达当事国代理人的公文应视为已经送达当事国本身。"《国际海洋法法庭规则》第 52 条规定，给当事方的公文都应送达其代理人；在一国指派代理人之前，应送达其政府。第 56 条规定当事方代理人应在法庭所在地或法庭所在国的首都有送达地址，与案件有关的一切公文将送达该地址。现行的《国际法院规则》(Rules of Court) 于 1978 年 4 月 14 日通过，同年 7 月 1 日生效，后经过几次修改。目前的版本载于 https：//www.icj-cij.org/en/rules。《国际法院规则》的中文译本可以参见王铁崖、田如萱编：《国际法资料选编》，法律出版社 1982 年版，第 992—1031 页。《国际海洋法法庭规则》(Rules of the Tribunal) 于 1997 年 10 月 28 日制定，后经过几次修改。目前的版本载于 https：//www.itlos.org/en/basic-texts-and-other-documents/。

[36] 参见"孟加拉湾海洋边界仲裁案""恩丽卡·莱克西号事件案""沿海国权利争端案"的程序规则。

"一俟送达……国际事务局……即视为国际事务局收讫"[37]或"一俟送达……常设仲裁法院……即视为常设仲裁法院收讫"[38]的表述则未反映出常设仲裁法院作为仲裁法庭书记处接收公文的状态。第2款（期间的计算）几乎照搬了《PCA仲裁规则1992》第2条第2款的规定，而主要的差别是有关导致期间顺延的节假日的规定。《PCA仲裁规则1992》明确规定是"在收件人的国家"（in the State of the addressee）。该规定也被包括在由常设仲裁法院管理的其他一些国家间仲裁案的程序规则中[39]。另外，上述附件七程序规则明确提到荷兰的节假日——这当然是因为常设仲裁法院作为仲裁法庭的书记处接收通知的原因。此外，这些程序规则还以不同的表述提到当事方的节假日："在当事方的国家"（in the State of the Party）[40]、"在有关当事方的国家"（in the State of the Party concerned）[41]或"在有关当事国"（in the State Party concerned）[42]。这些表述应具有相同的含义，但没有明确指出是收件方。其实，在目前附件七的程序规则中，只有"自由号仲裁案"的程序规则在这方面明确指出是"在收件人的住所或营业地"（第2条第4款）。

（2）"自由号仲裁案"等几个程序规则。"自由号仲裁案"的程序规则在这方面的规定明显基于《PCA仲裁规则2012》第2条。其中，第1和第2款几乎照搬了《PCA仲裁规则2012》第2条的前两款，而第3和第4款则基于该规则第2条的第5和第6款。"北极日出号仲裁案"程序规则的第2条与"自由号仲裁案"的程序规则基本类似，同时增加了第5款：

---

[37] 参见"莫克斯工厂案""圭亚那诉苏里南案""查戈斯群岛海洋保护区仲裁案"的程序规则。

[38] 参见"巴巴多斯诉特立尼达和多巴哥案"的程序规则。

[39] For example, OSPAR Arbitration, Rules of Procedure, art. 2（2）; Iron Rhine Arbitration, Rules of Procedure, art. 2（2）; Arbitration under the Timor Sea Treaty, Rules of Procedure, art. 2（3）; Arbitration under the Timor Sea Treaty（Case concerning the Meaning of Article 8（B）), Rules of Procedure, art. 2（3）. 另外，"厄立特里亚/埃塞俄比亚边界委员会"的程序规则中使用的是"收件方"（the Party addressed）的概念。Eritrea-Ethiopia Boundary Commission, Rules of Procedure, art. 2（2）.

[40] 参见"莫克斯工厂案""圭亚那诉苏里南案""巴巴多斯诉特立尼达和多巴哥案""查戈斯群岛海洋保护区仲裁案"的程序规则。

[41] 参见"沿海国权利争端案"的程序规则。

[42] 参见"孟加拉湾海洋边界仲裁案"和"恩丽卡·莱克西号事件案"的程序规则。

1. 通知，包括通知书、公文或提议，可以使用任何能够提供传送记录的通信方式传送。

2. 如果某一地址是当事一方为此目的专门指定的或者是仲裁法庭授权的，那么任何通知应在该地址送达该当事方，而一旦如此送达则应视为收讫。使用电子方式，如传真或电子邮件送达，只能发送到被指定或授权的地址。

3. 通知应视为在按照第 2 款送达日收讫。使用电子方式传送的通知视为在发送日收讫。

4. 为计算本规则中的期间的目的，此期间应从通知收讫的第二天开始计算。如果期间的最后一天在有关当事方的国家为官方假日或休息日，则期间顺延至第一个工作日。在期间内发生的官方假日或休息日包括在期间的计算之内。

5. 除非另有规定，否则所有期限的截止时间为海牙相关日期的午夜。

与第一类程序规则关于通知的规定相比，"自由号仲裁案"和"北极日出号仲裁案"的程序规则在保持送达即视为收到的立场同时，对送达的方式作了更为详细的规定，特别是使用电子方式送达通知的问题。关于期间的计算，这些程序规则的规定也基本一致，但在延长期间的规定中没有包括荷兰的节假日。然而，与之前的程序规则不同，这些条文只规定了对当事方的送达，而没有规定如何向仲裁法庭送交公文。这些程序规则在第三节"审理"的"总则"中规定了各方给仲裁法庭的公文问题，但送交方式并不清楚。[43]"自由号仲裁案"和"大西洋鲱鱼仲裁案"的程序规则在"书面陈词的格式"条款中规定，"陈词以外的公文应通过电子邮件发送仲裁法庭，并应同时将副本发送给对方和书记处"（第 14 条第 4 款）。"北极日出号仲裁案"的程序规则专条规定了"通信"问题，要求：争端各方应通过电子邮件直接将公文发给"仲裁法庭的每位成员，"并"使用信使送交确认副本"；但"如果公文不超过 15 页，则可以使用传真而非信使进行确认"。公文的副本应按照发送给仲

---

[43] See ARA Libertad Arbitration, Rules of Procedure, art. 9 (4); Arctic Sunrise Arbitration, Rules of Procedure, art. 10 (4).

裁法庭的同样方式发送争端他方和书记处。另外，"仲裁法庭给争端各方代理人的所有公文将通过电子邮件发送，并使用信使送交确认副本。应通过电子邮件向各方指定的律师发送这些公文的副本。如果争端一方没有指派代理人，则公文应发送到该方驻荷兰王国大使"。该程序规则同时规定了公文的发送地址，包括各方、法庭以及书记处的地址——它们是由仲裁法庭在其第1号程序令中确定的。[44] 然而，将一个问题分别规定在几个不同条款中不仅显得琐碎，而且容易导致彼此间的不协调。例如，"北极日出号仲裁案"的程序规则第10条要求："除另经仲裁法庭许可外，争端一方给仲裁法庭的所有公文应通过书记处。"该规定显然与上述要求争端各方直接将公文发给仲裁法庭每位成员的规定相互矛盾。其次，虽然这些程序规则第2条规定"可以使用任何能够提供传送记录的通信方式传送"公文，但是仲裁法庭在这里只限于使用电子邮件加信使的方式。再次，这些规定清楚地表明，发送给书记处不等于发送给仲裁法庭，而发送给仲裁法庭需要各方"直接"将公文发给仲裁法庭的每位成员。这样的规定显然不同于那些规定"一俟送达……书记处……即视为仲裁法庭收讫"的程序规则。而且，在常设仲裁法院所管理的仲裁案中有这样的趋势，即书记处被指定为争端各方和法庭间唯一的沟通渠道，而"这在国家间案件中尤其普遍"[45]。

（3）"大西洋鲱鱼仲裁案"的程序规则。它在这方面的规定与众不同。关于通知，它仅规定了使用电子邮件的方式传送通知，而通知在收到回执时视为收到，但是不迟于邮件发出后的两天（第2条第1和第3款）。关于期间的计算，它规定"如果期间的最后一天是任何一方的官方假日或休息日，则期间顺延至第一个工作日"（第2条第4款），并且在程序规则的附件中详细列出了官方假日。

（三）程序的开始

除"大西洋鲱鱼仲裁案"的程序规则未作规定外，其他程序规则的第3条都专门规定了程序的开始日期。而且除了"沿海国权利争端案"，

---

[44] See Arctic Sunrise Arbitration, Rules of Procedure, art. 12（2）-（4）.
[45] See Brooks W. Daly, Evgeniya Goriatcheva, Hugh A. Meighen, *A Guide to the PCA Arbitration Rules*, Oxford University Press, 2014, p. 69.

其他程序规则规定的程序开始时间与原告按照附件七第1条所提仲裁通知上的日期相同。在"沿海国权利争端案"中，仲裁通知上的日期早于原告将仲裁通知送达被告之日两天。[46] 该案程序规则将后一日期，即乌克兰将仲裁通知送达俄罗斯的日期作为程序的开始日期。当仲裁通知上的日期和另一方实际收到仲裁通知的日期不同时，将后者作为程序的开始时间显然是合理的。[47]

（四）代表和协助

该条涉及两个问题：代理人及其他人员的指派，以及告知相关人员的信息。各程序规则在这方面的规定明显地分为两类。

（1）7个程序规则在第4条作了如下大体类似的规定[48]：

> 每一方应由一名代理人和一名或一名以上共同（或副）代理人（如果它如此决定的话）代表。各方还可以由它们选择的人员（律师或它们选择的其他人员）予以协助。代理人和任何共同（或副）代理人的姓名和地址必须书面通知另一方、国际事务局（或书记处或常设仲裁法院）和仲裁法庭的所有成员。

它们之间最明显的差异在于通知的对象。其中，"圭亚那诉苏里南案"和"巴巴多斯诉特立尼达和多巴哥案"的程序规则不要求通知仲裁法庭，而"沿海国权利争端案"的程序规则只要求通知书记处。上述规定类似于《PCA仲裁规则1992》第4条，但第1句话的表述不同。

（2）"自由号仲裁案"等几个程序规则在这方面的规定大致相同[49]：

---

[46] 参见该案程序规则的前言。
[47] See PCA Arbitration Rules 1992, art. 3（2）; PCA Arbitration Rules 2012, art. 3（2）. 它们规定仲裁程序应在被告收到仲裁通知之日视为开始。
[48] 包括"莫克斯工厂案""巴巴多斯诉特立尼达和多巴哥案""圭亚那诉苏里南案""孟加拉湾海洋边界仲裁案""查戈斯群岛海洋保护区仲裁案""恩丽卡·莱克西号事件案""沿海国权利争端案"的程序规则。
[49] 包括"自由号仲裁案""大西洋鲱鱼仲裁案""北极日出号仲裁案"的程序规则。

1. 每一方应指派一名代理人和一名或一名以上共同代理人（如果它如此决定的话）。每一方还可以由它们（原文如此）[50]选择的人员协助。

2. 代理人、当事方的代表、其他协助当事方的人员的姓名和地址必须通知所有当事方、仲裁法庭，以及常设仲裁法院（或其国际事务局）。该通知必须明确指派的目的是代表还是协助。对于作为当事一方的代理人或代表行事的人员，仲裁法庭可以主动或应任一当事方的请求，随时要求提供按照仲裁法庭所决定的形式给予该代理人或代表的授权证明。

此外，"大西洋鲱鱼仲裁案"的程序规则第3条第1款还允许指派副代理人，并且规定：为了避免利益冲突，各方"补充或变化它们的代表（代理人、副代理人或律师）的打算应告知法庭，而且只有当法庭没有因为利益冲突的理由予以反对时才生效"。

关于代理人及其他人员的指派，第一类程序规则的前半部分规定和第二类程序规则的第1款并无实质差别，但两者第1句话的表述不同。第二类程序规则的表述更接近常设仲裁法院的仲裁规则[51]，而第一类的表述则更接近国际法院和国际海洋法法庭的规定。《国际法院规约》第42条规定："一、各当事国应由代理人代表之。二、各当事国得派律师或辅佐人在法院予以协助。"《国际海洋法法庭规则》第53条含有基本相同的规定。[52] 当事方的代理人是"它们和法庭之间的媒介"[53]，是其政府在法庭上的官方和终极代表[54]。"巴巴多斯诉特立尼达和多巴哥

---

[50] 但"它们"（their）不准确，应为"它"（its）。《PCA 仲裁规则 2012》第5条第1款使用的就是"its"。

[51] 《PCA 仲裁规则 1992》第4条和《PCA 仲裁规则 2012》第5条第1款都规定："每一方应指派一名代理人。"

[52] 《国际海洋法法庭规则》第53条规定："1. 各当事方应由代理人代表之。2. 各当事方得派律师或辅佐人在法庭予以协助。"

[53] 1907 Convention for the Pacific Settlement of International Disputes, art. 62; 1958 Model Rules on Arbitral Procedure, art. 14（1）.

[54] See Commentary on the Draft Convention on Arbitral Procedure Adopted by the International Law Commission at its Fifth Session, prepared by the Secretariat, 1955（http://legal. un. org/docs/? path = ../ilc/documentation/english/a_cn4_92. pdf&lang = EF）, p. 41.

案"的仲裁法庭指出:"已经牢固确立的是,各国代理人向国际法庭所做的承诺对该国有拘束力,……这源于代理人作为该国和法庭之间的中间人的作用。"[55]《国际法院规则》(第40条)和《国际海洋法法庭规则》(第56条)都明确规定,案件提起后应由代理人代表争端各方采取一切步骤。当事方在审理过程中可以更换其代理人。[56] 除代理人外,多数程序规则还允许当事方指派一名或一名以上共同代理人(co-agent),而少数允许指派副代理人(deputy agent)[57],只有"大西洋鲱鱼仲裁案"的程序规则同时规定了共同代理人和副代理人。实践中,虽然"巴巴多斯诉特立尼达和多巴哥案"的程序规则第4条规定的是代理人和副代理人,但争端双方都指派了代理人和共同代理人。类似地,虽然"孟加拉湾海洋边界仲裁案"的程序规则中没有规定副代理人,但孟加拉国指派了代理人和副代理人,而印度则指派了代理人、共同代理人和副代理人。[58] 所有程序规则都规定各方可以由它们选择的人员予以协助。早在1907年《和平解决国际争端公约》第62条就规定当事国有权聘请它们指派的律师或辅佐人出庭为自己的权利和利益辩护。指派何人以何种身份参加庭审主要取决于当事方自己的选择。[59] 两个附件七程序规则提到律师(counsel)、辅佐人(advocate)和顾问(adviser)。[60] 律师受代理人的控制,其主要作用是向法庭提出论证,维护指派他们的当事方的权利和利益,但是他们不能就程序问题作出拘束当事方的决定。[61] 实践

---

[55] Barbados v. Trinidad and Tobago, Award, para. 291.

[56] 例如,苏里南在"圭亚那诉苏里南案"中更换过代理人。See Guyana v. Suriname, Award, para. 61.

[57] 参见"莫克斯工厂案""巴巴多斯诉特立尼达和多巴哥案""查戈斯群岛海洋保护区仲裁案"的程序规则。

[58] See Bay of Bengal Maritime Boundary Arbitration between Bangladesh and India, Award, para. 41.

[59] See P. Chandrasekhara Rao & Ph. Gautier, *The Rules of the International Tribunal for the Law of the Sea: A Commentary*, Martinus Nijhoff Publishers, 2006, p. 159.

[60] See ARA Libertad Arbitration, Rules of Procedure, art. 12 (1); Atlanto-Scandian Herring Arbitration, Rules of Procedure, art. 11 (1).

[61] See Commentary on the Draft Convention on Arbitral Procedure Adopted by the International Law Commission at its Fifth Session, prepared by the Secretariat, 1955 (http://legal.un.org/docs/? path = ../ilc/documentation/english/a_cn4_92.pdf&lang = EF), p. 41; 1907 Convention for the Pacific Settlement of International Disputes, art. 62; 1958 Model Rules on Arbitral Procedure, art. 14 (2).

中的情况则更为复杂。例如，巴巴多斯参加庭审的代表团中的一名共同代理人同时也是"律师和辅佐人"（counsel and advocate），此外还有数名律师和辅佐人，以及多名没有说明在诉讼中的身份的成员。[62]"孟加拉湾海洋边界仲裁案"中印度的代表团除代理人外还包括首席律师（chief counsel）、律师、初级律师（junior counsel）、科学和技术顾问（scientific & technical advisors）、研究人员（research associates）以及两名代表（representatives）。[63]

关于通知相关人员信息的问题，这两类程序规则之间存在明显差异。第一类程序规则的规定十分接近《PCA仲裁规则1992》第4条，而第二类程序规则的第2款规定显然受到《PCA仲裁规则2012》第5条第3款的影响。前者仅要求通知代理人，包括共同代理人和副代理人的姓名和地址；而后者要求通知的范围则不限于代理人，而是包括了"代理人、当事方的代表、其他协助当事方的人员"。但后一种规定存在一些问题。第一，这些程序规则在第1款中并没有提及指派"当事方的代表"问题。《PCA仲裁规则2012》第5条第3款含有这样的内容是因为其第5条第2款规定"每一当事方可由其选择的人员予以代表或协助"，但该规定不适用于"只涉及国家和/或国际组织的争端"。第二，在国家间诉讼中，通常只要求当事方通知其代理人的姓名和联系地址。[64]《PCA仲裁规则2012》第5条第3款显然是基于《联合国国际贸易法委员会仲裁规则》（2010年修订）第5条的规定，而类似的规定在《联合国国际贸易法委员会仲裁规则》（1976年）第4条中就存在了——该条规定：争端各方可以由它们选择的人员予以代表或协助；此类人员的姓名和地址必须书面通知当事他方。但是基于《联合国国际贸易法委员会仲裁规则》（1976年）制定的《PCA仲裁规则1992》并没有采纳该规定。而在常设仲裁法院管理的许多国家间仲裁案中也只要求通知代理人的姓名和地址。[65]

---

[62] See Barbados v. Trinidad and Tobago, Hearing Transcript (Day 1), p. 2.
[63] See Bay of Bengal Maritime Boundary Arbitration between Bangladesh and India, Award, para. 41.
[64] 例如参见《国际法院规则》第40条和《国际海洋法法庭规则》第56条。
[65] For example, OSPAR Arbitration, Rules of Procedure, art. 4; Eritrea-Ethiopia Boundary Commission, Rules of Procedure, art. 4; Iron Rhine Arbitration, Rules of Procedure, art. 4; Arbitration under the Timor Sea Treaty, Rules of Procedure, art. 3; Arbitration under the Timor Sea Treaty (Case concerning the Meaning of Article 8 (B)), Rules of Procedure, art. 3.

第三，需要通知的"当事方的代表、其他协助当事方的人员"的范围并不清楚。"大西洋鲱鱼仲裁案"的程序规则第3条第1款要求各方应将变动"它们的代表（代理人、副代理人或律师）"的打算通知法庭，由此似乎当事方的代表包含了"代理人、副代理人或律师"；但是该条第2款又将当事方的代表与当事方的代理人以及其他协助人员并列。实践中，荷兰在"北极日出号仲裁案"中的团队包括代理人、共同代理人、律师、当事方代表（party representative）以及顾问。[66] 仲裁法庭在裁决中只是指出，荷兰根据程序规则正式通知法庭有关代理人和共同代理人的指派。[67] 关于通知的对象，绝大部分程序规则都规定当事一方必须通知另一方和作为仲裁法庭的书记处，但它们对于是否以及如何通知法庭则规定不一致。一些规定通知仲裁法庭所有成员，而一些规定通知仲裁法庭。然而，根据前述有关书记处在争端各方与仲裁法庭沟通中的作用的讨论，要求争端方将其代理人的情况通知书记处即可起到通知法庭的效果，因此，专门通知法庭的规定似乎是不必要的。

---

[66] See Arctic Sunrise Arbitration, Award on the Merits, p. iii.
[67] Ibid., para. 36.

第三章 仲裁法庭的组成

一、仲裁员的指派

(一) 概述

指派仲裁员是临时仲裁中一个必经的关键环节。对争端各方而言，选择仲裁员是它们在仲裁中所作的最重要的决定之一，因为这对于案件的结果至关重要。[1] 对作为一种争端解决方法的仲裁而言，指派仲裁员不仅直接有关仲裁的质量——如谚语所言"仲裁的好坏取决于仲裁员的好坏"[2]，而且可能事关仲裁的成败。历史性上不仅出现过因当事一方的不配合而致使仲裁法庭无法组成的情况[3]，而且也曾出现过一方在仲裁结束后以仲裁员的指派不符合仲裁协定的规定为由主张裁决无效的案例[4]。就《公约》附件七的仲裁而言，指派仲裁员的规则主要规定在附件七第 3 条中。此外第 2 条也是相关的。作为一般规则，附件七仲裁法庭应由 5 名成员组成：争端各方各自指派 1 名仲裁员（"当事方仲裁员"），并共同指派其余 3 名仲裁员（"非当事方仲裁员"）以及仲裁法庭

---

[1] 参见〔美〕克里斯多佛·R. 德拉奥萨、理查德·W. 奈马克主编：《国际仲裁科学探索：实证研究精选集》，陈福勇、丁建勇译，中国政法大学出版社 2010 年版，第 183 页。

[2] 同上，第 184 页。

[3] 例如参见 1950 年 "与保加利亚、匈牙利和罗马尼亚的和约的解释案"。Interpretation of Peace Treaties, Advisory Opinion, I. C. J. Reports 1950, p. 65, and Interpretation of Peace Treaties (second phase), Advisory Opinion, I. C. J. Reports 1950, p. 221.

[4] 例如参见 1960 年 "西班牙国王仲裁裁决案"（洪都拉斯诉尼加拉瓜）。Case concerning the Arbitral Award made by the King of Spain on 23 December 1906, Judgment, I. C. J. Reports 1960, p. 192.

庭长。由 5 名仲裁员组成法庭的一个优点是，非当事方仲裁员的人数始终比当事方仲裁员的人数多一人。[5] 与那些允许争端各方各自指派 2 名仲裁员的实践相比，附件七的起草者们考虑得更多的是法庭的中立性而非当事方的控制。[6] 在目前已知的附件七仲裁案中，只有一个案件"杜兹吉特·完整号仲裁案"的仲裁法庭不是由 5 名仲裁员组成的（该案法庭由 3 名成员组成）。为了避免由于当事一方拒绝指派仲裁员或者争端双方无法就指派仲裁员达成一致意见而导致仲裁法庭无法组成的情况，《公约》附件七第 3 条（e）项规定，在当事方未能作出指派的情况下，"除非争端各方协议将……指派交由争端各方选定的某一人士或第三国作出，应由国际海洋法法庭庭长作出必要的指派"。虽然国际海洋法法庭庭长并非附件七第 3 条字面规定的唯一可以用来打破当事方指派僵局的机构，但是鉴于当事方在最初指派中诉诸"由争端各方选定的某一人士或第三国"的实际可能性不大，上述规定客观上使得国际海洋法法庭庭长在附件七法庭的组成过程中必将发挥重要作用。

在目前已知组成的附件七仲裁法庭中，5 个案件的法庭最初是由当事方各自或协议指派的仲裁员组成的，包括"麦氏金枪鱼案""巴巴多斯诉特立尼达和多巴哥案""圭亚那诉苏里南案""莫克斯工厂案""大西洋鲱鱼仲裁案"。其余案件的法庭在组成过程中曾涉及第三方按照附件七第 3 条（e）项作出指派。这些指派都是由国际海洋法法庭庭长或副庭长作出的，而尚未出现"由争端各方选定的某一人士或第三国"按照第 3 条（e）项作出指派的情况。具体案件如下：（1）"围海造地案"。应新加坡 2003 年 9 月 9 日的请求，国际海洋法法庭庭长经与争端各方和《公约》附件七第 2 条名单中的人员协商，于同年 10 月 9 日指派了 3 名非当事方仲裁员及仲裁法庭庭长。[7]（2）"孟加拉湾海洋边界仲裁案"。

---

[5] 还参见《公约》附件七第 3 条（g）项。
[6] See Brooks Daly, "The Abyei Arbitration: Procedural Aspects of An Intra-State Border Arbitration", *Leiden Journal of International Law*, 23 (2010), p. 812.
[7] 参见《国际海洋法法庭 2003 年年度报告》，SPLOS /109，第 37 段。Statement by Mr. L. Dolliver M. Nelson, President of the International Tribunal for the Law of the Sea on Agenda Item 52 (A) at the Plenary of the Fifty-eighth Session of the United Nations General Assembly, 24 November 2003 (https://www.itlos.org/press-media/statements-of-the-president/statements-of-president-nelson/), para. 12. See also Land Reclamation by Singapore in and around the Straits of Johor, Award on Agreed Terms, para. 14; 但按照该段，国际海洋法法庭庭长是通过 2003 年 10 月 10 日的信件通知指派结果的。

应孟加拉国 2009 年 12 月 13 日的请求，国际海洋法法庭庭长经在法庭所在地与争端各方协商，于 2010 年 2 月 12 日指派了 3 名非当事方仲裁员及仲裁法庭庭长。[8] （3）"查戈斯群岛海洋保护区仲裁案"。应毛里求斯 2011 年 2 月 21 日的请求，国际海洋法法庭庭长经在法庭所在地与争端各方协商，于同年 3 月 25 日指派了 3 名非当事方仲裁员及仲裁法庭庭长。[9] （4）"自由号仲裁案"。应阿根廷 2013 年 1 月 7 日的请求，国际海洋法法庭庭长经与争端双方在法庭所在地协商，于同年 2 月 4 日指派了 3 名非当事方仲裁员及仲裁法庭庭长。[10] （5）"北极日出号仲裁案"。俄罗斯拒绝参加荷兰提起的仲裁，因此也没有指派仲裁员。应荷兰 2013 年 11 月 15 日的请求，国际海洋法法庭庭长"经与各方通信协商"，于同年 12 月 13 日指派了第 2 名仲裁员。后又应荷兰 2013 年 12 月 13 日的请求，2014 年 1 月 10 日海洋法法庭庭长指派了剩余 3 名仲裁员以及仲裁法庭庭长。[11] （6）"杜兹吉特·完整号仲裁案"。争端双方协议本案仲裁法庭由 3 名仲裁员组成，而附件七第 3 条比照适用。[12] 马耳他在仲裁通知中指派了 1 名仲裁员。应马耳他 2013 年 12 月 4 日的请求，国际海洋法法庭庭长与争端双方通信协商后，于同年 12 月 27 日指派了法庭第 2 名仲裁员。[13] 随后，国际海洋法法庭庭长于 2014 年 3 月 13 日指派了作为仲裁法庭庭长的第 3 名仲裁员。[14] （7）"恩丽卡·莱克西号事件案"。应意大利 2015 年 9 月 8 日的请求，国际海洋法法庭庭长在与各方磋商

---

[8] See ITLOS/Press 143, 8 March 2010.《国际海洋法法庭 2010 年年度报告》，SPLOS/222，第 22—24 段。但是在该案裁决中，指派日期是"2010 年 2 月 10 日"。See Bay of Bengal Maritime Boundary Arbitration between Bangladesh and India, Award, para. 6.

[9] See ITLOS/Press 164, 25 March 2011.《国际海洋法法庭 2011 年年度报告》，SPLOS/241，第 38—40 段。

[10] See ITLOS/Press 189, 5 February 2013.《国际海洋法法庭 2013 年年度报告》，SPLOS/267，第 69 段。

[11] See Arctic Sunrise Arbitration, Award on the Merits, paras. 27-30; ITLOS/Press 207, 13 January 2014;《国际海洋法法庭 2013 年年度报告》，SPLOS/267，第 72 段；《国际海洋法法庭 2014 年年度报告》，SPLOS/278，第 75 段。

[12] See ITLOS/Press 209, 18 March 2014; Duzgit Integrity Arbitration, Award of 2016, para. 9.

[13] 参见《国际海洋法法庭 2013 年年度报告》，SPLOS/267，第 73 段。

[14] 参见《国际海洋法法庭 2014 年年度报告》，SPLOS/278，第 76 段。

后，于同年9月30日指派了3名非当事方仲裁员及仲裁法庭庭长。[15]值得注意的是，国际海洋法法庭庭长在本案中首次将自己指派为仲裁员并且担任仲裁法庭庭长。(8)"沿海国权利争端案"。本案指派首次由国际海洋法法庭副庭长作出，因为庭长是本案当事一方俄罗斯的公民并且被俄罗斯指派为仲裁员。应乌克兰2016年11月29日的请求，国际海洋法法庭副庭长经与双方协商，于同年12月22日指派了3名非当事方仲裁员及仲裁法庭庭长。[16] 表1总结了上述《公约》附件七仲裁法庭的组成情况。

表1 《公约》附件七仲裁法庭的组成

（按照提起仲裁的时间排序）

序号	案件 （提起仲裁的时间）	争端 各方	仲裁法庭的组成	
			仲裁员	指派方
1	"麦氏金枪鱼案" （1999年7月15日）	新西兰和澳大利亚诉日本	Kenneth Keith	新西兰和澳大利亚
			Chusei Yamada	争端方指派[17]
			Stephen M. Schwebel （庭长）； Florentino Feliciano； Per Tresselt	
2	"莫克斯工厂案" （2001年10月25日）	爱尔兰诉英国	James Crawford	爱尔兰
			Arthur Watts（2007年11月16日去世） Lord Mustill, PC （接替Watts）	英国
			Thomas A. Mensah（庭长） Maître L. Yves Fortier Gerhard Hafner	双方协议

---

[15] See the "Enrica Lexie" Incident, Request for the Prescription of Provisional Measures, Order of 29 April 2016, para. 14.《国际海洋法法庭2015年年度报告》，SPLOS /294，第85段。

[16] 参见《国际海洋法法庭2016年年度报告》，SPLOS /304，第70段。

[17] 本案仲裁法庭没有在裁决中说明法庭的组成过程，而只说法庭是"在适当的指派后"（Following appointments in due course）组成的。See the Southern Bluefin Tuna Case, Award on Jurisdiction and Admissibility, para. 6. 有学者指出，本案仲裁员是由争端各方指派的。See Leah Sturtz, "Southern Bluefin Tuna Case：Australia and New Zealand v. Japan", *Ecology Law Quarterly*, 28（2001），p. 473, note 105.

续表

序号	案件 （提起仲裁的时间）	争端 各方	仲裁法庭的组成	
			仲裁员	指派方
3	"围海造地案" （2003年7月4日）	马来西亚 诉新加坡	Kamal Hossain	马来西亚
			Bernard H. Oxman	新加坡
			Mr. M. C. W. Pinto（庭长）； Ivan Shearer； Arthur Watts	国际海洋法法庭庭长 （2003年10月9日）
4	"巴巴多斯诉特立尼达 和多巴哥案" （2004年2月16日）	巴巴多斯 诉特立尼达 和多巴哥	Vaughan Lowe	巴巴多斯
			Ian Brownlie	特立尼达和多巴哥
			Stephen Schwebel（庭长）； Francisco Orrego Vicuña； Arthur Watts	双方协议
5	"圭亚那诉苏里南案" （2004年2月24日）	圭亚那诉 苏里南	Thomas Franck	圭亚那
			Hans Smit	苏里南
			Dolliver Nelson（庭长）； Kamal Hossain； Allan Philip（2004年 9月辞职）	双方协议
			Ivan Shearer （接替Philip）	仲裁法庭（2004年 10月）
6	"孟加拉湾海洋边界 仲裁案" （2009年10月8日）	孟加拉国 诉印度	Thomas A. Mensah	孟加拉国
			Pemmaraju Sreenivasa Rao	印度
			Rüdiger Wolfrum（庭长）； Ivan Shearer； Tullio Treves（2013年 6月16日辞职）	国际海洋法法庭庭长 （2010年2月12日）
			Jean-Pierre Cot （接替Treves）	国际海洋法法庭庭长 （2013年7月18日）
7	"查戈斯群岛海洋 保护区仲裁案" （2010年12月20日）	毛里求斯 诉英国	Rüdiger Wolfrum	毛里求斯
			Christopher Greenwood	英国
			Ivan Shearer（庭长）； Albert Hoffmann； James Kateka	国际海洋法法庭庭长 （2011年3月25日）

续表

序号	案件 （提起仲裁的时间）	争端 各方	仲裁法庭的组成	
			仲裁员	指派方
8	"自由号仲裁案" （2012年10月29日）	阿根廷 诉加纳	Elsa Kelly	阿根廷
			Thomas A. Mensah	加纳
			Bruno Simma（庭长）； Awn Shawkat Al-Khasawneh； Bernard H. Oxman	国际海洋法法庭庭长 （2013年2月4日）
9	"大西洋鲱鱼仲裁案" （2013年8月16日）	丹麦（法 罗群岛） 诉欧盟	Francisco Orrego Vicuña	丹麦
			Gerhard Hafner	欧盟
			Thomas A. Mensah（庭长）； M. C. W. Pinto； Rüdiger Wolfrum	双方协议
10	"北极日出号仲裁案" （2013年10月4日）	荷兰诉 俄罗斯	Alfred Soons	荷兰
			Alberto Székely	国际海洋法法庭庭长 （2013年12月13日）
			Thomas A. Mensah（庭长）； Henry Burmester； Janusz Symonides	国际海洋法法庭庭长 （2014年1月10日）
11	"杜兹吉特·完整号 仲裁案"（2013年 10月22日）	马耳他诉 圣多美和 普林西比	Tullio Treves	马耳他
			James L. Kateka	国际海洋法法庭庭长 （2013年12月27日）
			Alfred H. A. Soons（庭长）	国际海洋法法庭庭长 （2014年3月13日）
12	"恩丽卡·莱克西号 事件案"（2015年 6月26日）	意大利 诉印度	Francesco Francioni	意大利
			Chandrasekhara Rao （2018年10月 11日去世）； Sreenivasa Rao （接替Chandrasekhara）	印度
			Vladimir Golitsyn（庭长）； Jin-Hyun Paik； Patrick Robinson	国际海洋法法庭庭长 （2015年9月30日）

续表

序号	案件 （提起仲裁的时间）	争端 各方	仲裁法庭的组成	
			仲裁员	指派方
13	"沿海国权利争端案" （2016年9月16日）	乌克兰诉 俄罗斯	Vaughan Lowe	乌克兰
			Vladimir Golitsyn	俄罗斯
			Jin-HyunPaik（庭长）； Boualem Bouguetaia； Alonso Gómez-Robledo	国际海洋法 法庭副庭长 （2016年12月22日）

出处：本书作者根据相关资料整理制作

综上，国际海洋法法庭庭长目前在附件七仲裁法庭的组成中发挥了至关重要的作用：参与了多个法庭最初的组建，并在这一过程中共指派了20余人次的仲裁员[18]，其中包括多名时任国际海洋法法庭法官[19]。而且，在自2009年提起的"孟加拉湾海洋边界仲裁案"以来的案件中，只有"大西洋鲱鱼仲裁案"的仲裁法庭是当事方自己组建的，而国际海洋法法庭庭长参与了其他法庭的组建。导致这一结果的表面原因是实践中经常发生争端各方不能就非当事方仲裁员的指派达成协议或甚至被告方不指派仲裁员的情况，但其实这恰恰是《公约》附件七第3条所作安排的反映。

（二）程序规则的规定

除"大西洋鲱鱼仲裁案"外的程序规则中关于"仲裁员的数量和指派"的条款都只是简单地规定：

---

[18] 具体包括："围海造地案"中3名、"孟加拉湾海洋边界仲裁案"中3名、"查戈斯群岛海洋保护区仲裁案"中3名、"自由号仲裁案"中3名、"北极日出号仲裁案"中4名、"杜兹吉特·完整号仲裁案"中2名、"恩丽卡·莱克西号事件案"中3名、"沿海国权利争端案"中3名。

[19] 例如，"孟加拉湾海洋边界仲裁案"中的Rüdiger Wolfrum（1996—2017）、Tullio Treves（1996—2011）、Jean-Pierre Cot（2002—）；"查戈斯群岛海洋保护区仲裁案"中的Albert Hoffmann（2005—）、James Kateka（2005—）；"杜兹吉特·完整号仲裁案"中的James Kateka（2005—）；"恩丽卡·莱克西号事件案"中的Vladimir Golitsyn（2008—2017）、Jin-Hyun Paik（2009—）；"沿海国权利争端案"中的Jin-Hyun Paik（2009—）、Alonso Gómez-Robledo（2014—）、Boualem Bouguetaia（2008—）。关于常设性国际法院和法庭的法官担任仲裁员的问题，可以参见国际法学会的一个委员会的决议：Institut de Droit International, The Position of the International Judge, 9 September 2011, art. 3.

仲裁法庭由按照《公约》附件七第3条指派的五名成员组成。

"大西洋鲱鱼仲裁案"的程序规则第4条进一步介绍了仲裁员和庭长的指派过程。此外,"自由号仲裁案"之前的程序规则在正文之前的前言部分对仲裁员的指派过程进行了说明。然而,"自由号仲裁案"和"北极日出号仲裁案"的程序规则在前言中只说明了仲裁员的姓名和仲裁法庭的组成时间,而没有说明仲裁员的指派过程。至于"恩丽卡·莱克西号事件案"和"沿海国权利争端案"的程序规则的前言,则完全没有提及仲裁法庭的组成问题。

这些程序规则对仲裁员的数量和指派问题加以简单规定的原因可能是在具体案件中,制定程序规则时仲裁法庭已经组成了。然而,与附件七程序规则中使用一般现在时态规定"法庭由……五名成员组成"(Tribunal consists of five members)不同,其他一些由常设仲裁法院管理的国家间仲裁案的程序规则规定的是法庭"应"(shall)由几名成员组成,如"《大西洋环境公约》仲裁案"的程序规则第5条"仲裁员的数量和指派","厄立特里亚/埃塞俄比亚边界委员会"的程序规则第5条"委员的数量"和第6条"委员的指派","艾恩·莱茵铁路仲裁案"的程序规则第5条"仲裁员的数量和指派"。这两种表述的差异在于:后一种表述强调的是法庭组成的法律要求,而目前附件七程序规则的表述则隐含着对法庭组成合法性的肯定。考虑到存在质疑仲裁员的可能性,"仲裁法庭<u>应</u>由按照《公约》附件七第3条指派的五名成员组成"的表述更为恰当。而且,实践中某些仲裁员的指派是否完全"按照《公约》附件七第3条"作出也是有疑问的。有观点指出,附件七第3条关于第三方指派仲裁员的规定"高度复杂,必须被按部就班地适用",以避免一方主张仲裁法庭自始就未正当组成。[20] 例如,按照附件七第3条(e)项的规定,国际海洋法法庭庭长"<u>应</u>于收到请求后三十天期间内,在与争端双方协商后,从本附件第二条所指名单中作出"指派。由此,"除非争端各方另有协议",否则国际海洋法法庭庭长指派的仲裁员必须来自附件七第2条所指的仲裁员名单。此为国际海洋法法庭庭长在指派仲裁员时必须遵守的肯定性实质要求。这一要求似乎并不难以满足,因为

---

[20] See Shabtai Rosenne & Louis B. Sohn (vol. eds.), *United Nations Convention on the Law of the Sea 1982: A Commentary*, Vol. V, Martinus Nijhoff Publishers, 1989, p.429.

它只需要确保所指派的仲裁员来自附件七第 2 条的仲裁员名单即可。但事实却并非如此。尽管大多数国际海洋法法庭庭长所指派的仲裁员来自附件七第 2 条的仲裁员名单，但也有一些不同情况。这包括两种情况：一是指派的仲裁员不在仲裁员名单上，如 2013 年在"自由号仲裁案"中指派的 3 名仲裁员（Bruno Simma、Awn Shawkat Al-Khasawneh、Bernard H. Oxman）和 2015 年在"恩丽卡·莱克西号事件案"中指派的 2 名仲裁员（Vladimir Golitsyn、Patrick Robinson）。二是指派的时间早于有关仲裁员被提名列入仲裁员名单的时间。换言之，这些人员在被国际海洋法法庭庭长指派为特定案件中的仲裁员时尚未被列入附件七第 2 条的仲裁员名单，如 2010 年在"孟加拉湾海洋边界仲裁案"中指派的图利奥·特雷韦斯（Tullio Treves，意大利 2011 年提名），以及 2011 年在"查戈斯群岛海洋保护区仲裁案"中指派的艾伯塔斯·霍夫曼（Albert Hoffmann，南非 2014 年提名）和詹姆斯·卡特卡（James Kateka，坦桑尼亚 2013 年提名）。[21] 表 2 列出了国际海洋法法庭庭长所指派的这些仲裁员与附件七第 2 条中的仲裁员名单[22]的关系。虽然并不能据此就得出上述仲裁员的指派不符合附件七第 3 条的结论——因为相关指派或许是国际海洋法法庭庭长与争端各方协商的结果，但同时也并不能完全排除违规的可能性。

表 2　国际海洋法法庭庭长指派的部分仲裁员

序号	仲裁员 （国籍）	列入附件七第 2 条 仲裁员名单的情况	国际海洋法法庭（副）庭长的指派	
			指派时间	案件
1	Tullio Treves （意大利）	意大利 2011 年 6 月 28 日提名	2010 年 2 月 12 日	"孟加拉湾海洋 边界仲裁案"
2	Albert Hoffmann （南非）	南非 2014 年 4 月 25 日提名	2011 年 3 月 25 日	"查戈斯群岛海洋 保护区仲裁案"

---

[21] 关于国际海洋法法庭庭长指派附件七仲裁员实践的分析，可进一步参见拙作：Jianjun Gao, "Appointment of Arbitrators by the President of the ITLOS pursuant to Article 3 of Annex VII to the LOS Convention: Some Tentative Observations", *Chinese Journal of International Law*, 16 (2017), pp. 723-749。

[22] Notifications made under article 2 of annexes V and VII (List of conciliators and arbitrators)（https://treaties.un.org/Pages/ViewDetailsIII.aspx?src=TREATY&mtdsg_no=XXI-6&chapter=21&Temp=mtdsg3&clang=_en）(2018 年 11 月 16 日访问)。

续表

序号	仲裁员（国籍）	列入附件七第 2 条仲裁员名单的情况	国际海洋法法庭（副）庭长的指派	
			指派时间	案件
3	James Kateka（坦桑尼亚）	坦桑尼亚 2013 年 9 月 18 日提名	2011 年 3 月 25 日	"查戈斯群岛海洋保护区仲裁案"
			2013 年 12 月 27 日	"杜兹吉特·完整号仲裁案"
4	Bruno Simma（德国）	无提名	2013 年 2 月 4 日	"自由号仲裁案"
5	Awn Shawkat Al-Khasawneh（约旦）	无提名	2013 年 2 月 4 日	"自由号仲裁案"
6	Bernard H. Oxman（美国）	无提名	2013 年 2 月 4 日	"自由号仲裁案"
7	Vladimir Golitsyn（俄罗斯）	无提名	2015 年 9 月 30 日	"恩丽卡·莱克西号事件案"
8	Patrick Robinson（牙买加）	无提名	2015 年 9 月 30 日	"恩丽卡·莱克西号事件案"

出处：本书作者根据相关资料整理制作

（三）《指派条件》

许多案件的裁决显示，仲裁法庭会在它与当事方举行的第一次程序会议前后制作《指派条件》（Terms of Appointment）。但也有一些已决案件的裁决中并未提及《指派条件》的问题，例如"巴巴多斯诉特立尼达和多巴哥案"等。在那些提及《指派条件》的裁决中，关于该文件的产生过程的描述也并不相同："圭亚那诉苏里南案"中的《指派条件》是法庭经各方同意制定的[23]；"自由号仲裁案"和"孟加拉湾海洋边界仲裁案"中的《指派条件》是经争端各方、仲裁法庭庭长（代表法庭）及常设仲裁法院秘书长签署的[24]；"大西洋鲱鱼仲裁案"中的《指派条

---

[23] See Guyana v. Suriname, Award, para. 8.
[24] See ARA Libertad Arbitration, Procedural Order No. 1, 31 July 2013; Bay of Bengal Maritime Boundary Arbitration between Bangladesh and India, Award, para. 14.

件》是经争端各方、各仲裁员和书记官长签署的[25]；"杜兹吉特·完整号仲裁案"中的《指派条件》是经争端各方、仲裁法庭庭长（代表法庭）及书记处签署的[26]。在"查戈斯群岛海洋保护区仲裁案"中，仲裁法庭首先向各方散发了《指派条件》草案供它们评论，后经沟通，各方和法庭就指派条件达成协议，并进行了签署[27]。这些描述的一个共同点是，上述6个案件中的争端各方和仲裁法庭之间就《指派条件》存在协议。但"北极日出号仲裁案"中《指派条件》的制定则不同，因为它是以法庭第1号程序令的形式产生的。该案仲裁法庭首先邀请各方就第1号程序令（《指派条件》）的草案发表评论，随后在第一次程序会议上制定了该程序令[28]。第1号程序令由仲裁法庭庭长和常设仲裁法院秘书长签署。此种特殊状况可能与该案当事一方拒绝参加仲裁有关。

绝大多数案件的《指派条件》并未在常设仲裁法院网站上公布，因此其内容不得而知。由于仲裁法庭和争端各方通常都可以在《指派条件》的制定过程中发表意见，因此个案具体规定之间存在差异并不意外。"北极日出号仲裁案"中的《指派条件》包括以下9个部分：仲裁当事方、争端以及提起仲裁、指派法庭、适用的程序规则、法庭的收费和开支、书记处、缴存以确保法庭的收费和开支、特权和豁免、仲裁的名称。其中，"法庭的收费和开支"详细说明了仲裁员的收费和开支标准；"书记处"规定了常设仲裁法院国际事务局作为案件书记处的职责和收费问题；"特权和豁免"规定仲裁员在荷兰履行职责时应享有外交代表的豁免，而且争端各方不应试图就与仲裁有关的任何作为或不作为使法庭或其成员承担责任[29]。"大西洋鲱鱼仲裁案"的程序规则规定，所有仲裁员同意按照《指派条件》中的条件服务，而仲裁员的报酬由争端各方按照《指派条件》确定[30]。另外，在按照《公约》附件五提起的"帝汶海调解案"（东帝汶诉澳大利亚）中，强制调解委员会也与争端各方签署了《指派条件》，以确认对委员会的指派以及常设仲裁法院

---

[25] See Atlanto-Scandian Herring Arbitration, Termination Order of 23 September 2014.
[26] See Duzgit Integrity Arbitration, Award of 2016, para. 11.
[27] See Chagos Marine Protected Area Arbitration, Award, paras. 24-25.
[28] See Arctic Sunrise Arbitration, Award on the Merits, paras. 31-32.
[29] See Arctic Sunrise Arbitration, Procedural Order No. 1 (Terms of Appointment), 17 March 2014.
[30] Atlanto-Scandian Herring Arbitration, Rules of Procedure, arts. 4, 26 (2).

作为案件的书记处。[31] 由此，可以说《指派条件》的主要目的是确定仲裁员履行仲裁职责和常设仲裁法院履行书记处职责的条件，特别是附件七程序规则中未作出具体规定的收费和开支的标准问题。

需要强调的是，《指派条件》并非仲裁法庭组成的标志，因为法庭早在此文件出台之前就已经组成了。附件七没有规定仲裁法庭组成的时间节点。然而，一旦所需要的指派均已作出，仲裁法庭就应被视为已经组成。按照附件七规定的指派仲裁员的顺序，法庭庭长应当是最后指派的。附件七第3条（d）项规定："另三名仲裁员应由当事各方间以协议指派。……争端各方应从这三名仲裁员中选派一人为仲裁法庭庭长。"该规定显示，指派三名非当事方仲裁员应先于指派庭长。而且各方还可能"未能就指派庭长达成协议"。由此，仲裁法庭庭长的指派标志着附件七法庭的组成。[32] 此后出现的任何仲裁法庭组成人员的变化，均应按照出缺办理。

二、质疑仲裁员

（一）程序规则的规定

《公约》附件七没有规定质疑仲裁员的问题。一些案件的程序规则中也没有规定该问题。[33] 但是基于合理怀疑对仲裁员提出质疑是当事方固有的程序权利，因此并不依赖仲裁文件的明文规定。鉴于当事方经常试图指派那些将支持其观点的人为仲裁员[34]，当事一方保有对他方所指派人选提出异议的权利十分必要。由此，虽然附件七仲裁当事方有权独自指派一名仲裁员，但这并不意味着它可以指派任何其中意的人为仲裁

---

[31] See the Timor Sea Conciliation, Decision on Australia's Objections to Competence, 19 September 2016, para. 36; Report and Recommendations of the Compulsory Conciliation Commission, 9 May 2018, para. 79.

[32] 国际法委员会《仲裁程序示范规则》第3条第4款规定："在有规定庭长由其他仲裁员选出的情况下，法庭在庭长选出时应视为已组成。"

[33] 例如，"巴巴多斯诉特立尼达和多巴哥案""圭亚那诉苏里南案""孟加拉湾海洋边界仲裁案""恩丽卡·莱克西号事件案""沿海国权利争端案"的程序规则。

[34] See Brooks Daly, "The Abyei Arbitration: Procedural Aspects of An Intra-State Border Arbitration", *Leiden Journal of International Law*, 23 (2010), p. 811.

员。然而，可以质疑的对象不限于当事他方指派的仲裁员，而是包括第三方指派的仲裁员，甚至可以是质疑方自己指派的仲裁员。目前一些附件七仲裁法庭的程序规则中含有质疑仲裁员的规定，大致可以分为两类。

（1）"莫克斯工厂案"和"查戈斯群岛海洋保护区仲裁案"的程序规则。"莫克斯工厂案"的程序规则第6条包括两款，分别规定质疑的提出和质疑的处理[35]；而"查戈斯群岛海洋保护区仲裁案"的程序规则第6条增加了1款要求仲裁员进行披露的规定。这两个程序规则都规定，任一当事方可以在接获相关通知后30日内：

> 以存在引发对仲裁员的公正性或独立性的合理怀疑的情况，或者他/她不具备适合该职责的资质为由质疑仲裁员。任何此类质疑都应是书面的，并应通知国际事务局和仲裁法庭全体成员。
>
> 其指派受到质疑的仲裁员可以辞职；如果争端双方都如此请求的话，则应当辞职。但如果未辞职，则仲裁法庭的其他成员应最好在自质疑之日起30日内，但最迟不超过60日内对该质疑作出裁判。

这两个程序规则的区别在于它们为当事方规定了不同的提出质疑的时限起点："莫克斯工厂案"规定的是被通知仲裁员的指派后；而"查戈斯群岛海洋保护区仲裁案"规定的是被通知仲裁员的公正性或独立性声明后或新事实出现后，并相应地在第1款要求"每名仲裁员应作出全面的书面声明，以披露可能引发对其公正性或独立性的合理怀疑的任何情况"。

（2）"自由号仲裁案"及其之后的几个案件（"大西洋鲟鱼仲裁案"和"北极日出号仲裁案"）的程序规则。这些案件的程序规则用两条处理仲裁员的质疑问题，分别规定质疑的理由和质疑的程序。关于质疑的理由，它们一致规定：

> 1. 如果存在引发对仲裁员的公正性或独立性的合理怀疑的情况，可以质疑仲裁员。

---

[35] 该规定与"《大西洋环境公约》仲裁案"的程序规则第6条十分类似，只是后者规定由国际法院院长就质疑作出裁判。

2. 指派该仲裁员的争端一方,只有基于其在作出指派后才知道的理由方可质疑该仲裁员。

3. 当仲裁员不作为或者在事实或法律上不可能履行职责时,应适用第 [ ] 条规定的质疑仲裁员的程序。

上述规定几乎与《PCA 仲裁规则 2012》第 12 条第 1—3 款完全一致。[36] 其中,第 1 款与之前的两个程序规则一样将存在引发对仲裁员的公正性或独立性的合理怀疑的情况规定为质疑的理由。[37] 这一标准已经被认为"构成了国家间仲裁法庭的实践的一部分"[38]。第 2 款为当事方质疑自己指派的仲裁员规定了一些限制,其目的或许是防止当事方滥用质疑程序以阻碍审理的正常进行。第 3 款规定当仲裁员不履行职责时应适用质疑程序。与之前的两个程序规则不同,这几个程序规则没有明确规定当事方可以仲裁员"不具备适合该职责的资质为由"质疑仲裁员。仲裁员的公正性和独立性只是《公约》附件七第 2 条有关仲裁员资质规定中的品德部分,并非资质的全部。附件七第 2 条要求"每名仲裁员均应在海洋事务方面富有经验并享有公平、才干和正直的最高声誉"。该规定含有对仲裁员的品德和专业两方面的要求。[39] 虽然这些条件针对的是《公约》缔约国向联合国秘书长编制并保持的仲裁员名单中所提名的仲裁员,但是它们同样适用于在特定案件中指派的仲裁员,因为"公平、才干和正直","这些资质毫无疑问地可以被视为源自国际法的一般原则以及国际法院和法庭的实践"。[40] 由此,除了基于品德的理由,当事方亦可以仲裁员缺乏专业资质为由提出质疑。但"莫克斯工厂案"和"查戈斯群岛海洋保护区仲裁案"的程序规则将不具备资质和"存在引

---

[36] See also PCA Arbitration Rules 1992, arts. 10, 13 (2).
[37] 有观点认为,影响仲裁员独立性的情况是指仲裁员与当事方"客观存在的不恰当关联";而仲裁员的公正性问题则具有较强的"主观性","狭义的不公正特指观念不公"。丁夏:《国际投资仲裁中的裁判法理研究》,中国政法大学出版社 2016 年版,第 26、31 页。
[38] Chagos Marine Protected Area Arbitration, Reasoned Decision on Challenge against Judge Christopher Greenwood, para. 151.
[39] See Shabtai Rosenne & Louis B. Sohn (vol. eds.), *United Nations Convention on the Law of the Sea* 1982: *A Commentary*, Vol. V, Martinus Nijhoff Publishers, 1989, p. 425.
[40] See Chagos Marine Protected Area Arbitration, Reasoned Decision on Challenge against Judge Christopher Greenwood, paras. 133, 135.

发对仲裁员的公正性或独立性的合理怀疑的情况"并列作为质疑理由的做法似乎也不恰当。不具备资质的指控可以基于上述仲裁员资质中的任何要求——既可质疑仲裁员的专业资质，即仲裁员不满足"应在海洋事务方面富有经验并享有……才干……的最高声誉"的要求，也可质疑仲裁员的品德资质。鉴于"存在引发对仲裁员的公正性或独立性的合理怀疑的情况"已经允许质疑仲裁员的品德资质，因此第二个质疑理由应针对仲裁员的"专业资质"。

与对仲裁员的品德资质提出质疑密切相关的是仲裁员的披露义务，尽管当事方可以提出质疑的情况并不限于仲裁员自己披露的内容。"查戈斯群岛海洋保护区仲裁案"的法庭指出：

> 在由常设仲裁法院管理的仲裁中已经成为一种实践，即各方要求每位仲裁员提供一份"接受声明"（Declaration of Acceptance）以及一份"公正性和独立性说明"（Statement of Impartiality and Independence）。常设仲裁法院采用的该声明和说明的表格要求每位仲裁员考虑："过去和现在是否与各方或其律师存在任何直接或间接的财政、职业或其他类型的关系，而根据如下标准，此种关系的性质要求对其加以披露。对于任何怀疑都应当予以披露。"标准包含在仲裁员需要作出的选项中。第一个选项说："1. 我对争端各方都是公正和独立的，而且打算继续如此；就我所知而言，过去和现在没有需要披露的可能引发对我的公正性或独立性的合理怀疑的事实或情况。"替代选项说："2. 我是公正和独立的，而且打算继续如此；然而，我希望提醒你们注意如下我所披露的事实和情况，因为它们可能引发对我的公正性或独立性的合理怀疑。"[41]

几个附件七仲裁案的裁决中提到书记处将各仲裁员签署的"独立性

---

[41] Chagos Marine Protected Area Arbitration, Reasoned Decision on Challenge against Judge Christopher Greenwood, para. 136. See also Brooks W. Daly, Evgeniya Goriatcheva, Hugh A. Meighen, *A Guide to the PCA Arbitration Rules*, Oxford University Press, 2014, p. 237, 它提供了一个"Model Declaration of Acceptance and Statement of Impartiality and Independence for Cases under the 2012 PCA Rules"。

和公正性说明"送交争端各方。[42] 但上述披露"并非《公约》或其附件七所要求的",而只是常设仲裁法院的"实践"。[43] 由此附件七项下的程序规则有必要为仲裁员规定披露义务。[44] 目前只有"查戈斯群岛海洋保护区仲裁案"的程序规则为仲裁员规定了披露义务。《PCA 仲裁规则 1992》和《PCA 仲裁规则 2012》都为仲裁员规定了披露义务。其中,《PCA 仲裁规则 1992》第 9 条规定:"潜在的仲裁员(prospective arbitrator)应向就其可能的指派而与他/她接洽的人员披露任何可能引发对其公正性或独立性的合理怀疑的情况。一旦被指派或选任,仲裁员应向争端各方披露这些情况,除非其已经告知了它们这些情况。"而《PCA 仲裁规则 2012》第 11 条规定:"当某人因其可能被指派为仲裁员而被接洽时,他/她应披露任何可能引发对其公正性或独立性的合理怀疑的情况。从被指派时起,在整个仲裁过程中,仲裁员应不迟延地向争端各方和其他仲裁员披露任何此类情况,除非其已经告知了他们这些情况。"这两个规则要求了三种披露:指派前的披露、指派后的披露以及仲裁过程中的披露。一些常设仲裁法院管理的案件的程序规则中也规定了披露义务,而它们的表述类似《PCA 仲裁规则 1992》第 9 条。[45] 关于指派前的披露,常设仲裁法院秘书长在履行指派职责时会要求潜在的仲裁员首先完成"独立性和公正性说明",之后再考虑指派他们的问题。[46] 这对于国际海洋法法庭庭长在履行指派附件七仲裁员的职责时有所启示。而且"自由号仲裁案"等案件的程序规则中关于"指派该仲裁员的争端一方,只有基于其在作出指派后才知道的理由方可质疑该仲裁员"的规

---

[42] See Bay of Bengal Maritime Boundary Arbitration between Bangladesh and India, Award, para. 7; Arctic Sunrise Arbitration, Award on the Merits, para. 37; Chagos Marine Protected Area Arbitration, Award, para. 19. "北极日出号仲裁案"中还同时送交了仲裁员的简历。同上。

[43] See Chagos Marine Protected Area Arbitration, Reasoned Decision on Challenge against Judge Christopher Greenwood, para. 136.

[44] 值得注意的是,《公约》附件五的"帝汶海调解案"的程序规则为调解员规定了披露义务。第 6 条规定:"一旦被指派或选任,调解员应披露可能引发对其公正性或独立性的合理怀疑的任何情况,除非争端各方之前已被他/她告知了这些情况。"

[45] For example, Arbitration under the Timor Sea Treaty, Rules of Procedure, art. 4; Arbitration under the Timor Sea Treaty (Case concerning the Meaning of Article 8 (B)), Rules of Procedure, art. 5; Eritrea-Ethiopia Boundary Commission, Rules of Procedure, art. 7.

[46] See Brooks W. Daly, Evgeniya Goriatcheva, Hugh A. Meighen, *A Guide to the PCA Arbitration Rules*, Oxford University Press, 2014, p. 50.

定在限制当事方质疑它所指派的仲裁员的同时,似乎也隐含着仲裁员在被指派前所做的某种程度的披露,只是此种披露限于对指派他的当事方。然而,由于制定程序规则时附件七仲裁法庭早已组成完毕,因此该规定将只对可能的替代仲裁员的指派有意义。相比较而言,附件七仲裁规则更应强调指派后的披露和仲裁过程中的披露。仲裁员的披露义务不应是一次性的,而应持续于整个仲裁过程。[47]

　　除了质疑仲裁员的公正性或独立性外,"自由号仲裁案"等几个案件的程序规则还将仲裁员不履行职责列为质疑的理由,规定:"当仲裁员不作为或者在事实或法律上不可能履行职责时,应适用……质疑仲裁员的程序。"由此当事方不仅可以根据利益冲突质疑仲裁员,而且可以因仲裁员不履行或不能履行职责质疑他。[48] 仲裁员"不作为"是对已然状态的描述,而仲裁员"在事实或法律上不可能履行职责"则是对未然状态的判断。仲裁员不履行职责可能是由于自身原因所致,也可能是出于他所不能控制的情况,如疾病。当仲裁员不具备必要的专业资质时,也可以主张其不可能履行职责。按照上述程序规则,如果当事方意图在此种情况下主动更换仲裁员,则应适用质疑程序。如上所述,这几个程序规则关于质疑理由的规定与《PCA 仲裁规则 2012》第 12 条第 1—3 款几乎完全一致。但是它们没有包含《PCA 仲裁规则 2012》第 12 条第 4 款。该款规定,如果仲裁法庭的一名成员不参加仲裁,其他仲裁员有权斟酌决定在此情况下继续进行仲裁并作出裁决,除非各方另有协议;相反,如果其他仲裁员决定不继续仲裁,那么仲裁法庭应宣布职位空缺,从而应指派替代仲裁员。这样,除了指派新仲裁员以更换不履行职责的仲裁员外,《PCA 仲裁规则 2012》还允许仲裁法庭的剩余仲裁员进行"缺员仲裁"。在决定是否进行缺员仲裁时,第 12 条要求其他仲裁员应考虑仲裁的阶段、不参加仲裁的仲裁员所说的理由,以及他们认为适当的其他情况。类似的规定也包含在《PCA 仲裁规则 1992》(第 13 条第 3 款)以

---

[47] 参见池漫郊:《国际仲裁体制的若干问题及完善——基于中外仲裁规则的比较研究》,法律出版社 2014 年版,第 135 页。

[48] See Brooks W. Daly, Evgeniya Goriatcheva, Hugh A. Meighen, *A Guide to the PCA Arbitration Rules*, Oxford University Press, 2014, p. 51.

及常设仲裁法院管理的一些案件的程序规则中。[49] 有学者认为，质疑—更换仲裁员的循环程序可能无限期地进行下去，而"缺员法庭"（truncated tribunal）的设计可以防止当事方利用质疑和更换仲裁员的规则阻扰或拖延仲裁程序的进行。[50] 就"自由号仲裁案"等几个程序规则而言，由于它们没有将"当仲裁员不作为或者在事实或法律上不可能履行职责时，应适用……质疑仲裁员的程序"的规定受制于仲裁法庭进行缺员仲裁的决定，因此缺员仲裁并不适用于这些程序规则。而且缺员法庭也不适合附件七仲裁，目前并无这样的实践。然而，有时当事方可能并未意识到某个仲裁员已经不合理地拖延了法庭的工作。[51] 在此种情况下，仲裁法庭应及时告知当事方以便后者采取行动，但仲裁法庭不应主动宣布出缺。

关于质疑的程序，"自由号仲裁案"等几个程序规则中都含有如下内容：

> 1. 意图质疑仲裁员的争端一方应在得知第 [ ] 条所提之情况后 30 日内发出质疑通知。
>
> 2. 质疑通知应通知另一方、被质疑的仲裁员、其他仲裁员以及书记处。质疑通知应说明质疑的理由。
>
> 3. 当仲裁员被争端一方质疑时，争端他方可以同意该质疑（或各方可就质疑达成一致）。被质疑的仲裁员也可以离职。但是这均不意味着接受质疑理由的有效性。
>
> 4. 如果在发出质疑通知 15 日内各方未就质疑达成一致或被质疑的仲裁员未离职，则提出质疑的一方可以选择继续。此时它应在发出质疑通知 30 日内寻求 [ ] 对该质疑作出裁判。

这些规定与《PCA 仲裁规则 2012》第 13 条第 1—4 款十分类似[52]，

---

[49] For example, Arbitration under the Timor Sea Treaty, Rules of Procedure, art. 8; Iron Rhine Arbitration, Rules of Procedure, art. 6. 有学者甚至认为，如今普遍承认的是，即使没有当事方指派的仲裁员，缺员仲裁法庭原则上也可以继续审理并作出裁决。See Anne Peters, "International Dispute Settlement: A Network of Cooperational Duties", *European Journal of International Law*, 14 (2003), p. 24.

[50] See Brooks W. Daly, Evgeniya Goriatcheva, Hugh A. Meighen, *A Guide to the PCA Arbitration Rules*, Oxford University Press, 2014, p. 52.

[51] Ibid., pp. 53-54.

[52] See also PCA Arbitration Rules 1992, arts. 11, 12 (1).

只是规定了不同的质疑时限起点以及对质疑作出裁判的机构。《PCA 仲裁规则 2012》要求质疑方在其被告知受到质疑的仲裁员的指派或知晓有关的情况 30 日内提出质疑，同时规定由"指派机构"（the appointing authority），即常设仲裁法院秘书长[53]对质疑作出裁判。[54] 而"自由号仲裁案"和"大西洋鲱鱼仲裁案"的程序规则规定由国际海洋法法庭庭长对质疑作出裁判。"北极日出号仲裁案"在这方面的规定与"莫克斯工厂案"和"查戈斯群岛海洋保护区仲裁案"相同：由法庭的其他成员裁判质疑；并进一步规定，如果没有多数票，则法庭庭长或"首席仲裁员"应投决定票（第 8 条第 5 款）。另外，"北极日出号仲裁案"的程序规则还规定，当提出质疑的一方选择继续质疑时，法庭可以在质疑未解决前命令暂停程序（第 8 条第 4 款）。

　　关于质疑的提出，这几个程序规则与"莫克斯工厂案"和"查戈斯群岛海洋保护区仲裁案"的程序规则一样，也要求当事方在得知有关情况后"30 日内"提出质疑，并要求"质疑通知应说明质疑的理由"。但是它们没有明确要求质疑通知是"书面的"，而这一要求似乎应是必须的。关于质疑的处理，各程序规则中提及了几种可能性。第一，这些程序规则都提到受质疑的仲裁员主动辞职，质疑程序因此结束。而且，"莫克斯工厂案"和"查戈斯群岛海洋保护区仲裁案"的程序规则规定，如果争端双方都要求受质疑的仲裁员辞职，那么他"应当辞职"。仲裁员辞职造成出缺，应指派替代仲裁员。第二，除受质疑的仲裁员主动辞职外，"自由号仲裁案"等几个程序规则还规定了争端双方就质疑达成一致的情况。虽然没有明确规定争端他方同意质疑的后果，但是按照下一款中"如果在发出质疑通知 15 日内各方未就质疑达成一致或被质疑的仲裁员未离职，则提出质疑的一方可以选择继续"的规定看，当事方就质疑达成一致也将导致质疑程序的终止。需要指出的是，无论被质疑仲裁员主动辞职还是争端他方同意质疑，都不意味着他们接受质疑理由的有效性。但问题是，各方就质疑达成一致意见后，如何实现仲裁员的更换呢？似乎并非受质疑的仲裁员辞职——尽管这似乎是最可能的情况，因为这些程序规则将两者相提并论。而且一旦仲裁员被指派后，即使争

---

[53] See PCA Arbitration Rules 2012, art. 6 (1).
[54] "帝汶海调解案"的程序规则第 8 条第 5 款也规定由常设仲裁法院秘书长对质疑作出决定。

端双方达成协议也不可以直接将其更换而不待后者首先提出辞职。第三，提出质疑的当事方继续推进，并最终由有关机构对该质疑作出裁判。质疑方作出如此选择的前提是被质疑的仲裁员未主动离职。

关于裁判质疑的机构，上述附件七仲裁程序规则中作了两种不同的规定：2个规定由国际海洋法法庭庭长，而3个规定由仲裁法庭的其他成员对质疑作出裁判。选择国际海洋法法庭庭长应当是因为附件七将其设定为指派机构的缘故。有学者认为负责指派的机构还承担着解决对中立仲裁员的质疑的任务，并提及"美伊求偿法庭"（Iran-U. S. Claims Tribunal）的实践。[55] 但显然这一理由不适用于裁判针对并非由其指派的仲裁员的质疑，而且也存在不同的实践。例如，1958年国际法委员会《仲裁程序示范规则》赋予国际法院院长应请求指派仲裁员的权力，但同时为处理针对仲裁员和庭长的质疑规定了不同的程序：对仲裁员的质疑由"法庭的其他成员"决定；而庭长失去资格问题应在当事一方申请下由"国际法院"决定，倘若各方间没有协议的话。[56] 而且从附件七的规定中也难以得出第三方指派仲裁员的权力中包含着裁判针对其所指派的仲裁员的质疑的权力的结论。相反，即使仲裁协定中没有明确授权，其他仲裁员也拥有决定质疑的权力。[57] 而且，由法庭其他未受到质疑的成员对质疑作出裁判也是国际法院和国际海洋法法庭的实践。根据这两个法庭的规约，关于某个法官是否不应参与审理和裁判某一特定案件的异议，应"由法院决定之"[58] 或"由出席的法庭其他法官以过半数裁

---

[55] See J. G. Merrills, *International Dispute Settlement*, Cambridge University Press, 2011, 5th edition, p. 89. 1999年5月伊朗针对法庭庭长斯库比谢夫斯基（Skubiszewski）提出质疑，声称对其公正性和独立性有"合理的怀疑"。7月常设仲裁法院秘书长挑选国际法院前院长詹宁斯（Robert Jennings）作为该法庭的指派机构。詹宁斯在审查了伊朗、美国和庭长的意见，并会见了相关人员以及两国政府的代表后作出决定，拒绝了伊朗的质疑。伊朗之后又提出复议申请，但詹宁斯确认了他之前的决定。See Sean D. Murphy ed., "Contemporary Practice of the United States Relating to International Law", *American Journal of International Law*, 94 (2000), pp. 378-379.

[56] 1958 Model Rules on Arbitral Procedure, arts. 3, 6 (1) - (2).

[57] See Commentary on the Draft Convention on Arbitral Procedure Adopted by the International Law Commission at its Fifth Session, prepared by the Secretariat, 1955 (http://legal.un.org/docs/?path=../ilc/documentation/english/a_cn4_92.pdf&lang=EF), p. 32.

[58] 《国际法院规约》第17条第3款和第24条第3款。

定解决"[59]。在《公约》的争端解决机制框架内,"附件七法庭是国际海洋法法庭或国际法院的替代法庭",因此关于仲裁员的独立性和公正性不应适用与这两个国际法庭不同的条件。[60] 由此,适用与这两个法庭类似的程序来处理对仲裁员的质疑似乎更为适当。然而,考虑到仲裁法庭有限的人数,为了预防出现一半以上的仲裁员同时遭到质疑的情况[61],可以规定在此种极端情况下应请求国际海洋法法庭庭长就质疑作出裁判。这样的双重安排曾出现在"厄立特里亚/埃塞俄比亚边界委员会"的程序规则中。2000 年争端双方同意成立一个委员会来解决两国的陆地边界争端,并承认委员会的划界和勘界是"最终和有拘束力的"[62]。该边界委员会由五名成员组成:每一方指派两名成员,然后由这四名成员挑选的第五名成员担任委员会主席。如果一方未能按时作出指派或者当事方指派的成员未能按时就委员会主席人选达成一致意见,则由联合国秘书长作出必要的指派。[63] 埃塞俄比亚在委员会组成后对由厄立特里亚指派的委员保尔森(Paulsson)提出质疑。[64] 由于委员会当时尚未制定其程序规则,因此委员会以命令形式制定了《临时程序规则》以处理质疑问题。其中规定,对委员会成员的质疑应由委员会中未受到质疑的委员处理;如果他们不能作出决定,则委员会主席应将该质疑交给联合国秘书长决定。[65] 委员会主席据此将质疑交给秘书长决定。一个月后保尔森提出辞职,随后厄立特里亚指派了另一名委员来填补空

---

[59]《国际海洋法法庭规约》第 8 条。

[60] See Chagos Marine Protected Area Arbitration, Reasoned Decision on Challenge against Judge Christopher Greenwood, para. 168.

[61] 有观点认为裁定质疑的仲裁员的人数应多于受到质疑的仲裁员的人数。联合国秘书处在其评论中认为该规则不可取,但是没有作任何说明。See Commentary on the Draft Convention on Arbitral Procedure Adopted by the International Law Commission at its Fifth Session, prepared by the Secretariat (http: //legal. un. org/docs/? path = ../ilc/documentation/english/a_ cn4_ 92. pdf&lang = EF), 1955, pp. 32-33.

[62] Agreement between the Government of the Federal Democratic Republic of Ethiopia and the Government of the State of Eritrea of 12 December 2000, art. 4 (15).

[63] Ibid., art. 4 (2) - (5).

[64] See Eritrea - Ethiopia Boundary Commission, Decision regarding Delimitation of the Border between Eritrea and Ethiopia, Decision of 13 April 2002, R. I. A. A., Vol. XXV, p. 83, paras. 1. 3-1. 6.

[65] Ibid., para. 1. 12.

缺。[66] 委员会在其 2002 年的程序规则中规定，由未受到质疑的委员对质疑作出裁判，但条件是他们至少为三人以上；如果少于三人，则委员会主席应将质疑提交联合国秘书长决定。[67] 附件七仲裁程序规则中没有关于裁判质疑程序的进一步规定，由此这将留给相关机构决定。"莫克斯工厂案"和"查戈斯群岛海洋保护区仲裁案"的程序规则要求仲裁法庭的其他成员最迟在自质疑之日起 60 日内对质疑作出裁判。但如下所示，这一要求在"查戈斯群岛海洋保护区仲裁案"中就未得到满足。

（二）"查戈斯群岛海洋保护区仲裁案"

该案是目前为止附件七仲裁中已知的唯一当事方正式对仲裁员提出质疑的案例。但这并不意味着其他案件中肯定不存在可以质疑仲裁员的情况。如同本案仲裁法庭所言，一个有权质疑仲裁员的当事方可能出于各种原因而放弃这样做，同时从未说明此种放弃或其理由。[68] 本案中，原告对被告指派的仲裁员提出质疑，而根据争端双方的协议，法庭的其他仲裁员处理了该问题，并最终驳回了质疑。[69]

2010 年 12 月 20 日毛里求斯就英国决定在查戈斯群岛建立海洋保护区问题提起仲裁。2011 年 1 月 19 日英国指派了格林伍德为仲裁员。格林伍德曾在一些案件中作为英国政府的律师，并于 2009 年当选国际法院法官。[70] 在被指派为本案仲裁员后，格林伍德还参加了英国政府招聘"外交和联邦办公室"（FCO）法律顾问的招聘委员会的工作。该委员会于 2011 年 3 月 7 日开会考虑申请，3 月 14 日面试候选人，并对候选人进行了排序。外交和联邦办公室按照委员会的建议任命了新的法律顾问。[71] 本案仲裁法庭组成后，书记处向各方送交了五位仲裁员的"公正性及独立性说明"，其中格林伍德提交了"披露说明"。鉴于格林伍德和英国政府长期密切的工作关系，毛里求斯要求格林伍德作进一步披露。格林伍

---

[66] See Eritrea - Ethiopia Boundary Commission, Decision regarding Delimitation of the Border between Eritrea and Ethiopia, paras. 1. 13-1. 14.

[67] Eritrea-Ethiopia Boundary Commission, Rules of Procedure, art. 10（1）.

[68] See Chagos Marine Protected Area Arbitration, Reasoned Decision on Challenge against Judge Christopher Greenwood, para. 174.

[69] Ibid., VII Decision.

[70] Ibid., paras. 33-34.

[71] Ibid., paras. 35-37.

德随即提交了进一步披露说明。5月23日毛里求斯表示将质疑格林伍德，认为对他的指派不符合独立性和公正性原则。[72] 鉴于仲裁法庭当时尚未制定程序规则[73]，法庭就处理质疑的程序提出如下建议并获得争端双方的同意：（1）由各方及格林伍德提出意见；（2）由法庭的其他四名成员以多数票就质疑作出决定，倘无多数票，则庭长有决定票；（3）法庭将在收到英国的复辩状后决定是否开庭。[74] 争端双方按照议定的日程交换了书面意见：毛里求斯的质疑理由（关于质疑的诉状）、英国的答复、毛里求斯的答辩状、英国的复辩状。而格林伍德也提交了对双方意见的评论。[75] 随后法庭于2011年10月4日在海牙举行庭审，出席的人员包括：四名仲裁员、争端双方以及书记官长。法庭在庭审结束时提议它首先就质疑作出决定而不说明理由，然后再按照正常途径作出有理由的决定。各方对此表示同意。[76] 此种裁决与理由相分离的安排似乎是出于不延迟案件审理进程的考虑。2011年10月13日法庭决定驳回对格林伍德的质疑（不具理由），随后于11月30日就其决定提供了书面理由。[77] 按照法庭的决定，各方就质疑提交的书面意见以及任何文件资料和证据均应保密，庭审不对公众开放，而且庭审笔录也应保密。[78]

关于裁决质疑的标准，毛里求斯主张所谓的"偏颇迹象标准"（Appearance of Bias Standard），即"从理性和有见识的人的角度，这些情况是否引发对仲裁员的公正性或独立性的正当怀疑"。换言之，问题"不是是否存在真的偏颇或依赖于一方，而是是否有偏颇或缺乏独立性

---

[72] Ibid., paras. 9-12.
[73] 根据沃尔弗鲁姆的说法，"查戈斯群岛海洋保护区仲裁案"的程序规则草案中没有包含质疑仲裁员的规定。See Rüdiger Wolfrum, "Arbitration and the Law of the Sea: A Comparison of Dispute Resolution Procedures", in John Norton Moore ed., International Arbitration: Contemporary Issues and Innovations, Martinus Nijhoff Publishers, 2013, pp. 128-129. 他是该案的仲裁员之一。
[74] See Chagos Marine Protected Area Arbitration, Reasoned Decision on Challenge against Judge Christopher Greenwood, paras. 13-14.
[75] Ibid., paras. 15-20.
[76] Chagos Marine Protected Area Arbitration, Reasoned Decision on Challenge against Judge Christopher Greenwood, paras. 26-29.
[77] See Chagos Marine Protected Area Arbitration, Award, para. 23.
[78] See Chagos Marine Protected Area Arbitration, Reasoned Decision on Challenge against Judge Christopher Greenwood, para. 18.

的迹象"[79]。而英国则主张"先前的具体牵涉标准"（Specific Prior Involvement Standard），即仲裁员之前不得与法庭审理的实际争端有任何牵涉。[80] 仲裁法庭指出，裁判的"准据法是……《公约》附件七中的规定，并辅以国家间案件中的国际法院和法庭的法律和实践"[81]。关于前者，法庭认为："适用于仲裁本案中指派仲裁员的法律要求仲裁员应当享有公平、才干和正直的最高声誉，而且不存在可能对仲裁员的公正性或独立性引发合理怀疑的情况。"[82] 关于后者，法庭强调："质疑仲裁员的一方必须利用适用于国家间案件的标准显示和证明，存在合理依据来怀疑该仲裁员在特定案件中的独立性和公正性。"[83]

关于毛里求斯质疑的第一项证据，即格林伍德过去在许多案件中作为英国的律师，法庭指出，关于格林伍德在被指派为仲裁员之前未涉及本案争端并无争议，而且法庭不相信格林伍德之前作为英国律师的行为能引发对其公正性或独立性的合理怀疑。[84] 关于毛里求斯的第二项证据，即格林伍德在被指派为本案仲裁员后还参与了英国外交部新法律顾问的选任工作，法庭认为该活动和格林伍德作为本案仲裁员同时发生的事实要求法庭"特别仔细地审查"，但同时指出：

> 格林伍德对选任程序的参与只是建议性的；不需要对法律问题提出意见；限于对候选人的适合性的一个方面提出建议；而且涉及的是一个其结论为全体一致的小组的成员资格。并且，格林伍德法官对该程序的参与相当短暂：面试、讨论和决定仅仅用了两天时间。

而且法庭也不认为该活动构成格林伍德和英国间以往关系的继续。由此法庭的结论是："这样一个有限的活动，且不涉及其对法律问题的意见，并不能引发对他在本仲裁法庭将要裁判的案件中的公正性或独立

---

[79] See Chagos Marine Protected Area Arbitration, Reasoned Decision on Challenge against Judge Christopher Greenwood, paras. 41-43.
[80] Ibid., para. 53.
[81] Ibid., para. 165.
[82] Ibid., para. 138.
[83] Ibid., para. 166.
[84] Ibid., paras. 172-173.

性的合理怀疑。"[85]

本案从毛里求斯提出质疑到仲裁法庭作出不具理由的决定，前后耗费大约5个月时间。其间法庭与各方磋商确定审理质疑的程序，争端双方以及受到质疑的仲裁员提交了书面意见，争端双方参加了庭审。鉴于质疑问题的敏感性，这些审理都不公开。庭审后不久法庭就迅速作出了不具理由的决定，并最终给出了几十页有理由的决定。与国际法院处理质疑问题的实践相比，"查戈斯群岛海洋保护区仲裁案"法庭的做法更加细致。在"西南非洲案"（埃塞俄比亚诉南非；利比里亚诉南非）第二阶段，南非于1965年3月14日——庭审即将开始前一天，通知国际法院，它意图对法院的组成提出异议。法院在闭门听取了争端各方的意见后于18日发布命令，决定不接受该请求。[86] 国际法院在命令中没有说明拒绝的理由，在后来的判决中也没有进一步说明。[87] 几年后，在"南非不顾安全理事会第276（1970）号决议继续留驻纳米比亚（西南非洲）对各国的法律后果咨询案"中，南非在其1970年11月的书面意见中表示反对三名法官参加该案审理，包括法院院长默罕默德·扎弗鲁拉·汉（Muhammad Zafrulla Khan），以及帕迪利亚·纳沃（Padilla Nervo）和莫罗佐夫（Morozov）法官。国际法院在仔细考虑了南非的反对意见后[88]，于1971年1月26日发布了三项命令，分别驳回了南非对这三名法官的质疑[89]。法院在这三个十分简短的命令中没有解释其决定的理由，但是在同年6月的咨询意见中给出了简要说明。[90] "在被占巴勒斯坦领土修建隔离墙的法律后果咨询案"中，以色列主张埃拉拉比

---

[85] Ibid., paras. 181-183.

[86] See South West Africa (Ethiopia v. South Africa; Liberia v. South Africa), Order of 18 March 1965, I. C. J. Reports 1965, p. 3, at 3-4.

[87] See South West Africa, Second Phase, Judgment, I. C. J. Reports 1966, p. 6, at 9.

[88] See Legal Consequences for States of the Continued Presence of South Africa in Namibia (South West Africa) notwithstanding Security Council Resolution 276 (1970), Advisory Opinion, I. C. J. Reports 1971, p. 16, para. 9.

[89] See Legal Consequences for States of the Continued Presence of South Africa in Namibia (South West Africa) notwithstanding Security Council Resolution 276 (1970), Order No. 1 of 26 January 1971, I. C. J. Reports 1971, p. 3; Order No. 2 of 26 January 1971, I. C. J. Reports 1971, p. 6; Order No. 3 of 26 January 1971, I. C. J. Reports 1971, p. 9.

[90] See Legal Consequences for States of the Continued Presence of South Africa in Namibia (South West Africa) notwithstanding Security Council Resolution 276 (1970), Advisory Opinion, para. 9.

（Elaraby）法官"不适合"（inappropriate）参加审理，理由是该法官"无论之前以其职业身份，还是在其所表达的观点中，一直都积极地反对以色列"，包括在该案提交给法院的问题上。[91] 法院经过审理，于2004年1月发布命令，决定以色列所提事项（matters）"不至于（not such as to）排除埃拉拉比法官参加本案的审理"[92]。与之前的两个案件不同，法院在本案中就质疑作出了"一个有理由说明的命令"（a reasoned Order）。[93] 国际法院的上述实践表明，它不认为必须就质疑的决定说明理由。《PCA仲裁规则2012》第13条第5款规定，除非各方同意不应说明理由，否则常设仲裁法院秘书长在裁决质疑时"可以说明理由"。这样规定是因为有些案件中的情况可能使在裁判质疑时不说明理由更为有利，例如一方纯属利用质疑程序作为拖延策略。[94] 就《公约》附件七而言，虽然第10条要求法庭的"裁决书"（Award）应说明理由，但法庭关于质疑问题作出的是"决定"（decision）。

综观"查戈斯群岛海洋保护区仲裁案"法庭的裁判依据，它既没有采纳毛里求斯的"偏颇迹象标准"，也没有采纳英国的"先前的具体牵涉标准"。如法庭指出的，各方关于格林伍德在被指派为仲裁员之前未牵涉本争端并无争议。至于毛里求斯的"偏颇迹象标准"，法庭拒绝该标准似乎主要源于形式上的考虑。毛里求斯主张"偏颇迹象标准"是一般法律原则，并提到《PCA仲裁规则1992》《联合国国际贸易法委员会仲裁规则》《国际投资争端解决中心公约》以及国际法学会的相关决议等。[95] 但法庭强调，"只有适用于国家间法庭的规则以及这些法庭的实践才与附件七案件中的仲裁员的资质以及对他们的质疑有关"，而"没有理由基于处理国家间案件的国际法院和法庭的法律和实践以外的理由考虑对根据《公约》附件七指派的仲裁员的质疑"。出于这一原因，法

---

[91] See Legal Consequences of the Construction of a Wall in the Occupied Palestinian Territory, Order of 30 January 2004, I. C. J. Reports 2004, p. 3, paras. 1-5.

[92] Legal Consequences of the Construction of a Wall in the Occupied Palestinian Territory, Order of 30 January 2004, I. C. J. Reports 2004, p. 3, at 5.

[93] See Legal Consequences of the Construction of a Wall in the Occupied Palestinian Territory, Advisory Opinion, I. C. J. Reports 2004, p. 136, para. 8.

[94] See Brooks W. Daly, Evgeniya Goriatcheva, Hugh A. Meighen, *A Guide to the PCA Arbitration Rules*, Oxford University Press, 2014, p. 56.

[95] See Chagos Marine Protected Area Arbitration, Reasoned Decision on Challenge against Judge Christopher Greenwood, paras. 40, 58.

庭"不认为毛里求斯援引的许多其他文件与本案相关"[96],也"不相信毛里求斯提出的来自私法渊源的偏颇迹象标准在本案中有直接的适用性"[97]。显然,仲裁法庭在考察格林伍德在被指派为仲裁员之后的活动时采取了比考察其在被指派为仲裁员之前的活动时更为严格的标准。之前尽管格林伍德与英国政府之间有密切联系,但仲裁法庭指出,国际法院的"一贯立场"是,"其成员之前作为它们政府的代表所从事的活动并不引发《国际法院规约》第17条第2款的适用"[98]——该款规定:"法官曾以当事国一造之代理人、律师、或辅佐人、或以国内法院或国际法院或调查委员会委员、或以其他资格参加任何案件者,不得参与该案件之裁决。"法庭认为《国际海洋法法庭规约》的相关规定与《国际法院规约》在"实质上相同"[99],而且表示:"目前尚不清楚在《公约》项下的任何案件中,一个法官或仲裁员因为其在当选法官或被提名仲裁员之前在政府中的高级职位或充任律师而被成功地质疑。"[100] 相反,在考察格林伍德在被指派为仲裁员后参与英国外交部新法律顾问的选任工作时,仲裁法庭强调格林伍德参与的程度在各方面都是"有限的"。

三、更换仲裁员

所有程序规则都含有更换仲裁员的规定。它们主要涉及三个问题:更换的原因、替代仲裁员的指派以及先前程序的重复。

(一)更换的原因

国际仲裁中存在主动更换仲裁员和被动更换仲裁员两种情况。前者

---

[96] Ibid., paras. 165, 168.
[97] Ibid., para. 169.
[98] Ibid., para. 145. 之所以有关人员之前履行其外交或政府职责时所从事的活动不属于第17条第2款的范围,是因为这些观点不是其"个人意见",而是其政府的意见。See Legal Consequences of the Construction of a Wall in the Occupied Palestinian Territory, Order of 30 January 2004, I. C. J. Reports 2004, p. 3, Dissenting Opinion of Judge Buergenthal, para. 6.
[99] Chagos Marine Protected Area Arbitration, Reasoned Decision on Challenge against Judge Christopher Greenwood, para. 149.
[100] Ibid., para. 174.

是指当事方在法庭并无出缺的情况下指派新的仲裁员以更换原来的仲裁员，而后者是指原来的仲裁员出缺从而导致指派新的仲裁员。从形式上看，两者的区别在于指派新仲裁员时法庭是否存在出缺。1958 年《仲裁程序示范规则》规定了这两种更换仲裁员的情况。其中，第 4 条规定了当事方主动更换仲裁员的情况。据此，对于当事方仲裁员，指派方可以在法庭程序开始前予以更换；即使在程序开始后经双方协议也可以更换。[101] 对于双方协议指派的仲裁员，在例外情况下也得变动。[102] 然而，该条同时规定了所谓"仲裁法庭不变原则"（the principle of the immutability of the arbitral tribunal）[103]，即"法庭一旦组成，在作出裁决前，其组成应维持不变"。该规定是仲裁程序法中的一个"创新"，目的在于确保法庭不会因为任意变动其成员而无法工作。[104] 另外，《仲裁程序示范规则》第 5 条和第 6 条规定了被动更换仲裁员的原因："由于仲裁员的死亡、丧失能力或辞职而出缺"，或者因质疑仲裁员导致的出缺，"应依照为原来指派所规定的程序补缺"。

《公约》附件七第 3 条（f）项是附件七中唯一规定更换仲裁员的条款，而它显然是以存在出缺为前提的。允许当事方主动更换仲裁员将有损于仲裁员的独立性和公正性。而且当事方指派仲裁员的权利也并不包含着在作出指派后主动变更的权利。[105] 国际法委员会的《仲裁程序示范规则》允许当事方主动变更仲裁员的规定被认为是对传统仲裁观念的妥协——此种观念认为当事方指派的仲裁员是它们各自的代表，没有独立

---

[101] 按照《仲裁程序示范规则》第 4 条第 4 款，当法庭庭长作出首个程序令时，程序视为已经开始。

[102] 但该条规定，对于第三方指派的仲裁员，即使双方协议也不得变动。

[103] See Commentary on the Draft Convention on Arbitral Procedure Adopted by the International Law Commission at its Fifth Session, prepared by the Secretariat, 1955（http://legal.un.org/docs/?path=../ilc/documentation/english/a_cn4_92.pdf&lang=EF）, p. 26.

[104] Ibid.

[105] 国际法委员会曾指出，当事方选择仲裁员的自由不能扩展到在程序启动后单方改变仲裁法庭组成的权利。See Report of the International Law Commission Covering the Work of its Fifth Session, 1 June-14 August 1953, in Yearbook of the International Law Commission (1953), Vol. II, p. 200, para. 32. 一个近来的例子是，在"铁路用地仲裁案"中，马来西亚在仲裁法庭组成前，经新加坡的同意，更换了它之前指派的仲裁员。See Railway Land Arbitration (Malaysia/Singapore), Award of 30 October 2014 (https://pca-cpa.org/en/cases/56/), reprinted in 162 I. L. R. 588, paras. 16-17.

性，故而指派方可以随时撤换他们。[106] 此种观念显然与《公约》附件七仲裁不相符。各程序规则中也没有提及当事方主动更换仲裁员的情况。由此附件七仅允许被动更换仲裁员的情况。第3条（f）项规定的是"任何出缺"，而没有说明导致出缺的理由。然而，在从1975年《非正式单一协商案文》到1981年《海洋法公约草案》的整个附件七的制定过程中，关于现今第3条（f）项的表述都是："由于死亡、辞职或任何其他原因造成的出缺应按照原来的指派方法补缺。"[107] 就目前各程序规则而言，它们都规定了仲裁员在审理过程中死亡或辞职的情况。至于"其他原因造成的出缺"，规定了质疑仲裁员的程序规则还包括质疑得到认可的情况，而"孟加拉湾海洋边界仲裁案""恩丽卡·莱克西号事件案""沿海国权利争端案"等3个程序规则（第6条）还提到"丧失能力"的情况。

（二）替代仲裁员的指派

《公约》附件七第3条（f）项规定："任何出缺应按照原来的指派方法补缺。"就各程序规则的规定而言，可分为两类。

（1）两个程序规则中没有具体规定替代仲裁员的指派者。其中，"大西洋鲱鱼仲裁案"的程序规则（第7条第1款）只是简单地规定替代仲裁员应按照《公约》附件七第3条（f）项指派；而"沿海国权利争端案"的程序规则（第6条第1款）规定应按照原来指派相关仲裁员

---

[106] See Draft Convention on Arbitral Procedure Adopted by the Commission at its Fifth Session, Report by Georges Scelle, Special Rapporteur (with a "model draft" on arbitral procedure annexed), Yearbook of the International Law Commission (1957), Vol. II, p. 1, paras. 41-43.

[107] See Informal Single Negotiating Text (part IV), 21 July 1975, A/CONF. 62/WP. 9, Annex I B, art. 2 (6); Informal Single Negotiating Text (part IV), 6 May 1976, A/CONF. 62/WP. 9/Rev. 1, Annex I B, art. 2 (6); Revised Single Negotiating Text (part IV), 23 November 1976, A/CONF. 62/WP. 9/Rev. 2, Annex III, art. 3 (6); Informal Composite Negotiating Text, 15 July 1977, A/CONF. 62/WP. 10, Annex VI, art. 3 (6); Informal Composite Negotiating Text/Revision 1, 28 April 1979, A/CONF. 62/WP. 10/Rev. 1, Annex VI, art. 3 (6); Informal Composite Negotiating Text/Revision 2, 11 April 1980, A/CONF. 62/WP. 10/Rev. 2, Annex VII, art. 3 (f); Draft Convention on the Law of the Sea (Informal Text), 22 September 1980, A/CONF. 62/WP. 10/Rev. 3, Annex VII, art. 3 (f); Draft Convention on the Law of the Sea, 28 August 1981, A/CONF. 62/L. 78, Annex VII, art. 3 (f).

的方法补缺，同时规定附件七第3条中的期限应当尽可能为自告知当事方该仲裁员辞职、丧失能力或死亡之日起的30天，但不应超过60天。

（2）绝大多数程序规则分情况具体规定了替代仲裁员的指派者。大致包括三种情况：

第一，当被更换的仲裁员原来是由争端一方按照《公约》附件七第3条（b）项或第3条（c）项指派的，则由作出原来指派的一方在30日内，或不迟于60日内指派替代仲裁员。

第二，当被更换的仲裁员原来是由争端各方按照《公约》附件七第3条（d）项协议指派的，则由各方协议，或如果未能达成协议，则由法庭的其他成员在仲裁员死亡或离职30日内，或不迟于60日内指派替代仲裁员。

第三，当被更换的仲裁员原来是由国际海洋法法庭庭长按照《公约》附件七第3条（e）项指派的，如果争端各方在30日内未另有协议，则由国际海洋法法庭庭长（在与争端各方协商后）作出指派[108]，或"按照《公约》附件七第3条（e）项作出指派"[109]。

这些程序规则中都含有第一种情况，同时按照各案的情况规定了后两种情况中的一种：其中，3个规定了第二种情况[110]，其他的则规定了第三种情况。所有规定了第二种情况的程序规则都将各方不能就替代仲裁员达成协议情况下的指派权赋予了仲裁法庭的其他成员。所有规定了第三种情况的程序规则都将国际海洋法法庭指派替代仲裁员的权力置于各方在出缺30日内未另有协议的限制下。由此无论当事方是否能够达成协议，上述30天的期限本身就是国际海洋法法庭庭长在指派替代仲裁员前应满足的条件。需要指出的是，在上下文中，"另有协议"指的是争端各方在此期限内就国际海洋法法庭庭长以外的其他指派机构达成协议，而似乎并不包括各方可以直接就替代仲裁员的人选达成协议。在"北极日出号仲裁案"中，国际海洋法法庭庭长不仅指派了应由各方协议指派

---

[108] See Bay of Bengal Maritime Boundary Arbitration between Bangladesh and India, Rules of Procedure, art. 6（1）; Chagos Marine Protected Area Arbitration, Rules of Procedure, art. 7（1）; ARA Libertad Arbitration, Rules of Procedure, art. 8（1）; Arctic Sunrise Arbitration, Rules of Procedure, art. 9（1）.

[109] The "Enrica Lexie" Incident, Rules of Procedure, art. 6（1）.

[110] See the MOX Plant Case, Rules of Procedure, art. 7（1）; Guyana v. Suriname, Rules of Procedure, art. 6（1）; Barbados v. Trinidad and Tobago, Rules of Procedure, art. 6（1）.

的三名仲裁员，而且指派了未参加仲裁一方的仲裁员。由此，认为该案程序规则第9条第1款（b）项中的"另有协议"包括各方就更换这些仲裁员的人选达成协议是荒唐的。另外，这些程序规则在具体规定上有时也存在差异。例如，"北极日出号仲裁案"的程序规则（第9条）在第一种情况中只提到了60天的期限，而"恩丽卡·莱克西号事件案"的程序规则进一步补充："如果未能在该期限内作出指派，则争端他方可以在该期限期满后两周内要求按照《公约》附件七第3条（e）项作出指派。"关于第三种情况，"孟加拉湾海洋边界仲裁案"的程序规则第6条规定，如果争端各方未在30日内达成其他协议，则"由国际海洋法法庭庭长在接下来的30日内作出指派"。

按照《公约》附件七第3条的规定，仲裁法庭的组成规则——包括"原来指派"和补缺指派都受到"除非争端各方另有协议"的限制。由此，只要上述程序规则中有关替代仲裁员的指派规定反映了争端各方的协议，那么它们与第3条所规定的指派规则的关系就不需深究。但从解释和适用附件七第3条（f）项的角度看，上述程序规则的规定则有一些值得讨论之处。关键是对该项中"原来的指派方法"规定的理解。目前大多数附件七程序规则的规定显示它们将"原来的指派方法"解读为原来实际指派被更换的仲裁员的方法。根据《公约》附件七第3条，虽然只有当事方各自指派的和当事方协议指派的两类仲裁员，但某个仲裁员实际上可能是由当事方各自指派的，或由当事方协议指派的，或由第三方，特别是国际海洋法法庭庭长指派的。然而，依据《公约》附件五成立的"帝汶海调解案"的强制调解委员会的程序规则提供了一个与上述附件七程序规则不同的解读。《公约》附件五项下的调解委员会由五名成员组成：各方指派两名调解员，并由联合国秘书长在必要时履行指派职能。[111] 附件五第3条（f）项也规定："任何出缺，应依照为最初指派所规定的方式补缺。""按照原来的指派方法"（in the manner prescribed for the initial appointment）和"依照为最初指派所规定的方式"（in the manner prescribed for the initial appointment）应具有相同的含义。"帝汶海调解案"的程序规则第9条规定：

---

[111] 参见《公约》附件五第3条。

如果对调解员指派的质疑被认可,或者在调解过程中有任何其他需要更换调解员的情况,应依照为最初指派所规定的方式指派替代调解员。在所有情况下应充分(in full)使用《公约》附件五第 3 条规定的程序来指派替代调解员,即使一方在指派将被更换的调解员的过程中未曾行使其指派的权利或未曾参与该指派。

由此,替代调解员的指派应按照《公约》规定的指派此类调解员的方式,而不是按被更换的调解员原来实际被指派的方式。换言之,如果将被更换的调解员按照《公约》规定应由一方(如被告方)指派,那么即使实际上该调解员是由联合国秘书长应他方(如原告方)请求而指派的,替代调解员也应首先由被告方而非联合国秘书长作出指派。同样,如果将被更换的调解员按照《公约》规定应由当事方指派的四名调解员共同指派,那么只有在他们未能作出指派的情况下联合国秘书长才能采取行动,即使该委员最初就是由秘书长指派的。类似的规定也见于《PCA 仲裁规则 1992》(第 11 条)、《PCA 仲裁规则 2012》(第 14 条)以及一些仲裁案的程序规则中。[112] 这样的理解更符合《公约》附件五和附件七的第 3 条(f)项的文本。它们规定的是按照"为最初指派所规定的"方式方法,而非指派原来仲裁员所实际使用的方法。[113] 其实,后一种理解或将减损当事方在指派替代仲裁员方面的权利。由此补缺程序应只有两种:当事一方对应由它指派的仲裁员的出缺指派替代仲裁员,或者争端双方对应由它们协议指派的仲裁员的出缺共同指派替代仲裁员。任何第三方的指派都只应是上述两种程序的补充。不能因为被更换的仲裁员原来是由国际海洋法法庭庭长指派的,就直接跳过当事方自己或协议指派的阶段而径直将指派替代仲裁员的权利赋予国际海洋法法庭庭长。除了指派者外,还需要注意目前附件七程序规则中关于指派时限的规定。补缺程序的起点应是当事方被告知仲裁员的辞职、死亡或认可对其的质

---

[112] For example, Arbitration under the Timor Sea Treaty, Rules of Procedure, art. 6 (3); Arbitration under the Timor Sea Treaty (Case concerning the Meaning of Article 8 (B)), Rules of Procedure, art. 7 (3).

[113] 另外,附件七第 12 条规定:"为此目的,法庭的任何出缺,应按原来指派仲裁员的方法补缺。"但"按原来指派仲裁员的方法"的英文表述为"in the manner provided for in the original appointments"。

疑之日。根据附件七第 3 条的规定，当事方自己指派替代仲裁员的期限应为 30 日，而协议指派的期限应为 60 日。上述时限过后两周内方可请求第三方在 30 日内作出必要指派。

（三）先前程序的重复

关于替代仲裁员加入法庭后是否需要重复之前已经进行了的程序的问题，附件七程序规则的规定可以分为三类。（1）大多数程序规则将该问题交由仲裁法庭决定。但它们的具体规定又有所不同。"莫克斯工厂案"等四个案件的程序规则规定："在此情况下，仲裁法庭得自由裁量决定重复之前的庭审。"[114] 该规定与《PCA 仲裁规则 1992》第 14 条中关于在更换除庭长以外的仲裁员的情况下是否重复庭审的规定相同，但是没有采纳区分法庭庭长和其他仲裁员的做法。[115] 另一些附件七程序规则要求仲裁法庭在作出是否"全部或部分重复之前的庭审"的决定前应与有关方面沟通。其中，"圭亚那诉苏里南案"的程序规则（第 6 条）要求仲裁法庭与替代仲裁员协商，"孟加拉湾海洋边界仲裁案"的程序规则（第 6 条）要求与争端各方协商，而"北极日出号仲裁案"的程序规则（第 9 条）要求"仲裁法庭可在征询争端各方的意见后自由裁量决定全部或部分重复之前的庭审"。交由仲裁法庭来裁量决定是否重新审理的做法被认为符合现今"大多数仲裁机构的规则"，而法庭在作出决定时应考虑费用、时间，以及程序的公正性等因素。[116] 是否重审涉及争端各方的切身权益，因此要求法庭在决定前征询各方的意见是恰当的。（2）"大西洋鲐鱼仲裁案"的程序规则规定，在任一当事方的请求下应重复之前的庭审（第 7 条）。（3）"恩丽卡·莱克西号事件案"和"沿海国权利争端案"的程序规则规定，除非法庭另有决定，程序应从被更换的仲裁员停止履行职责的阶段恢复（第 6 条）。该规定与《PCA 仲裁规

---

[114] 包括"莫克斯工厂案""巴巴多斯诉特立尼达和多巴哥案""查戈斯群岛海洋保护区仲裁案""自由号仲裁案"的程序规则。

[115] 《PCA 仲裁规则 1992》第 14 条规定，如果庭长被更换，则应重复之前的庭审；如果其他仲裁员被更换，则法庭可自由裁量决定重复之前的庭审。

[116] See Brooks W. Daly, Evgeniya Goriatcheva, Hugh A. Meighen, *A Guide to the PCA Arbitration Rules*, Oxford University Press, 2014, pp. 59-60.

则 2012》第 15 条相同，等于"默认不重复"先前的程序。[117]

目前多数附件七程序规则都只规定了庭审的重复问题，而没有程序规则规定更换仲裁员会引发书面程序的重复。这样的做法早在 1958 年《仲裁程序示范规则》中就存在了。其第 7 条规定，程序应自空缺发生时已经到达之点继续进行；但如果口头程序已经开始，那么新仲裁员得要求这些程序重新进行。国际法委员会在评论中指出，仅仅由于填补空缺就要求完全重新开始程序显然是不可取的；而且就书面程序而言没有任何困难，因为新仲裁员可以阅读书状。[118] 同样，新仲裁员也可以通过阅读庭审笔录来弥补错过的口头程序。相反，重新进行庭审不仅将增加仲裁的费用，延迟作出裁决的时间，而且还涉及程序的公正性问题。由此重复庭审只应是例外情况。而且即使果有必要，也可以重复部分而非全部庭审。目前为止附件七仲裁程序中尚未发生重复先前庭审的情况。

（四）仲裁法庭的实践

在附件七仲裁实践中出现了数次更换仲裁员的情况。在"圭亚那诉苏里南案"中，双方协议指派的仲裁员费利普（Allan Philip）在仲裁法庭组成后不久（2004 年 9 月）辞职并去世。庭长要求各方尝试就替代仲裁员人选达成一致。但各方通知法庭它们无法达成一致，并请求法庭按照程序规则第 6 条（b）项选择替代仲裁员。2004 年 10 月初各方就费利普的替代程序表达了观点。10 月底庭长告知各方法庭选择了谢尔（Ivan Shearer）教授，而各方表示接受。[119] 在"莫克斯工厂案"中，英国指派的仲裁员瓦茨（Arthur Watts）在仲裁程序的后期（2007 年 11 月）去世，2008 年 1 月英国按照程序规则指派马斯蒂尔（Mustill）接替。[120] 在"孟加拉湾海洋边界仲裁案"中，孟加拉国指派的仲裁员洛（Lowe）在仲裁法庭第一次程序会议后不久（2010 年 8 月）宣布"退出程序"（withdrawal from the proceedings），并"立即生效"。在常设仲裁法院通

---

[117] 参见池漫郊：《国际仲裁体制的若干问题及完善——基于中外仲裁规则的比较研究》，法律出版社 2014 年版，第 214 页。

[118] See Yearbook of the International Law Commission (1958), Vol. II, p. 87, para. 29.

[119] See Guyana v. Suriname, Award, paras. 9-15.

[120] See the MOX Plant Case, Order No. 6 of 6 June 2008, Termination of Proceedings, p. 2.

知各方后，2010 年 9 月孟加拉国按照程序规则指派门萨（Mensah）接替。[121] 在书面程序阶段，国际海洋法法庭庭长指派的特雷韦斯辞职（2013 年 6 月 16 日）。在常设仲裁法院通知各方后，7 月 3 日孟加拉国请求国际海洋法法庭庭长指派替代仲裁员。7 月 18 日庭长与争端各方协商后指派考特（Jean-Pierre Cot）法官填补空缺。[122] 如上所述，按照附件七第 3 条的规定，即使被更换的仲裁员是由国际海洋法法庭庭长指派的，也应视情况分别首先由当事一方或争端双方指派替代仲裁员，而国际海洋法法庭庭长只能在替代仲裁员未被按时指派的情况下应当事方的请求采取行动。而且，即使按照相关案件程序规则的规定，在替换特拉维斯的过程中，各方在出缺 30 日内未另有协议这一条件也未得到满足。在"恩丽卡·莱克西号事件案"中，印度指派的仲裁员钱德拉塞卡拉·拉奥（Chandrasekhara Rao）在庭审开始前（2018 年 10 月）去世，同年 11 月印度按照程序规则指派斯里尼瓦萨·拉奥（Sreenivasa Rao）接替。[123]

目前导致附件七仲裁法庭出缺的主要原因是仲裁员的辞职。有观点认为，仲裁员未经仲裁法庭许可从国际仲裁法庭退出是不合法的，而此种不合法的退出不应阻碍仲裁的进行并作出裁决。[124] 对仲裁员的辞职进行限制也规定在《PCA 仲裁规则 1992》以及常设仲裁法院管理的一些案件的程序规则中。据此，仲裁员辞职应通知仲裁法庭，而且直到仲裁法庭决定有充分的理由接受该辞职时，辞职方为有效，并且从仲裁法庭确定的日期生效。如果仲裁员的辞职不被接受而他由此不参与程序，则仲裁法庭可以决定进行缺员仲裁。[125] 然而，上述规定不能被视为仲裁程序中的一般规则。国际法委员会在制定《仲裁程序示范规则》过程中也曾试图从多方面限制仲裁员辞职。其草案曾规定，如果一个仲裁员辞职，

---

[121] See Bay of Bengal Maritime Boundary Arbitration between Bangladesh and India, Award, para. 8.

[122] See ITLOS/Press 198, 19 July 2013；《国际海洋法法庭 2013 年年度报告》，SPLOS /267，第 71 段；Bay of Bengal Maritime Boundary Arbitration between Bangladesh and India, Award, para. 9。

[123] See PCA Press Release dated 27 November 2018: "Appointment by India of Dr. Pemmaraju Sreenivasa Rao as Arbitrator".

[124] 转引自池漫郊：《国际仲裁体制的若干问题及完善——基于中外仲裁规则的比较研究》，法律出版社 2014 年版，第 225 页。

[125] See PCA Arbitration Rules 1992, art. 13; Arbitration under the Timor Sea Treaty, Rules of Procedure, art. 8; Iron Rhine Arbitration, Rules of Procedure, art. 6.

则其余仲裁员可以继续审理并作出裁决。但国际法委员会后来取消了该规定，理由是这样的规定"太极端了，而且也不必要"。在它看来，尽管过去发生过缺员仲裁法庭的情况，但那是由于没有填补仲裁员辞职所留空缺的机制造成的；因此一旦规定了这样的机制，就没有任何理由再让一个不完整的法庭审理案件了。[126] 而且，尽管仲裁员辞职会导致程序有一些耽搁，但是并不会使它一直停滞不前。[127] 另外，其草案还曾规定，仲裁员在程序开始前辞职所产生的空缺按照原来的指派方法填补。在程序开始后，仲裁员只有经法庭同意方可辞职，此时应按照原来的指派方法填补空缺；然如果仲裁员未经法庭同意而辞职，则法庭可以请求由国际法院院长指派新仲裁员。[128] 但是1958年《仲裁程序示范规则》第5条取消了仲裁员在程序开始前和开始后辞职的区别，导致这一变化的原因是国际法委员会认为实践中不可能阻止一个希望辞职的仲裁员辞职，而此时只需要规定按照原来的指派方法填补空缺即可。[129] 当然，有关案件的程序规则可以对仲裁员的辞职加以限制，但这不适用于《公约》附件七项下的仲裁。目前的实践表明，附件七仲裁员的辞职决定并不需要获得仲裁法庭的接受即可生效。

---

[126] See Report of the International Law Commission Covering the Work of its Fifth Session, 1 June-14 August 1953, in Yearbook of the International Law Commission (1953), Vol. II, p. 200, para. 33.

[127] See Commentary on the Draft Convention on Arbitral Procedure Adopted by the International Law Commission at its Fifth Session, prepared by the Secretariat, 1955 (http://legal.un.org/docs/? path =../ilc/documentation/english/a_cn4_92.pdf&lang = EF), p. 30.

[128] See Draft Convention on Arbitral Procedure Adopted by the International Law Commission at its Fifth Session, 1 June-14 August 1953, in Yearbook of the International Law Commission (1953), Vol. II, pp. 208-212, arts. 6-7.

[129] See Yearbook of the International Law Commission (1958), Vol. II, p. 87, para. 28.

第四章 仲裁审理(一)

与其他部分相比,各程序规则中关于"审理"部分的规定是它们之间差异最大而共性最小的部分。

一、总 则

(一) 程序规则的规定

所有附件七程序规则在第三节"审理"部分的第 1 条都规定有"总则"(General Provisions)。这些规定可大致划分为两类。

(1)"莫克斯工厂案"等七个案件的程序规则。其中,"自由号仲裁案"之前的五个程序规则[1]以及"恩丽卡·莱克西号事件案"的程序规则一致规定:

> 1. 在本规则的限制下,仲裁法庭可以其认为适当的方式进行仲裁,只要争端各方被平等对待而且每一方在仲裁程序的任何阶段都被给予了陈述意见和提出其主张的充分机会。
> 2. 在本规则的限制下,争端各方应按照《公约》附件七第 6 条便利仲裁法庭的工作。

第 1 款的规定和《PCA 仲裁规则 1992》第 15 条第 1 款几乎完全一致,而第 2 款引入了附件七第 6 条的规定。"沿海国权利争端案"的程序规则有关"总则"的规定(第 7 条)与上述几近一致,除了其在第 1 款

---

[1] 包括"莫克斯工厂案""巴巴多斯诉特立尼达和多巴哥案""圭亚那诉苏里南案""孟加拉湾海洋边界仲裁案""查戈斯群岛海洋保护区仲裁案"的程序规则。

的起始句中提及《公约》,即"在《公约》,包括附件七的规定,以及本规则的限制下"。

(2)"自由号仲裁案"等几个案件的程序规则。[2] 它们关于"总则"的规定包括 4 款或 5 款。首先,上述两款规定也包括在这些程序规则中,分别作为第 1 款和最后一款,但有一些变化。除"自由号仲裁案"的程序规则第 9 条在起始句中还提到《指派条件》外,它们的第 1 款都规定:

> 在《公约》附件七和本规则的限制下,仲裁法庭可以其认为适当的方式进行仲裁,只要争端各方被平等对待而且每一方在仲裁程序的任何阶段都被给予了陈述意见和提出其主张的充分机会。仲裁法庭在行使裁量权进行仲裁程序时应避免不必要的延迟和开支,并为解决各方争端提供公正有效的程序。

该规定与《PCA 仲裁规则 2012》第 17 条第 1 款十分类似。与大部分第一类程序规则的第 1 款相比,上述规定在起始句中提及"《公约》附件七",并且增加了第 2 句话。关于这些程序规则中"总则"的最后一款,"自由号仲裁案"和"大西洋鲱鱼仲裁案"程序规则的规定与第一类程序规则的第 2 款相同;但是"北极日出号仲裁案"的程序规则规定:"争端各方应根据《公约》附件七第 6 条便利仲裁法庭的工作",而未提及"在本规则的限制下"这一条件。其次,除了上述两款外,这些程序规则的"总则"还含有其他若干规定,包括临时仲裁时间表、是否开庭的决定,以及给法庭的来文需同时传送当事他方的要求等。整体而言,这些规定与《PCA 仲裁规则 2012》第 17 条第 2—4 款类似。然而,它们的这些规定之间存在着相当大的差异。

(二)分析

(1)所有附件七程序规则"总则"一条的第 1 款都授权"仲裁法庭可以其认为适当的方式进行仲裁"。该规定确立了仲裁法庭对程序的控

---

[2] 包括"自由号仲裁案""大西洋鲱鱼仲裁案""北极日出号仲裁案"的程序规则。

制。[3] 国际法委员会在制定《仲裁程序示范规则》过程中曾指出，虽然它始终坚持当事方的意愿是仲裁法庭权力的主要来源这一原则，但同时极度重视如下观点，即一旦启动，就必须在仲裁承诺的框架内以确保效率和仲裁的最终有效性的方式推进仲裁程序。[4] 然而，仲裁法庭的这一裁量权同样受到一些限制。首先是《公约》和各案程序规则规定的限制。《公约》的相关规定并不限于附件七。[5] 例如，有关临时措施的程序规定在《公约》第290条。其次，受到"每一方在仲裁程序的任何阶段都被给予了陈述意见和提出其主张的充分机会"这一要求的限制。该要求不仅针对实体问题，而且包括程序问题。再次，受到给争端各方以平等对待的责任的制约。争端各方在仲裁法庭的一切程序上应处于平等地位是一项"一般国际法的原则"[6]，是"国家间诉讼中的一项强制性（imperative）程序规则"，存在于所有现代仲裁规则中[7]。例如，在书面程序阶段应给各方相同的时间来准备书状，而且如果同意一方延期提交书状则应给予另一方相同的延期；在口述程序阶段应给各方相同的发言时间等。最后，"自由号仲裁案"等程序规则要求法庭在仲裁过程中应"避免不必要的延迟和开支，并为解决各方争端提供公正有效的程序"。其实，即使不作明文规定，有效率地解决争端也应属于仲裁法庭的职责。2016年"克罗地亚/斯洛文尼亚仲裁案"的法庭曾指出，获得法庭对提交给它的争端的及时裁决是当事方的一项程序权利，对此它有职责予以保护。[8]

就目前附件七仲裁法庭的实践而言，效率似乎并不是一个问题。在那些仲裁法庭因各种原因而没有作出实体裁决的案件中，"麦氏金枪鱼案""自由号仲裁案""大西洋鲱鱼仲裁案"持续了大约1年时间，而

---

[3] Brooks W. Daly, Evgeniya Goriatcheva, Hugh A. Meighen, *A Guide to the PCA Arbitration Rules*, Oxford University Press, 2014, p. 66.

[4] See Report of the International Law Commission Covering the Work of its Fifth Session, 1 June-14 August 1953, in Yearbook of the International Law Commission (1953), Vol. II, p. 200, para. 37.

[5] 参见《公约》附件七第4条。

[6] See Yearbook of the International Law Commission (1958), Vol. II, p. 86, para. 24.

[7] Georgios Petrochilos, *Procedural Law in International Arbitration*, Oxford University Press, 2004, p. 144.

[8] See An Arbitration under the Arbitration Agreement between the Government of the Republic of Croatia and the Government of the Republic of Slovenia, Signed on 4 November 2009 between the Republic of Croatia and the Republic of Slovenia (Arbitration between Croatia and Slovenia), Partial Award of 30 June 2016, para. 227.

"围海造地案"持续了大约2年时间。比较特殊的是"莫克斯工厂案",它持续了6年8个月后才终止。该案最初按照程序安排顺利进行,并于2003年6月开庭,但法庭在庭审期间因管辖权问题决定"行使其在程序规则第8条中的权力"(即"仲裁法庭可以其认为适当的方式进行仲裁")暂停程序。[9] 法庭这样做是为了等待欧洲法院在另一个案件中对本案涉及的欧盟法律问题作出裁决,而后者直到3年后才作出。[10] 结果"莫克斯工厂案"到2008年才最终结束。在那些仲裁法庭就实体问题作出裁决的案件中,"孟加拉湾海洋边界仲裁案"用时4年9个月;"查戈斯群岛海洋保护区仲裁案"用时4年3个月。至于其他案件,"圭亚那诉苏里南案"用时3年半;"巴巴多斯诉特立尼达和多巴哥案"和"杜兹吉特·完整号仲裁案"用时2年多。用时最短的是"北极日出号仲裁案":仲裁法庭仅用1年10个月就对实体问题作出裁决,然后用近2年时间就赔偿问题作出裁决。综上,在多数案件中,附件七仲裁法庭用不足四年的时间就对实体问题作出裁决。

(2)"自由号仲裁案"等程序规则在"总则"中专门规定了仲裁时间表问题。其中"自由号仲裁案"和"北极日出号仲裁案"的程序规则规定:"仲裁法庭组成后应尽快在邀请争端各方表达它们的观点后,建立仲裁的临时时间表。"之所以需要有这样的规定,是因为这些程序规则本身没有直接规定程序时间表。这一点与其他程序规则明显不同。上述第一类程序规则本身都规定了各方提交书状的具体时间[11],其中一些还就庭审时间作出安排[12]。而"大西洋鲭鱼仲裁案"中的仲裁时间表由

---

[9] See the MOX Plant Case, Order No. 3 of 24 June 2003, Suspension of Proceedings on Jurisdiction and Merits, and Request for Further Provisional Measures, para. 29.

[10] Commission of the European Communities v. Ireland, European Court of Justice (Grand Chamber), Case C-459/03; Sweden intervened in support of Ireland, Judgment of 30 May 2006 (eur-lex. europa. eu).

[11] The MOX Plant Case, Rules of Procedure, art. 10; Guyana v. Suriname, Rules of Procedure, art. 9; Barbados v. Trinidad and Tobago, Rules of Procedure, art. 9; Bay of Bengal Maritime Boundary Arbitration between Bangladesh and India, Rules of Procedure, art. 9; Chagos Marine Protected Area Arbitration, Rules of Procedure, art. 10; the Enrica Lexie Incident, Rules of Procedure, art. 9; Dispute concerning Coastal State Rights, Rules of Procedure, art. 13.

[12] See Guyana v. Suriname, Rules of Procedure, art. 12; Bay of Bengal Maritime Boundary Arbitration between Bangladesh and India, Rules of Procedure, art. 13; Chagos Marine Protected Area Arbitration, Rules of Procedure, art. 13; the "Enrica Lexie" Incident, Rules of Procedure, art. 13.

当事方确定并被作为程序规则的附件，同时程序规则第 8 条允许法庭在邀请争端各方表达观点后调整时间表以适应程序的进展。实践中，"自由号仲裁案"的法庭在与各方召开第一次程序会议 2 个月后发布第 1 号程序令，其中确定了诉状和辩诉状的提交时间以及对初步反对主张的处理安排，并表示以后将适时确定其他程序安排。[13] "大西洋鲱鱼仲裁案"法庭在与各方召开第一次组织会议（organizational meeting）当天发布第 1 号程序令，其中重复了程序规则附件中确定的部分程序时间表。[14] 在"北极日出号仲裁案"中，仲裁法庭在有荷兰代表参加的第一次程序会议上制定了程序规则和初步的程序时间表，并于当日作出第 2 号程序令，规定了诉状和辩诉状的提交时间，以及荷兰提交补充书状的问题。[15]

此外，"自由号仲裁案"和"北极日出号仲裁案"的程序规则规定："仲裁法庭在邀请争端各方表达它们的观点后，可以随时延长或缩短根据本规则规定的或争端各方议定的期间。"[16] "沿海国权利争端案"的程序规则第 13 条第 4 款中也含有类似规定。然而，有关国际司法和仲裁解决争端的文件中，通常规定的是延长时限的问题。例如，1907 年《和平解决国际争端公约》第 63 条规定："'仲裁协定'所规定的期限可由争端各方间的协议予以延长，也可由法庭在其认为作出公正裁决有必要时予以延长。"1958 年《仲裁程序示范规则》第 15 条第 3 款延续了该规定。在国家间诉讼中，经常发生当事方出于各种原因无法按时提交书状的情况。由此许多程序规则中都含有延长书状提交时间的规定。《国际法院规则》第 44 条第 3 款规定"法院在有关当事国的请求下，可以延长任何期限"，如果它认为该项请求有充分理由的话。《国际海洋法法庭规则》第 59 条第 2 款含有类似规定。《PCA 仲裁规则 1992》第 23 条允许法庭规定更长的书状提交期限。虽然《PCA 仲裁规则 2012》在关于仲裁审理的"总则"（第 17 条）中规定了仲裁法庭延长或缩短时

---

[13] See ARA Libertad Arbitration, Procedural Order No. 1, 31 July 2013, "2. Procedural Timetable".

[14] See Atlanto-Scandian Herring Arbitration, Procedural Order No. 1, 15 March 2014, "2. Procedural Timetable".

[15] See Arctic Sunrise Arbitration, Procedural Order No. 2 (Rules of Procedure; Initial Procedural Timetable), 17 March 2014, "2. Procedural Timetable"; Award on Jurisdiction, 26 November 2014, paras. 21-27.

[16] ARA Libertad Arbitration, Rules of Procedure, art. 9 (2); Arctic Sunrise Arbitration, Rules of Procedure, art. 10 (2).

限的权力,但在提交书状的期限问题上,其第 25 条规定的仍然是延长而非缩短这一期限。另外,在一些 2012 年以后制定的由常设仲裁法院管理的国家间仲裁案件的程序规则中,也并未含有仲裁法庭可以缩短期限的规定。[17]

(3)"自由号仲裁案"和"大西洋鲱鱼仲裁案"的程序规则在"总则"中专门规定了开庭的问题。其中,"大西洋鲱鱼仲裁案"的程序规则要求法庭应按照程序规则的规定开庭以审查证人和专家证据以及进行口头辩论,而且应当事方请求或法庭的裁量,还可以进行补充开庭(第8条)。而"自由号仲裁案"的程序规则规定:"如果任何一方在审理的适当阶段提出请求,仲裁法庭应进行庭审……倘无这样的请求,仲裁法庭应决定是否进行这样的庭审,或者是否应根据文件和其他材料进行审理。"[18] 该规定类似《PCA 仲裁规则 1992》第 15 条第 2 款和《PCA 仲裁规则 2012》第 17 条第 3 款。虽然"如果任何一方在审理的适当阶段提出请求,仲裁法庭应进行庭审"的表述意味着,当一方提出请求时,法庭必须进行庭审;但是"在审理的适当阶段"提出请求的表述为法庭保留了拒绝该请求的权利,如果它认为庭审将妨害程序效率的话。[19] 至于规定的后半句,则直接将是否开庭留给法庭裁量决定。总之,按照这样的规定,仲裁法庭是否将在审理过程中开庭并不确定。这与其他附件七程序规则中关于确定开庭的规定形成鲜明对照。如上所述,第一类程序规则没有在关于审理的"总则"中规定庭审问题。但它们均在以后有关庭审的条款中作了肯定性规定,即应当开庭。"北极日出号仲裁案"的程序规则也是如此(第 23 条第 1 款)。"自由号仲裁案"的程序规则在有关庭审的条款中再次就庭审的可能性作出规定。其第 18 条第 1 款规定:"如果进行口头庭审的话,仲裁法庭应将庭审的日期、时间和地点给予争端各方充分的提前通知。"该规定与《PCA 仲裁规则 1992》第 25 条第 1 款和《PCA 仲裁规则 2012》第 28 条第 1 款相同,而且与之前有关是否举行庭审的不确定性规定保持一致。

---

[17] For example, Arbitration under the Timor Sea Treaty, Rules of Procedure, art. 13 (2); Arbitration under the Timor Sea Treaty (Case concerning the Meaning of Article 8 (B)), Rules of Procedure, art. 14 (2).

[18] ARA Libertad Arbitration, Rules of Procedure, art. 9 (3).

[19] See Brooks W. Daly, Evgeniya Goriatcheva, Hugh A. Meighen, *A Guide to the PCA Arbitration Rules*, Oxford University Press, 2014, p. 68.

(4)"自由号仲裁案"等几个程序规则在"总则"中专门规定当事一方应将其送交法庭的公文送交另一方。该问题也规定在常设仲裁法院的仲裁规则以及其他一些由常设仲裁法院管理的国家间案件的程序规则的"总则"中。要求将送交仲裁法庭的公文送交另一方与避免单方面（ex parte）交流有关。例如，"北极日出号仲裁案"的程序规则就规定："争端各方不应就有关本仲裁的主题事项或者与本案有关的任何程序性问题与仲裁法庭的任何成员进行任何单方面的口头或书面交流。如果该方将书面交流的副本也发送给另一方，那么该书面交流就不应被视为单方面的。"[20] 然而，这些附件七程序规则在这方面的表述有所不同。其中，"自由号仲裁案"和"大西洋鲱鱼仲裁案"的程序规则规定："争端一方给仲裁法庭的所有公文应同时由该方送交另一方和常设仲裁法院。"[21] 另外，"北极日出号仲裁案"的程序规则规定："除另经仲裁法庭许可外，争端一方给仲裁法庭的所有公文应通过书记处并同时送交另一方。"（第10条）与"自由号仲裁案"和"大西洋鲱鱼仲裁案"的程序规则相比，首先，"北极日出号仲裁案"的程序规则第10条没有明确规定由谁负责"送交另一方"。然而，在该程序规则有关"通信"的规定（第12条）中，它要求"争端各方"应使用向仲裁法庭发送公文的同样方式向争端他方代理人和律师发送其给法庭的公文副本。其次，更为重要的是，"北极日出号仲裁案"的程序规则为该义务设置了限制，即"除另经仲裁法庭许可外"。但这样的限制并不存在于《PCA仲裁规则1992》（第15条第3款）和其他一些由常设仲裁法院管理的国家间仲裁的程序规则中。[22] 的确，《PCA仲裁规则2012》第17条第4款规定："争端一方给仲裁法庭的所有公文应由该方送交所有其他争端方和国际事务局。除另经仲裁法庭许可外（如果它根据准据法可以如此行事的话），这些送交应同时进行。"但是该款中的限制仅针对其第2句话所要

---

[20] Arctic Sunrise Arbitration, Rules of Procedure, art. 12（1）. 该款继续规定："如果口头交流是在一个另一方已获通知但其决定不参加的会议、电话会议、视频会议或庭审中进行的，那么该口头交流就不应被视为单方面的。"

[21] ARA Libertad Arbitration, Rules of Procedure, art. 9（4）; Atlanto-Scandian Herring Arbitration, Rules of Procedure, art. 8（4）.

[22] For example, Eritrea-Ethiopia Boundary Commission, Rules of Procedure, art. 13（3）; Iron Rhine Arbitration, Rules of Procedure, art. 8（2）; Arbitration under the Timor Sea Treaty, Rules of Procedure, art. 10（3）; Arbitration under the Timor Sea Treaty（Case concerning the Meaning of Article 8（B）), Rules of Procedure, art. 11（3）.

求的"同时"送交问题,而无关第 1 句所要求的"争端一方给仲裁法庭的所有公文应由该方送交所有其他争端方"。而且只有在相关的准据法授权仲裁法庭可以作此例外许可的情况下,仲裁法庭才可如此行事。[23] 但是这些条件都没有出现在上述"北极日出号仲裁案"的程序规则中。

二、仲裁的地点和语言

(一) 仲裁地点

该问题涉及仲裁地、庭审地和仲裁法庭的会议地。有观点认为,仲裁地的选择需要考虑法律因素,而庭审地和会议地的选择需要考虑实际因素,如当事方和仲裁员的便利(包括旅行距离)、争端主题事项的位置等。[24] 各程序规则在这方面的表述可大致分为三类。

(1)"自由号仲裁案"等几个程序规则在这方面的表述基本一致[25]:

> 1. 仲裁程序的所在地应为荷兰海牙[或维也纳]。
> 2. 在与争端各方协商后,仲裁法庭可以在其认为适当的地点进行庭审。为评议或相关目的,仲裁法庭还可以在其认为适当的地点举行会议。

需要指出的是:第一,鉴于荷兰是"北极日出号仲裁案"的当事一方,该案的仲裁地被规定为维也纳。2014 年 10 月 31 日,奥地利公布了《常设仲裁法院在奥地利地位法》(Ordinance on the Status of the Permanent Court of Arbitration in Austria),给予常设仲裁法院在奥地利进行仲裁活动以必要的特权和豁免。[26] 第二,"大西洋鲱鱼仲裁案"的程

---

[23] See also Brooks W. Daly, Evgeniya Goriatcheva, Hugh A. Meighen, *A Guide to the PCA Arbitration Rules*, Oxford University Press, 2014, pp. 68-69.

[24] Ibid., p. 71.

[25] ARA Libertad Arbitration, Rules of Procedure, art. 10; Atlanto-Scandian Herring Arbitration, Rules of Procedure, art. 9; Arctic Sunrise Arbitration, Rules of Procedure, art. 14.

[26] See PCA News of 13 November 2014: Austrian Government accords Privileges and Immunities to PCA (https://pca-cpa.org/en/news/austrian-government-accords-privileges-and-immunities-to-pca/).

序规则第9条第3款规定:"裁决应在仲裁地作出。"

(2)"孟加拉湾海洋边界仲裁案"等三个程序规则没有规定仲裁地,而是规定:庭审地应是海牙,除非仲裁法庭或仲裁法庭庭长在与各方磋商或查明各方意见后另有决定;仲裁法庭可以在其认为适当的地点举行会议。[27]

(3)至于其他程序规则,三个规定荷兰海牙为仲裁地,而"圭亚那诉苏里南案"的程序规则没有明确仲裁地。而且,"莫克斯工厂案"和"查戈斯群岛海洋保护区仲裁案"的程序规则规定"裁决应在仲裁地作出"(第9条第3款),而"巴巴多斯诉特立尼达和多巴哥案"的程序规则规定"裁决应视为在仲裁地作出"(第8条第4款)。关于庭审地,"圭亚那诉苏里南案"的程序规则规定庭审地由各方协议确定;倘无协议,则由仲裁法庭庭长与各方磋商后确定(第8条第1款)。"巴巴多斯诉特立尼达和多巴哥案"的程序规则指明庭审地在伦敦,除非各方就某个加勒比的地点达成协议,但同时有些自相矛盾地规定仲裁法庭可以在与各方协商后决定在其他地点进行庭审。[28]"查戈斯群岛海洋保护区仲裁案"的程序规则规定庭审地在迪拜。而"莫克斯工厂案"的程序规则没有规定庭审地。关于仲裁法庭的会议地,"莫克斯工厂案"和"圭亚那诉苏里南案"的程序规则规定仲裁法庭可以在其认为适当的地点举行会议[29],而"巴巴多斯诉特立尼达和多巴哥案"的程序规则规定仲裁法庭可以在任何由仲裁员的情况和经济因素所确定的地点开会和评议(第8条第3款)。"查戈斯群岛海洋保护区仲裁案"的程序规则没有就此作出规定。

综上,多数程序规则规定了仲裁地,而且其中除"北极日出号仲裁案"外都将常设仲裁法院所在地海牙规定为仲裁地。在其程序规则中没有规定仲裁地的4个案件中,常设仲裁法院网站的资料显示,"孟加拉湾海洋边界仲裁案"和"恩丽卡·莱克西号事件案"的仲裁地在荷兰,而仲裁法庭在"圭亚那诉苏里南案"和"孟加拉湾海洋边界仲裁案"的裁

---

[27] Bay of Bengal Maritime Boundary Arbitration between Bangladesh and India, Rules of Procedure, art. 8 (1) - (2); the "Enrica Lexie" Incident, Rules of Procedure, art. 8 (1) - (2); Dispute concerning Coastal State Rights, Rules of Procedure, art. 8.

[28] Barbados v. Trinidad and Tobago, Rules of Procedure, art. 8 (2) - (3).

[29] The MOX Plant Case, Rules of Procedure, art. 9 (2); Guyana v. Suriname, Rules of Procedure, art. 8 (2).

决,以及在"恩丽卡·莱克西号事件案"的临时措施命令中指明裁决是在海牙作出的。此外,"杜兹吉特·完整号仲裁案"的仲裁地也在荷兰[30],而"围海造地案"的合意裁决在海牙作出。这样,绝大部分由常设仲裁法院管理的附件七仲裁都将荷兰海牙作为仲裁地。就庭审地而言,一些程序规则明确指明了庭审地点,而另一些则规定由仲裁法庭在与当事方协商后确定或由当事方协议确定。只有"莫克斯工厂案"的程序规则没有规定庭审地问题。实践中,多数案件的庭审是在海牙进行的,其中包括"莫克斯工厂案"[31]。但也有一些案件的庭审是在其他地方进行的。例如,"巴巴多斯诉特立尼达和多巴哥案"的庭审在伦敦"国际争端解决中心"(International Dispute Resolution Centre)进行[32],而"圭亚那诉苏里南案"的庭审按照当事方的协议在位于华盛顿的美洲国家组织总部进行[33]。"查戈斯群岛海洋保护区仲裁案"的法庭在三个地点举行过庭审:在海牙就毛里求斯质疑仲裁员格林伍德的问题进行庭审[34],在迪拜就分解程序问题举行了庭审,以及经双方同意后在伊斯坦布尔就管辖权和实体问题进行了庭审[35]。"北极日出号仲裁案"的庭审在维也纳举行。至于法庭的会议地,除一个程序规则没有就此问题作出规定外,其他程序规则都规定法庭可以在其认为适当的地点开会。有观点认为法庭有确定会议地点的"固有权力"[36]。实践中,"孟加拉湾海洋边界仲裁案"的法庭在德国海德堡召开了第一次程序会议[37];"北极

---

[30] 参见常设仲裁法院网站上有关该案情况的介绍(https://pca-cpa.org/en/cases/53/)。
[31] 还包括"孟加拉湾海洋边界仲裁案"、"杜兹吉特·完整号仲裁案"和"恩丽卡·莱克西号事件案"(临时措施)。参见这些案件的裁决或临时措施命令中关于程序历史的介绍。
[32] See Barbados v. Trinidad and Tobago, Award, para. 38.
[33] See Guyana v. Suriname, Award, paras. 11, 109.
[34] See Chagos Marine Protected Area Arbitration, Reasoned Decision on Challenge against Judge Christopher Greenwood, para. 26.
[35] See Chagos Marine Protected Area Arbitration, Award, paras. 31, 52.
[36] See Commentary on the Draft Convention on Arbitral Procedure Adopted by the International Law Commission at its Fifth Session, prepared by the Secretariat, 1955 (http://legal.un.org/docs/?path=../ilc/documentation/english/a_cn4_92.pdf&lang=EF), p. 36.
[37] See Bay of Bengal Maritime Boundary Arbitration between Bangladesh and India, Award, para. 13.

日出号仲裁案"的法庭在德国波恩召开了第一次程序会议[38];"圭亚那诉苏里南案"法庭在伦敦举行程序会议,并曾与各方在海牙开会[39]。至于"麦氏金枪鱼案",法庭的管辖权庭审是在美国华盛顿世界银行总部"国际投资争端解决中心"进行的,而裁决也是在美国华盛顿作出的。

(二) 仲裁语言

1. 程序规则的规定

按照各程序规则关于该问题的规定方式,可大致将它们划分为两类。第一类包括"自由号仲裁案"之前的五个程序规则以及之后的"恩丽卡·莱克西号事件案"的程序规则,它们将仲裁语言和仲裁地点规定在一条中。其中,"莫克斯工厂案"等四个程序规则简单地规定:"仲裁语言为英语。"[40] 而"孟加拉湾海洋边界仲裁案"和"恩丽卡·莱克西号事件案"的程序规则在规定英语为仲裁语言的同时,要求提交仲裁法庭的任何非英文书写的文件均应附有经核准的英文译本(第8条第3款)。[41]

第二类程序规则将仲裁语言和仲裁地点分别规定在两条中。但这些规定之间的差异十分明显。除"自由号仲裁案"的程序规则规定英语和西班牙语两种语言为仲裁语言(第11条第1款)外,其他均规定英语为仲裁语言。第二类程序规则都要求当事方提交给仲裁法庭的非仲裁语言书写的文件应附有仲裁语言的译本,但与上述"孟加拉湾海洋边界仲裁案"和"恩丽卡·莱克西号事件案"的程序规则不同,这些程序规则没有要求必须提供经核准的翻译。[42] 而且有的程序规则还明确规定"非正

---

[38] See Arctic Sunrise Arbitration, Award on Jurisdiction, para. 21.

[39] See Guyana v. Suriname, Award, paras. 8, 46.

[40] The MOX Plant Case, Rules of Procedure, art. 9 (4); Guyana v. Suriname, Rules of Procedure, art. 8 (3); Barbados v. Trinidad and Tobago, Rules of Procedure, art. 8 (5); Chagos Marine Protected Area Arbitration, Rules of Procedure, art. 9 (4).

[41] "恩丽卡·莱克西号事件案"的程序规则进一步规定:如果一方认为某个文件的内容并非全部相关,翻译可以限于相关段落以及构成这些段落上下文所需的该文件的其他部分。但是如果仲裁法庭要求,包括应另一方的请求,则应提供全部翻译。The "Enrica Lexie" Incident, Rules of Procedure, art. 8 (3).

[42] See Atlanto-Scandian Herring Arbitration, Rules of Procedure, art. 10 (3) - (4); Arctic Sunrise Arbitration, Rules of Procedure, art. 15 (3); Dispute concerning Coastal State Rights, Rules of Procedure, art. 9 (2).

式译本将被接受，除非另一方提出异议，此时应提交经核准的译本"[43]；或"除非仲裁法庭或当事一方要求，或关于翻译的准确性存在争议，否则不需要提供经核准的译本"[44]。在常设仲裁法院的仲裁规则和一些由常设仲裁法院管理的国家间仲裁案的程序规则中，虽然要求用原文提交的证据和文件应附有仲裁语言的翻译，但也没有规定应提供经核准的译本。[45] 另外，一些程序规则还规定，如果当事一方认为某个文件的内容并非全部相关，那么其翻译可以限于相关段落以及构成这些段落上下文所需的该文件的其他部分；但是如果仲裁法庭要求，则应提供全部翻译。[46] 除明确仲裁语言以及要求将文件翻译成仲裁语言外，一些程序规则还规定了其他一些问题。例如，几个程序规则规定了确定仲裁语言的后果。其中，"沿海国权利争端案"的程序规则第9条规定："仲裁语言为英语。由此，仲裁法庭的任何决定，包括任何裁决或程序令，以及由书记处代表仲裁法庭所发的任何公文，应只用英语发送给争端各方。当事方的任何书状或公文应用英语发送。"而"大西洋鲱鱼仲裁案"的程序规则第10条规定："仲裁法庭的任何决定或裁决应用英语作出。"需要指出的是，几个程序规则还规定了对非仲裁语言的翻译问题。例如，"北极日出号仲裁案"的程序规则中包括了对法庭程序令的俄文翻译问题[47]。"沿海国权利争端案"的程序规则甚至要求当事方的书状和公文

---

[43] Arctic Sunrise Arbitration, Rules of Procedure, art. 15 (3).

[44] Dispute concerning Coastal State Rights, Rules of Procedure, art. 9 (2).

[45] See PCA Arbitration Rules 1992, art. 17; PCA Arbitration Rules 2012, art. 19; Eritrea-Ethiopia Boundary Commission, Rules of Procedure, art. 15; Arbitration under the Timor Sea Treaty, Rules of Procedure, art. 12; Arbitration under the Timor Sea Treaty (Case concerning the Meaning of Article 8 (B)), Rules of Procedure, art. 13.

[46] See ARA Libertad Arbitration, Rules of Procedure, art. 11 (5); Atlanto-Scandian Herring Arbitration, Rules of Procedure, art. 10 (3); Dispute concerning Coastal State Rights, Rules of Procedure, art. 9 (2).

[47] 一个相关的事例是"阿卜耶伊仲裁案"。Arbitration regarding the Delimitation of the Abyei Area between the Government of Sudan and the Sudan People's Liberation Movement/Army (Abyei Arbitration), Final Award of 22 July 2009, R. I. A. A., Vol. XXX, p. 145. 该案仲裁协定规定英语为仲裁语言，但争端双方要求国际事务局确保提供裁决"作准的阿拉伯语翻译"。See Arbitration Agreement between the Government of Sudan and the Sudan People's Liberation Movement/Army on Delimiting Abyei Area, 7 July 2008 (https://pca-cpa.org/en/cases/92/), arts. 7, 9 (3). 仲裁法庭2009年7月22日作出英文裁决，而翻译证明（Translator's Certification）的日期为2009年9月18日。

应当附有法语翻译,而且书记处在庭审和评议过程中应安排法语同传。[48]

另外,常设仲裁法院网站的信息显示,"围海造地案"和"杜兹吉特·完整号仲裁案"的仲裁语言也是英语。至于"麦氏金枪鱼案",其仲裁语言是英语,但庭审同步翻译成了日语。[49]

"自由号仲裁案"是目前附件七仲裁中唯一使用两种语言进行仲裁的案件。本案争端各方的官方语言(英语为加纳的官方语言,而阿根廷的官方语言为西班牙语)都被规定为了仲裁语言。其程序规则第11条规定:

> 1. 仲裁语言应是英语和西班牙语。
> 2. 仲裁法庭的任何决定或裁决应以英语和西班牙语作出。倘若争端双方之间没有协议,仲裁法庭应确定当英语和西班牙语版本不一致时何种优先。
> 3. 仲裁法庭的程序令应有英语和西班牙语版。如果情况紧急,仲裁法庭可以英语或西班牙语发布这些文件,然后迅速发布另一种语言版本。
> 4. 各方的书面陈词、证人证言、专家报告,以及给仲裁庭的公文,应以英语或西班牙语提交。
> 5. 所有证据应提交原文,并连同英语或西班牙语翻译,如果原文不是其中一种语言的话。当一方认为某个文件的内容并非全部相关,翻译可以限于相关段落以及构成这些段落上下文所需的该文件的其他部分。但是如果仲裁法庭要求,或者另一方要求而仲裁法庭(在提交方反对的情况下)认为适宜,则应提供全部翻译。
> 6. 证人证言和专家报告应提交原文,并连同一种仲裁语言的翻译,如果需要的话。
> 7. 应法庭的要求,一方应向法庭、常设仲裁法院和他方提供用英语或西班牙语提交的书状或证据的另一种仲裁语言的翻译。一方提供的翻译将被接受为准确的,除非受到他方质疑;

---

[48] Dispute concerning Coastal State Rights, Rules of Procedure, art. 9 (3) - (4).
[49] See the Southern Bluefin Tuna Case, Award on Jurisdiction and Admissibility, paras. 7, 16.

在此情况下，双方应努力就翻译达成协议。

8. 常设仲裁法院将为所有庭审安排英语和西班牙语的同声传译和转录。庭审中各方代理人和律师的口头陈词，以及对证人和/或专家的询问，可以用英语或西班牙语进行，并伴有同声传译（或交替传译，如果仲裁法庭这样命令的话）。

与其他程序规则关于仲裁语言的规定相比，上述规定最为详尽。本案仲裁法庭在其第 1 号程序令中根据上述第 7 款要求：当事方对其提交的西班牙语书状或证据，应向仲裁法庭提供英语翻译。[50] 该案中，仲裁法庭的程序规则、程序令、终止命令、新闻稿都是用英语和西班牙语双语作成的。[51] 在近来的一些案件中，如"杜兹吉特·完整号仲裁案""北极日出号仲裁案""恩丽卡·莱克西号事件案"，常设仲裁法院使用英、法两种语言来发布新闻稿。而且，在"北极日出号仲裁案"中，部分新闻稿有俄文版的。

2. 双语仲裁的问题

仲裁语言是仲裁过程中的一个重要问题。从当事方的角度讲，该问题的确定不仅事关各方间的平等，而且有关程序的公正。语言问题直接有关当事方是否在仲裁过程中被平等给予了陈述意见和提出其主张的充分机会[52]，而翻译文件导致的时间和费用支出也有关当事方间的平等问题。如上所述，在目前所有的附件七仲裁案中，英语都被作为仲裁语言；而且在绝大多数情况是唯一的仲裁语言，但《公约》并未将英语规定为仲裁语言。

1907 年《和平解决国际争端公约》第 61 条规定："如果'仲裁协定'没有解决使用何种语言的问题，则应由法庭决定之。"1958 年《仲裁程序示范规则》延续了该原则，其第 13 条规定："如果仲裁协定没有具体规定应使用的语言，该问题应由法庭决定。"这些规定清楚地表明，国际仲裁中并不存在使用某种语言的强制性规则。相反，仲裁语言首先

---

[50] See the ARA Libertad Arbitration, Procedural Order No. 1, 31 July 2013, para. 4.
[51] 参见常设仲裁法院网站上有关该案情况的介绍（https://pca-cpa.org/en/cases/65/）。
[52] 例如，有观点指出，采用单一语言可能会削弱一些律师的作用：他们虽然是案件的主题事项方面的专家，但却因为语言障碍不能直接起草书状或参加口头辩论。See International Law Association, Procedure of International Courts and Tribunals, Preliminary Report, 2017（http://www.ila-hq.org/index.php/committees）, p. 39.

是一个由争端各方在仲裁协定中加以解决的问题。如果争端当事方没有解决该问题，则由仲裁法庭来确定。《公约》附件七没有规定仲裁语言，因此程序规则中需要对此作出规定。如上所述，一些程序规则是由争端各方主导制定的，而另一些则是由仲裁法庭制定的。在争端各方之间就仲裁语言没有协议的情况下，这就是一个由仲裁法庭确定的程序问题。而仲裁法庭在确定仲裁语言时需要确保争端各方被平等对待。在一些附件七仲裁中，英语本就为争端双方的官方语言或官方语言的一种，如"莫克斯工厂案""巴巴多斯诉特立尼达和多巴哥案""孟加拉湾海洋边界仲裁案"。在各方的官方语言相同的案件中自应使用该语言进行仲裁。而在另一些案件中，英语均非争端双方的官方语言，如"北极日出号仲裁案"（荷兰的官方语言为荷兰语，而俄罗斯的官方语言为俄语）、"沿海国权利争端案"（乌克兰的官方语言为乌克兰语，而俄罗斯的官方语言为俄语）。在此种案件中使用英语为仲裁语言也不存在给予各方不平等对待之嫌。相反，如果在英语为且只为当事一方的官方语言的情况下，将英语规定为仲裁语言的情况就不同了，此种情况难以说是"争端各方被平等对待"。因此，除非各方就此达成协议或给予同意，否则难以证明其为合理。这样的情况曾出现在"圭亚那诉苏里南案"（英语为圭亚那的官方语言和通用语，苏里南的官方语言为荷兰语）、"大西洋鲱鱼仲裁案"（英语为欧盟的官方语言之一，而丹麦的官方语言为丹麦语）、"杜兹吉特·完整号仲裁案"（马耳他的官方语言为马耳他语和英语，圣多美和普林西比的官方语言为葡萄牙语）、"恩丽卡·莱克西号事件案"（意大利的官方语言为意大利语，印度的官方语言为印地语和英语）等附件七仲裁案中。其中，"圭亚那诉苏里南案"和"大西洋鲱鱼仲裁案"的程序规则是争端各方制定或提议的。

需要指出的是，国际法院和国际海洋法法庭的正式语言为英语和法语的事实并不能用来支持附件七仲裁法庭将英语规定为仲裁语言的合理性。临时仲裁与国际法院等常设国际法庭在这方面是不同的。虽然《国际法院规约》第 39 条规定国际法院的正式语言为英语和法语，但是此规定既非特定争端的当事国所定，也非审理特定争端的法官们所定，而是当年创设国际法院的国家所定，是作为国际法院这一争端解决机构的制度的一部分而规定的。当一国以某种方式接受国际法院管辖时，它对国际法院的这一制度应当是清楚的，而且在其接受法院管辖的同意中也已经包含了有关法院正式语言规定的同意。该结论同样适用于国际海洋法法庭，虽然法庭的正式语言规定在其规则（第43条）而非规约中，但这同样是作为该国际司法机构本身的一个制度而存在的，其在特定案件中适用的合理性同样来自当事方对法庭管辖权的同意。但《公约》缔约国接受附件七仲裁的同意中并不包含接受将英语或某种其他特定语言作为仲裁语言的同意。而且这两个常设法庭的案件当事方也有权在诉讼中使用英语和法语以外的语言提交陈词，条件是该国需要将其译成一种法庭的正式语言。[53] 另外，对将英语和法语规定为国际法院正式语言的做法也并非没有批评之声。国际法院前书记官长维伦西亚-奥斯皮纳（Valencia-Ospina，1987—2000年在职）就曾指出，赋予联合国六种官方语言中的两种在国际法院以特殊地位的做法引入了某种不平等因素，因为这对于众多的英语或法语并非其国语的国际社会成员不利。[54] 其实，仲裁法庭使用英语进行仲裁很可能是出于便利的考量，但显然此种考量不应以违背当事方间平等这一根本原则为代价。

在争端各方的官方语言不一样并且它们未就仲裁语言达成协议的情况下，应避免单独使用一方的官方语言进行仲裁。此时有两种合理的选择：同时使用双方的官方语言进行仲裁[55]或者使用第三种语言。当争端方的官方语言属于《公约》的作准语言时更应如此。"自由号仲裁案"程序规则在这方面的规定无疑是值得肯定的。除"自由号仲裁案"外，国际仲裁实践中还存在着其他一些同时使用争端双方的官方语言为仲裁语言的例子。如1985年"几内亚／几内亚比绍划界案"中使用了法语（几内亚的官方语言）和葡萄牙语（几内亚比绍的官方语言）[56]，而伊

---

[53] 参见《国际法院规约》第39条第3款；《国际法院规则》第51条和第70条；《国际海洋法法庭规则》第64条和第85条。在常设国际法院时期，德国曾在一个案件中使用了德文，而西班牙曾在一个案件中使用了西班牙文；在国际法院时期，西班牙曾在一个案件中使用了西班牙文。See International Law Association, Procedure of International Courts and Tribunals, Preliminary Report, 2017, p. 38, note 267.

[54] See Valencia-Ospina, "Editorial Comment", *The Law and Practice of International Courts and Tribunals*, 1 (2002), p. 4.

[55] See also International Law Association, Procedure of International Courts and Tribunals, Preliminary Report, 2017, p. 39.

[56] The Special Agreement between Guinea and Guinea-Bissau of 18 February 1983, art. 7. 该协定载于 Guinea/Guinea-Bissau Maritime Delimitation Case, Decision of 14 February 1985, 77 I. L. R. 635 (1988), para. 1。

朗-美国求偿法庭的仲裁语言是英语和波斯语（伊朗的官方语言）。[57]而且，虽然使用单一语言从效率和费用角度看是有利的，但是使用一种以上的语言在常设仲裁法院管理的案件中也"并不罕见"。[58] 例如，早在"帕尔马斯岛案"中，美国和荷兰的特别协定就规定各方在仲裁中可以使用英国、荷兰语或仲裁员的母语，而仲裁员也可以自由使用上述三种语言。[59]"厄瓜多尔诉美国仲裁案"中的语言为英语和西班牙语。[60]而在 2005 年"艾恩·莱茵铁路仲裁案"（比利时/荷兰）中，虽然英语被视为仲裁中的作准语言，但是这并"不妨害"各方使用法语（比利时的官方语言一种）或荷兰语（荷兰的官方语言，比利时的官方语言一种）提交证据文件或在庭审中使用法语或荷兰语的权利。[61]

三、程序的透明度

（一）概述

与司法相比，仲裁程序的透明度较低。就常设国际法院和法庭而言，自案件向其提交时起，就有条件及时系统地发布案件进展情况。但就临时仲裁法庭而言，通常只有在其成立后才有可能定期或不定期地发布案件情况。而在其成立之前，公众甚至不清楚一个案件的存在。常设国际法庭以公开审为原则，公众可以在庭审开始时或其前后获得当事方的书状，而且法庭的判决也是公开的。[62] 但仲裁当事方出于某些原因

---

[57] Iran-United States Claims Tribunal, Tribunal Rules of Procedure, 3 May 1983（https://www.iusct.net/Pages/Public/A-Documents.aspx）, Notes to Article 17. 该法庭使用的是经过修改的《联合国国际贸易法委员会仲裁规则》（1976 年）。

[58] Brooks W. Daly, Evgeniya Goriatcheva, Hugh A. Meighen, *A Guide to the PCA Arbitration Rules*, Oxford University Press, 2014, p.74.

[59] The Special Agreement of 23 January 1925, art. IV. 该特别协定载于该案裁决第 1—3 页。该案独任仲裁员最终选择的是英语。The Island of Palmas（or Miangas）Case, Award, p.5.

[60] 参见常设仲裁法院网站上有关该案情况的介绍。The Republic of Ecuador v. The United States of America（https://pca-cpa.org/en/cases/83/）。

[61] See Iron Rhine Arbitration, Rules of Procedure, art. 10. 仲裁法庭如果认为有必要，应要求书记处提供这些文件的英文翻译。同上。

[62] 参见《国际法院规约》第 46 条、《国际法院规则》第 53 条、第 59 条和第 94 条、《国际海洋法法庭规约》第 26 条、《国际海洋法法庭规则》第 67 条、第 74 条、第 124 条。

可能不希望透露案件情况，特别是在审理过程中。毕竟保密性是被作为当事方同意诉诸仲裁而非司法的一个典型理由。[63] 有学者指出，2009年"阿卜耶伊仲裁案"（苏丹政府/苏丹人民解放运动/解放军）的当事各方允许披露它们的书状、庭审笔录、会议记录，以及程序令和最终裁决，而这被视为"国际仲裁透明度的高潮标"（high-water mark）。[64] 在由常设仲裁法院管理的仲裁案中，可以从其网站上看到各个案件所披露的情况。就附件七仲裁而言，虽然有些案件的情况公布得十分有限[65]，但多数案件的公开程度还是相当高的。需要说明的是，许多在常设仲裁法院网站上公布的案件情况都是在裁决发布后才公开的，因此并不具有时效性。

就附件七程序规则中的规定而言，涉及案件的基本情况、当事方的书状、庭审、法庭的命令、裁决等的公开问题。"自由号仲裁案"之前的程序规则大都在"证据和庭审"项下就审理的公开问题作出规定，而在"裁决"部分规定裁决的公开问题。这一时期明显不同的是"巴巴多斯诉特立尼达和多巴哥案"的程序规则，它用了专门一条（第13条）来规定审理的"保密性"问题。"自由号仲裁案"的程序规则开始用专条规定"程序公开"（Publicity of the Proceedings）问题，而"大西洋鲱鱼仲裁案"也采用这一做法。同时，"北极日出号仲裁案"的程序规则专条规定了"信息公布"（Publication of Information）问题。除了书状和庭审，这些规定还涵盖了案件基本情况和法庭裁决的公开问题。近来的"恩丽卡·莱克西号事件案"和"沿海国权利争端案"的程序规则用专章规定了程序的"透明度"问题。整体而言，附件七程序规则越来越重视程序的公开问题：从开始分散规定在各条中，到用专条加以规定，直到用专章（尽管只有一条）加以规定。就各案程序规则的规定而言，彼此之间存在或明显或细微的差异，各不相同。但若基于文本并结合实践

---

[63] 参见［美］克里斯多佛·R. 德拉奥萨、理查德·W. 奈马克主编：《国际仲裁科学探索：实证研究精选集》，陈福勇、丁建勇译，中国政法大学出版社2010年版，第116页。

[64] See Brooks Daly, "The Abyei Arbitration: Procedural Aspects of An Intra-State Border Arbitration", *Leiden Journal of International Law*, 23 (2010), p. 820. 但需要指出的是，在常设仲裁法院关于该案的网页上并未公布程序令（https://pca-cpa.org/en/cases/92/，2018年11月16日访问）。

[65] 例如"围海造地案"。再如，"杜兹吉特·完整号仲裁案"法庭至少发布了8个程序令，但目前均未公布，也未公布程序规则和各方书状、庭审笔录。

加以考察，则亦可以看出某些共同之处。

（二）案件的公开

"自由号仲裁案"以来的程序规则都要求在常设仲裁法院网站上公开案件的基本情况，包括争端各方的名称、仲裁法庭的组成以及争端各方的代理人和律师等，并规定仲裁法庭可以就案件的进展发布新闻稿。[66] 其中，"恩丽卡·莱克西号事件案"和"沿海国权利争端案"的程序规则还要求各方应有机会在书记处公布前对网站上的相关内容进行审查。[67] 在其他的大多数案件中，这些信息也是被公布了的。

（三）书状和庭审的公开

关于当事方提交的书状和证据的公开问题，目前附件七程序规则的规定可大致分为三类。第一类程序规则的规定是否定性的，包括三个案件。其中，"圭亚那诉苏里南案"的程序规则规定，各方提交的书状和证据应保密（第12条第6款）。"巴巴多斯诉特立尼达和多巴哥案"的程序规则在这方面的内容与"圭亚那诉苏里南案"的大致相同，但设置了"除非各方另有协议"的限制，从而明确保密并非一个绝对的要求（第13条第1款）。但实践中这两个案件的书面陈词也有不同程度的公开："圭亚那诉苏里南案"中公开了书状和证据，而"巴巴多斯诉特立尼达和多巴哥案"中只公开了书状及所附地图。[68] "恩丽卡·莱克西号事件案"的程序规则原本规定书状应保密至与其相关的庭审部分开始前（第23条第2款），但后来修改为应予保密而不公开，除非仲裁法庭应一

---

[66] ARA Libertad Arbitration, Rules of Procedure, art. 12 (1) and (5); Atlanto-Scandian Herring Arbitration, Rules of Procedure, art. 11 (1) and (5); Arctic Sunrise Arbitration, Rules of Procedure, art. 16 (1)-(2); the "Enrica Lexie" Incident, Rules of Procedure, art. 23 (1) and (6); Dispute concerning Coastal State Rights, Rules of Procedure, art. 27 (1) and (8).

[67] The "Enrica Lexie" Incident, Rules of Procedure, art. 23 (1); Dispute concerning Coastal State Rights, Rules of Procedure, art. 27 (1).

[68] 参见常设仲裁法院网站两案的资料：Guyana v. Suriname（https://pca-cpa.org/en/cases/9/）和 Barbados v. Trinidad and Tobago（https://pca-cpa.org/en/cases/104/）。

方申请命令公开。[69] 第二类程序规则的规定是肯定性的。其中，"莫克斯工厂案"等三个案件的程序规则规定书状应保密至与其相关的庭审部分开始前[70]，而"孟加拉湾海洋边界仲裁案"的程序规则规定应保密至最终裁决（第13条第6款）。将书状公开的时间点与庭审的开始相联系是国际法院和国际海洋法法庭的实践。[71] 相关时间点之后，有的程序规则规定仲裁法庭在与各方协商或查明各方观点后可以决定公开[72]，有的直接规定应予公开[73]，还有的没有明文规定（如"孟加拉湾海洋边界仲裁案"）——对此应当理解为应予公开，而且"孟加拉湾海洋边界仲裁案"中的书状是与裁决同时公开的[74]。由于法庭在作出公开书面程序的决定时应当考虑当事方的意见，因此，虽然"莫克斯工厂案"和"查戈斯群岛海洋保护区仲裁案"的程序规则在这方面的规定基本一致，但"莫克斯工厂案"中只公布了书状[75]，而"查戈斯群岛海洋保护区仲裁案"中则公布了书状和证据。[76] 第三类程序规则将书状的公开问题交由当事方或法庭决定。其中，"自由号仲裁案"的程序规则规定法庭将在与各方协商后就公开书状的问题发布指示（第12条第4款）；"北极日出号仲裁案"的程序规则规定将按照仲裁法庭的指示公布书状（第

---

[69] See the "Enrica Lexie" Incident, Procedural Order No. 7 (Amendments to the Rules of Procedure), 16 May 2019.

[70] The MOX Plant Case, Rules of Procedure, art. 13 (6); Chagos Marine Protected Area Arbitration, Rules of Procedure, art. 13 (6); Dispute concerning Coastal State Rights, Rules of Procedure, art. 27 (2).

[71] 参见《国际法院规则》第53条第2款，《国际海洋法法庭规则》第67条第2款。

[72] The MOX Plant Case, Rules of Procedure, art. 13 (6); Chagos Marine Protected Area Arbitration, Rules of Procedure, art. 13 (6).

[73] See Dispute concerning Coastal State Rights, Rules of Procedure, art. 27 (2).

[74] See Bay of Bengal Maritime Boundary Arbitration between Bangladesh and India, Procedural Order No. 2 (Concerning the Hearing on the Merits), 6 November 2013 (corrected: 8 & 12 November 2013), para. 3.4.

[75] 常设仲裁法院在庭审开始前发布的新闻稿中表示，当事方的书状将在庭审的第一天张贴在常设仲裁法院的网站上。The MOX Plant Case, PCA Press Release dated 2 June 2003: "Hearings in MOX Plant arbitration under UN Convention on the Law of the Sea to be held at Peace Palace". 另外，双方曾联合请求仲裁法庭允许在"《大西洋环境公约》仲裁案"中披露爱尔兰诉状中的资料，法庭予以同意。See OSPAR Arbitration, Final Award of 2 July 2003, para. 63.

[76] 法庭在庭审开始当日决定立即公开书状。后来各方又就公布书状的附件问题达成协议：绝大部分附件公开。See Chagos Marine Protected Area Arbitration, Hearing Transcript (Day 1), p. 10; (Day 7), pp. 837-838.

16 条第 1 款）；而"大西洋鲱鱼仲裁案"的程序规则规定，如果双方达成协议，书状可以公开（第 11 条第 4 款）。"北极日出号仲裁案"中公布了当事方的书状和附件。综上，公开书状是附件七仲裁实践中的主流，但法庭在决定公开前应与当事方进行沟通。

关于庭审的公开问题，各程序规则的规定并不一致。第一类规定庭审不对公众开放。其中，"查戈斯群岛海洋保护区仲裁案"的程序规则明确规定"庭审应不对公众开放"（第 13 条第 7 款）。"圭亚那诉苏里南案""巴巴多斯诉特立尼达和多巴哥案""孟加拉湾海洋边界仲裁案"的程序规则规定"除非各方另有协议，否则庭审应不对公众开放"[77]。第二类规定庭审应对公众开放，除非"仲裁法庭另有决定"[78] 或"当事一方另有请求"[79]。第三类规定部分开放庭审。"恩丽卡·莱克西号事件案"的程序规则最初规定庭审"原则上"应对公众开放，但须受制于法庭的一些安排（第 23 条第 3 款）。后来仲裁法庭对此加以修改，规定除当事双方同意通过网络直播或闭路电视广播对公众开放的部分外，庭审应当保密。法庭同时要求各方在庭审开始时做一个向公众开放的简短开庭陈词（opening statements）。[80] "沿海国权利争端案"的程序规则规定，当事方在庭审上发表的"开庭陈词应对公众开放"，至于其他部分的开放程度则由仲裁法庭在查明各方意见后进行考虑（第 27 条第 3 款）。第四类将庭审的公开问题交由仲裁法庭决定。其中，"自由号仲裁案"的程序规则规定，仲裁法庭在与各方协商后可以就向公众开放庭审的可能性发布指示（第 12 条第 4 款）；而"北极日出号仲裁案"的程序规则规定，仲裁法庭在与各方协商并考虑有关情况后，可以决定向公众开放庭审（第 16 条第 3 款）[81]。与国际司法不同，公开庭审并非国际仲裁程序的一项原则。1907 年《和平解决国际争端公约》（第 66 条）和 1958 年《仲裁程序示范规则》（第 16 条第 1 款）规定，只有法庭经争端双方同意

---

[77] Guyana v. Suriname, Rules of Procedure, art. 12 (8); Barbados v. Trinidad and Tobago, Rules of Procedure, art. 13 (2); Bay of Bengal Maritime Boundary Arbitration between Bangladesh and India, Rules of Procedure, art. 13 (8).

[78] The MOX Plant Case, Rules of Procedure, art. 13 (5).

[79] Atlanto-Scandian Herring Arbitration, Rules of Procedure, art. 11 (4).

[80] See the "Enrica Lexie" Incident, Procedural Order No. 7 (Amendments to the Rules of Procedure), 16 May 2019.

[81] 但该庭审似乎没有对公众开放。参见参加庭审的人员名单，in Arctic Sunrise Arbitration, Award on the Merits, para. 56, note 13.

作出公开庭审的决定,庭审才应公开进行。常设仲裁法院的仲裁规则规定:"除非各方另有协议,否则庭审应秘密进行。"[82] 而且常设仲裁法院管理的大多数案件的庭审也都不公开进行。[83]

与庭审公开相关的一个问题是庭审笔录的公开,一些程序规则对此作了不同的规定。值得注意的是,特定程序规则关于庭审与庭审笔录公开性的规定可能是一致,但也可能是不一致的。例如,"圭亚那诉苏里南案"和"巴巴多斯诉特立尼达和多巴哥案"的程序规则关于庭审和庭审笔录的公开性的规定一致:除非各方另有协议,否则庭审不对公众开放,而且庭审笔录应保密。[84] 修改后的"恩丽卡·莱克西号事件案"的程序规则规定向公众开放的庭审部分的笔录也应予公布(第23条第3款)。[85] 也有的程序规则为庭审设置了比庭审笔录更高的保密要求。例如,"查戈斯群岛海洋保护区仲裁案"的程序规则规定庭审不应对公众开放,但同时规定仲裁法庭在与各方协商后可以决定公布庭审笔录(第13条第7款)。同样,虽然"沿海国权利争端案"的程序规则只是明确规定部分开放庭审,但却规定将公布庭审笔录。[86] 还有的案件的程序规则将庭审笔录的公开问题交由法庭决定,如"自由号仲裁案"和"北极

---

[82] PCA Arbitration Rules 1992, art. 25 (4); PCA Arbitration Rules 2012, art. 28 (3).

[83] See Brooks W. Daly, Evgeniya Goriatcheva, Hugh A. Meighen, *A Guide to the PCA Arbitration Rules*, Oxford University Press, 2014, p. 110. 例如,"艾恩·莱茵铁路仲裁案"的程序规则规定:"庭审应秘密进行。" Iron Rhine Arbitration, Rules of Procedure, art. 13 (5). "厄立特里亚/埃塞俄比亚边界委员会"的程序规则规定:"除非各方另有协议,否则庭审应秘密进行。" Eritrea-Ethiopia Boundary Commission, Rules of Procedure, art. 19 (4). "《帝汶海条约》仲裁案"的程序规则规定:"除短暂的开庭陈词外,庭审应秘密进行,除非各方另有协议。" Arbitration under the Timor Sea Treaty, Rules of Procedure, art. 26 (2). "《帝汶海条约》第8条(B)仲裁案"的程序规则规定:"庭审应秘密进行……除非各方另有协议。" Arbitration under the Timor Sea Treaty (Case concerning the Meaning of Article 8 (B)), Rules of Procedure, art. 22 (2). 但也有相反的事例。如"阿卜耶伊仲裁案"的仲裁协定规定庭审应对媒体公开,而仲裁法庭只可因为安全原因而决定一部分庭审不开放。See Arbitration Agreement between the Government of Sudan and the Sudan People's Liberation Movement/Army on Delimiting Abyei Area, art. 8 (6).

[84] Guyana v. Suriname, Rules of Procedure, art. 12 (8); Barbados v. Trinidad and Tobago, Rules of Procedure, art. 13.

[85] See the "Enrica Lexie" Incident, Procedural Order No. 7 (Amendments to the Rules of Procedure), 16 May 2019.

[86] "沿海国权利争端案"的程序规则第27条第4款规定,对公众开放的那些庭审部分的笔录应迅速公布,而其他部分的庭审的笔录则与最终裁决一同公布。

日出号仲裁案"。实践中,绝大多数案件的庭审笔录都是公布的,而无论庭审是否公开进行。

(四) 裁决和命令的公开

"北极日出号仲裁案"的程序规则没有规定裁决的公开问题。就结构而言,其他程序规则的规定大致可分为三类。

(1) "自由号仲裁案"之前的程序规则都在"裁决"部分规定这一问题。但是各案为裁决的公开设定了不同的要求或限制。"莫克斯工厂案"的程序规则要求裁决的公开不应披露机密信息(第15条);"巴巴多斯诉特立尼达和多巴哥案"的程序规则规定裁决的公开受"除非各方另有协议"的限制(第15条);"圭亚那诉苏里南案"的程序规则和"孟加拉湾海洋边界仲裁案"的程序规则规定裁决在各方获得后才应公开。[87] 只有"查戈斯群岛海洋保护区仲裁案"的程序规则没有为公开裁决设置前提条件。[88]

(2) "自由号仲裁案"和"大西洋鲱鱼仲裁案"的程序规则在"审理"部分规定,"除非双方反对",否则法庭的任何裁决应予以公开,而公开的方式由法庭在与各方磋商后确定。"大西洋鲱鱼仲裁案"的程序规则进一步要求裁决中不应含有任一当事方认定的机密信息。[89]

(3) "恩丽卡·莱克西号事件案"和"沿海国权利争端案"的程序规则在"透明度"部分规定了裁决的公开问题,但有所不同。"恩丽卡·莱克西号事件案"的程序规则规定:"除非双方反对,否则仲裁法庭的任何裁决应予以公开。所公开的裁决版本应编辑任一当事方认定的机密信息。"为此在公布裁决前应给予各方合理机会来审查仲裁法庭打算公布的裁决版本(第23条第5款)。"沿海国权利争端案"的程序规则规定,"除非双方另有协议",否则仲裁法庭的任何裁决都应予以公开,并在常设仲裁法院网站上可以获得。在裁决公布前,各方应有机会指出它们要求编辑的机密信息,为此仲裁法庭应制定相关

---

[87] Guyana v. Suriname, Rules of Procedure, art. 14; Bay of Bengal Maritime Boundary Arbitration between Bangladesh and India, Rules of Procedure, art. 15.

[88] See Chagos Marine Protected Area Arbitration, Rules of Procedure, art. 15 (3).

[89] ARA Libertad Arbitration, Rules of Procedure, art. 12 (3); Atlanto-Scandian Herring Arbitration, Rules of Procedure, art. 11 (3).

程序（第 27 条第 6 款）。

这样，上述程序规则都将公布裁决规定为基本规则。[90] 而且实践中截至目前所有法庭的裁决也是公之于众的，其中包括"北极日出号仲裁案"的裁决。如学者所言，就国家间仲裁而言，公布裁决是"标准做法"。[91] 但裁决的公开并非绝对和没有限制的。首先，许多程序规则规定裁决的公开要受到"除非各方另有协议"或"除非双方反对"的限制。其次，公开裁决的一个主要限制是所公布的裁决不得含有当事方认定的机密信息。由此，公布裁决前可能需要进行编辑处理。在这方面，按照《公约》附件五成立的"帝汶海调解案"强制调解委员会的做法提供了一个相关事例。该案程序规则同样规定争端各方可以将其提交给委员会的某些信息或资料认定为机密，并要求委员会作出适当安排以便对所公布文件中的机密信息进行编辑。特别是，委员会可以在完成其报告之前向各方发布报告的机密草案。[92] 2016 年 9 月 19 日委员会作出管辖权决定，随后邀请争端各方就它们认为该决定中包含的需要编辑的机密信息发表意见。之后委员会于 26 日在常设仲裁法院网站上公布了管辖权决定。[93] 同样，委员会在完成其最终报告前，也给各方提供机会对报告的草稿进行评论，并邀请各方指出是否需要对任何部分进行编辑，而最终报告只包含那些当事方已经同意了的内容。[94]

"自由号仲裁案"以来的程序规则还规定了程序令的公开问题，其中四个明确规定应予公开，而"北极日出号仲裁案"规定将根据法庭的指示公布。四个规定公开的程序规则中为程序令的公开规定了不同的日期："自由号仲裁案""大西洋鲱鱼仲裁案""恩丽卡·莱克西号事件案"的程序规则规定将在通知各方后的第二天在常设仲裁法院网站上公布法

---

[90] 对比《PCA 仲裁规则 1992》第 32 条第 5 款的规定：裁决只有经双方同意才得公开。还参见《PCA 仲裁规则 2012》第 34 条第 5 款。有学者指出，常设仲裁法院的仲裁规则基于《联合国国际贸易法委员会仲裁规则》，并保留了后者的保密性制度。Brooks Daly, "The Abyei Arbitration: Procedural Aspects of An Intra-State Border Arbitration", *Leiden Journal of International Law*, 23 (2010), p. 819.

[91] Brooks W. Daly, Evgeniya Goriatcheva, Hugh A. Meighen, *A Guide to the PCA Arbitration Rules*, Oxford University Press, 2014, p. 134.

[92] The Timor Sea Conciliation, Rules of Procedure, arts. 16 (6), 20 (3).

[93] See the Timor Sea Conciliation, Report and Recommendations of the Compulsory Conciliation Commission, paras. 86, 88.

[94] Ibid., para. 61.

庭的程序令[95]；而"沿海国权利争端案"的程序规则规定在通知各方后的第七天公布程序令，同时允许各方就公布日期达成其他安排（第27条第5款）。另外，"孟加拉湾海洋边界仲裁案"的法庭在其程序令中表示将在庭审开始之日公布各项程序令。[96] 实践中大部分法庭的命令和程序令最后都予以公开。

（五）机密信息的保护

一些程序规则特别强调对当事方所提交文件中的机密信息的保护。这既与各案的具体情况有关，也与各案程序规则规定的程序的公开程度有关。对于机密信息的认定，只要当事一方主张而当事他方不加反对即可成立，而且一方有时可以将他方所提交的资料主张为机密信息。[97] 对机密信息的保护可能覆盖审理和裁决的各个阶段，但相关程序规则未必作此全面规定。"莫克斯工厂案"的程序规则规定，一方在其提交的书状和其他文件中认定为"机密和敏感"的部分应仅限于对仲裁法庭、当事他方的"独立律师"（independent counsel）以及各方同意的其他人员公开。仲裁法庭按照与各方协商后确定的程序可以命令在更大范围内进行披露，但之前应给予提交该相关资料的当事一方撤回该资料的机会。而且，仲裁法庭可以要求任何向其披露此类资料的人员作出保守资料机密性的书面承诺（第12条第3款）。[98] 关于庭审，虽然应对公众开放，但需要建立适当方式来保护当事方的"机密和敏感"资料（第13条第5款）。此外，裁决的公开也不应披露机密信息（第15条）。"大西洋鲱鱼仲裁案"的程序规则在规定庭审公开时要求含有机密信息的庭审部分不应公开（第11条第4款）。"恩丽卡·莱克西号事件案"的程序规则第23条规定，当事一方在其书状中指定的机密信息应始终保密，除非仲裁

---

[95] ARA Libertad Arbitration, Rules of Procedure, art. 12（2）; Atlanto-Scandian Herring Arbitration, Rules of Procedure, art. 11（2）; the "Enrica Lexie" Incident, Rules of Procedure, art. 23（4）.

[96] See Bay of Bengal Maritime Boundary Arbitration between Bangladesh and India, Procedural Order No. 2（Concerning the Hearing on the Merits）, 6 November 2013（corrected: 8 & 12 November 2013）, para. 3.4.

[97] See Dispute concerning Coastal State Rights, Procedural Order No. 2（Regarding Confidentiality）, 18 January 2018, pp. 2-3.

[98] 关于如何向一方律师披露对方机密和敏感资料的问题，可以参见"《大西洋环境公约》仲裁案"的实践。See OSPAR Arbitration, Final Award, paras. 64-72.

法庭应另一方的申请命令公开，但必须给予各方陈述意见的机会。庭审对公众开放，但是应采取措施以保护机密信息。修改后的程序规则要求采取措施在对公众开放的庭审部分保护机密信息。[99]

"沿海国权利争端案"是目前这方面的一个典型。其程序规则在对各方书状、庭审笔录、程序令和裁决中的机密信息的保护问题分别加以规定后又进一步要求："仲裁法庭应在查明各方意见后制定程序以保护本案中的机密信息，包括在庭审中采取适当安排以及对各方的书状和书证、仲裁法庭的程序令和裁决，以及任何庭审笔录进行编辑。"（第27条第7款）据此仲裁法庭于2018年1月专门就保密性问题发布了程序令。该程序令在规定了机密信息的定义后，分别规定了对当事方书状、庭审和庭审笔录，以及法庭的裁决和命令中的机密信息的处理程序。其中，该程序令为处理裁决和命令中的机密信息规定了如下程序：一方可以在收到裁决后21日或命令后7日内向仲裁法庭提议将裁决或命令中的任何部分认定为机密信息；如果另一方反对而且它们不能就此达成协议，那么法庭应在当事一方申请并在考虑各方意见后就此作出决定。[100]

四、书　状

国际仲裁程序一般包括"两个不同的阶段：书状和庭审"。书状阶段通常包括争端各方向法庭以及对方提交诉状和辩诉状，以及必要时进一步提交答辩状和复辩状。[101] 有关书状的问题涉及书状提交的顺序和期限、书状的内容和形式，以及对书状的修改等。

（一）书状的提交

附件七项下的程序规则有关书状提交的规定可大致分为三类：第一类详细规定了书状提交的顺序和期限；第二类详细规定了书状提交的格

---

[99] See the "Enrica Lexie" Incident, Procedural Order No. 7 (Amendments to the Rules of Procedure), 16 May 2019.

[100] See Dispute concerning Coastal State Rights, Procedural Order No. 2 (Regarding Confidentiality), 18 January 2018, pp. 3-4. See also Arbitration under the Timor Sea Treaty (Case concerning the Meaning of Article 8 (B)), Rules of Procedure, art. 22 (4) - (5).

[101] See 1907 Convention for the Pacific Settlement of International Disputes, art. 63; 1958 Model Rules on Arbitral Procedure, art. 15 (1) - (2).

式；第三类同时规定了书状提交的期限和格式。

（1）第一类将书状的问题规定在"书状的顺序和内容"一条中，包括6个程序规则："自由号仲裁案"之前的5个程序规则[102]以及"恩丽卡·莱克西号事件案"的程序规则。"自由号仲裁案"之前的程序规则在这方面的规定大致相同，包含以下内容。

第一，规定了各方提交诉状、辩诉状、答辩状和复辩状的顺序和日期。由于这些案件都是一方以仲裁通知的方式单方面提起的，因此提交书状的顺序都是原告在先而被告在后。首先原告应向被告、书记处以及每位仲裁员送交诉状，随后被告应提交辩诉状，此后原告和被告还可依次提交答辩状和复辩状。在"巴巴多斯诉特立尼达和多巴哥案"中，巴巴多斯要求双方同时交换书状，但特立尼达则要求双方依次提交书状。仲裁法庭在其第1号命令中要求巴巴多斯先提交诉状，然后特立尼达提交辩诉状。法庭指出，在根据强制管辖提起的国际程序中，依次提交书状是"规范"，而同时交换书状一般限于根据特别协定提起的程序中。[103] 在其第2号命令中，仲裁法庭进一步规定了各方依次提交答辩状和复辩状的时间，并且将以上安排纳入其同日制定的程序规则中。[104] 按照以上这些程序规则，当事方"应"各自提交诉状和辩诉状，而它们"可以"提交答辩状和复辩状。实践中，各案当事方都提交了两轮书状，而且经常出现对提交时间进行修改以允许当事方延期提交的情况。

从原告提交诉状到被告提交辩诉状，这些程序规则规定了长短不同的期限：从5个月（"巴巴多斯诉特立尼达和多巴哥案"）到12个月（"孟加拉湾海洋边界仲裁案"），平均7个月左右。而第二轮书状的期限则大大短于第一轮。从原告提交答辩状到被告提交复辩状，上述程序规则中规定了从不足2个月（"莫克斯工厂案"）到6个月（"孟加拉湾海洋边界仲裁案"）的时间，平均4个月左右。除了规定书状的提交时间，这些程序规则还规定了诉状和辩诉状应当包含的内容。其中诉状应包括原告所依据的事实的陈述、有关法律的陈词，以及所寻求的救济；辩诉

---

[102] The MOX Plant Case, Rules of Procedure, art. 10; Guyana v. Suriname, Rules of Procedure, art. 9; Barbados v. Trinidad and Tobago, Rules of Procedure, art. 9; Bay of Bengal Maritime Boundary Arbitration between Bangladesh and India, Rules of Procedure, art. 9; Chagos Marine Protected Area Arbitration, Rules of Procedure, art. 10.

[103] See Barbados v. Trinidad and Tobago, Order No. 1, 7 June 2004.

[104] See Barbados v. Trinidad and Tobago, Order No. 2, 23 August 2004.

状应包括：被告对诉状中所声称的事实的承认或否认，以及被告所依据的补充事实的陈述；对诉状中的法律陈词的意见，被告的法律陈词；以及被告所寻求的命令。这些表述类似于《国际法院规则》和《国际海洋法法庭规则》[105]，而非常设仲裁法院的仲裁规则[106]。然而，这些程序规则没有像这两个国际司法机构的规则那样提出对答辩状和复辩状内容的要求。[107]"恩丽卡·莱克西号事件案"程序规则的规定也大致如此，但是增加了一些专门处理对管辖权的反对主张的内容。[108]

第二，"应争端任何一方的请求，并在查明争端他方的意见后，仲裁法庭可以延长"书状的提交期限。

第三，每一书状应附有或随同诉状提出可资佐证书状中所称事实的任何有关文件的经核证的副本。"恩丽卡·莱克西号事件案"的程序规则要求提交可资佐证书状中"所声称的事实或所提出的论点"的任何有关文件的经核证的副本（第9条第7款）。这些表述类似于《国际法院规则》和《国际海洋法法庭规则》中的相关规定。[109]

除了上述这些共同点之外，"孟加拉湾海洋边界仲裁案"和"恩丽卡·莱克西号事件案"的程序规则还简要规定了书状的格式问题，要求各方向书记处提交书状的纸质版和电子版各20份，其中10份转交争端他方。[110] 其他程序规则没有涉及书状的格式问题，但"查戈斯群岛海洋保护区仲裁案"的法庭在其第1号程序令中详细规定了书状的格式问题。[111]

（2）第二类包括"自由号仲裁案"等几个程序规则。它们专条规定了"书面陈词的格式"，包括当事方提交书状的方式，以及作为书状附件的证据和法律依据的编排方式。[112] 这些程序规则在这方面的主要规定

---

[105] 参见《国际法院规则》第49条第1—2款、《国际海洋法法庭规则》第62条第1—2款。

[106] See PCA Arbitration Rules 1992, arts. 18-19; PCA Arbitration Rules 2012, arts. 20-21.

[107] 《国际法院规则》第49条第3款和《国际海洋法法庭规则》第62条第3款要求，答辩状和复辩状不应仅重复各方的论点，而应提出仍然有分歧的问题。

[108] See the "Enrica Lexie" Incident, Rules of Procedure, art. 9（1）-（5）.

[109] 参见《国际法院规则》第50条第1款、《国际海洋法法庭规则》第63条第1款。

[110] Bay of Bengal Maritime Boundary Arbitration between Bangladesh and India, Rules of Procedure, art. 9（7）; the "Enrica Lexie" Incident, Rules of Procedure, art. 9（8）.

[111] Chagos Marine Protected Area Arbitration, Procedural Order No. 1, 13 December 2012.

[112] See ARA Libertad Arbitration, Rules of Procedure, art. 14; Atlanto-Scandian Herring Arbitration, Rules of Procedure, art. 14; Arctic Sunrise Arbitration, Rules of Procedure, art. 18.

大致相同，但也存在一些差异。

第一，它们的第 1 款都规定："争端各方应连同书面陈词提交所有它们意图依赖的书证、证人、专家和其他证据。"除"北极日出号仲裁案"外的程序规则还专门提到法律依据的问题。其中，"自由号仲裁案"的规则要求"争端各方还应附上它们在陈词中引用的法律依据（例如条约、法律、法令或司法判决）"；而"大西洋鲱鱼仲裁案"的程序规则规定可以只提交电子版，如果法律依据可以获得的话。

第二，关于书状的提交方式，这些程序规则第 2 款的规定基本一致：

  争端各方的书面陈词应以如下方式传送：
  （a）提交方应通过电子邮件向另一方、仲裁法庭和书记处传送其陈词以及所附证据和法律依据的电子副本。
  （b）同一天，提交方应通过信使向另一方、仲裁法庭和书记处派发通过电子邮件发送的文件的硬拷贝，连同所有所附的书证、证人证言和专家报告的硬拷贝。提交方应向另一方派发两份副本、仲裁法庭每位成员一份副本，以及书记处四份副本。
  （c）连同每份硬拷贝，提交方应派发存有完整电子副本（包括所附的证据和法律依据）的 USB 闪存盘或其他电子设备。如果可能的话，使用可供查询的 Adobe PDF 格式。

这样，争端各方需要提交书状的纸质版和电子版各 11 份。另外，这些程序规则之间也存在差异。例如，在"北极日出号仲裁案"的程序规则中，上述（c）项中没有"如果可能的话"的限定。更重要的是，在"自由号仲裁案"的程序规则中，上述（b）项中还要求送交"法律依据"的硬拷贝。其他程序规则（b）项中均未要求提交法律依据的硬拷贝。如上所述，由于"大西洋鲱鱼仲裁案"的程序规则允许当事方只提交法律依据的电子版，因此没有要求当事方提交法律依据的纸质版是可以理解的。在"北极日出号仲裁案"的程序规则中，关于该问题规定在（d）项中："应仲裁法庭的请求，争端一方应向仲裁法庭、书记处和他方提供它在陈词中引用的任何法律依据的硬拷贝。"[113] 这样的规定意味着当事方只有在仲

---

[113] Arctic Sunrise Arbitration, Rules of Procedure, art. 18（2）（d）.

裁法庭请求时才应提供所引用的法律依据的硬拷贝。

第三，关于证据和法律依据的编排方式，"自由号仲裁案"和"大西洋鲱鱼仲裁案"程序规则的规定完全一致：[114]

争端各方书面陈词所附的证据和法律依据应按照如下方式进行编排：

(a) 整个仲裁过程中呈交仲裁法庭的文件应连续编号，并应清楚区分不同种类的文件（例如证据、证人证言、专家报告、法律依据）。争端各方应议定它们之间一致的文件编号和标记方法。

(b) 文件的硬拷贝应按照适当的卷册顺序提交。

(c) 书面陈词应附有详细的内容目录，尽可能通过证据编号、日期、文件类型、作者或接受者，描述所附的所有证据和法律依据。

"北极日出号仲裁案"程序规则的（b）和（c）项与上述规定相同。至于（a）项，它在规定"整个仲裁中呈交仲裁法庭的文件应连续编号"后，直接规定了争端各方应使用的文件编号和标记方法。[115]

除了上述内容外，"自由号仲裁案"和"大西洋鲱鱼仲裁案"的程序规则在"书面陈词的格式"一条中还规定了当事方向仲裁法庭送交"陈词以外的公文"的问题。此外，"自由号仲裁案"的程序规则要求当事方，只有当它们之间的通信有关仲裁法庭需要采取行动的事项或应当告知仲裁法庭时才应将通信的副本送交法庭；而"大西洋鲱鱼仲裁案"的程序规则要求当事方应将他方向仲裁法庭提交的其设定为机密的信息作为机密信息对待。[116] 然而，在处理"书面陈词的格式"的条款规定这些问题似乎并不恰当。

除"书面陈词的格式"外，"北极日出号仲裁案"的程序规则第17条还规定了"书状的顺序"：

---

[114] ARA Libertad Arbitration, Rules of Procedure, art. 14 (3); Atlanto-Scandian Herring Arbitration, Rules of Procedure, art. 14 (3).

[115] Arctic Sunrise Arbitration, Rules of Procedure, art. 18 (3).

[116] ARA Libertad Arbitration, Rules of Procedure, art. 14 (4)-(5); Atlanto-Scandian Herring Arbitration, Rules of Procedure, art. 14 (4)-(5).

1. 仲裁法庭在征询争端各方的意见后，应通过程序令来确定提交书状的安排。

2. 仲裁法庭在征询争端各方的意见后，可以决定争端各方需要提交或者可以提交的进一步书状，并应确定提交这些书状的期限。

3. 应任何一方的请求，并在征询争端他方的意见后，仲裁法庭可以延长任何书状的提交期限。

然而，通常仲裁程序规则是在首先规定了诉状和辩诉状后再规定进一步书状的问题。例如，《PCA 仲裁规则 1992》第 22 条和《PCA 仲裁规则 2012》第 24 条规定，"除了申请书（statement of claim）和答辩书（statement of defence）"，仲裁法庭还应就争端各方需要提交或者可以提交的何种进一步书面陈词作出决定，并应确定提交的期限。[117] 也有的程序规则在规定了两轮书状后再规定进一步书状的问题。[118] 由于上述第 1 款中没有说明书状的种类，因此第 2 款中"进一步书状"似乎无从谈起。更为重要的是，鉴于该案程序规则中"总则"的规定，上述条款似乎是不必要的。"北极日出号仲裁案"程序规则在"总则"中已经要求"仲裁法庭组成后应尽快在邀请争端各方表达它们的观点后，建立仲裁的临时时间表"——其中当然包括"提交书状的安排"。同样，"总则"中关于"仲裁法庭在邀请争端各方表达它们的观点后，可以随时延长或缩短根据本规则规定的或争端各方议定的期间"的规定也可以涵盖第 3 款的内容。值得注意的是，"自由号仲裁案"程序规则中有关"总则"的规定与"北极日出号仲裁案"的一致，但是其程序规则中并未专门规定提交书状的顺序问题。如上所述，"自由号仲裁案"法庭通过发布程序令建立了临时程序时间表。

（3）第三类是"沿海国权利争端案"的程序规则，它既规定了提交书状的具体时间表，又专门一条规定了书状的格式要求。关于提交书状期限的规定，"沿海国权利争端案"与第一类程序规则类似。值

---

[117] See also Arbitration under the Timor Sea Treaty（Case concerning the Meaning of Article 8 (B)), Rules of Procedure, art. 14.

[118] For example, Arbitration under the Timor Sea Treaty, Rules of Procedure, art. 13; Dispute concerning Coastal State Rights, Rules of Procedure, art. 13.

得注意的是，它规定仲裁法庭在查明争端各方的观点后"可以延长或缩短"提交书状的期限。允许法庭缩短当事方提交书状的期限的规定十分罕见。关于提交书状的格式，该程序规则要求"争端各方应连同书面陈词提交所有它们意图依赖的书证、证人、专家和其他证据"。关于法律依据，要求当事方提供电子版，"除非"可以在公开来源免费获取；但是，如果仲裁法庭或对方要求，则提交方应在5日内提供任何法律依据。[119] 关于书状的提交方式，它要求当事方首先通过电子邮件向书记处提交书状的主体部分，并由书记处同时发送给仲裁法庭和争端他方。随后提交方应在3日内向书记处提交其书状的纸质版和电子版（USB闪存盘）各20份，并由书记处将其中10份转交争端他方。USB闪存盘中的文件应为Adobe PDF格式。该程序规则还规定了当事方书状的法语翻译的提交问题。[120]

（二）书状和诉求的修改

除"自由号仲裁案"和"大西洋鲱鱼仲裁案"的程序规则未对此作出规定外，其他的程序规则可分为两类。

（1）七个程序规则在关于书状的条款中用一款规定了主张/抗辩的修改问题。其中，"莫克斯工厂案"等四个程序规则规定："在仲裁审理过程中，任一当事方经仲裁法庭许可可以修改或补充其主张或抗辩，但是（未经他方同意）对主张的修改或补充不得超出争端的范围。"[121] "孟加拉湾海洋边界仲裁案"和"沿海国权利争端案"的程序规则的规定与此类似，但是没有包含"未经他方同意"的规定，同时强调修改不得超出"仲裁法庭所确定的"争端的范围。[122] 这些不同并没有改变这些规定之间的基本一致性。"恩丽卡·莱克西号事件案"程序规则的规定与上述不同，而是与《PCA仲裁规则1992》第20条

---

[119] Dispute concerning Coastal State Rights, Rules of Procedure, art. 14 (1) - (2).
[120] Ibid., art. 14 (3) - (4).
[121] The MOX Plant Case, Rules of Procedure, art. 10 (7); Guyana v. Suriname, Rules of Procedure, art. 9 (7); Barbados v. Trinidad and Tobago, Rules of Procedure, art. 9 (7); Chagos Marine Protected Area Arbitration, Rules of Procedure, art. 10 (7).
[122] Bay of Bengal Maritime Boundary Arbitration between Bangladesh and India, Rules of Procedure, art. 9 (8); Dispute concerning Coastal State Rights, Rules of Procedure, art. 13 (5).

完全一致："在仲裁审理过程中，任一当事方可以修改或补充其主张或抗辩，除非仲裁法庭考虑到所提修改过迟，对他方的妨害或任何其他情况，而认为不适宜允许此种修改。然而，对主张的修改不得使修改后的主张超出仲裁条款或单独仲裁协定的范围。"

（2）"北极日出号仲裁案"的程序规则用单独一条规定了"书状的修改"问题："在仲裁审理过程中，争端一方经仲裁法庭许可，可以修改或补充其书状。"（第19条）与前一类程序规则相比，该程序规则的规定有两处明显不同。第一，其他规则规定的是对"主张或抗辩"的修改，而这个规则规定的是对"书状"（written pleadings）的修改。对"主张或抗辩"的修改涉及新旧"主张或抗辩"的差异：当事方通过提出新主张来修改其之前的主张，但非直接对含有旧主张的书状本身进行修改。相反，就字面而言，"对书状的修改"则是当事方对已经提交给仲裁法庭的书状本身进行修改。《国际法院规则》对这两种情况都有规定。关于书状中的诉求问题，《国际法院规则》第49条第4款规定："每一份书状都应在案件的有关阶段说明该方的诉求——与所提的论据不同，或者应确认以前所提的诉求。"关于对书状的修改，《国际法院规则》第52条第3款规定，经他方同意或经院长允许后得随时更正已经提交的文件中的错漏。《国际海洋法法庭规则》中也含有基本一致的规定。[123] 第二，"北极日出号仲裁案"的程序规则关于书状的修改规定中没有包括任何的限制。相反，其他的程序规则都要求，当事方对主张的修改不得"超出争端的范围"或"超出仲裁条款或单独的仲裁协定的范围"。类似的限制也存在于常设仲裁法院管理的其他一些国家间仲裁中。[124] 特别是，虽然"艾恩·莱茵铁路仲裁案"的程序规则规定的也是对书状的修改，但同样要求不得使"修改后的主

---

[123] 参见《国际海洋法法庭规则》第65条第4款。一个近来的例子是，在"加纳/科特迪瓦案"中，科特迪瓦请求替换其辩诉状第2卷，理由是该卷的附件C6和C7中有错误。加纳表示不反对科特迪瓦提交更正的附件。最终国际海洋法法庭分庭庭长允许科特迪瓦用更正的附件替换之前的文件。See Dispute concerning Delimitation of the Maritime Boundary between Ghana and Côte d'Ivoire in the Atlantic Ocean (Ghana/Côte d'Ivoire), the Special Chamber of the ITLOS, Judgment of 23 September 2017, paras. 30-34.

[124] For example, OSPAR Arbitration, Rules of Procedure, art. 10（7）; Arbitration under the Timor Sea Treaty, Rules of Procedure, art. 17; Arbitration under the Timor Sea Treaty (Case concerning the Meaning of Article 8（B）), Rules of Procedure, art. 17.

张超出仲裁协定的范围"。[125] 另外,《PCA 仲裁规则 2012》第 22 条也要求对主张或抗辩的修改和补充不得超出法庭的管辖权。需要指出的是,许多程序规则在强调修改后的主张不得超出"争端"的范围时使用的是"the Dispute"的表述,从而意味着"争端"是特指的,即提交仲裁的争端。关于这一点,"沿海国权利争端案"的程序规则第 13 条第 5 款明确规定,对主张的修改不得超出"在[仲裁]通知和主张说明中提交的争端的范围"。

在国际诉讼中,当事一方可能根据对方提出的论据或鉴于案件的情况修改其诉求。[126] 但是"莫克斯工厂案"的法庭曾允许原告为变更诉求而修改其提起仲裁程序的主张说明。之所以有时当事方感到有必要修改其提起法律程序的文件,是因为该方修改后的诉求可能超出了其最初在请求书或主张说明中提交给法庭的争端的范围,而后者恰恰是判断修改后的主张是否可以被受理的一个重要标准。在"莫克斯工厂案"中,爱尔兰 2001 年 10 月提出开启程序的主张说明,随即在 2002 年 1 月提交了修改的主张说明。一俟仲裁法庭组成后,爱尔兰于 2002 年 3 月向英国和仲裁法庭提交了对修改的主张说明的解释照会,并强调该解释照会应当与修改的主张说明一起解读。爱尔兰的修改涉及莫克斯工厂所在地的另一个工厂(THORP)。爱尔兰指出,其修改的目的是澄清原来的主张说明,而非意图引入任何新主张或者处理任何与莫克斯工厂没有关系的问题。[127] 英国在此基础上同意了爱尔兰的修改。[128] 随后仲裁法庭在其第 1 号程序令中根据程序规则的规定批准爱尔兰修改其主张,并决定爱尔兰修改的主张说明和其解释照会构成附件七第 1 条中的主张说明。[129]

---

[125] "艾恩·莱茵铁路仲裁案"的程序规则第 11 条第 8 款规定:"在仲裁程序过程中,任一当事方可以修改或补充其书状,除非仲裁法庭考虑到所提修改过迟,对他方的损害或任何其他情况,而认为不适宜允许此种修改。然而,对主张的修改不得使修改后的主张超出仲裁协定的范围。"

[126] See P. Chandrasekhara Rao & Ph. Gautier, *The Rules of the International Tribunal for the Law of the Sea*: *A Commentary*, Martinus Nijhoff Publishers, 2006, p. 178.

[127] Ireland's Explanatory Note to the Amended Statement of Claim, 21 March 2002, 转引自 The MOX Plant Case, Counter-Memorial of the United Kingdom, para. 1. 25. 爱尔兰的修改试图说明,该争端不仅包括来自莫克斯工厂的排放,而且包括来自 THORP 工厂的排放——如果不批准莫克斯工厂运作,则后一排放也不会发生。同上。

[128] See the MOX Plant Case, Counter-Memorial of the United Kingdom, para. 1. 26.

[129] The MOX Plant Case, Order No. 1, 2 July 2002.

值得注意的是，首先，爱尔兰对主张说明的修改是在提起仲裁程序后3个月内提出的。其次，爱尔兰主张其修改并非意图引入任何新主张。再次，更为重要的是，英国同意了爱尔兰的修改。虽然该案仲裁法庭在它的决定中试图从其程序规则中有关修改诉求的规定中找到依据，但这些规定是否能够扩展到允许原告修改其主张说明是有疑问的。"莫克斯工厂案"程序规则中关于一方对主张的修改"未经他方同意"不得超出争端范围的规定只是意味着，如果获得他方同意，则当事一方对其诉求的修改"得超出争端的范围"。然而，当事方对诉求的修改并不涉及修改含有原先诉求的文件。其实，该案中爱尔兰修改其主张说明的合法性来自英国的同意，而非程序规则的规定。即使"北极日出号仲裁案"的程序规则第19条规定的是对"书状"而非诉求的修改，该规定同样不应被用来允许原告修改其主张说明，因为"主张说明"并不属于该条中的"书状"。就其在程序规则中的含义（特别是第17条和第18条）而言，"书状"指的是当事方向仲裁法庭提交的书面陈词。由于原告提起程序的仲裁通知和主张说明是向争端他方，而非仲裁法庭提出的，因此并不包括在书状的范围内。作为仲裁法庭书记处的常设仲裁法院的实践也证明了这一点。该案程序规则第16条规定，书记处将按照仲裁法庭的指示公布书状。虽然目前常设仲裁法院在网站上公布了荷兰的仲裁通知，但是没有将其列在"书面陈词"项下，而是予以单列。同样的情况也发生在"查戈斯群岛海洋保护区仲裁案"中。[130] 在多数附件七仲裁案中，常设仲裁法院在其网站上都没有公布主张说明。附件七仲裁与国际法院在这方面是不同的。争端当事国单方在国际法院提起程序时的请求书是向法院提交的。《国际法院规则》第38条规定，以提出请求书方式向法院起诉时，请求书应叙明"争端事由"，"并应说明主张的确切性质以及主张所依据的事实和理由的简要陈述"。《国际法院规则》第52条第3款允许当事国更正其提交给法院的任何"文件"中的错漏，其中也应包含提交给法院的请求书。[131] 但是当事国并不能利用该款规定来修改请求

---

[130] 但在"巴巴多斯诉特立尼达和多巴哥案""圭亚那诉苏里南案""恩丽卡·莱克西号事件案"中，主张说明被列在"书面陈词"项下。

[131] 另外，罗森在讨论《国际法院规则》这一条时在注释中提到了请求书中的错误问题。See Shabtai Rosenne, *The Law and Practice of the International Court*, Martinus Nijhoff Publishers, 1985, 2nd revised edition, p. 558, note 3.

书以扩大诉求，因为它是用来"更正"（correction）文件中的错误而非修改（amendment）请求书中的诉求的。例如，在"喀麦隆诉尼日利亚案"中，喀麦隆在 1994 年 3 月提交请求书起诉后，又于同年 6 月提交"补充请求书"以扩大争端的主题事项。[132] 喀麦隆表示"补充请求书"是"对最初请求书的修改"，对此尼日利亚表示不反对。国际法院在其命令中指出它不反对此种程序，但没有提及其规则第 52 条。[133]

（三）书面程序结束

书面程序结束是审理过程中一个重要的时间节点。它不仅有关庭审的安排，而且有关证据的可接受性等问题。实践中曾就此发生过争议。[134] 有的案件中对书面程序的结束作了专门规定。如"厄立特里亚/埃塞俄比亚边界委员会"的程序规则规定，一俟委员会指示的最后书状提交，书面程序即告结束。[135] 但无论国际法院和国际海洋法法庭的规则，还是附件七的程序规则中均未对此问题加以界定。在通常情况下，法庭所确定的最后一轮书状被提交或者提交的时限到期，即可认

---

[132] See Land and Maritime Boundary between Cameroon and Nigeria (Cameroon v. Nigeria: Equatorial Guinea Intervening), Preliminary Objections, Judgment, I. C. J. Reports 1998, p. 275, paras. 1-5.

[133] See Land and Maritime Boundary between Cameroon and Nigeria (Cameroon v. Nigeria: Equatorial Guinea Intervening), Order of 16 June 1994, I. C. J. Reports 1994, p. 105, at 106.

[134] 例如，在"利吉坦和西巴丹岛案"中，双方的特别协定在规定了三轮书状后进一步规定，如果双方同意或国际法院主动要求，还可提交第四轮书状（复辩状）。第三轮书状于 2001 年 3 月 2 日结束，双方于 2001 年 3 月 28 日致信法院表示不希望提交进一步书状，而且法院也没有主动要求。2001 年 3 月 13 日，菲律宾申请参加该案。《国际法院规则》第 81 条规定第三国的参加申请应尽快提出，而且至迟不得晚于书面程序结束。由此需要判断菲律宾的参加申请是否满足了这一要求。国际法院虽然认为菲律宾参加申请的提出没有满足"尽快"的要求，但是认为没有违反至迟不得晚于书面程序结束的要求。法院指出，由于双方的特别协定中规定了提交第四轮书状（复辩状）的可能性，而且双方是在 2001 年 3 月 28 日才通知法院它们不打算提交复辩状。因此，虽然第三轮书状于 2001 年 3 月 2 日结束，但是当菲律宾提出参加申请时，法院或第三国都不可能知道书面程序是否已经结束。无论如何，法院在被告知各方关于第四轮书状的意见之前不可能结束书状程序。而且，即使在各方告知后，法院按照特别协定的规定还可以自己主动要求提交复辩状。See Sovereignty over Pulau Ligitan and Pulau Sipadan (Indonesia/Malaysia), Application for Permission to Intervene, Judgment, I. C. J. Reports 2001, p. 575, paras. 21, 24-25.

[135] Eritrea-Ethiopia Boundary Commission, Rules of Procedure, art. 16 (4).

为书面程序结束。[136]

五、庭　审

庭审是争端各方在法庭上通过言语阐发其论据。[137]《国际法院规则》要求当事国在庭审中的口头陈述应针对各方间仍有分歧的问题，而不应包括书状中的全部理由或仅仅重复书状中的事实和论据（第60条第1款）。庭审的另一个重要内容是询问证人：事实证人和专家证人。[138]所有附件七项下的程序规则都用一条专门规定了庭审问题，其中主要包括庭审安排和询问证人两部分内容，但是它们的具体规定之间则存在各种差异。

（一）庭审的时间安排和进程

1. 庭审的时间安排

大部分程序规则都首先规定，应当有争端各方能够提出口头陈词的庭审[139]，并要求仲裁法庭应将庭审的"日期、时间和地点给予争端各方充分的提前通知"[140]。关于庭审的时间，1907年《和平解决国际争端公

---

[136] See further International Law Association, Procedure of International Courts and Tribunals, Preliminary Report, 2017, p. 54.

[137] See 1907 Convention for the Pacific Settlement of International Disputes, art. 63; 1958 Model Rules on Arbitral Procedure, art. 15 (4).

[138] For example, see Dispute concerning Coastal State Rights, Rules of Procedure, art. 16 (1).

[139] 包括：The MOX Plant Case, Rules of Procedure, art. 13 (1); Guyana v. Suriname, Rules of Procedure, art. 12 (1); Bay of Bengal Maritime Boundary Arbitration between Bangladesh and India, Rules of Procedure, art. 13 (1); Arctic Sunrise Arbitration, Rules of Procedure, art. 23 (1); Chagos Marine Protected Area Arbitration, Rules of Procedure, art. 13 (1); the "Enrica Lexie" Incident, Rules of Procedure, art. 13 (1); Dispute concerning Coastal State Rights, Rules of Procedure, art. 16 (1)。另外，"巴巴多斯诉特立尼达和多巴哥案"的程序规则第12条第1款规定应有庭审；"大西洋鲱鱼仲裁案"程序规则第8条第3款要求法庭应进行庭审。

[140] See the MOX Plant Case, Rules of Procedure, art. 13 (2); Guyana v. Suriname, Rules of Procedure, art. 12 (2); Bay of Bengal Maritime Boundary Arbitration between Bangladesh and India, Rules of Procedure, art. 13 (2); Arctic Sunrise Arbitration, Rules of Procedure, art. 23 (2); the "Enrica Lexie" Incident, Rules of Procedure, art. 13 (2); Dispute concerning Coastal State Rights, Rules of Procedure, art. 16 (2); ARA Libertad Arbitration, Rules of Procedure, art. 18 (1); Atlanto-Scandian Herring Arbitration, Rules of Procedure, art. 18 (1).

约》第 65 条规定，除非发生特殊情况，否则法庭只能在书状结束后开庭。《国际法院规则》和《国际海洋法法庭规则》也规定口述程序应在书面程序结束后举行。庭审的日期由法院/法庭确定，而且《国际海洋法法庭规则》还要求庭审原则上应在书面程序结束后 6 个月内进行。[141]

目前一些附件七程序规则规定庭审应在书面程序结束后 3 个月内进行。其中，"圭亚那诉苏里南案"等 4 个程序规则大致设定了不迟于"复辩状"提交后 3 个月内进行庭审的期限，但具体表述有所不同。[142] 实践中，只有"查戈斯群岛海洋保护区仲裁案"中的庭审遵守了 3 个月的期限要求。[143] 在"圭亚那诉苏里南案"中，2006 年 4 月初书记处致信争端双方，告知法庭建议于 2006 年 12 月 7—20 日举行庭审，两天后书记处确认了上述庭审日期。同年 8 月 30 日苏里南在仲裁法庭规定的期限内（9 月 1 日）提交了复辩状。[144] 由此，仲裁法庭确定的庭审日期稍微超出了 3 个月的期限要求。而"孟加拉湾海洋边界仲裁案"的庭审是在复辩状提交 4 个多月后才举行的。该案仲裁法庭 2013 年年初通知各方定于 2013 年 12 月 9—18 日庭审，此时当事方早已议定印度应于 2013 年 7 月 31 日前提交复辩状。法庭随后于 2013 年 2 月修改了程序规则中关于庭审期限的规定。[145] 在"恩丽卡·莱克西号事件案"中，2017 年 12 月印度提交了关于实体问题的复辩状，2018 年 3 月意大利提交了关于管辖权以及印度的反诉的复辩状，而庭审定于 2018 年秋季进行。后由于一名仲裁员突发健康问题并去世，庭审时间被大大推迟了。[146]

"北极日出号仲裁案"的程序规则第 23 条要求"庭审应尽速，并且

---

[141] 参见《国际法院规则》第 54 条、《国际海洋法法庭规则》第 69 条。
[142] "圭亚那诉苏里南案"程序规则第 12 条第 1 款规定，庭审应在 2006 年 10 月或 11 月进行；如果提交书状的时间表发生变化，则应不迟于复辩状提交后 3 个月内进行。"孟加拉湾海洋边界仲裁案"程序规则第 13 条第 1 款规定，庭审应不迟于复辩状提交后 3 个月内进行。"查戈斯群岛海洋保护区仲裁案"程序规则第 13 条第 2 款规定，庭审应不迟于复辩状提交后 3 个月内开始。"恩丽卡·莱克西号事件案"程序规则第 13 条第 1 款规定，除非因为重要的情况，否则庭审应不迟于复辩状提交后 3 个月内进行。庭审时间应由仲裁法庭在与各方协商后适时加以确定。
[143] 英国 2014 年 3 月 17 日提交了复辩状，而庭审于 2014 年 4 月 22 日开始。See Chagos Marine Protected Area Arbitration, Award, paras. 34, 52.
[144] See Guyana v. Suriname, Award, paras. 92, 101, 103, 107.
[145] See Bay of Bengal Maritime Boundary Arbitration between Bangladesh and India, Award, paras. 34, 37-38.
[146] 参见常设仲裁法院网站上有关该案情况的介绍（https：//pca-cpa.org/en/cases/117/）。

最好在书状结束后 3 个月内举行"。与上述 4 个程序规则相比，这个程序规则没有进一步明确"书状"的含义。"北极日出号仲裁案"法庭共作出三份裁决，但仅就实体问题举行了庭审，而在作出管辖权和赔偿裁决前均未进行庭审。该案实体庭审在书状结束后 1 个月即行开庭。2014 年 11 月法庭要求荷兰提交补充书状，并规定俄罗斯应在收到补充书状后 15 日内表明是否意图就该书状提交评论。2015 年 1 月书记处通知各方，如果俄罗斯不打算就荷兰的补充书状提交评论，那么法庭将在 2015 年 2 月初开庭。2015 年 1 月 12 日，荷兰提交了"第二份补充书状"。由于俄罗斯没有表明意图就此书状提交评论，因此 1 月 27 日应为本案书面程序结束的时间。随后法庭于 2015 年 2 月 10—11 日开庭。[147]

至于其他 5 个附件七程序规则，"沿海国权利争端案"的程序规则规定庭审时间应由仲裁法庭在查明各方意见后适时加以确定（第 16 条）。该案乌克兰于 2019 年 3 月 28 日就初步反对主张问题提交复辩状，法庭于 6 月 10 日开庭。[148] "巴巴多斯诉特立尼达和多巴哥案"的程序规则要求庭审的时长和日期需要与各方议定（第 12 条）。该案仲裁法庭在第 2 号命令中规定，庭审将在 2005 年 10 月或 11 月进行，具体日期由法庭在与各方进一步协商后确定。[149] 不久双方通知法庭它们可以参加从 2005 年 10 月 17 日开始的为期两周的庭审，由此庭审的日期被确定为 2005 年 10 月 17—28 日。[150] 该日期距离特立尼达提交复辩状 2 个月时间。"莫克斯工厂案""自由号仲裁案""大西洋鲱鱼仲裁案"的程序规则没有提及庭审日期的问题。但"大西洋鲱鱼仲裁案"程序规则的附件中含有详尽的程序时间表，其中设定在被告提交复辩状 2 个月后进行庭审。在"莫克斯工厂案"中，英国于 2003 年 4 月 24 日提交了复辩状，而庭审开始于 2003 年 6 月 10 日，相隔 1 个半月。"自由号仲裁案"的程序规则是目前唯一没有规定必须进行庭审的附件七程序规则。[151] 但按照该案仲裁法庭设定的程序时间表，它将在原告就被告的

---

[147] See Arctic Sunrise Arbitration, Award on the Merits, paras. 46-56.
[148] See Dispute concerning Coastal State Rights, Procedural Order No. 5 (Regarding the Schedule for the Hearing on Jurisdiction), 8 April 2019.
[149] Barbados v. Trinidad and Tobago, Order No. 2, 23 August 2004.
[150] See Barbados v. Trinidad and Tobago, Award, para. 15.
[151] See ARA Libertad Arbitration, Rules of Procedure, art. 9 (3).

初步反对主张提交答复后 60 多天开庭。[152] 另外，在"麦氏金枪鱼案"中，管辖权庭审是在澳大利亚和新西兰提交答辩后 1 个多月举行的。[153] 而"杜兹吉特·完整号仲裁案"中的庭审距离圣多美提交复辩状 2 个月时间。[154]

综上，大多数附件七仲裁案中的庭审都是在书面程序结束后 3 个月内开始的。而仲裁法庭在确定庭审的具体时间时通常都会与争端各方进行沟通。

2. 庭审的进程

关于庭审的进行，各程序规则主要规定了询问证人和庭审的公开问题。这种做法与常设仲裁法院的仲裁规则类似。另外，大多数程序规则要求书记处应安排制作"每次庭审的逐字记录（verbatim record）"[155]。一些程序规则还就庭审笔录（transcript）的公开问题作出规定。《国际法院规则》和《国际海洋法法庭规则》曾对庭审笔录的形成作出了详细且基本一致的规定。[156] 据此，庭审笔录应使用法院/法庭的一种正式语文作成，争端各方可以在法院/法庭的监督下更正其发言记录，但此种更正不得影响发言的含义和范围。证人也可以做类似更正。1907 年《和平解决国际争端公约》（第 66 条）和 1958 年《仲裁程序示范规则》（第 16 条第 2 款）规定庭审笔录需由庭长以及书记员或书记官长签署才具权威性。至于庭审的细节，这两个文件规定，庭审应由庭长主持；当事方的代理人和律师得向仲裁法庭提出他们认为对其案件有益的一切论据；仲裁法庭成员有权向当事方的代理人和律师提问，并要求他们对可疑之点作出解释，但法庭成员所提问题或所作评论均不能被视为整个法庭或其特定

---

[152] See ARA Libertad Arbitration, Procedural Order No. 1, 31 July 2013, "2. Procedural Timetable".

[153] See the Southern Bluefin Tuna Case, Award on Jurisdiction and Admissibility, paras. 13-15.

[154] See Duzgit Integrity Arbitration, Award of 2016, paras. 27, 34.

[155] The MOX Plant Case, Rules of Procedure, art. 13 (7); Guyana v. Suriname, Rules of Procedure, art. 12 (7); Bay of Bengal Maritime Boundary Arbitration between Bangladesh and India, Rules of Procedure, art. 13 (7); Chagos Marine Protected Area Arbitration, Rules of Procedure, art. 13 (8); Arctic Sunrise Arbitration, Rules of Procedure, art. 23 (9); the "Enrica Lexie" Incident, Rules of Procedure, art. 13 (6); Dispute concerning Coastal State Rights, Rules of Procedure, art. 16 (7). "麦氏金枪鱼案"中也制作了庭审的逐字记录。

[156] 参见《国际法院规则》第 71 条、《国际海洋法法庭规则》第 86 条。

成员的意见。[157] 这些描述也适用于附件七仲裁的庭审。

实践中，仲裁法庭在庭审前会与各方沟通以确定庭审的议程。[158] 有时法庭会提出一个草案供各方评论，并在此基础上确定庭审议程。例如，"麦氏金枪鱼案"的仲裁法庭在庭审前向各方散发了一份初步议程，而各方就该初步议程提出了意见。庭长在庭审伊始宣布了各方达成一致意见的庭审事项。[159] "孟加拉湾海洋边界仲裁案"法庭专门就庭审问题发布程序令，详细规定了庭审的时间和地点、庭审的进行，以及仲裁程序的保密性等问题，并随后两次对该程序令进行了修正。其中规定，庭审的进行应遵守"当事方间同等时间原则"。庭审只是由代理人和律师进行口头辩论，包括以下环节：（1）开庭陈词，双方各15分钟，仲裁法庭10分钟；（2）第一轮口头辩论，双方各8小时；（3）第二轮口头辩论，双方各2小时40分，应限于答复对方的论据和诉求；（4）结束环节，用于法庭的剩余问题和结束语（40分钟）。在各环节由原告孟加拉国首先发言。法庭可以在庭审的任何时间点向各方提问，但提问和回答的时间不包括在分配给各方的时间内。[160] 程序令进一步详细规定了每天的庭审安排。[161] 在有的案件中，法庭会要求当事方提出庭审安排的建议供其考虑。例如，在"杜兹吉特·完整号仲裁案"中，庭审处理管辖权、可受理性和实体问题（不包括损害赔偿的量化问题）。法庭邀请争端双方提出庭审安排，随后法庭通过程序令确定了双方无法达成一致意见的询问证人问题。[162] 在"圭亚那诉苏里南案"中，争端双方曾各自提出不同的庭审安排，后来圭亚那修改了其所提议的庭审安排。[163] 除了庭审安排，有时法庭在庭审前还会告知当事方希望它们在庭审中处理的问题，

---

[157] See 1907 Convention for the Pacific Settlement of International Disputes, arts. 66, 70, 72; 1958 Model Rules on Arbitral Procedure, arts. 16（1）, 14.

[158] See further Brooks W. Daly, Evgeniya Goriatcheva, Hugh A. Meighen, *A Guide to the PCA Arbitration Rules*, Oxford University Press, 2014, pp. 108-109.

[159] See the Southern Bluefin Tuna Case, Award on Jurisdiction and Admissibility, paras. 14-15; Hearing Transcript, Vol. I（7 May 2000）.

[160] Bay of Bengal Maritime Boundary Arbitration between Bangladesh and India, Procedural Order No. 2（Concerning the Hearing on the Merits）, 6 November 2013（corrected: 8 & 12 November 2013）, paras. 2. 1-2. 3.

[161] See Bay of Bengal Maritime Boundary Arbitration between Bangladesh and India, Procedural Order No. 2, para. 2. 4.

[162] See Duzgit Integrity Arbitration, Award of 2016, paras. 28-32.

[163] See Guyana v. Suriname, Award, paras. 104-106.

如"杜兹吉特·完整号仲裁案"。[164]

庭审通常进行两轮（但"北极日出号仲裁案"中的庭审进行了一轮），中间有休庭。每一轮由案件原告方首先发言，但在管辖权庭审中则由提出管辖权异议的案件被告方首先发言，如"麦氏金枪鱼案"庭审的情况。多数案件的庭审以当事方的口头辩论为主，少数以询问证人为主。仲裁员在庭审过程中可以向当事方的代理人或律师提问，对此代理人或律师既可立即回答也可稍后作答。而法庭在第一轮庭审结束后可能向当事方提出一些需要它们在第二轮庭审中处理的问题。对于法庭在第二轮庭审过程中提出的问题，当事方有时需要在庭审结束后在法庭规定的时间内提交书面答复。各案每日开庭的具体时间并不相同。但大致而言，开庭时间为上午9：30至12：30，或上午10：00至下午1：00；下午为2：00至5：00，或2：30至5：30，或3：00至6：00。庭审一般持续3小时，中间有一次15分钟至半小时左右的短暂休息。各案庭审的持续时间（不包括两轮庭审之间的休庭）长短不同。在管辖权问题的庭审中，"麦氏金枪鱼案"进行了4天；在同为海洋划界案件的庭审中，"孟加拉湾海洋边界仲裁案"为6天，"巴巴多斯诉特立尼达和多巴哥案"为8天，而"圭亚那诉苏里南案"为10天。在同时处理管辖权和实体问题的庭审中，目前用时最短的是"北极日出号仲裁案"和"杜兹吉特·完整号仲裁案"：不超过2天；而"查戈斯群岛海洋保护区仲裁案"则用时11天。各案庭审的时间长短与庭审的主题、所审理争端的复杂程度、管辖权的异议情况，以及争端各方的参与程度等因素有关。

关于庭审的公开问题，如上所述，各程序规则的规定并不一致。实践中有的庭审对公众开放。例如，"麦氏金枪鱼案"的争端各方就公开庭审并在国际投资争端解决中心网站上公布庭审笔录达成一致意见。[165] 在"莫克斯工厂案"中，根据双方同意，大部分庭审对公众开放，但是为了保护某些机密信息，一部分庭审是秘密进行的。庭审后公布了庭审笔录，但并不包括秘密进行的部分。[166] 许多案件的庭审没有对公众开

---

[164] See Duzgit Integrity Arbitration, Award of 2016, para. 33.
[165] See the Southern Bluefin Tuna Case, Hearing Transcript, Vol. I (7 May 2000).
[166] See the MOX Plant Case, PCA Press Release dated 2 June 2003; "Hearings in MOX Plant arbitration under UN Convention on the Law of the Sea to be held at Peace Palace"; Hearing Transcript (Day 1), p. 41; (Day 2), pp. 45-46.

放。例如,"巴巴多斯诉特立尼达和多巴哥案"的庭审不对公众开放。其间特立尼达的媒体上曾出现了关于庭审内容的报道,由此巴巴多斯指责特立尼达违反了保密协定。应巴巴多斯的要求,仲裁法庭庭长发表一个声明,要求各方遵守关于仲裁程序的保密承诺。[167] "孟加拉湾海洋边界仲裁案"的庭审也不对公众开放,但在庭审开始和结束之日发布了新闻稿。[168] 在"查戈斯群岛海洋保护区仲裁案""北极日出号仲裁案""杜兹吉特·完整号仲裁案"的裁决中,没有指明庭审是否对公众开放。但常设仲裁法院在这些案件的庭审结束几天后发布的简短新闻稿中没有提及庭审对公众开放。[169] 在"沿海国权利争端案"的管辖权庭审中,仅有各方在第一轮发言中的开场白对公众开放。[170]

庭审结束后,当事方还要检查书记处制作的庭审笔录并在必要时加以更正。此外,有时还需对法庭在庭审中提出的问题进行书面作答,以及提交法庭所要求的资料。例如,在"麦氏金枪鱼案"中,当事方在庭审后书面回答了法庭在庭审中的提问,并对庭审笔录作了更正。[171] 在"圭亚那诉苏里南案"中,当事方在庭审后答复了法庭专家的问询,并在5个月后陪同法庭专家进行了现场访问。[172] 在"孟加拉湾海洋边界仲裁案"中,当事方在庭审期间均曾对庭审笔录进行了更正,并在庭审结

---

[167] See Barbados v. Trinidad and Tobago, Award, para. 39; Hearing Transcript (Day 5), pp. 4-6.

[168] See Bay of Bengal Maritime Boundary Arbitration between Bangladesh and India, Procedural Order No. 2 (Concerning the Hearing on the Merits), 6 November 2013 (corrected: 8 & 12 November 2013), para. 3. 4; PCA Press Release dated 9 December 2013: "The Arbitral Tribunal Commences Hearing on the Merits"; PCA Press Release dated 18 December 2013: "The Arbitral Tribunal Concludes Hearing on the Merits".

[169] Chagos Marine Protected Area Arbitration, PCA Press Release dated 16 May 2014: "Hearing on Jurisdiction and the Merits Held in Istanbul, Turkey". Arctic Sunrise Arbitration, PCA Press Release dated 18 February 2015: "Filing of Supplemental Submissions by the Netherlands; Hearing held in Vienna". Duzgit Integrity Arbitration, PCA Press Release dated 2 March 2016: "Hearing held at the Peace Palace, in The Hague".

[170] See Dispute concerning Coastal State Rights, Procedural Order No. 5 (Regarding the Schedule for the Hearing on Jurisdiction), 8 April 2019; PCA Press Release dated 23 May 2019: "Hearing Concerning Preliminary Objections of the Russian Federation"; PCA Press Release dated 7 June 2019: "Commencement of Hearing Concerning Preliminary Objections of the Russian Federation".

[171] See the Southern Bluefin Tuna Case, Award on Jurisdiction and Admissibility, para. 20.

[172] See Guyana v. Suriname, Award, paras. 110-122.

束后书面回复了法庭水文专家在庭审结束时提出的技术问题。[173] 在"北极日出号仲裁案"中,荷兰在庭审结束后应仲裁法庭的要求提交了相关文件以及对法庭关于其"第二份补充书状"所提问题的详细答复,并提交了对庭审笔录的"评论"。[174]

除了就管辖权和实体问题举行庭审外,还会就临时措施的请求举行庭审。在"莫克斯工厂案"中,仲裁法庭在暂停了有关管辖权和实体问题的庭审后,临时决定转而处理爱尔兰有关临时措施的请求,并大致规定了临时措施庭审的时间安排。[175] 在爱尔兰提出临时措施请求翌日即开始了为期4天的庭审。[176] 常设仲裁法院在庭审开始当日发布了新闻稿,其中介绍了庭审方式。与之前的管辖权和实体问题庭审基本一致:庭审对公众开放,但是在处理机密信息时公众将被要求离开,同时它们也将在公布的庭审笔录中被删除。[177] 在"恩丽卡·莱克西号事件案"中,在意大利提交临时措施的请求后,仲裁法庭发布程序令确定了临时措施阶段的程序安排,其中包括进行庭审。[178] 仲裁法庭在庭审前几天发布庭审安排的程序指示,详细规定了各方陈述时间的分配,以及公众参与庭审的方式等问题。庭审对公众开放,但是希望参加庭审的公众需要事先进行注册,同时他们也并不能在现场观看庭审,而是在常设仲裁法院的另一个房间内通过闭路电视观看庭审。庭审不在网络上播放,但将在庭审两周后公布庭审笔录。[179] 随后进行了两天的临时措施庭审,其间仲裁法庭曾向各方提

---

[173] See Bay of Bengal Maritime Boundary Arbitration between Bangladesh and India, Award, paras. 44, 46.

[174] See Arctic Sunrise Arbitration, Award on the Merits, paras. 62-65.

[175] See the MOX Plant Case, Statement by the President of the Arbitral Tribunal, 13 June 2003, paras. 12-15.

[176] See the MOX Plant Case, Order No. 3 (Suspension of Proceedings on Jurisdiction and Merits, and Request for Further Provisional Measures), paras. 32, 44.

[177] The MOX Plant Case, PCA Press Release dated 17 June 2003: "MOX Plant Hearings suspended; Ireland requests provisional measures".

[178] The "Enrica Lexie" Incident, Procedural Order No. 1 (Procedural Timetable for Provisional Measures), 19 January 2016.

[179] The "Enrica Lexie" Incident, PCA Press Release dated 29 February 2016: "Tribunal determines schedule and modalities for public attendance of hearing on provisional measures".

问，而它们在发言过程中进行了回答。[180]

（二）询问证人

询问证人是一些案件中进行庭审的一个重要目的，但并非所有庭审中都有证人被传唤。例如，询问证人是"北极日出号仲裁案"中庭审的主要内容，而在"孟加拉湾海洋边界仲裁案"和"查戈斯群岛海洋保护区仲裁案"的庭审中则没有证人被当庭询问。"证人"一词有广义和狭义之分。狭义的证人专指"事实证人"，而广义的证人还包括"专家证人"。只有以证人身份作证才可以提供证据，而且并非当事方的专家都可以作为专家证人。除了作为证人，当事方的专家还可以作为当事方团队中的科学或技术顾问。[181] 国际法院不赞成当事方将其聘任的专家作为其法律团队成员而非专家证人的做法。[182] 因为，虽然法院在庭审中仍旧可以对此类专家提问，但争端他方却不能对他们进行询问。而且作为当事方顾问的人员对于法院的提问，可以选择当场回答或以后作答。在"巴巴多斯诉特立尼达和多巴哥案"的庭审中，巴巴多斯专门询问了在庭审中发言的特立尼达一方西利（Sealy）大使的身份，而特立尼达确认：虽然西利发言主要讨论的是事实问题，但由于其身份是顾问而非证人，因此并非是在提供证据。[183] 类似的，在"圭亚那诉苏里南案"的庭审中，圭亚那代表在评论苏里南一方麦克雷（McRae）教授的发言时强调，他是个律师而非地理学家，因此不应将其视为专家；如果他希望作为地理学家提供证言而非辩论的话，那么他应当进行宣誓并接受盘问。[184] 附件七程序规则中有关询问证人的规定主要涉及询问证人的要

---

[180] See the "Enrica Lexie" Incident, Request for the Prescription of Provisional Measures, Order of 29 April 2016, paras. 22, 32-33.

[181] See International Law Association, Procedure of International Courts and Tribunals, Preliminary Report, 2017, p. 89.

[182] 国际法院指出："至于庭审中作为顾问出现的那些专家，如果当事方将他们作为……专家证人提出，而非作为顾问包括在各自的代表团中，法院将认为更为有用。法院的确认为，那些凭借他们的科学或技术知识以及他们的个人经历而向法院提供证据的人员应当作为专家、证人或在一些情况下以这两种身份在法院作证——而非作为顾问，由此他方以及法院可以对他们进行质问。" Pulp Mills on the River Uruguay（Argentina v. Uruguay），Judgment, I. C. J. Reports 2010, p. 14, para. 167.

[183] See Barbados v. Trinidad and Tobago, Hearing Transcript (Day 3), pp. 38, 63.

[184] See Guyana v. Suriname, Hearing Transcript (Day 9), pp. 1334-1335.

求、传唤证人的程序以及询问证人的方式等问题。

1. 听讯证人的要求

按照是否对专家证人和事实证人作出不同的规定,附件七程序规则大致可分为两类。一些程序规则对于专家证人规定了高于事实证人的听讯要求。关于专家证人,这些程序规则要求庭审中被听讯的专家证人的书面报告已经包括在当事方所提交的书状中,即除非专家证人已经提供了书面专家报告,而且该报告构成当事方书状的组成部分,否则不应被听讯。[185] 其中几个程序规则进一步要求书面报告应构成该专家的"主证据"(evidence-in-chief)。[186] 至于其他证人,这些程序规则没有要求将被询问的证人必须已经提供了证人陈述。其中3个程序规则规定:如果尚未提供包括在书状中的证人证言,那么该当事方应向常设仲裁法院、法庭成员以及当事他方告知证词的主题事项、将要处理的问题清单以及结论摘要。该告知应在将该证人列入初步或最终证人名单时作出。[187] 而"北极日出号仲裁案"的程序规则规定:对于缺少书面证词的事实证人,仲裁法庭可以基于一方的申请斟酌决定予以允许,而该申请需要说明缺少书面证词的原因,并告知证词的主题事项、将要处理的问题清单以及结论摘要。(第23条第4款)

另有5个程序规则对于专家证人和事实证人规定了相同的听讯要求。其中,"巴巴多斯诉特立尼达和多巴哥案"的程序规则规定:除非专家证人或事实证人已经提供了书面专家报告或证词,并构成书状的组成部分,否则不应被听讯。(第12条第3款)"恩丽卡·莱克西号事件案"的程序规则规定:除仲裁法庭应当事一方的申请而允许的情况外,除非证人已经提供了书面报告或证人陈述,而且该报告或陈述构成当事方书状的组成部分并作为该证人的主证据,否则不应被听讯。(第13条第4款)"沿海国权利争端案"程序规则的规定与此基本一致,但没有明确

---

[185] See Guyana v. Suriname, Rules of Procedure, art. 12 (4); Bay of Bengal Maritime Boundary Arbitration between Bangladesh and India, Rules of Procedure, art. 13 (4); Chagos Marine Protected Area Arbitration, Rules of Procedure, art. 13 (4); Arctic Sunrise Arbitration, Rules of Procedure, art. 23 (4).

[186] Bay of Bengal Maritime Boundary Arbitration between Bangladesh and India, Rules of Procedure, art. 13 (4); Arctic Sunrise Arbitration, Rules of Procedure, art. 23 (4).

[187] Guyana v. Suriname, Rules of Procedure, art. 12 (4); Bay of Bengal Maritime Boundary Arbitration between Bangladesh and India, Rules of Procedure, art. 13 (4); Chagos Marine Protected Area Arbitration, Rules of Procedure, art. 13 (4).

要求证人的报告或陈述应构成当事方书状的组成部分（第 16 条第 3 款）。"自由号仲裁案"和"大西洋鲱鱼仲裁案"的程序规则规定，随书状提交的书面证人陈述应作为证人的主证据，不得在提交书状的期限过后提交证人陈述。每份证人陈述应包括一些必要信息，而且应附有该证人所依赖的所有文件。这些规定比照适用于专家证人。[188]

综上，就证人的听讯而言，一般的要求是有关证人已经提供了书面的专家报告或证人证言，并构成当事方书状的组成部分。由此，除非法庭经当事方的申请予以许可，否则未提交书面证词的证人将无法出庭作证。而且，即使在例外许可的情况下，当事方也需要提供一些有关证人作证的基本信息。许多程序规则要求专家证人的书面报告和事实证人的书面陈述应构成证人的"主证据"。这意味着证人出庭时不能提供新证据，由此其出庭纯粹是为了接受当事他方的盘问。[189] 该问题与下述讯问证人的方式有关。

2. 传唤证人

多数程序规则规定：如需询问证人，包括专家证人，每一当事方应于庭审前一定时间将它拟提出的证人的姓名和地址、证明事项，以及证人作证时将使用的语言告知书记处、法庭成员和当事他方。该规定包括在除了"北极日出号仲裁案"以外的其他程序规则中，它们十分类似于《PCA 仲裁规则 1992》第 25 条第 2 款。《国际法院规则》和《国际海洋法法庭规则》中也含有类似规定。[190]

这些程序规则之间的主要差异在于有关提前通知的时间要求。其中，几个程序规则要求至少在庭审前 30 天进行告知[191]，而"自由号仲裁案"的程序规则要求提前 40 天告知（第 16 条第 3 款）。另外，一些程序规则要求先给予初步告知，然后再给予最终告知，但规定的时间也不相同。其中，"圭亚那诉苏里南案"和"巴巴多斯诉特立尼达和多巴哥

---

[188] ARA Libertad Arbitration, Rules of Procedure, arts. 16（1）-（2），17；Atlanto-Scandian Herring Arbitration, Rules of Procedure, arts. 16（1）-（2），17.

[189] 参见杨良宜、莫世杰、杨大明：《仲裁法——从开庭审理到裁决书的作出与执行》，法律出版社 2010 年版，第 353 页。

[190] 参见《国际法院规则》第 57 条、《国际海洋法法庭规则》第 72 条。

[191] The MOX Plant Case, Rules of Procedure, art. 13（3）；Chagos Marine Protected Area Arbitration, Rules of Procedure, art. 13（3）；Atlanto-Scandian Herring Arbitration, Rules of Procedure, art. 16（3）.

案"的程序规则要求在庭审前 30 天进行初步告知，然后在庭审前 20 天进行最终告知[192]；"孟加拉湾海洋边界仲裁案"和"沿海国权利争端案"的程序规则规定的初步告知和最终告知的时间分别为庭审前 45 天和 30 天[193]；而"恩丽卡·莱克西号事件案"规定的时间为庭审前 60 天和 45 天（第 13 条第 3 款）。

除了由当事方提出己方证人外，"恩丽卡·莱克西号事件案"和"沿海国权利争端案"的程序规则还规定了当事一方要求他方证人出庭的情况。据此，当事方对于其希望盘问的没有被包括在上述告知中的他方证人，应在最终告知 10 日内将该证人的姓名告知书记处、法庭成员和当事他方。[194] 另外，"自由号仲裁案"的程序规则规定：在交换证人名单 10 日内，希望盘问他方证人的当事方应告知书记处、法庭成员和当事他方此类证人的姓名。（第 16 条第 4 款）"大西洋鲱鱼仲裁案"的程序规则中也含有这样的规定，但是要求在交换证人名单 20 日内进行告知（第 16 条第 4 款）。然而，不清楚这两个程序规则是否允许当事一方在他方告知的证人名单之外要求盘问他方的其他证人。

"北极日出号仲裁案"的程序规则在这方面的规定与上述不同。其第 23 条第 3 款规定：

> 在任何庭审之前，仲裁法庭或争端一方可以要求另一方提出任何证人或专家出庭以便询问，如果该另一方曾随书面陈词提交该证人或专家的书面证词。在仲裁法庭的许可下，争端一方也可传唤它自己的证人或专家出庭接受讯问，即使仲裁法庭或争端他方并未如此传唤。每一方应至少在庭审 30 天前将其希望在庭审中传唤作证的证人和专家的姓名通知书记处和争端他方。

首先，这样的表述显示，倘无对方的盘问请求或己方获得法庭许可

---

[192] Guyana v. Suriname, Rules of Procedure, art. 12（3）; Barbados v. Trinidad and Tobago, Rules of Procedure, art. 12（2）.

[193] Bay of Bengal Maritime Boundary Arbitration between Bangladesh and India, Rules of Procedure, art. 13（3）; Dispute concerning Coastal State Rights, Rules of Procedure, art. 16（4）.

[194] The "Enrica Lexie" Incident, Rules of Procedure, art. 13（3）; Dispute concerning Coastal State Rights, Rules of Procedure, art. 16（4）.

进行直接询问的申请，通常证人不会被直接询问。[195] 其次，该程序规则只要求当事方告知它希望传唤的证人的"姓名"，而没有要求告知证人的地址、证明事项、作证语言等信息。

实践中，当事方在传唤证人时失期并非一个小问题。在"印度河水吉申甘加仲裁案"中，法庭的程序规则规定了与"北极日出号仲裁案"类似的当事方提交专家证据的程序：当事方必须在书状中附上专家报告，并将其作为主证据；当事方应提前30天告知法庭其将在庭审中传唤的证人。该案中巴基斯坦未遵守30天的期限要求，而是在开庭前10天告知法庭打算传唤雷夫加德（Refsgaard）教授作为专家证人进行直接询问；印度表示反对，认为如此晚的传唤告知将对印度造成严重不利。[196] 最终仲裁法庭拒绝了巴基斯坦的传唤申请，认为允许此类作证将引发"严重的程序公正问题"，而且法庭为其决定给出了详细的理由。其中，虽然法庭承认如果一方能够证明直接询问证人的必要性，那么违反30天规则本身对该申请并非致命的，但是强调它在处理巴基斯坦的申请时的首要任务是维护双方的正当程序权利。法庭指出，在庭审前识别证人的程序和时限的目的是保证当事方不会对庭审中提出的问题感到惊讶，以及它们的律师能够做充分的准备。法庭认为在该案情况下允许对雷夫加德进行直接询问将不能给予印度充分的反驳机会。[197]

3. 询问证人的方式

首先，绝大多数程序规则规定：仲裁法庭应在考虑争端各方的意见后决定询问证人的方式。[198] "自由号仲裁案"和"大西洋鲱鱼仲裁案"的程序规则规定：法庭将在庭审前的合适时间，在与各方协商后处理询

---

[195] See the Indus Waters Kishenganga Arbitration (Pakistan v. India), Partial Award, para. 117.
[196] Ibid., paras. 113-116.
[197] Ibid., para. 117. 法庭指出巴基斯坦可以在庭审后申请提交来自雷夫加德的进一步专家报告。同上。
[198] The MOX Plant Case, Rules of Procedure, art. 13 (4); Guyana v. Suriname, Rules of Procedure, art. 12 (5); Barbados v. Trinidad and Tobago, Rules of Procedure, art. 12 (5); Bay of Bengal Maritime Boundary Arbitration between Bangladesh and India, Rules of Procedure, art. 13 (5); Chagos Marine Protected Area Arbitration, Rules of Procedure, art. 13 (5); Arctic Sunrise Arbitration, Rules of Procedure, art. 23 (5); Dispute concerning Coastal State Rights, Rules of Procedure, art. 16 (5); the "Enrica Lexie" Incident, Rules of Procedure, art. 13 (5).

问证人的细节问题,可以按照仲裁法庭规定的方式询问证人。[199] 在"杜兹吉特·完整号仲裁案"中,原告马耳他在庭审前通知法庭它希望传唤被告圣多美的一名事实证人进行盘问,但双方无法就询问证人的安排达成一致:圣多美主张在马耳他做完开庭陈词后询问证人,而马耳他则主张在双方都做完开庭陈词后再询问证人。最终仲裁法庭发布程序令解决了该分歧:法庭将在各方发表完开庭陈词后向它们提出问题,然后开始询问证人。[200]

其次,除"大西洋鲱鱼仲裁案"的程序规则只规定仲裁法庭在其他事实证人作证时可要求任何"事实证人退庭"外(第 18 条第 3 款),其他程序规则原则上都规定:仲裁法庭在其他证人作证时可要求"任何证人,包括专家证人退庭"。然而,许多程序规则在作此规定时也作了一些限制。[201] 其中,一些程序规则规定仲裁法庭在其他证人作证时可要求任何证人"退庭或在场"[202];"巴巴多斯诉特立尼达和多巴哥案"的程序规则规定"专家证人通常不应当被排除在外"(第 12 条第 5 款);而"自由号仲裁案"的程序规则规定:"原则上不应要求为仲裁当事一方的证人或者专家退庭"(第 18 条第 3 款)。"退庭"(retirement)是指留在法庭外面,目的是避免证人因为在法庭内听到其他证人作证而修改他的证词。[203] 在这方面,《国际法院规则》第 65 条要求"证人在作证前应留在法庭外",而《国际海洋法法庭规则》第 80 条要求"证人和……专家在作证前应留在法庭外"。与国际法院和国际海洋法法庭的规则相比,首先,附件七程序规则未将证人回避规定为一项强制性的义务("应"),而是赋予了仲裁法庭以裁量权("可以要求")。其次,附件七程序规则

---

[199] ARA Libertad Arbitration, Rules of Procedure, arts. 16 (4), 18 (2); Atlanto-Scandian Herring Arbitration, Rules of Procedure, arts. 16 (4), 18 (2).

[200] See Duzgit Integrity Arbitration, Award of 2016, paras. 29-32.

[201] 作此规定而没有任何限制的包括:The MOX Plant Case, Rules of Procedure, art. 13 (4); Guyana v. Suriname, Rules of Procedure, art. 12 (5); Chagos Marine Protected Area Arbitration, Rules of Procedure, art. 13 (5)。

[202] Bay of Bengal Maritime Boundary Arbitration between Bangladesh and India, Rules of Procedure, art. 13 (5); Arctic Sunrise Arbitration, Rules of Procedure, art. 23 (5); Dispute concerning Coastal State Rights, Rules of Procedure, art. 16 (5); the "Enrica Lexie" Incident, Rules of Procedure, art. 13 (5).

[203] See P. Chandrasekhara Rao & Ph. Gautier, *The Rules of the International Tribunal for the Law of the Sea: A Commentary*, Martinus Nijhoff Publishers, 2006, p. 228.

没有将证人回避的时间明确限定在"证人在作证前"。虽然有观点认为一旦证人完成作证,就没有理由要求其离开法庭[204],但是考虑到证人被再次传唤的可能性,禁止证人在作证结束后留在法庭内也是有道理的[205]。例如,在"北极日出号仲裁案"中,"北极日出号"船长在庭审第一天完成作证后,第二天被法庭再次传唤。该案仲裁法庭庭长在庭审开始时曾训诫证人不得与其他证人或己方律师讨论他们将在庭审中的作证,直到庭审结束。[206] 关于证人回避是否适用于专家证人的问题,有学者指出,实践中事实证人在作证前通常被要求待在法庭外,也不得阅读庭审笔录,因为担心其证词可能受到其他证人的影响;相反隔离专家证人并不普遍,因为他们证明的是专业知识而非事实回忆,而且让专家听到彼此的证词对法庭更为有利。[207]《国际法院规则》第 65 条将证人和专家相提并论,而只要求"证人"留在法庭外。但《国际海洋法法庭规则》第 80 条明确要求"证人和……专家"留在法庭外。作出与《国际法院规则》不同规定的考虑是有时并不容易区分专家证人和事实证人。[208] 除专家外,"自由号仲裁案"的程序规则还规定原则上不应要求"为仲裁当事一方的证人"退庭。《PCA 仲裁规则 2012》第 28 条第 3 款也含有类似规定。如果证人是仲裁当事一方的代表,法庭可以安排在询问其他证人前首先询问此类证人,以便减轻可能的关切。[209]

在国际法庭上,证人在作证前需要进行宣誓。通常首先由传唤证人的一方对证人进行"直接询问"(direct examination),然后由另一方对该证人进行"盘问"(cross-examination),最后由传唤证人的一方对证人进行"再直接询问"(re-direct examination)。[210] 除非再直接询问中引入了

---

[204] Ibid.
[205] See International Law Association, Procedure of International Courts and Tribunals, Preliminary Report, 2017, p. 126.
[206] See Arctic Sunrise Arbitration, Hearing Transcript (Day 1), pp. 2-3.
[207] See Brooks W. Daly, Evgeniya Goriatcheva, Hugh A. Meighen, *A Guide to the PCA Arbitration Rules*, Oxford University Press, 2014, p. 111.
[208] See P. Chandrasekhara Rao & Ph. Gautier, *The Rules of the International Tribunal for the Law of the Sea: A Commentary*, Martinus Nijhoff Publishers, 2006, p. 228.
[209] See Brooks W. Daly, Evgeniya Goriatcheva, Hugh A. Meighen, *A Guide to the PCA Arbitration Rules*, Oxford University Press, 2014, p. 111.
[210] See also P. Chandrasekhara Rao & Ph. Gautier, *The Rules of the International Tribunal for the Law of the Sea: A Commentary*, Martinus Nijhoff Publishers, 2006, pp. 226-227.

新问题，否则不允许对方再次进行盘问。[211] 己方律师的再直接询问只能限于对方律师盘问过的问题，而且也只能限于澄清证人的回答，而不能试图改变证人在盘问中已经明确给出的答案。[212] 再直接询问目前在附件七仲裁的实践中并不常见。在"巴巴多斯诉特立尼达和多巴哥案"中，双方律师在庭审第一天依次对巴巴多斯提出的证人进行了直接询问和盘问，第三天对特立尼达提出的两名证人进行了直接询问和盘问。有时法庭会在当事方询问后向证人提问。在"圭亚那诉苏里南案"中，双方律师对圭亚那提出的一名专家证人进行了直接询问和盘问。由于盘问的时间很长（106分钟），中间进行了15分钟的茶歇。盘问过后，法庭提出了一些问题而证人进行了回答。[213] 庭长在茶歇前提醒该专家证人不应在茶歇期间与任何人讨论案件。[214] 经法庭批准，该专家证人在反驳阶段再次被圭亚那传唤，并在再次宣誓后接受了直接询问和盘问。[215] 在一些规定将书面证词和专家报告作为主证据的程序规则中，己方律师的直接询问被加以限制。例如，"自由号仲裁案"和"大西洋鲱鱼仲裁案"的程序规则规定：对证人的直接询问应限于向仲裁法庭简要介绍证人，以及告知对证人陈述的任何小的更正或更新[216]；而"北极日出号仲裁案"的程序规则更是直接规定：在仲裁法庭的控制下，询问证人可以限于盘问和再直接询问，以及回答法庭可能提出的问题。（第23条第6款）这样的规定实际上是用书面的证人证言和专家报告替代了对证人的直接询问。[217] 这样做的一个好处是可以节省开庭时间，因为开庭时证人只需要确认有关的书面证言是他的主证据，就可以马上让其接受对方的盘问。[218] 同时，该程序的目的是"将在庭审中对任何一方突然袭击

---

[211] See the M/V "Saiga" (No. 2) Case (Saint Vincent and the Grenadines v. Guinea), ITLOS, Judgment of 1 July 1999, para. 23. 国际海洋法法庭庭长在该案中拒绝了几内亚代理人再次盘问证人的请求。

[212] 参见杨良宜、莫世杰、杨大明：《仲裁法——从开庭审理到裁决书的作出与执行》，法律出版社2010年版，第350页。

[213] See Guyana v. Suriname, Hearing Transcript (Day 4), pp. 460-545.

[214] Ibid., p. 512.

[215] See Guyana v. Suriname, Hearing Transcript (Day 9), pp. 1376-1377.

[216] ARA Libertad Arbitration, Rules of Procedure, art. 16 (4); Atlanto-Scandian Herring Arbitration, Rules of Procedure, art. 16 (4).

[217] 参见杨良宜、莫世杰、杨大明：《仲裁法——从开庭审理到裁决书的作出与执行》，法律出版社2010年版，第345页。

[218] 同上，第350页。

(surprise) 的可能性减到最小——盘问将基于在庭审开始前早就提供给另一方的"书面证词或专家报告。[219] 然而，这样的程序在实践中并未得到严格遵守。"北极日出号仲裁案"庭审中对事实证人的询问过程是：一方面，荷兰方面的直接询问（而并非简单地确认书面证言），法庭提问及证人回答，最后由荷兰方面进行再直接询问。另一方面，虽然"沿海国权利争端案"的程序规则也规定书面证词应作为主证据，但仍规定：证人应由提出方进行直接询问，并接受他方的盘问。（第 16 条第 3 款）

提交书面证词的一方应确保该证人在庭审中出庭，而如果证人不能应法庭或他方的传唤出庭的话，法庭的通常做法是将该证人证言从案卷中删除。[220] "印度河水吉申甘加仲裁案"的法庭曾明确指出："在国际仲裁中，一方没有令人信服的理由而未能提出专家证人接受盘问将面临严重后果：一般而言，该专家的报告将被从案卷中删除，从而不能构成裁决所依据的证据。"[221] "巴巴多斯诉特立尼达和多巴哥案"的程序规则就规定："仲裁法庭有权忽略任何书面专家报告或事实证词，如果作出该报告或证词的人士无法在口头庭审中作证和被盘问的话。"（第 12 条第 4 款）"北极日出号仲裁案"的程序规则也规定："如果被仲裁法庭或另一方传唤作证的证人或专家没有出庭作证，那么该证人或专家证人的书面证词应从记录中删除，除非仲裁法庭认为适用例外情况。"（第 23 条第 7 款）证人突然死亡当然属于不能出庭的例外情况。[222] 在"北极日出号仲裁案"庭审中曾发生了通过视频方式讯问证人的情况。该案当事方荷兰在庭审前提交了 8 名它希望在庭审时传唤的证人名单，仲裁法庭对此予以"允许"。[223] 庭审中，7 名证人出庭接受了荷兰方面的询问并回答了法庭的提问，而 1 名位于新西兰的证人则是通过视频连线接受了询

---

[219] See the Indus Waters Kishenganga Arbitration (Pakistan v. India), Partial Award, para. 117.

[220] See Brooks W. Daly, Evgeniya Goriatcheva, Hugh A. Meighen, *A Guide to the PCA Arbitration Rules*, Oxford University Press, 2014, p. 112.

[221] The Indus Waters Kishenganga Arbitration (Pakistan v. India), Procedural Order No. 10 (Concerning Pakistan's Request for Permission to Present Dr Acreman for Cross-Examination by Telephone Link), 15 August 2012, reproduced in Partial Award, para. 111.

[222] 参见杨良宜、莫世杰、杨大明：《仲裁法——从开庭审理到裁决书的作出与执行》，法律出版社 2010 年版，第 371 页。

[223] See Arctic Sunrise Arbitration, Award on the Merits, paras. 48-49.

问。[224]《国际法院规则》(第63条)和《国际海洋法法庭规则》(第78条)都允许证人不亲自到庭接受询问。《PCA仲裁规则2012》第28条第4款规定："仲裁法庭可以指示证人,包括专家证人通过不要求其现身庭审的电信方式(例如视频会议)接受询问。"当通过电信方式作证时,通常仲裁法庭和进行询问的律师身处一地,而证人身处另一地——有时由各方律师和法庭的秘书陪伴以确保其不受强迫。[225]

然而,有学者指出,非现场作证的做法并未被国际仲裁法庭接受为理所当然的事情,而是要求有正当理由而且需要权衡对当事对方的潜在不利后果。[226]"印度河水吉申甘加仲裁案"的法庭指出:"按照……国际仲裁中的通例,专家应当亲自在安排好的庭审中出庭接受盘问。"当一方提出一种替代的盘问方法时,"为了保护另一方的正当程序权利不受侵犯,法院通常需要查明:(1)该方在提交专家报告时不知道该专家由于先前的安排而无法亲自到庭接受盘问;(2)有正当理由……解释专家因何不能亲自参加庭审;(3)替代的盘问方法十分近似面对面的盘问"[227]。该案中,巴基斯坦告知仲裁法庭,它的一名印度希望盘问的专家证人无法出庭,并建议通过电话或视频会议的方式进行盘问。印度对此表示反对。[228] 仲裁法庭认为,电话连线的方式并不十分近似面对面的盘问,"因为与专家的视觉接触……是有效盘问的关键"。相反,"法院认为视频会议在某些情况下是一种可以接受的面对面盘问的替代方法。……法院在这方面注意到,许多国际仲裁的庭审中已经允许通过视频会议对专家和事实证人进行盘问。尽管如此,仍由法院根据视频会议盘问的实际操作决定通过该媒体所作证词的效力"。由此,仲裁法庭拒绝接受证人通过电话连线方式作证,要求巴

---

[224] Ibid., paras. 58-60. See also Hearing Transcript (Day 2), pp. 1-11.

[225] See Brooks W. Daly, Evgeniya Goriatcheva, Hugh A. Meighen, *A Guide to the PCA Arbitration Rules*, Oxford University Press, 2014, p. 114.

[226] Ibid., p. 112. 有学者指出了视频方式作证的如下缺点:仲裁员无法观察到证人的行为举止和身体语言,不适合长时间作证,以及涉及外国法庭到一国境内取证的复杂法律问题等,并因此认为此种方式应尽量少用。参见杨良宜、莫世杰、杨大明:《仲裁法——从开庭审理到裁决书的作出与执行》,法律出版社2010年版,第369—370页。

[227] The Indus Waters Kishenganga Arbitration (Pakistan v. India), Procedural Order No. 10 (Concerning Pakistan's Request for Permission to Present Dr Acreman for Cross-Examination by Telephone Link), 15 August 2012, reproduced in Partial Award, para. 111.

[228] See the Indus Waters Kishenganga Arbitration (Pakistan v. India), Partial Award, paras. 106-110.

基斯坦使该专家到庭作证；如果不可能，则通过视频会议作证。仲裁法庭同时保留在视频会议作证的情况下，根据视频连线的质量，以后再次听取其到庭作证的可能性。最终巴基斯坦撤回了该人的证词。[229]

最后，6个附件七程序规则规定，如果证人使用英语以外的语言，书记处应安排翻译成英语，费用由有关当事方承担。[230] 而"沿海国权利争端案"的程序规则更是要求翻译成"英语和法语"[231]。"北极日出号仲裁案"的程序规则也规定，"当证人或专家证人不使用英语时，书记处应做必要的安排翻译成英语"，但没有规定"费用由有关当事方承担"。[232] 该案庭审中一些证人没有使用英语，其作证被翻译成了英语。

（三）庭审结束

"庭审结束"（closure of hearings）是案件审理过程中的一个重要时间节点。由于目前国际诉讼程序一般包括书面和口述两个先后阶段，因此庭审结束通常标志着案件审理阶段的结束。"审理结束"（closure of proceedings）不仅意味着当事方提出论证和证据的时间结束了，而且预示着法庭由此将进入下一个阶段：评议和裁决。[233]《国际法院规约》第54条规定："代理人律师及辅佐人在法院指挥下陈述其主张已完毕时，院长应宣告辩论终结（the hearing closed）。法官应退席讨论判决。"《国际海洋法法庭规则》第88条含有基本一致的规定。[234] 1907年《和平解决国际争端公约》第77条和《PCA仲裁规则1992》第29条分别规定了"辩论结束"（the discussion closed）[235] 或"庭审结束"。其中后者规定：

---

[229] Ibid., paras. 111-112.

[230] The MOX Plant Case, Rules of Procedure, art. 13（3）; Guyana v. Suriname, Rules of Procedure, art. 12（3）; Barbados v. Trinidad and Tobago, Rules of Procedure, art. 12（2）; Bay of Bengal Maritime Boundary Arbitration between Bangladesh and India, Rules of Procedure, art. 13（3）; Chagos Marine Protected Area Arbitration, Rules of Procedure, art. 13（3）; the "Enrica Lexie" Incident, Rules of Procedure, art. 13（3）.

[231] Dispute concerning Coastal State Rights, Rules of Procedure, art. 16（6）.

[232] Arctic Sunrise Arbitration, Rules of Procedure, art. 23（8）.

[233] See Brooks W. Daly, Evgeniya Goriatcheva, Hugh A. Meighen, *A Guide to the PCA Arbitration Rules*, Oxford University Press, 2014, pp. 123-124.

[234] 《国际海洋法法庭规则》第88条规定："1. 代理人、律师及辅佐人在法庭指挥下陈述其主张已完毕时，庭长应宣告口述程序终结。……2. 法庭应退席讨论判决。"

[235] 1907年《和平解决国际争端公约》第77条规定："当当事国的代理人和辩护人已提出支持他们主张的全部说明和证据时，庭长应宣告辩论结束。"

"1. 仲裁法庭可询问各方是否需要进一步提出证据，询问证人，或提交意见；如果没有，它可以宣告庭审结束。2. 如果仲裁法庭认为由于例外情况而有必要，可以在裁决作出前的任何时间，主动或应一方的申请决定重开庭审。"《PCA 仲裁规则 1992》的规定被包含在常设仲裁法院管理的一些案件的程序规则中。[236] 此外，1958 年《仲裁程序示范规则》第 21 条[237]和《PCA 仲裁规则 2012》第 31 条[238]专条规定了"审理结束"。其中，1958 年《仲裁程序示范规则》第 21 条第 1 款是基于《国际法院规约》和《和平解决国际争端公约》的规定。[239]

《公约》附件七中没有关于庭审结束的规定。目前"孟加拉湾海洋边界仲裁案""恩丽卡·莱克西号事件案""沿海国权利争端案"三个程序规则规定："庭审后，仲裁法庭应就审理的结束作出决定。"[240] 此外，"沿海国权利争端案"的程序规则还补充："在作出最终裁决前，如果仲裁法庭认为有必要，可以重开审理程序。"首先，上述其他文件中的表述都是"宣告"（declare）结束，而这三个程序规则中使用的是"决定"（decide on）。在已经审理完毕的"孟加拉湾海洋边界仲裁案"中，并不清楚仲裁法庭是如何就此问题作出决定的。[241] 其次，许多规定有审理结束

---

[236] For example, Arbitration under the Timor Sea Treaty, Rules of Procedure, art. 24; Arbitration under the Timor Sea Treaty (Case concerning the Meaning of Article 8 (B)), Rules of Procedure, art. 25; Iron Rhine Arbitration, Rules of Procedure, art. 16. See also Eritrea-Ethiopia Boundary Commission, Rules of Procedure, art. 23.

[237] 1958 年《仲裁程序示范规则》第 21 条规定："1. 代理人、辅佐人及律师在法庭指挥下陈述其主张已完毕时，应正式宣告审理结束。2. 然而，法庭应有权在未作出裁决之前，以发现关键性的新证据为由，或者如果法庭认为在仔细考虑后有必要对某些问题加以澄清，在审理结束后重开审理程序。"

[238] 《PCA 仲裁规则 2012》第 31 条规定："1. 当仲裁法庭确信各方已经有合理的机会陈述其主张，它应宣布审理结束。2. 如果仲裁法庭认为由于例外情况而有必要，可以在裁决作出前的任何时间，主动或应一方的申请决定重开审理程序。"

[239] See Commentary on the Draft Convention on Arbitral Procedure Adopted by the International Law Commission at its Fifth Session, prepared by the Secretariat, 1955 (http://legal.un.org/docs/? path =../ilc/documentation/english/a_cn4_92.pdf&lang = EF), p. 75.

[240] Bay of Bengal Maritime Boundary Arbitration between Bangladesh and India, Rules of Procedure, art. 13 (9); the "Enrica Lexie" Incident, Rules of Procedure, art. 13 (7); Dispute concerning Coastal State Rights, Rules of Procedure, art. 16 (8).

[241] 仲裁法庭庭长在庭审中的最后一句话是"现在会议（meeting）结束"。See Bay of Bengal Maritime Boundary Arbitration between Bangladesh and India, Hearing Transcript (Day 6), p. 650.

的文件中都含有允许法庭在最终裁决作出前重开审理程序的内容。例如，1958 年《仲裁程序示范规则》规定仲裁法庭有权"以发现关键性的新证据为由"重开审理程序，而且，如果法庭认为"有必要对某些问题加以澄清"，也可以重开审理程序。《PCA 仲裁规则 2012》规定，"如果仲裁法庭认为由于例外情况而有必要"，可以重开审理程序。《国际法院规则》第 72 条规定，法院在口述程序结束后收到的当事一方对法院问题的书面回答或应法院要求提出的证据或解释，应送交当事他方，并给予其发表意见的机会。"如有必要，得为此目的重开口述程序。"《国际海洋法法庭规则》第 87 条也含有相同规定。实践中，"厄立特里亚/也门仲裁案"的法庭在有关领土主权和争端范围的庭审结束后，要求各方就石油勘探开发活动与领土主权的关系提交书面意见，并随后就这些问题举行了 3 天的补充庭审。[242]

六、证　据

（一）程序规则的规定

证据规则是国际诉讼中一个关键而且十分复杂的问题。该问题大致包括以下方面：证据的形式及其证明价值，证明责任和证明标准，以及法庭自行收集证据的权力。[243] 有学者指出，虽然绝大部分国际法庭的程序规则通常都未过多规定证据规则，但它们在证据问题上往往采取大致类似的做法。[244]《公约》附件七中唯一与证据问题相关的是第 6 条。1975 年《非正式单一协商案文》和 1976 年 5 月《非正式单一协商案文》（订正一）第四部分附件 IB 的第 5 条规定："争端各方应便利仲裁法庭的工作，特别应按照其本国法律并用一切可用的方法：（a）向法庭提供

---

[242] See the Eritrea/Yemen Arbitration (First Stage: Territorial Sovereignty and Scope of Dispute), Award of 9 October 1998 (https://pca-cpa.org/en/cases/81/), paras. 10-11. 该案双方的《仲裁协定》也要求法庭在口述阶段结束时应宣告审理结束。See the Arbitration Agreement, art. 8 (3.3) and (4.3). 1996 年 10 月 3 日缔结，为该案第二阶段裁决的附件一。The Eritrea/Yemen Arbitration (Second Stage: Maritime Delimitation), Award of 17 December 1999.

[243] 参见［英］切斯特·布朗：《国际裁决的共同法》，韩秀丽、万盈盈、傅贤贞等译，法律出版社 2015 年版，第 118 页。

[244] 同上，第 117—118 页。

一切有关文件和情报；并（b）使法庭在必要时能够传唤和收受证人或专家证据，进入其领土或视察有关的地点。"但 1976 年 11 月《订正的单一协商案文》第四部分附件三第 6 条作了一些修改：（a）项中增加了"便利"，而（b）项中删除了"进入其领土"的规定。[245] 由此形成了如今的第 6 条规定。

所有附件七项下的程序规则都对证据问题作了规定，而且总的趋势是规定得越来越详细。虽然各程序规则之间通常会存在或多或少的差别，但所有程序规则都包含以下规定：（1）每一方对其所依据的用以支持其主张或抗辩的事实应负有证明责任；（2）仲裁法庭应确定所提证据的可接受性、相关性、实质性和重要性。此外，除"巴巴多斯诉特立尼达和多巴哥案"和"恩丽卡·莱克西号事件案"外的程序规则还规定："仲裁法庭可采取一切适当措施来确立事实。"需要说明的是，"北极日出号仲裁案"等几个程序规则中的这一款还明确提及仲裁法庭可于必要时进行现场访问[246]；而"莫克斯工厂案"的程序规则第 12 条规定，仲裁法庭确立事实的权力受各方所提书状和其他文件资料的保密性的限制。

另外，"查戈斯群岛海洋保护区仲裁案"以来的程序规则都规定：仲裁法庭可以在仲裁程序中的任何时间要求争端各方［或一方］在仲裁法庭确定的期间内提交文件、证物或其他证据。[247] "恩丽卡·莱克西号事件案"和"沿海国权利争端案"的程序规则还进一步规定："仲裁法庭应记载任何拒绝以及所给出的任何理由。"[248] 另外，"巴巴多斯诉特

---

[245] See further Shabtai Rosenne & Louis B. Sohn (vol. eds.), *United Nations Convention on the Law of the Sea 1982: A Commentary*, Vol. V, Martinus Nijhoff Publishers, 1989, p. 432.

[246] Arctic Sunrise Arbitration, Rules of Procedure, art. 22 (2); ARA Libertad Arbitration, Rules of Procedure, art. 15 (2); Chagos Marine Protected Area Arbitration, Rules of Procedure, art. 12 (2). "北极日出号仲裁案"还要求"争端各方在此种视察中应向仲裁法庭提供一切合理的便利"。

[247] Chagos Marine Protected Area Arbitration, Rules of Procedure, art. 12 (3); ARA Libertad Arbitration, Rules of Procedure, art. 15 (3); Atlanto-Scandian Herring Arbitration, Rules of Procedure, art. 15 (3); Arctic Sunrise Arbitration, Rules of Procedure, art. 22 (4); Dispute concerning Coastal State Rights, Rules of Procedure, art. 15 (4); the "Enrica Lexie" Incident, Rules of Procedure, art. 12 (4). "沿海国权利争端案"的程序规则还要求法庭应"在查明各方意见后"，而"北极日出号仲裁案"的程序规则提到"根据《公约》附件七第 6 条"。

[248] Dispute concerning Coastal State Rights, Rules of Procedure, art. 15 (4); the "Enrica Lexie" Incident, Rules of Procedure, art. 12 (4).

立尼达和多巴哥案"的程序规则规定：法庭可随时要求（call upon）各方提交法庭认为为阐明争议问题的某个方面所需的证据或解释，法庭也可为此目的自己搜求其他信息。为了完整理解争议中的问题，法庭可要求各方一起或分别提供非技术性的文件来总结或解释任何科学、技术或专业信息的背景。（第 11 条）

除了上述这些多数程序规则中的一致性规定外，各程序规则还就证据的提交作了一些个性化规定。例如，关于证据的提交时间，"巴巴多斯诉特立尼达和多巴哥案"的程序规则要求：除口头证据外，未包括在书状中的证据或材料不能被依赖；而对于书面程序结束后提交的证据，法庭应决定它们的可接受性。（第 11 条）"孟加拉湾海洋边界仲裁案""恩丽卡·莱克西号事件案""沿海国权利争端案"的程序规则要求所有书证应尽可能在"第一轮书状"中提交。[249] "北极日出号仲裁案"的程序规则要求"所有书证应尽可能地与争端各方各自的诉状和辩诉状一起提交"（第 22 条）。一些程序规则专门就言词证据的提交作了规定。例如，"自由号仲裁案"和"大西洋鲱鱼仲裁案"的程序规则规定当事方在提交书面陈词的时限过后不得再提交证人证言，并详细规定了证人证言应当包含的信息内容（第 16 条）。"北极日出号仲裁案"的程序规则要求"争端各方应在其书状中包括每一位它们意图依赖的事实证人或专家证人的书面证词或专家意见证词"（第 22 条）。"沿海国权利争端案"的程序规则规定："除非仲裁法庭另有指示，否则证人，包括专家证人的陈述必须书面提交并由他们签字。"（第 15 条第 5 款）此外，这两个程序规则还专门指出，争端各方提出的证人"可以是任何人"。最后，"孟加拉湾海洋边界仲裁案""恩丽卡·莱克西号事件案""沿海国权利争端案"的程序规则还规定了证据的提交方式，要求提交给法庭的文件应当编号，而且每一页也应有编号。[250] "恩丽卡·莱克西号事件案"和"沿海国权利争端案"的程序规则还要求提供每个文件的电子版。[251]

---

[249] Bay of Bengal Maritime Boundary Arbitration between Bangladesh and India, Rules of Procedure, art. 12 (2); the "Enrica Lexie" Incident, Rules of Procedure, art. 12 (2); Dispute concerning Coastal State Rights, Rules of Procedure, art. 15 (2).

[250] Ibid.

[251] The "Enrica Lexie" Incident, Rules of Procedure, art. 12 (3); Dispute concerning Coastal State Rights, Rules of Procedure, art. 15 (3). "沿海国权利争端案"的程序规则还要求提供所附文件的超链接索引。同上，第 2 款。

（二）当事方的证明责任

"每一方对其所依据的用以支持其主张或抗辩的事实应负有证明责任"的规定包括在常设仲裁法院的仲裁规则和一些仲裁案的程序规则中[252]，被认为反映了"国际仲裁中一般接受的举证责任的分配"[253]。该规则同样适用于国际司法。国际法院1984年在"尼加拉瓜诉美国案"（管辖权和可受理性）中指出："归根结底，应由试图建立某一事实的当事方承担证明该事实的责任；在不能提出证据的情况下，一项诉求在判决中可以因为未被证明而被驳回。"[254] 国际法院2004年在"阿韦纳和其他墨西哥国民案"（墨西哥诉美国）中再次重申了这一立场，指出："双方承认国际法中牢固确立的原则，即试图确立一个事实存在的当事方承担证明该事实的责任。"[255] 该规则有两个后果：第一，虽然国际法庭有权自行收集必要的证据，但是案件的事实原则上应由当事方负责证明。[256] 第二，证明责任由主张某项事实存在的一方承担，"除非事实的真实性属于法庭的司法认知或推定的范围。"[257] 承担证明责任的一方首先负有举证责任。在"阿韦纳和其他墨西哥国民案"中，国际法院拒绝了将证明责任与举证责任分离的主张。该案中，虽然美国承认它承担着证明其中一些人员具有美国国籍的"证明责任"（burden of proof），但却同时主张墨西哥承担这方面的"证据责任"（burden of evidence），理由

---

[252] See PCA Arbitration Rules 1992, art. 24（1）; PCA Arbitration Rules 2012, art. 27（1）; Arbitration under the Timor Sea Treaty, Rules of Procedure, art. 19（1）; Arbitration under the Timor Sea Treaty（Case concerning the Meaning of Article 8（B））, Rules of Procedure, art. 20（1）; Iron Rhine Arbitration, Rules of Procedure, art. 12（1）; Eritrea-Ethiopia Boundary Commission, Rules of Procedure, art. 18（1）; OSPAR Arbitration, Rules of Procedure, art. 12（1）.

[253] Brooks W. Daly, Evgeniya Goriatcheva, Hugh A. Meighen, *A Guide to the PCA Arbitration Rules*, Oxford University Press, 2014, p. 101.

[254] Military and Paramilitary Activities in and against Nicaragua（Nicaragua v. United States）, Jurisdiction and Admissibility, Judgment, I. C. J. Reports 1984, p. 392, para. 101.

[255] Avena and Other Mexican Nationals（Mexico v. United States of America）, Judgment, I. C. J. Reports 2004, p. 12, para. 55.

[256] 参见郑斌：《国际法院与法庭适用的一般法律原则》，韩秀丽、蔡从燕译，法律出版社2012年版，第306页。

[257] 同上，第347页。

是相关信息掌握在墨西哥政府手中。[258] 国际法院不接受此种责任划分，而是认定应由美国证明其中一些人员具有美国国籍并向法院提供其掌握的所有相关信息。就美国所言相关资料掌握在墨西哥方面而言，该问题有关文件的披露。对此国际法院指出：

> 美国应寻求从墨西哥当局获得该信息。法院不能接受如下主张，即因为此类信息部分在墨西哥手中，所以应由墨西哥提供此类信息。应由美国寻求此类信息——具有充分的准确性（sufficient specificity），并且证明它已经这样做了，而墨西哥当局拒绝或未答复此类具体请求。然而，美国从未向法院表明它曾就具体案件向墨西哥当局提出过专门问询却没有收到答复。由此法院得出结论，美国没有满足其证明责任，即具有墨西哥国籍的人员也是美国国民。[259]

此后，在2007年"《防止及惩治灭绝种族罪公约》的适用案"（波斯尼亚和黑塞哥维那诉塞尔维亚和黑山）中，被告出示的一些其最高国防委员会（Supreme Defence Council）的文件被部分涂黑而无法辨识——这些文件被界定为关涉军事机密及国家安全利益。但国际法院拒绝了原告要求被告提供这些文件未加编辑的版本的请求，指出："原告有大量的文件记录和其他证据，特别是来自容易获取的前南刑庭的记录。它已经非常充分地利用了。"[260]

类似地，国际海洋法法庭在"诺斯塔号案"（巴拿马诉意大利）中拒绝了原告要求修改证明标准以及命令被告提供相关证据的请求。虽然承认由于从该船被捕到原告起诉17年已经过去，因此巴拿马在获得证据方面面临一定困难，但是法庭强调这些困难来自原告自己的决定。[261] 同

---

[258] See Avena and Other Mexican Nationals (Mexico v. United States of America), Judgment, para. 56.

[259] Ibid., para. 57.

[260] See Application of the Convention on the Prevention and Punishment of the Crime of Genocide (Bosnia and Herzegovina v. Serbia and Montenegro), Judgment, I. C. J. Reports 2007, p. 43, paras. 204-206.

[261] The M/V "Norstar" Case (Panama v. Italy), ITLOS, Judgment of 10 April 2019 (www.itlos.org), paras. 97-98.

时，法庭也不接受巴拿马要求法庭命令意大利提供证据的请求，而是鼓励双方就证据问题进行合作。法庭作出这一决定的一个重要考虑是它认为意大利提出的建议是合理的，即意大利会考虑巴拿马具体和适当的证据请求。[262]

文件披露问题也多次发生在附件七仲裁中。"巴巴多斯诉特立尼达和多巴哥案"的仲裁法庭共发布了4项命令，其中3项就与该问题有关。特立尼达在案件审理初期即请求法庭发布命令，要求巴巴多斯披露有关巴巴多斯针对四块水下石油勘探和开发区域所采取的自助措施的"限制级信息和文件"（limited information and documentation）。法庭与各方开会听取了它们的意见，随后发布命令要求巴巴多斯就特立尼达的披露申请提交意见。[263] 巴巴多斯在意见中主张，法庭没有权力发布特立尼达所请求的命令，由此应拒绝特立尼达的请求；或者法庭应在互惠的基础上，也要求特立尼达向巴巴多斯披露信息。法庭随后发布第3号命令，要求特立尼达对巴巴多斯的答复提出答辩状，而随后巴巴多斯再就特立尼达的意见提出复辩状，同时要求它们应特别讨论法庭准许该披露请求的管辖权问题。[264] 特立尼达在答辩状中主张法庭有权作出这样的命令。但法庭最终在其第4号命令中拒绝了特立尼达的披露请求。法庭没有说明其决定的理由，但表示如果特立尼达根据巴巴多斯的诉状决定再次提交该申请的话，法庭可以再次考虑。[265]

要求对方披露资料是"圭亚那诉苏里南案"审理过程中仲裁法庭处理的最重要的问题之一，几乎贯穿了该案书面程序的始终，而法庭为此先后共发布了4项命令。在仲裁法庭确定各方提交书状的日期后，2004年11月，圭亚那致信法庭庭长，指出由于苏里南反对其接触荷兰外交部档案中的一些历史文件（苏里南曾是荷兰的殖民地），圭亚那在准备诉状时遇到了困难。圭亚那请求法庭要求苏里南通知荷兰撤回其反对，并采取必要步骤使各方能够在平等基础上接触到历史资料。2005年1月，圭亚那明确请求法庭就获得文件问题发布一项命令。应庭长的邀请，圭亚那提交了它寻求获得的具体文件清单，并大概指出它们与本案争端的

---

[262] Ibid., paras. 24-39, 87-96.
[263] See Barbados v. Trinidad and Tobago, Award, paras. 11-12; Order No. 2, 23 August 2004.
[264] See Barbados v. Trinidad and Tobago, Award, paras. 13-14; Order No. 3, 17 September 2004.
[265] See Barbados v. Trinidad and Tobago, Award, paras. 16-18; Order No. 4, 26 October 2004.

关系。另外,苏里南反对圭亚那获得文件的请求。苏里南强调这些文件不是公开的,而是涉及许多敏感问题——如国家安全以及苏里南与圭亚那的其他领土争端,并且其中一些文件与本案无关。苏里南还认为它没有国际法义务使圭亚那获得所请求的文件。[266] 在邀请双方就圭亚那的请求以及法庭颁发此项命令的权力发表意见后,法庭与各方开会听取它们的主张。[267] 会后仲裁法庭于 2005 年 7 月就"获得文件"问题发布命令。法庭在命令中强调:"a)国际法律程序中的平等原则和善意合作原则被规定在调整本仲裁的各项文件中,包括《公约》附件七第 5 条和第 6 条,以及法庭自己的程序规则第 7 条第 1 款和第 2 款;b)各方向法庭提供所有相关的文件和信息将便利法庭的工作。"但法庭同时承认:"每一方可能对不披露与本争端无关的信息有着合法利益,或者由于其他有效的理由这些信息应当被视为保密的(privileged)或属机密。"[268] 基于这些考虑,法庭全体一致决定它将不考虑任何来自圭亚那被拒绝获得的荷兰档案中的文件;命令"苏里南应采取一切可行的措施确保圭亚那及时获得整个档案(如果其中的任何文件已经或将被作为证据的话)——或者通过撤销其向荷兰政府提出的反对,或者(如果不成功的话)将该档案直接提供给圭亚那";决定"每一方可以通过法庭请求另一方披露其所有或控制下的有关档案或文件,但应以合理的准确性加以识别"。仲裁法庭同时决定指派一名独立专家来协助它解决具体证据的披露问题。该专家将负责解决各方之间由于一方未披露文件而产生的争端,以及审查文件提供方有关对文件进行某种编辑处理的提议。[269] 仲裁法庭以后又就此问题陆续发布了 3 项命令,而文件披露工作一直持续到 2006 年 3 月圭亚那提交答辩状之前。需要指出的是,除了苏里南应圭亚那的请求向其披露文件外,圭亚那在本案中也应苏里南的请求向后者披露了一些文件。[270]

"查戈斯群岛海洋保护区仲裁案"在这方面的情况有所不同,其涉及一方要求另一方披露某些文件的删节部分。英国政府在其国内诉讼中披露了一些与本案有关的但含有大量编辑处理的文件,毛里求斯在附件

---

[266] See Guyana v. Suriname, Award, paras. 16-33.
[267] Ibid., paras. 34-36, 44-46.
[268] Guyana v. Suriname, Order No. 1 (Access to Documents), 18 July 2005, p. 3.
[269] Ibid., p. 4.
[270] See Guyana v. Suriname, Award, paras. 72, 77.

七仲裁程序中将这些文件作为其答辩状的附件，但要求英国披露这些文件的未删节版。在仲裁法庭的敦促下，英国去除了一些删节，但仍保留大量删节，理由是它们涉及与第三国的关系以及国家安全等。应法庭的要求，英国提交了每个删节的理由，并表示愿意与法庭单独就这些理由进行讨论。法庭建议首先由庭长对未删节的文件进行初步审查，然后再由法庭全体进行审查，除非根据庭长的初步审查认为后一操作是不必要的。据此，2014年4月21日——庭审开始的前一天，庭长和书记官长在英国驻伊斯坦布尔总领馆与英国代表举行了单独会议，以确认删节均满足法庭承认的不披露的理由。会后庭长向法庭全体报告了其认定，即每个删节都是有理由的。法庭确认了庭长的认定，并由此决定删除的段落不应当被披露。另外，毛里求斯在本案中也披露了自己的内部文件。[271]

虽然有学者认为国际诉讼当事方具有一般的披露义务，由此应向争端他方提供已方掌握而对方未掌握的证据[272]；但是国际法委员会在制定《仲裁程序示范规则》时取消了争端各方就提交证据相互合作的规定，认为当事方间的此种强制性合作超出了一般接受的国际实践[273]。尽管圭亚那在"圭亚那诉苏里南案"中应苏里南的请求向后者披露了一些文件，但这应属于自愿的范畴。该案仲裁法庭明确指出，当事一方可以"通过法庭"请求另一方披露文件，而法庭的相关命令都是要求苏里南向圭亚那披露文件。印度在"恩丽卡·莱克西号事件案"中也曾应意大利的请求向其披露文件。[274] 另外，虽然巴巴多斯在"巴巴多斯诉特立尼达和多巴哥案"中质疑仲裁法庭要求其披露文件的管辖权，但是国际法庭显然拥有这样的固有权力。而且附件七第6条的规定也足以赋予仲裁法庭这样的权力。但国际法庭在行使此项权力之前需要满足以下条件：第一，请求方自己已经首先做了一切必要和合理的努力来获取相关文件

---

[271] See Chagos Marine Protected Area Arbitration, Award, paras. 35-49; Hearing Transcript (Day 1), p. 11.

[272] 参见［英］切斯特·布朗：《国际裁决的共同法》，韩秀丽、万盈盈、傅贤贞等译，法律出版社2015年版，第150页。

[273] See Report of the International Law Commission Covering the Work of its Fifth Session, 1 June-14 August 1953, in Yearbook of the International Law Commission (1953), Vol. II, p. 200, para. 47.

[274] See the "Enrica Lexie" Incident, Procedural Order No. 4 (Amendments to the Procedural Calendar), 12 February 2018.

但未成功。[275] 第二，用"圭亚那诉苏里南案"法庭的话说，披露的请求应具有"合理的准确性"。该案中圭亚那不仅向法庭提交一份它寻求获得的具体文件清单，而且指出它们与该案争端的关系。然而，即使这些条件获得满足，法庭也未必发布一项披露命令，因为法庭在决定是否同意披露请求时需要权衡争端双方的利益，包括所请求的资料与争端的相关性、请求方可以获得的其他相关证据、持有方在其辩论中对该资料的依赖程度以及它所提出的不披露理由的有效性，而且法庭在此权衡过程中享有裁量权。[276] 与此相关的一个问题是法庭审查被请求披露文件原件的方式。在"圭亚那诉苏里南案"中，法庭为此专门指派了一名文件专家；而在"查戈斯群岛海洋保护区仲裁案"中，则是由法庭庭长首先进行审查并作出判断。此外实践中还存在着由法庭自己进行审查的方式。例如，在"印度河水吉申甘加仲裁案"中，巴基斯坦请求仲裁法庭命令印度披露其辩诉状中一个经过编辑的附件的原件。印度主张该附件未披露的部分与本案无关，而且披露它们将对印度造成损害。法庭要求印度将该文件的完整副本提供给所有法庭成员，并在秘密审查后发布程序令，认为被编辑的部分与该案争端没有直接联系，不披露它们不会影响巴基斯坦答复印度论据的能力，因此决定不接受巴基斯坦的披露请求。[277] 上述三种审查文件原件的方式各有优缺点。法庭自己审查的优点是简单，但需要确保相关文件为法庭知晓的同时不被另一方知晓；指派文件专家的做法虽然可以使法庭和有关文件之间保持距离，但却要付出时间和费用的代价；相比之下，由法庭庭长进行审查是中间道路，但它同时依赖于庭长判断的可信度。[278]

---

[275] See Benzing, Evidentiary Issues, in Zimmerman et al. (eds), *The Statute of the International Court of Justice*: *A Commentary* (2012), p. 1249, 转引自 International Law Association, Procedure of International Courts and Tribunals, Preliminary Report, 2017, p. 78。

[276] See International Law Association, Procedure of International Courts and Tribunals, Preliminary Report, 2017, pp. 78, 82.

[277] See the Indus Waters Kishenganga Arbitration (Pakistan v. India), Partial Award, paras. 91-99.

[278] See International Law Association, Procedure of International Courts and Tribunals, Preliminary Report, 2017, p. 82.

（三）法庭评价证据的自由

"法庭应确定所提证据的可接受性、相关性、实质性和重要性"的规定包括在常设仲裁法院的仲裁规则和一些仲裁案的程序规则中。[279] 1958 年《仲裁程序示范规则》第 18 条也规定法庭应对所提证据的可接受性作出裁决，并判断其证明价值。其中，证据的可接受性（admissibility）是实践中经常出现的问题，它属于证据的"程序方面"（procedural aspects）。[280] 证据的实质性（materiality）是指"证据试图证明的对象属于对决定诉讼结果具有影响作用的案件事实之组成部分的属性"[281]，而证据的重要性（weight）则是有关证据的证明价值。

国际法庭的实践显示，它们主张在采信和评估证据方面享有"完全的自由"[282]。1928 年"帕尔马斯岛案"的独任仲裁员指出，应由仲裁员决定以下问题：当事方的说法（allegations）是否需要证据支持，以及所提出的证据是否足够。"该自由（liberty）对他至关重要。"[283] 国际法院 2010 年在"乌拉圭河沿岸纸浆厂案"中宣称：

> 法院不认为为了裁定本案，需要对各方的专家和顾问所准备的文件和研究的相对优点、可靠性和权威性进行一般性的讨论。它只需记住一个事实，即尽管提交给它的事实信息数量庞大而且复杂，但是在仔细考虑了争端各方提交的所有证据后，确定哪些事实必须被认为相关的，评估它们的证明价值，并从

---

[279] See PCA Arbitration Rules 1992, art. 25 (6); PCA Arbitration Rules 2012, art. 27 (4); Arbitration under the Timor Sea Treaty, Rules of Procedure, art. 20 (8); Arbitration under the Timor Sea Treaty (Case concerning the Meaning of Article 8 (B)), Rules of Procedure, art. 21 (6); Iron Rhine Arbitration, Rules of Procedure, art. 13 (7); Eritrea-Ethiopia Boundary Commission, Rules of Procedure, art. 18 (2); OSPAR Arbitration, Rules of Procedure, art. 12 (1).

[280] See International Law Association, Procedure of International Courts and Tribunals, Preliminary Report, 2017, p. 76.

[281] 易延友：《证据法的体系与精神——以英美法为特别参照》，北京大学出版社 2010 年版，第 100 页。

[282] 参见郑斌：《国际法院与法庭适用的一般法律原则》，韩秀丽、蔡从燕译，法律出版社 2012 年版，第 316 页。

[283] The Island of Palmas (or Miangas) Case, Award, pp. 10-11.

中得出恰当的结论是法院的责任。因此，按照其惯例，法院将在提交给它的证据的基础上对事实作出自己的决定，然后将国际法的有关规则适用于那些它认定存在的事实。[284]

联合国秘书处在一份文件中也指出，国际法庭的实践是：它们对于证据的可接受性和证据价值的评估拥有完全的自由。[285] 而且该文件认为国际法庭不需要遵循国内法中的证据规则[286]，强调国际法庭由有能力评估证据价值的法学家组成，而且按照更为严格的国内法中的标准要求当事方向国际法庭提供证据有时也存在困难[287]。国际诉讼中并不存在一致的证明标准。[288]

然而，国际法庭在证据的采纳方面也的确存在一些相同或类似的做法。国际诉讼中的证据包括书证（documentary evidence）和言词证据（testimonial evidence）。"文件"（document）一词的范围很广，形式各种各样，包括记录有信息的任何材料。[289] 言词证据包括证人证言和专家意见。证人是以其"个人经验"证明有关事实，而专家是以其"专门知识或专长"提供他认为正确的意见。[290] 虽然有时将证人和专家相提并论以示区别，但专家属于广义上的证人，即专家证人。在国际诉讼中，书证

---

[284] Pulp Mills on the River Uruguay (Argentina v. Uruguay), Judgment, I. C. J. Reports 2010, p. 14, para. 168.

[285] See Commentary on the Draft Convention on Arbitral Procedure Adopted by the International Law Commission at its Fifth Session, prepared by the Secretariat, 1955 (http://legal.un.org/docs/? path = ../ilc/documentation/english/a_cn4_92.pdf&lang = EF), pp. 58-59.

[286] Ibid., p. 57.

[287] See Commentary on the Draft Convention on Arbitral Procedure Adopted by the International Law Commission at its Fifth Session, prepared by the Secretariat, 1955, p. 59.

[288] 参见［英］切斯特·布朗：《国际裁决的共同法》，韩秀丽、万盈盈、傅贤贞等译，法律出版社2015年版，第139页。该学者认为国际诉讼中的证明标准大致有五种，即初步证明标准、排除合理怀疑标准、令人信服的标准、优势证据标准，以及当事方所提证据是否足够充分标准，而第五种标准是最为普遍适用的。同上，第140—145页。

[289] See International Law Association, Procedure of International Courts and Tribunals, Preliminary Report, 2017, p. 77.

[290] 参见张卫彬：《国际法院证据问题研究：以领土边界争端为视角》，法律出版社2012年版，第31页。

是原则，而言词证据是例外。[291] 言词证据被认为"由于人心难料的弱点"而容易招致不信任。[292] 国际法庭通常会接受经过适当认证的文件副本，而并不要求当事方提交原件。[293] 实践中，当事方提出文件的途径可以包括：（1）作为书状的附件提出；（2）在书面程序结束后申请提出；（3）应国际法庭的要求提出；（4）在书面回答法庭的问题时提出；（5）在对当事他方提出的新文件发表评论时提出。其中，随书状提出证据不仅是主要途径，而且是原则。这一点清楚地反映在许多国际文件中。而在书面程序结束后提出文件很可能引发新文件的可接受性问题。1907年《和平解决国际争端公约》第67条即规定："书面辩护结束后，法庭有权拒绝讨论当事国一方未经另一方同意企图向法庭提出的一切新的文件和资料。"类似规定也包含在1958年《仲裁程序示范规则》第17条中。而《国际法院规则》第56条第1款规定："书面程序结束后，除经另一当事方同意或按照本条第2款的规定外，当事任何一方均不得向法院提交任何文件。"[294]《国际海洋法法庭规则》第71条中也含有相同规定。此外，这些文件也并未完全排除当事方在书面程序结束后主动提交文件的可能性。1928年"帕尔马斯岛案"的独任仲裁员指出，无论尽早完整地提出证据是多么的理想，排除当事方在审理后期提出的与其主张有关的证据似乎都有悖于国际仲裁的"总体原则"（broad principles）。[295] 国际法委员会在评论其《仲裁程序示范规则》时指出：一方面，当事方在

---

[291] 参见〔英〕切斯特·布朗：《国际裁决的共同法》，韩秀丽、万盈盈、傅贤贞等译，法律出版社2015年版，第128页。就国际法院而言，书证是主要证据，而言词证据的作用相对较小。See International Law Association, Procedure of International Courts and Tribunals, Preliminary Report, 2017, pp. 76, 86.

[292] 郑斌：《国际法院与法庭适用的一般法律原则》，韩秀丽、蔡从燕译，法律出版社2012年版，第329页。国际海洋法法庭曾表示，它在评估证人证言的相关性和证明力时将考虑以下因素：证词是有关事实的存在还是仅仅代表个人的观点；证词是否基于证人的第一手知识；证词是否通过盘问被适当地验证；证词是否与其他证据相吻合；以及证人是否对案件的结果有利益。The M/V "Norstar" Case (Panama v. Italy), ITLOS, Judgment of 10 April 2019, para. 99.

[293] See Commentary on the Draft Convention on Arbitral Procedure Adopted by the International Law Commission at its Fifth Session, prepared by the Secretariat, 1955 (http://legal.un.org/docs/?path=../ilc/documentation/english/a_cn4_92.pdf&lang=EF), p. 60.

[294] 《国际法院规约》第52条规定："法院于所定期限内收到各项证明及证据后，得拒绝接受当事国一造欲提出之其他口头或书面证据，但经他造同意者，不在此限。"

[295] See the Island of Palmas (or Miangas) Case, Award, p. 10.

书面程序结束后提出书证不可取;另一方面,将此类书证完全排除也不可取。关键是,如果接受了一方提出的新材料,那么另一方应有机会对此作出回应。[296]《仲裁程序示范规则》第17条允许法庭自由考量当事一方提请其注意的任何文件,但以另一方已获悉此种文件为限,而且后者有权作出书面答复。当事他方对新文件作出答复的权利也包括在《国际法院规则》和《国际海洋法法庭规则》中,据此当事一方应有机会对他方提出的新文件"进行评论,并提出支持其评论的文件"[297]。但需要强调的是,当事一方的此种评论权只是他方提出新文件的应有后果,而与新文件的可接受性无关。按照上述文件,当事一方在以下两种情况中主动提出的新文件可以被接受:(1)当事他方同意提出;或者(2)在当事他方没有给予同意甚至表示反对的情况下,法庭授权提出。关于第一种情况,《国际法院规则》和《国际海洋法法庭规则》规定,当事他方如果没有对该文件的提出表示反对,即应被视为已经给予同意。[298] 关于第二种情况,《国际法院规则》和《国际海洋法法庭规则》的规定是:"法院[庭]在听取各方意见后,如果认为该文件是必需的,得授权提出该文件。"[299] 国际法院的《实践指南九》(Practice Direction IX)对新文件的提出作了更为具体的规定[300]:

    1. 法院案件的当事方不应在书面程序结束后提出新文件。

    2. 意图在书面程序结束后,包括在口述阶段……提出新文件的一方应解释它认为需要将该文件包括在案件档案中的理由,并应指出阻止其在更早阶段提出该文件的原因。

---

[296] See Yearbook of the International Law Commission (1958), Vol. II, p. 87, para. 33.

[297] 《国际法院规则》第56条第3款和《国际海洋法法庭规则》第71条第4款。

[298] 参见《国际法院规则》第56条第1款和《国际海洋法法庭规则》第71条第1款。《国际海洋法法庭规则》还进一步要求,当事他方如果反对提出新文件,应在收到后15日内提出反对。

[299] 《国际法院规则》第56条第2款和《国际海洋法法庭规则》第71条第2款。1907年《和平解决国际争端公约》第68条规定:"法庭可以考虑当事国的代理人或辩护人提请法庭注意的新文件或资料。在此情况下,法庭有权要求提出这些文件或资料,但必须使对方知晓它们。"

[300] 国际法院的《实践指南》是对《法院规则》的解释和适用,虽然是"劝告性质的",但当事方"一般视它们是有拘束力的"。International Law Association, Procedure of International Courts and Tribunals, Preliminary Report, 2017, p. 15.

3. 倘无另一方的同意，法院将只在例外情况下才授权提出该新文件，如果它认为有此必要且在诉讼这一阶段提出该文件在法院看来是正当的话。

这样，在当事他方没有给予同意时，国际法院"只在例外情况下"才会接受新文件。而且新文件的提出需要同时满足两个条件：第一，该文件是必需的；第二，该文件的过迟提出是"正当的"。相应地，希望提出新文件的一方应对这些条件作出解释，特别是应说明"阻止其在更早阶段提出该文件的原因"。鉴于当事方过迟提出文件背后的复杂原因，"正当性"的要求是必要的。当事方过迟提出文件可能是由于疏忽而导致其在书面程序结束后才发现相关文件；但也存在当事一方出于为使对方认为该文件不存在并由此错误地构建其书状的目的而故意不及早提出文件的可能性。[301] 考虑到国际诉讼中曾发生当事方为胜诉不惜伪造证据的情况[302]，当然不能排除当事方恶意过迟提出文件的可能性。

这些要求不仅与审查当事方过迟提出文件的可接受性有关，而且关系到当事方在庭审中的辩论。《国际法院规则》第56条第4款要求当事方在庭审中不得提及任何没有按照规定向法院提出的文件，"除非该文件是易于得到的某出版物（a publication readily available）的组成部分"。《国际海洋法法庭规则》第71条中含有类似规定，但明确"易于得到的某出版物"指的是"法庭和另一当事方"易于得到的某出版物。该规定构成"用来支持一方主张的所有文件应附于其书状或按照［有关新文件的规定］提出"这一"一般规则"（general rule）[303] 的例外。在国际法

---

[301] See International Law Association, Procedure of International Courts and Tribunals, Preliminary Report, 2017, p. 54.

[302] 例如，在国际法院审理的"卡塔尔诉巴林案"中，巴林对卡塔尔的诉状和辩诉状所附的82份文件的真实性提出质疑，并要求法院作为初步事项就此作出决定。法院随后发布命令，要求卡塔尔就巴林所质疑的每份文件的真实性问题提交初步报告，并要求巴林在其答辩状中对卡塔尔的初步报告发表意见。此后卡塔尔决定放弃受到质疑的所有82份文件，并表达了歉意。法院在随后的命令中将卡塔尔的决定记录在案。See Maritime Delimitation and Territorial Questions between Qatar and Bahrain (Qatar v. Bahrain), Merits, Judgment, I. C. J. Reports 2001, p. 40, paras. 15-23. 进一步参见张卫彬：《国际法院证据问题研究：以领土边界争端为视角》，法律出版社2012年版，第91—92页。

[303] See I. C. J., Practice Direction IXbis, para. 1.

院看来，一个文件必须同时满足以下标准才能被视为"易于获得的某出版物的组成部分"[304]：

  第一，该文件应当构成"某出版物的组成部分"，即应当可以在公共领域内获得。该出版物可以是任何格式（打印或电子的）、形式（实物或在线，例如张贴在互联网上）或载于任何数据媒体（纸张、数字或任何其他媒体）。
  第二，出版物"易于获得"的要求应参照法院以及他方获得该出版物的情况来评估。由此，该出版物或其相关部分应当以法院的一种官方语言获取，而且它应当能够在一个较短的合理时间内查阅该出版物……

有学者还指出，"易于获得"的时间节点应界定在书面程序结束时，而非庭审时。[305] 当然，当事方之间关于某个文件是否构成"易于获得的某出版物的组成部分"的争议应由法庭解决。而一旦当事一方在庭审中提及此类文件，他方应有机会加以评论。[306] 一旦当事一方提出的新文件被接受，当事他方应有权对该文件进行评论，并可提出支持其意见的文件。为了避免他方利用此机会提出与该新文件无关的文件[307]，国际法院要求当事他方在评论时"应只引入与它对包含在该新文件中的内容所作评论绝对必要和相关（strictly necessary and relevant）的任何其他文件"[308]。该要求也应适用于当事方在书面回答法庭问题时提出新文件的情况，因为一方可能利用这一机会在程序后期对另一方进行突然袭击。[309]

  附件七仲裁中也时常出现当事方所提文件的可接受性问题。在"巴巴多斯诉特立尼达和多巴哥案"中，巴巴多斯在特立尼达提交复辩状后

---

[304] I. C. J., Practice Direction IXbis, para. 2.
[305] See International Law Association, Procedure of International Courts and Tribunals, Preliminary Report, 2017, p. 115.
[306] I. C. J., Practice Direction IXbis, paras. 4-5.
[307] 参见张卫彬：《国际法院证据问题研究：以领土边界争端为视角》，法律出版社2012年版，第58页。
[308] I. C. J., Practice Direction IX, para. 4.
[309] See International Law Association, Procedure of International Courts and Tribunals, Preliminary Report, 2017, p. 55.

请求法庭允许其提交补充证据，但特立尼达对此表示反对。结果法庭接受了巴巴多斯提交的补充证据，同时授权特立尼达提交反驳的新证据。然而，法庭在裁决中没有说明这一决定的理由。随后双方分别提交了新证据和反驳证据。[310] 该案中，巴巴多斯还对特立尼达和多巴哥在辩诉状中援引两国先前谈判的会议纪要（"联合报告"）的做法表示反对，认为这违反了两国间的保密协议，因为它们曾同意谈判过程中交换的信息不应被用于今后的法律程序中。双方同意在法庭就此问题作出裁判前不将"联合报告"告知法庭成员。应法庭庭长的要求，双方就该文件的可接受性问题提交了书面意见。特立尼达要求法庭拒绝巴巴多斯对可接受性的反对。而巴巴多斯在其意见中修改了立场，不再要求特立尼达提交一个修正的辩诉状。随后庭长指示书记处向法庭送交特立尼达辩诉状的相关附件。[311]

在"圭亚那诉苏里南案"中，法庭指派的水文专家在庭审中要求各方提供界标 B 的坐标信息。圭亚那在庭审后的答复中不仅提供了界标 B 的坐标，而且就界标 B 的位置作了进一步论证并提交了两份证言作为证据。苏里南主张法庭应忽略圭亚那关于界标 B 位置的通信，理由是各方没有权利提出任何新资料。[312] 法庭在其命令中认为这些通信和材料是为了回应水文专家的问询，因此应构成有关该问题的记录；但同时要求，除了首先寻求法庭许可或应法庭的要求，各方不应向法庭提交进一步的来文。[313]

在"孟加拉湾海洋边界仲裁案"中，仲裁法庭在关于庭审的程序令中要求，除非法庭授权，否则当事方在庭审中不得提出新文件。[314] 印度请求法庭允许其在第一轮庭审中使用某些新穆尔岛的照片。考虑到孟加拉国表示不反对印度的此项请求，法庭决定把印度信件中所附的照片纳入案件记录。[315]

---

[310] See Barbados v. Trinidad and Tobago, Award, paras. 31-36.
[311] Ibid., paras. 21-29.
[312] See Guyana v. Suriname, Award, paras. 117-119.
[313] Order No. 7 of 12 March 2007, see Guyana v. Suriname, Award, para. 120.
[314] Bay of Bengal Maritime Boundary Arbitration between Bangladesh and India, Procedural Order No. 2 (Concerning the Hearing on the Merits), 6 November 2013 (corrected: 8 & 12 November 2013), para. 2.5.
[315] See Bay of Bengal Maritime Boundary Arbitration between Bangladesh and India, Award, para. 43.

在"杜兹吉特·完整号仲裁案"中,马耳他在提交答辩状的同时请求允许其稍后提交一份关于损害量化问题的专家验证报告(Confirmatory Report)。圣多美表示反对,认为按照程序规则马耳他应随答辩状一起提交验证报告。法庭发布程序令,拒绝了马耳他提交损害验证报告的请求。[316] 在庭审过程中,马耳他提出了一幅雷达屏幕截图,并且在书面答复法庭问题时提出了16张照片。圣多美强调它之前没有看到过该雷达屏幕截图,而且也没有机会审核马耳他书面答复的内容。法庭发布程序令,指示马耳他提交雷达屏幕截图以及与书面答复一起提交的16张照片。[317] 在同一程序令中,法庭邀请各方在庭审结束后对另一方在回答法庭问题时提交的信息进行评论("庭审后提交")并对这些评论作出回应("对庭审后提交的回应")。马耳他在其"庭审后提交"和"对庭审后提交的回应"中,请求法庭允许其提交补充证据,对此圣多美表示反对。仲裁法庭发布程序令,拒绝了马耳他提交补充证据的请求。[318]

(四) 法庭收集证据的权力

1. "仲裁法庭可采取一切适当措施来确立事实"的规定

关于国际法院或法庭收集证据的权力,许多国际文件都作了规定。此种权力是必要的,因为它"保证法庭能够将其决定建立在它认为相关的全部事实的基础上"[319]。然而,国际法庭的主要职责是适用法律而非证明事实。在事实问题上,国际法庭特别依赖当事方在提交所需证据方面的勤奋和公正,并由此通常要求当事方应与法庭在证据方面进行合作。[320] 波利蒂斯(Politis)曾主张,如果仲裁员认为当事方提出的事实不足以提供足够的信息来作出裁决,那么"他不仅有权利,而且有义务

---

[316] See Duzgit Integrity Arbitration, Award of 2016, paras. 23-26.
[317] Ibid., paras. 35-39.
[318] Ibid., paras. 40-47.
[319] The Island of Palmas (or Miangas) Case, Award, p. 10.
[320] See Commentary on the Draft Convention on Arbitral Procedure Adopted by the International Law Commission at its Fifth Session, prepared by the Secretariat, 1955 (http://legal.un.org/docs/? path = ../ilc/documentation/english/a_cn4_92.pdf&lang = EF), p. 61. See also 1958 Model Rules on Arbitral Procedure, art. 18 (2).

拒绝作出裁判"[321]。近来"克罗地亚/斯洛文尼亚仲裁案"的法庭曾决定，鉴于"当事方承担了提出它们认为适当的此类证据的主要责任"，因此"它应当基于各方提交的资料来完成其在仲裁协定中的任务，而自己不进行任何的独立调查"[322]。

国际文件通常对法庭收集证据的权力进行列举式规定。例如，1907 年《和平解决国际争端公约》规定法庭可以要求当事方提供文件和说明（第 69 条）、在庭审中向当事方提问（第 72 条）以及到现场收集证据（第 76 条）。1958 年《仲裁程序示范规则》除上述外，还规定法庭"有权在程序的任何阶段邀请专家以及要求证人出庭"[323]。国际法院的文件规定法院可以现场收集证据（《规约》第 44 条）、要求当事方提供文件和说明（《规约》第 49 条和《规则》第 62 条）、委派专家（《规约》第 50 条）、庭审中向专家及证人（《规约》第 51 条）或向当事方的代理人和律师（《规则》第 61 条）提问、安排证人或专家在庭审中作证（《规则》第 62 条）、自己搜求信息（《规则》第 62 条），以及请求政府间国际组织提供信息（《规约》第 34 条）等。《国际海洋法法庭规则》也为法庭规定了一些收集证据的权力。[324] 此外，法庭还可以对众所周知的事实采取司法认知。[325]

然而，虽然"普遍承认国际法院或法庭具有调查事实的某些固有权力（inherent powers）"[326]，但是上述文件中都未含有"法庭可采取一切适当措施来确立事实"这样的一般性规定。该规定也没有包括在《PCA 仲裁规则 1992》和《PCA 仲裁规则 2012》中。鉴于《公约》附件七仲裁法庭的程序规则与常设仲裁法院的仲裁规则的相似性[327]，这一明显差异自不寻常。而且除了"《大西洋环境公约》仲裁案"，上述规定在常设

---

[321] Quoted in Commentary on the Draft Convention on Arbitral Procedure Adopted by the International Law Commission at its Fifth Session, prepared by the Secretariat, 1955（http：//legal.un.org/docs/? path =../ilc/documentation/english/a_ cn4_ 92.pdf&lang = EF）, p.50.

[322] Arbitration between Croatia and Slovenia, Final Award of 29 June 2017, para.356.

[323] See 1958 Model Rules on Arbitral Procedure, arts.14，17，18.

[324] 参见《国际海洋法法庭规则》第 76 条、第 77 条、第 80 条、第 81 条、第 82 条、第 84 条。

[325] 参见 [英] 切斯特·布朗：《国际裁决的共同法》，韩秀丽、万盈盈、傅贤贞等译，法律出版社 2015 年版，第 146—147 页。

[326] Arbitration between Croatia and Slovenia, Final Award, para.356.

[327] See the Indus Waters Kishenganga Arbitration (Pakistan v. India), Partial Award, para.23.

仲裁法院管理的其他国家间仲裁案的程序规则中也几乎难觅踪迹。该案的程序规则于 2002 年 2 月制定，其第 12 条第 2 款规定："在下述第 14 条的限制下，仲裁法院可采取一切适当措施来确立事实。""《大西洋环境公约》仲裁案"程序规则中的这一规定来自《大西洋环境公约》(《OSPAR 公约》) 第 32 条第 7 款 (b) 项的规定[328]，同时很可能又构成了附件七程序规则中相关规定的源头。第一个含有此规定的附件七仲裁法庭的程序规则是比"《大西洋环境公约》仲裁案"的程序规则晚 5 个月 (2002 年 7 月) 制定的"莫克斯工厂案"的程序规则，其第 12 条第 2 款规定："在下述第 3 款的限制下，仲裁法庭可采取一切适当措施来确立事实。"众所周知，这两个案件之间存在密切联系——它们是爱尔兰为解决其与英国之间的一个争端而诉诸的不同法庭，即所谓的"平行诉讼"(parallel proceedings)。[329] 就这两个案件的程序规则而言，它们的第 12 条第 1 款完全相同，第 2 款基本一致，而且"莫克斯工厂案"的程序规则第 12 条第 3 款与"《大西洋环境公约》仲裁案"的程序规则第 14 条第 3 款和第 4 款十分相似。由此有理由认为"莫克斯工厂案"程序规则中的"仲裁法庭可采取一切适当措施来确立事实"的规定来自稍早前制定的"《大西洋环境公约》仲裁案"程序规则中的规定，而该规定后来又被包括在其他附件七仲裁法庭的程序规则中。但问题是，与《大西洋环境公约》不同，《海洋法公约》中并未授权"仲裁法庭可采取一切适当措施来确立事实"。在这方面，《公约》附件七第 6 条的规定属于"国际诉讼中的通常规定"[330]。与绝大多数文件一样，该条采取列举的方式，并特别提到了提交文件、传唤证人和专家并接受其证据以及现场访问。综上，将"仲裁法庭可采取一切适当措施来确立事实"的规定包含在附件七仲裁法庭的程序规则中缺乏充分的依据。由于程序规则中有专门条款处理仲裁法庭指派专家的问题，而询问证人的问题业已讨论，因此以下分别讨论要求当事方提交证据和进行现

---

[328] Convention for the Protection of the Marine Environment of the North-East Atlantic, concluded on 22 September 1992 and entered into force on 25 March 1998, 2354 U. N. T. S. 67. 第 32 条第 7 款 (b) 项规定："仲裁法庭可采取一切适当措施来确立事实。它可以应当事一方的请求建议必要的临时保护措施。"

[329] See OSPAR Arbitration, Final Award, para. 62.

[330] See Shabtai Rosenne & Louis B. Sohn (vol. eds.), *United Nations Convention on the Law of the Sea 1982: A Commentary*, Vol. V, Martinus Nijhoff Publishers, 1989, p. 431.

场访问的问题。

2. "仲裁法庭可以在仲裁程序中的任何时间要求争端各方在仲裁法庭确定的期间内提交文件、证物或其他证据"的规定

许多国际文件规定法庭可以要求当事方提交相关文件或其他证据。这被认为是国际法庭所享有的一种固有权力，因此，即便一个法庭的基本文件中对此未加规定，该法庭亦可要求当事方提供证据。[331] 就具体规定而言，大致有两种模式：一种是规定法庭得要求当事方提出任何文件或作出任何解释，如 1907 年《和平解决国际争端公约》（第 69 条）、1958 年《仲裁程序示范规则》（第 17 条）、国际法院的规约和规则以及《国际海洋法法庭规则》（第 77 条）。另一种是常设仲裁法院仲裁规则的规定："仲裁法庭可以在仲裁程序中的任何时间要求争端各方在仲裁法庭确定的期间内提交文件、证物（exhibits）或其他证据。"该规定被包括在部分附件七仲裁法庭的程序规则以及其他一些由常设仲裁法院管理的国家间仲裁的程序规则中。与前一种模式相比，第二种模式没有规定法庭可以要求当事方提供解释的问题。而且，此种规定应来自《联合国国际贸易法委员会仲裁规则》。[332] "exhibits"这一概念没有出现在国际法院（规约、规则和实践指南）或国际海洋法法庭（规约、规则和程序指南）的有关文件中。它同样也没有出现在《公约》中。《公约》附件七第 6 条规定的是当事方"向法庭提供一切有关文件……和情报"。就第 6 条的规定而言，它似乎更支持采取第一种模式。参照《国际法院规则》第 62 条和《国际海洋法法庭规则》第 77 条的规定，目前附件七程序规则中的这一规定可以修改为："仲裁法庭可以在仲裁程序中的任何时间要求争端各方在仲裁法庭确定的期间内提交法庭认为必要的文件或其他证据，或作出法庭认为必要的解释。"

附件七程序规则中关于要求当事方提供文件或其他证据的规定之间存在两点不同。其一，"北极日出号仲裁案"和"沿海国权利争端案"中"要求"一词的英文为"require"，而其他 4 个程序规则中使用的是

---

[331] 参见［英］切斯特·布朗：《国际裁决的共同法》，韩秀丽、万盈盈、傅贤贞等译，法律出版社 2015 年版，第 149 页。

[332] 参见《联合国国际贸易法委员会仲裁规则》（1976 年）第 24 条第 3 款、《联合国国际贸易法委员会仲裁规则》（2010 年修订）和《联合国国际贸易法委员会仲裁规则》（新增 2013 年通过的第 1 条第 4 款）第 27 条第 3 款。在 1976 年的文本中，"exhibits"被译为"证件"，而在 2010 年和 2013 年的文本中，将其译作"证物"。

"call upon"。其二，少数程序规则中还要求"仲裁法庭应记载任何拒绝以及所给出的任何理由"。这样的差别也存在于常设仲裁法院的仲裁规则中。《PCA 仲裁规则 1992》(第 24 条第 3 款) 使用的是"call upon"，并要求记载当事方的拒绝及其理由；而《PCA 仲裁规则 2012》(第 27 条第 3 款) 使用的是"require"，而且没有提及记载当事方拒绝的问题。但在常设仲裁法院管理的国家间仲裁的程序规则中，"call upon"被普遍使用，同时要求记载当事方的拒绝及其理由。[333] 就上述第一种模式而言，1907 年《和平解决国际争端公约》(第 69 条) 中使用的是"require"和"demand"，1958 年《仲裁程序示范规则》(第 17 条) 中使用的是"require"；而《国际法院规约》(第 49 条) 和《国际海洋法法庭规则》(第 77 条) 中使用的是"call upon"。而且除国际海洋法法庭外，其余文件同时明确要求法庭应记载当事方拒绝的情况。有学者在谈及《国际法院规约》第 49 条时指出，"call upon"一词仅具有"规劝"的效果，而且当事方不遵守的后果限于被法院"正式记载"。[334] 鉴于在《公约》的争端解决机制中，"附件七法庭是国际海洋法法庭或国际法院的替代法庭"，[335] 因此，附件七仲裁法庭应采取与这两个常设国际法庭相同或类似的实践。基于这一考虑，"call upon"一词更为适宜。此外，由于国际法庭通常并无权力强制作为主权国家的当事方提供证据，[336] 因此规定对当事方的不合作予以记载的做法似乎也是必要的，尽管当事方拒绝提供证据的情况并不常见。[337] 这样的规定有两个效果：第一，法庭有义务记载此种拒绝；第二，除了记载，法庭不得对拒绝提供文件进行制裁。[338]

---

[333] See Arbitration under the Timor Sea Treaty, Rules of Procedure, art. 19 (4); Arbitration under the Timor Sea Treaty (Case concerning the Meaning of Article 8 (B)), Rules of Procedure, art. 20 (2); Iron Rhine Arbitration, Rules of Procedure, art. 12 (3); Eritrea-Ethiopia Boundary Commission, Rules of Procedure, art. 18 (3).

[334] 参见 [英] 切斯特·布朗：《国际裁决的共同法》，韩秀丽、万盈盈、傅贤贞等译，法律出版社 2015 年版，第 151—152 页。

[335] Chagos Marine Protected Area Arbitration, Reasoned Decision on Challenge against Judge Christopher Greenwood, para. 168.

[336] See Commentary on the Draft Convention on Arbitral Procedure Adopted by the International Law Commission at its Fifth Session, prepared by the Secretariat (http://legal.un.org/docs/?path=../ilc/documentation/english/a_cn4_92.pdf&lang=EF), 1955, p. 61.

[337] Ibid., p. 63.

[338] See International Law Association, Procedure of International Courts and Tribunals, Preliminary Report, 2017, p. 79.

虽然记载拒绝的后果似乎应是针对拒绝的一方在有关事实问题上得出不利的推论,但是否真正作出不利推论取决于法庭的自由裁量。[339] 这方面的一个典型例子就是英国在"科孚海峡案"中拒绝应国际法院的要求提交一些与英国军舰1946年10月通过科孚海峡行动有关的海军命令。本案是迄今唯一当事方明确拒绝国际法院提交文件要求的案件。[340] 但国际法院表示它"不能从拒绝提供这些命令中得出任何与实际发生的事件不同的结论",并最终认可了英国军舰当时正在进行无害通过的主张。[341]

要求当事方提供证据或作出解释的情况也发生在附件七仲裁中。例如,"孟加拉湾海洋边界仲裁案"法庭在书面程序阶段要求各方提供有关争议地区的海图、地图和水文调查,以及航运、航行和渔业活动的信息,而各方提供了法庭所要求的信息。[342] 在现场访问结束后,法庭又要求各方就几个问题作进一步说明。印度就此提交了简要的书面说明,而孟加拉国说它将在庭审中进行答复。[343]

3. 现场访问

1907年《和平解决国际争端公约》、1958年《仲裁程序示范规则》、国际法院和国际海洋法法庭的文件,以及《PCA仲裁规则2012》[344] 都规定了国际法庭现场收集证据或视察与案件有关的现场的权力。实践中,早在1909年"格里斯巴达纳(Grisbådarna)案"(挪威/瑞典)中,仲裁法庭就访问了争议地区。[345] 有学者认为现场访问是法庭的一项固有权

---

[339] Ibid. 还参见 [英] 切斯特·布朗:《国际裁决的共同法》,韩秀丽、万盈盈、傅贤贞等译,法律出版社2015年版,第156页。

[340] See International Law Association, Procedure of International Courts and Tribunals, Preliminary Report, 2017, p. 79.

[341] Corfu Channel Case (United Kingdom v. Albania), Merits, Judgment, I. C. J. Reports 1949, p. 4, at 32. 专案法官 Ečer 说,英国拒绝提供 XCU 命令引发了关于其通过意图的怀疑;但这仅仅是一个迹象,而没有证据,因此不能推翻英国具有合法意图的假设。Dissenting Opinion of Judge ad hoc Ečer, ibid., at 129.

[342] See Bay of Bengal Maritime Boundary Arbitration between Bangladesh and India, Award, paras. 32-33.

[343] Ibid., paras. 35-36.

[344] 《PCA仲裁规则2012》第27条第3款规定,仲裁法庭可以在与各方协商后进行现场访问。

[345] See Delimitation of A Certain Part of the Maritime Boundary between Norway and Sweden (Grisbådarna Case), Arbitral Award, 23 October 1909, p. 3. 裁决的非官方英文翻译载于常设仲裁法院网站(https://pca-cpa.org/en/cases/77/)。

力。[346] 现场访问的目的可能是收集信息和证据，也可能只是获得对争议问题的直观印象。[347]《公约》附件七第 6 条要求争端各方便利仲裁法庭的工作，包括使法庭在必要时能够"视察同案件有关的地点"。由此附件七仲裁法庭也有现场访问的权力。几个附件七程序规则还专门提及了现场访问，并"包括"在"仲裁法庭可采取一切适当措施来确立事实"的规定中。鉴于附件七第 6 条的规定，即使程序规则中没有明确提及现场访问，法庭仍可以在必要时进行现场访问，如"孟加拉湾海洋边界仲裁案"的情况所证明的。该案仲裁法庭在决定进行现场访问的命令中首先就提到了附件七第 6 条的规定。[348] 个别程序规则中还提到了由法庭指派的专家视察与案件相关的地点的问题。但现场访问指的是由法庭自己进行的，而不包括由其指派的专家进行的。[349] 访问时通常法庭全体成员都参加[350]，但有时也可能只有部分成员参加。例如，在由常设仲裁法院管理的"印度河水吉申甘加仲裁案"中，仲裁法庭进行了两次现场访问：分别在巴基斯坦提交诉状之后和其提交答辩状之前。第一次访问时法庭的所有 7 名仲裁员都参加了，而第二次访问时法庭的代表团只包括了 2 名仲裁员和 1 名秘书处人员，多数仲裁员因为日程问题没有参加。而且仲裁法庭明确表示第二次现场访问的目的是使法庭成员对相关设施和地区有一个"背景印象"（background impression）。[351]

法庭行使现场访问的权力受到当事方意愿的限制。现场访问的决定

---

[346] 参见［英］切斯特·布朗：《国际裁决的共同法》，韩秀丽、万盈盈、傅贤贞等译，法律出版社 2015 年版，第 160 页。

[347] See Brooks W. Daly, Evgeniya Goriatcheva, Hugh A. Meighen, *A Guide to the PCA Arbitration Rules*, Oxford University Press, 2014, p. 103.

[348] Bay of Bengal Maritime Boundary Arbitration between Bangladesh and India, Procedural Order No. 1 (Concerning the Site Visit of October 2013), 28 August 2013 (revised: 11 October 2013).

[349] See International Law Association, Procedure of International Courts and Tribunals, Preliminary Report, 2017, p. 99.

[350] 有学者指出，现场访问获得的印象在很大程度上受到参观地情况的影响，"而这种影响有时难以准确地向不在场的法官进行表述"。张卫彬：《国际法院证据问题研究：以领土边界争端为视角》，法律出版社 2012 年版，第 34 页。

[351] See the Indus Waters Kishenganga Arbitration (Pakistan v. India), Partial Award, paras. 38, 81-82.

可以由法庭"主动或应当事一方的请求"作出。[352] 法庭在作出决定（通常以命令的形式）前应征询争端各方或他方的意见。如果当事方认为现场访问将"有损它的主权或安全"，当然可以拒绝。[353] 虽然有观点认为国际法庭有权在没有各方同意的情况下进行现场访问[354]，但是鉴于此种活动的复杂性，没有争端各方——特别是有关地点所在国家的同意，现场访问几乎是不可能进行的。由此，现场访问事先必须获得调查地点所在国的同意，"而实践中从未发生过未经争端当事方的同意而进行的实地调查"[355]。即使各方邀请或同意法庭进行现场访问，它们也还必须努力就现场访问的安排达成一致意见供法庭定夺。而访问即"须遵从法院在查明各方意见后所决定的条件"[356]。访问的安排不仅需要考虑当事方间的程序公正，而且还需要考虑法庭成员的安全和地位问题[357]；不仅包括具体的行程，而且包括衣食住行等后勤保障事宜。实践中，1937 年常设国际法院在"默兹河水改道案"（荷兰诉比利时）的庭审期间，接受当事方的建议视察了案件相关地点，并听取了当事方的说明。访问的日程安排是当事方共同建议的。[358] 国际法院在"加布奇科沃－大毛罗斯项目案"（匈牙利/斯洛伐克）中应争端双方的邀请，在第一轮和第二轮庭审中间进行了它成立以来的首次现场访问，视察了几个地点并

---

[352] 参见《国际法院规则》第 66 条和《国际海洋法法庭规则》第 81 条。

[353] 例如，1907 年《和平解决国际争端公约》第 76 条规定，当法庭需要在第三缔约国境内送达任何通知时，应直接向该国政府提出申请。对于到现场收集证据而须采取的步骤也适用同样的规则。为此目的而提出的申请应由被申请国按照它的国内法所掌握的方法予以执行，"除非该国认为这些申请可能有损它自己的主权权利或其安全，否则不得拒绝它们"。

[354] See International Law Association, Procedure of International Courts and Tribunals, Preliminary Report, 2017, p. 99. 但相反观点认为国际法院没有强行进行实地调查的权力，因此违背当事方意愿的实地调查一般会被排除，即使当事一方向法院提出请求。参见张卫彬：《国际法院证据问题研究：以领土边界争端为视角》，法律出版社 2012 年版，第 35 页。

[355] 参见［英］切斯特·布朗：《国际裁决的共同法》，韩秀丽、万盈盈、傅贤贞等译，法律出版社 2015 年版，第 161 页。

[356] 参见《国际法院规则》第 66 条和《国际海洋法法庭规则》第 81 条。

[357] See P. Chandrasekhara Rao & Ph. Gautier, *The Rules of the International Tribunal for the Law of the Sea: A Commentary*, Martinus Nijhoff Publishers, 2006, p. 230.

[358] See Diversion of Water from the Meuse, Judgment of 28 June 1937, P. C. I. J., Series A/B, No. 70, p. 9. Order of 13 May 1937, P. C. I. J., Series C, No. 81, pp. 553-554.

听取了技术讲解。[359] 争端双方曾就现场访问的安排问题先后达成两个协议，随后法院发布命令接受了这些安排。[360]

在附件七仲裁程序中，迄今唯一实际进行了现场访问的是"孟加拉湾海洋边界仲裁案"。该案法庭在书面程序阶段后期主动决定，并在书面程序结束后进行了一次现场访问。[361] 2013年2月，法庭通知各方它决定进行现场访问，并邀请各方就访问安排达成一致意见。各方大致安排达成共识，但在一些细节问题上意见相左。随后法庭就访问安排的细节问题提出建议供各方考虑。在考虑了各方的意见后，仲裁法庭于2013年8月发布程序令，确立了详细的访问行程、代表团规模、保密事宜、访问记录以及费用分担等问题。法庭的代表团包括9名成员：5名仲裁员、3名书记处人员以及法庭的水文专家，而各当事方的代表团限于8名人员。各方在访问期间的陈述限于由其专家在现场进行客观中立和技术性陈述，绝对不得进行法律讨论。各方同意现场访问不公开，由书记处负责录像记录；各自承担在各自领土内进行的访问活动所发生的费用，同时平均分担法庭和书记处的费用。法庭最后邀请各方就安全、医疗等后勤方面的问题达成一致意见。[362] 2013年10月22—25日，法庭和各方访问了孟加拉湾的相关区域，视察了各方提议的所有基点。书记处为访问进行了录像和摄影记录。访问结束后法庭发布程序令，确立了将现场访问的照片和影像采纳为证据的方式。命令规定：如果任何当事方希望将书记处准备的现场访问记录中的照片或录像片段作为证据使用，它应为每张照片或录像片段设立标题，并配有相关主题的简要描述，以及作为证据的目的。另一方应有机会对将这些照片或录像片段纳入证据发表意见。对于一方提出的未遭到另一方反对的现场访问记录，法庭可以接受为证据，并由程序令加以确认。如果一方对引入特定照片或录像片段

---

[359] See Gabčikovo-Nagymaros Project (Hungary/Slovakia), Judgment, I. C. J. Reports 1997, p. 7, paras. 10-11. See also International Court of Justice: Handbook, sixth edition, 2014, p. 162.

[360] Gabčikovo-Nagymaros Project (Hungary/Slovakia), Order of 5 February 1997, I. C. J. Reports 1997, p. 3.

[361] See Bay of Bengal Maritime Boundary Arbitration between Bangladesh and India, Award, paras. 19-26.

[362] See Bay of Bengal Maritime Boundary Arbitration between Bangladesh and India, Procedural Order No. 1 (Concerning the Site Visit of October 2013), 28 August 2013 (revised: 11 October 2013).

提出反对，则法庭应在庭审开始前解决该争议。[363] 之后孟加拉国和印度各自识别出了它们希望纳入证据的现场访问的照片和录像片段，而各方均表示不反对将他方识别的照片和录像片段接受为证据。2013 年 12 月，法庭发布程序令，确认将各方识别出的现场访问的照片和录像片段采纳为证据。[364]

七、仲裁法庭指派的专家

国际诉讼中的专家大致可分为两类：一类是由当事方聘用的专家。此类专家所提供的报告虽然会对法庭有所帮助，但当事人主义的举证模式或将影响专家意见的中立性。[365] 由此，即使当事方将其聘用的专家称为"独立"专家，在一些学者眼里也很难不将他们视作"枪手"。[366] 另一类是国际法庭自己指派的专家。有观点认为仲裁法庭适宜在各方未提交专家证据，或者所提交的专家证据不完整、相互矛盾或含有大量数据的情况下自己指派专家。[367] 取得专家意见是国际法庭的固有权力。《国际法院规约》第 50 条规定："法院得随时选择任何个人、团体、局所、委员会或其他组织，委以调查或鉴定之责。"《国际法院规则》第 67 条进一步规定了指派专家的程序、方式以及专家意见的处理。[368] 《国际海

---

[363] Bay of Bengal Maritime Boundary Arbitration between Bangladesh and India, Procedural Order No. 3 (Concerning the Record of the Site Visit), 20 November 2013.

[364] Bay of Bengal Maritime Boundary Arbitration between Bangladesh and India, Procedural Order No. 4 (Concerning Admission of the Site Visit Record into Evidence), 6 December 2013.

[365] 参见易延友：《证据法的体系与精神——以英美法为特别参照》，北京大学出版社 2010 年版，第 212 页。该学者指出，一个专家越是严谨和中立，他被当事方聘用的可能性就越低。而专家们为了获得聘用，不得不调整姿态。因此，尽管有职业道德和学术规范等约束机制，但"专家们仍然会为了金钱而尽量使自己的证言与当事人的需要紧密地靠近"。同上，第 212—213 页。

[366] 参见 [英] 切斯特·布朗：《国际裁决的共同法》，韩秀丽、万盈盈、傅贤贞等译，法律出版社 2015 年版，第 162 页。

[367] See Brooks W. Daly, Evgeniya Goriatcheva, Hugh A. Meighen, *A Guide to the PCA Arbitration Rules*, Oxford University Press, 2014, pp. 115-116.

[368] 《国际法院规则》第 67 条规定："1. 如果法院认为有必要安排调查或取得专家意见，它应在听取各方意见后，就此发布命令，确定调查或专家意见的事由，说明进行调查的人员或专家的人数及指派方式，并规定应遵守的程序。适当时，法院应要求被指派进行调查或给出专家意见的人员作出郑重声明。2. 每份调查报告或记录以及每份专家意见都应送交争端各方，它们应有机会就此发表意见。"

洋法法庭规约》中没有明确授权法庭可以指派专家,但《法庭规则》第82条作了与《国际法院规则》第67条相同的规定。同样,《公约》附件七没有规定仲裁法庭有权指派专家,但绝大多数程序规则都规定仲裁法庭可以指派自己的专家。

(一) 程序规则的规定

这些规定可以分为两类:

(1) 4个"自由号仲裁案"之前的程序规则以及"恩丽卡·莱克西号事件案"的程序规则在"证据和庭审"部分用一条中的两款对该问题作出规定。这些规定基本一致[369]:

> 第一,在获得争端各方的意见后,仲裁法庭可以在通知各方后,指派一名或多名专家,就法庭需要决定的具体问题以书面形式向法庭报告。仲裁法庭确定的专家职责范围(terms of reference)的副本应送交各方。
> 第二,争端各方应按照《公约》附件七第6条与法庭按照前款指派的任何专家合作。

这些程序规则的规定之间也存在一些细微差别。例如,"巴巴多斯诉特立尼达和多巴哥案"的程序规则中专门提及"水文专家";"孟加拉湾海洋边界仲裁案"的程序规则明确要求将专家报告送交当事方;"查戈斯群岛海洋保护区仲裁案"的程序规则要求仲裁法庭在指派专家前还应考虑案件的事实情况;而"恩丽卡·莱克西号事件案"的程序规则要求"应将专家所准备的任何报告送交争端各方,而争端各方应有机会在仲裁法庭所确定的合理期间内表达它们对该报告的意见。争端一方应有权审查专家在其报告中提及的任何文件"。

(2) "自由号仲裁案"以来的几个程序规则将法庭指派专家的问题

---

[369] Guyana v. Suriname, Rules of Procedure, art. 11 (3) - (4); Barbados v. Trinidad and Tobago, Rules of Procedure, art. 11 (4) - (5); Bay of Bengal Maritime Boundary Arbitration between Bangladesh and India, Rules of Procedure, art. 12 (4) - (5); Chagos Marine Protected Area Arbitration, Rules of Procedure, art. 12 (4) - (5); the "Enrica Lexie" Incident, Rules of Procedure, art. 12 (5) - (6).

作为单独一条处理，而且其规定更加丰富和详尽。除了规定法庭指派专家的权力以及当事方与专家的合作义务外，这些程序规则还规定了当事方对专家资质的质疑、专家报告以及专家参与庭审的问题。这些规定的内容同样地基本一致[370]：

    1. 在征询争端各方的意见后，仲裁法庭可以指派一名或多名独立专家。该专家可被要求就法庭需要决定的具体问题以书面形式向法庭报告。仲裁法庭确定的专家职责范围的副本应送交争端各方。

    2. 任何专家在接受指派前，原则上应向仲裁法庭和争端各方提交一份对其资质的描述以及一份公正性和独立性声明。争端各方应在仲裁法庭规定的时间内，通知仲裁法庭它们是否对专家的资质、公正性或独立性有反对意见。仲裁法庭应立即决定是否接受任何此类反对意见。在专家指派后，争端一方只有基于其在作出指派后才知道的理由方可反对专家的资质、公正性或独立性。仲裁法庭应立即决定是否，以及采取何种行动。

    3. 根据它们在《公约》附件七第6条中的义务，争端各方应向专家提供其要求的任何相关信息或出示其要求的任何相关文件或实物供其审查。争端一方和专家之间任何关于所要求的信息或出示的相关性的争端应交由仲裁法庭裁断。

    4. 如果被要求准备专家报告，仲裁法庭应在收到该报告后将其副本送交争端各方，并应给争端各方机会使其能够书面表达它们各自对该报告的意见。争端一方应有权审查专家在其报告中依据的任何文件。

    5. 如果争端一方如此要求或者如果仲裁法庭认为有必要，专家应在提交报告后参加庭审，而争端各方应有机会向其提问，以及提出专家证人以便在相关问题上作证。第[ ]条的规定（关于庭审）应适用于这些程序。

---

[370] ARA Libertad Arbitration, Rules of Procedure, art. 19; Atlanto-Scandian Herring Arbitration, Rules of Procedure, art. 19; Arctic Sunrise Arbitration, Rules of Procedure, art. 24; Dispute concerning Coastal State Rights, Rules of Procedure, art. 17.

上述内容显然几乎照搬了《PCA 仲裁规则 2012》第 29 条的规定。[371] 另外，这些程序规则中也存在一些差异。除了表述方面的细微不同以及条款排列次序的差异外，关于第 1 款，"沿海国权利争端案"的程序规则规定的是"查明（ascertaining）争端各方的意见"，而"自由号仲裁案"和"大西洋鲱鱼仲裁案"的程序规则要求"同争端各方协商"。更为重要的是，"北极日出号仲裁案"的程序规则没有要求专家必须提交"书面"报告，而是规定专家应"按照仲裁法庭确定的方式"就具体问题提出报告。关于第 2 款，"沿海国权利争端案"的程序规则要求专家在接受指派前应提交一份对其资质的描述以及一份公正性和独立性声明，而没有"原则上"应提交的限制。"原则上应提交"意味着仲裁法庭在某些情况下可以免除该要求，例如需要紧急指派专家时。[372] 关于第 3 款规定的当事方与专家的合作义务，"北极日出号仲裁案"的程序规则增加了为专家进行现场视察提供合理便利的规定："当专家的职责范围考虑到视察与案件相关的地点时，争端各方也应为专家提供一切合理的便利。"而"沿海国权利争端案"的程序规则要求仲裁法庭注意任何当事方拒绝与专家合作的情形以及所给出的理由。

总体而言，上述程序规则承认仲裁法庭在指派专家方面享有裁量权，这应包括决定是否指派专家、专家的人选和人数以及专家的职责范围。然而，仲裁法庭在指派专家之前需要就相关事项征询争端各方的意见，并且在作出指派后应将专家的职责范围送交各方。[373] 各方应与法庭指派的专家在其职责范围内的活动进行合作，包括提供信息和出示文件等。专家应就法庭决定的具体问题向法庭报告，而且多数程序规则要求专家提交书面报告。

（二）仲裁法庭的实践

在附件七仲裁中，目前为止的 3 个海洋划界案中都指派了水文专家，

---

[371] See also PCA Arbitration Rules 1992, art. 27.

[372] See Brooks W. Daly, Evgeniya Goriatcheva, Hugh A. Meighen, *A Guide to the PCA Arbitration Rules*, Oxford University Press, 2014, p. 118.

[373] 关于专家职责范围的例子，可以参见"北极日出号仲裁案"赔偿阶段所指派的两名专家的职责范围：Expert Terms of Reference of Mr. Allan Larsen 和 Expert Terms of Reference of Mr. Iain Potter。

而且有些不可思议的是，所指派的专家是同一个人——格雷（David H. Gray）。在"巴巴多斯诉特立尼达和多巴哥案"中，仲裁法庭在庭审期间，在与各方协商后指派格雷作为水文专家协助法庭。[374] 水文专家的技术报告被作为裁决的附件，其中详细确定了与划界相关的各个点的地理坐标。可以说，该专家报告是"为了更充分理解法庭裁决的含义（import）"。[375] 在"圭亚那诉苏里南案"中，仲裁法庭在书面程序结束后、庭审开始前几天，在与各方协商后发布"命令"指派格雷作为水文专家协助法庭。[376] 该命令所附的专家职责范围规定：专家应以精确的技术方式帮助法庭画出及解释海洋边界线，以及应法庭的要求帮助准备裁决，而法庭有权不时视需要修改其职责范围。职责范围要求专家应按照仲裁法庭的指示忠诚、中立和认真地履行职责，并且不在执行本仲裁任务以外的情况下泄露或使用他在履行职责过程中可能知晓的任何信息，包括"仲裁法庭的评议"。[377] 该水文专家的技术报告同样被作为裁决的附件。但是与"巴巴多斯诉特立尼达和多巴哥案"不同的是，本案水文专家还在庭审结束后进行了一次现场访问。这源于水文专家在庭审中要求各方提供界标 B 的坐标信息。圭亚那在庭审后提交了界标 B 的坐标，但苏里南对此表示质疑。[378] 有鉴于此，仲裁法庭发布命令，决定水文专家在邀请各方代表出席后在圭亚那进行一次现场访问[379]，任务是视察圭亚那所声称的界标 B 及其附近区域，并收集与该问题有关的资料[380]。虽然苏里南开始并不赞同进行现场访问，因为它认为这样做没有价值[381]，但是后来还是派员参加了现场访问。2007 年 5 月水文专家进行了现场访问，之后按照法庭的命令提交了"现场访问报告"，确定了界标 B 的坐标。报告转交给了争端双方。各方同意专家的结论，但苏里南提出一些修改建议。随后专家提交了"修正的现场访问报告"，反映了苏里南的

---

[374] See Barbados v. Trinidad and Tobago, Award, para. 37.
[375] Ibid., para. 383.
[376] Guyana v. Suriname, Order No. 6, 27 November 2006.
[377] 专家的职责范围载于 Guyana v. Suriname, Award, para. 108。
[378] See Guyana v. Suriname, Award, paras. 111-116.
[379] See Order No. 7 of 12 March 2007, in Guyana v. Suriname, Award, para. 120.
[380] See Order No. 8 of 21 May 2007, in Guyana v. Suriname, Award, para. 121.
[381] See Guyana v. Suriname, Award, para. 116.

建议。[382] 与水文专家的技术报告不同,其现场访问报告没有作为裁决的附件。"孟加拉湾海洋边界仲裁案"法庭再次任命格雷为该案的水文专家。水文专家作为仲裁法庭代表团的成员参加了法庭进行的现场访问[383],参加了庭审而且其技术报告同样被作为裁决的附件。然而,与之前两个案件不同的是,该案水文专家的指派在原告提交诉状之前就完成了。法庭在通知各方它意图指派格雷为水文专家的同时送交了格雷的简历以及法庭起草的职责范围,并邀请各方评论。在各方表示同意后,法庭任命格雷为水文专家,并向各方送交了由该专家和庭长签字的职责范围。仲裁法庭要求各方此后所有的通信都告知该专家。[384]

除了水文专家,附件七仲裁法庭在审理过程中还指派过其他类型的专家。"圭亚那诉苏里南案"法庭指派了一名"精通荷兰语和英语"的专家来帮助法庭处理圭亚那从苏里南获得有关文件的问题。在获得各方对专家人选的认可后,仲裁法庭发布命令指派霍特(Houtte)教授为独立专家。[385] 根据仲裁法庭的命令,该文件专家的职责范围和工作程序为:1)应法庭指示审查当事一方获得文件的请求,以便帮助法庭决定所请求的文件是否为"初步相关",为此法庭可以要求拥有该文件的当事方将文件提交给专家进行审查。2)审查提供档案或文件的当事方"移除或编辑(redact)"档案或文件某些部分的建议。该当事方应向专家提供未加编辑的完整档案或文件;专家在查明有关档案或文件的完整性后,得邀请该当事方说明移除或编辑的理由,然后再邀请另一方对这些理由进行评论。3)及时解决当事方间关于一方未能或拒绝全部或部分提供有关文件的争端。专家可以提出自己的解决方案,但是应给予双方机会来说明它们的立场。专家的主要工作是决定所请求文件与该案争端的"相关性",仲裁法庭对此的总体"指引"是:专家应区分那些只有关各方间陆地边界、其他争端,或与第三方的边界争端的档案和文件,

---

[382] Ibid., paras. 122-126. Tribunal Hydrographer's Corrected Report on Site Visit, 30 July 2007 (https://pca-cpa.org/en/cases/9/).

[383] See Bay of Bengal Maritime Boundary Arbitration between Bangladesh and India, Procedural Order No. 1 (Concerning the Site Visit of October 2013), 28 August 2013 (revised: 11 October 2013), para. 2. 2.

[384] See Bay of Bengal Maritime Boundary Arbitration between Bangladesh and India, Award, paras. 15-17.

[385] See Guyana v. Suriname, Award, paras. 55-60; Order No. 1 of 18 July 2005.

和那些与各方间海洋边界有关的文件和档案。专家在执行任务时应"不受制于任何严格的证据规则"。关于第一和第二项任务,仲裁法庭要求专家应就其认定提交报告,其中应尽可能保护相关文件的机密性,并应说明其结论的理由。法庭在考虑专家报告后将决定是否准许获得文件的请求,以及移除或编辑文件的建议是否适当。关于第三项任务,专家在将其解决方案告知当事方之前,应与法庭进行协商。如果专家认为他无法及时解决一个争端,则应将争端交给法庭。[386] 该案中这方面的一个关键问题是圭亚那请求获得荷兰外交部档案中的第169A号和第161号档案。苏里南强调,在将它们交给圭亚那之前应当移除第169A号档案中仅与苏里南和法属圭亚那之间海洋边界有关的文件,以及第161号档案中仅与陆地边界有关的文件。[387] 仲裁法庭在指派文件专家的同日发布第4号命令,除其他外要求:苏里南应确保专家在两周内获得第169A号和第161号完整档案,并指出它希望对哪些文件进行移除或编辑及其依据。[388] 苏里南遵守了该命令。[389] 3个月后文件专家就其认定和建议向仲裁法庭提交了报告,并被转交给各方评论。苏里南不同意专家关于其有关东部海洋边界的立场和实践与涉及其西部海洋边界的本争端"可能相关"的认定,并反对披露第161号档案中的一个文件。[390] 仲裁法庭随后发布第5号命令,认为苏里南的东部海洋边界问题与本争端"有着充分的初步相关性",因此有理由向圭亚那披露。法庭一致决定采纳专家报告中的建议,并要求苏里南立即按照这些建议让圭亚那获得相关文件。[391] 苏里南根据该命令提供了一些文件给圭亚那,同时向文件专家说明了它对另一些文件进行编辑的理由。专家对苏里南计划的编辑提出了建议,而庭长表示完全同意专家的建议,并指示苏里南立刻执行这些建议。随后苏里南进一步披露了文件。[392]

在"北极日出号仲裁案"的赔偿阶段,仲裁法庭在邀请各方对相关人选及其职责范围进行评论后,指派了一名会计专家和一名海事调查专

---

[386] See Guyana v. Suriname, Award, para. 62.
[387] See Guyana v. Suriname, Order No. 4, 12 October 2005.
[388] Ibid.
[389] See Guyana v. Suriname, Award, paras. 64-65.
[390] Ibid., paras. 76-81.
[391] See Guyana v. Suriname, Order No. 5, 16 February 2006.
[392] See Guyana v. Suriname, Award, paras. 86-87, 89-91, 95-99.

家，并向各方提供了由专家、法庭庭长及书记官长签署的职责范围副本。[393] 按照职责范围，这两名专家将分别就某些会计和海事调查事项向法庭提出书面报告，以便帮助法庭考虑荷兰所主张的赔偿数额是否确有根据。[394] 专家在准备报告的过程中曾向当事方要求提供补充信息和文件。[395] 2个月后海事调查专家提交了报告，而4个月后会计专家提交了报告。这些报告被送交当事方进行评论。[396] 荷兰不同意海事调查专家有关6艘"北极日出号"的小艇（RHIBs）置换价值的结论。荷兰为置换主张164496欧元的赔偿，但法庭专家认为荷兰主张的金额没有充分的依据，因此不是确有根据的。荷兰在其评论中主张专家超越了其职责范围，因为他否定了法庭在实体裁决中已经确立的一些事实，并要求法庭不要考虑专家的结论。仲裁法庭承认专家的某些评论超出其职责范围，但认为这些评论与评估赔偿数额无关。法庭强调专家报告显示出了荷兰主张中的一个重要缺陷，并采纳了专家报告的意见，认为荷兰所请求的赔偿数额是不适当的。最终法庭裁定给予荷兰所请求数额的一半是合理的。[397] 关于会计专家的报告，荷兰在评论中没有质疑专家所使用的方法，但是却提出一些解释和文件来质疑专家的结论。仲裁法庭接受了荷兰的评论，并相应地修改了专家的结论。[398]

就截至目前附件七仲裁法庭指派专家的实践而言，可以做以下几点评论。首先，仲裁法庭指派专家的频率很高，在多个案件中指派了数名专家。国际法庭有权在需要时指派专家，但是否指派专家取决于法庭的裁量。虽然法庭有时需要科学家的帮助，但法官才是科学证据的"守门人"。[399] 在国际法院几十年的历史中，迄今只在有限的几个案件中指派过专家："科孚海峡案"（实体和赔偿阶段）、"缅因湾案"和"加勒

---

[393] See Arctic Sunrise Arbitration, Award on Compensation, paras. 19-24.
[394] Ibid., para. 24; Expert Terms of Reference of Mr. Allan Larsen, para. 4; Expert Terms of Reference of Mr. Iain Potter, para. 4.
[395] See Arctic Sunrise Arbitration, Award on Compensation, paras. 25-27.
[396] Ibid., paras. 29, 31-33.
[397] Ibid., paras. 39-51.
[398] Ibid., paras. 55-60.
[399] 参见易延友：《证据法的体系与精神——以英美法为特别参照》，北京大学出版社2010年版，第212页。

比海和太平洋的海洋划界案"（哥斯达黎加诉尼加拉瓜）。[400] 其中，"缅因湾案"中的专家还是国际法院分庭应争端双方的请求而指派的一名双方共同提名的技术专家。[401] 这样，国际法院在其审理过的大量海洋划界案件中，只在"加勒比海和太平洋的海洋划界案"中主动指派了专家。而国际海洋法法庭及其分庭在其审理的两起海洋划界案件（"孟加拉国/缅甸案"和"加纳/科特迪瓦案"）中均没有指派专家。这与附件七仲裁法庭在3个海洋划界案件中无一例外地指派了水文专家的情况形成鲜明对照。其中，财政因素是一个重要的考量，因为国际法院指派的专家的报酬应"在法院经费中开支"[402]，而这对于法院而言应是一笔不小的开支[403]。国际海洋法法庭尚未自己指派专家可能同样是因为费用的原因。[404] 但是就仲裁而言，法庭所指派的专家的费用由当事方承担。

其次，仲裁法庭所指派的专家的作用多种多样。"圭亚那诉苏里南案"中的文件专家最为独特，因为如果不考虑语言的问题，他纯粹是在帮助仲裁法庭完成一件完全在仲裁法庭能力范围内的任务。"巴巴多斯诉特立尼达和多巴哥案""圭亚那诉苏里南案""孟加拉湾海洋边界仲裁案"中的水文专家的技术报告被作为裁决的附件。这一点与国际法院分庭审理的"缅因湾案"中的专家报告相同。这些专家的作用在于帮助仲裁法庭准备裁决。此外，"圭亚那诉苏里南案"的水文专家还独立进行了现场访问并提交了报告，而"孟加拉湾海洋边界仲裁案"的水文专家跟随法庭进行了现场访问。"北极日出号仲裁案"中的会计专家和海事调查专家在于帮助仲裁法庭评估当事一方的主张是否确有根据。这一点

---

[400] See International Law Association, Procedure of International Courts and Tribunals, Preliminary Report, 2017, p. 95.

[401] 争端双方的《特别协定》第2条第3款规定，双方应请求分庭指派一名双方共同提名的技术专家，在技术方面帮助分庭，特别是准备海洋边界和海图。书记处应向专家提供各方的书状，而专家应出席庭审。See Delimitation of the Maritime Boundary in the Gulf of Maine Area, Judgment, I. C. J. Reports 1984, p. 246, para. 5. See also Appointment of Expert, Order of 30 March 1984, I. C. J. Reports 1984, p. 165.

[402]《国际法院规则》第68条。

[403] See International Law Association, Procedure of International Courts and Tribunals, Preliminary Report, 2017, p. 96.

[404] Ibid., p. 127.

与国际法院在"科孚海峡案"的赔偿阶段所指派的专家的任务类似。[405] 即使法庭专家报告中存在一些问题而当事方由此对专家报告提出质疑，也并不能完全排除仲裁法庭对专家报告的依赖。

再次，与国际法院一贯以发布命令的形式指派专家[406]不同，附件七仲裁法庭只在"圭亚那诉苏里南案"中就指派专家发布了命令。而且，虽然1982年《公约》第289条专门规定了一种专家，但仲裁法庭在指派专家时均未提及该条，而是以各自程序规则的规定为依据。这说明仲裁法庭所指派的专家并不同于《公约》第289条中的专家。该条规定："对于涉及科学和技术问题的任何争端，根据本节行使管辖权的法院或法庭，可在争端一方请求下或自己主动，并同争端各方协商，最好从按照附件八第二条编制的有关名单中，推选至少两名科学或技术专家列席法院或法庭，但无表决权。"国际海洋法法庭的《规则》和《内部司法实践》规定，第289条中的专家能够在庭审中出席法庭，并参加法庭的司法评议。[407] 显然，第289条项下的专家"并非通常的专家"——作为证人向法庭提出专家意见而当事方可以对他们的意见提出质疑；他们"事实上是《国际法院规约》……意义上的'襄审官'（assessors）"："在审理中出席法院或法庭，并帮助准备判决；他们的作用是确保法院或法庭的裁决中没有技术性错误并且在相关争议问题上符合最新的科学知识。"[408]《国际法院规约》第30条第2款规定："法院规则得规定关于襄审官之出席法院或任何分庭，但无表决权。"《国际法院规则》进一步规定："法院得主动，或应依在书面程序结束前所提出的请求，决定

---

[405] 该案中，考虑到评估赔偿中所涉问题的技术性，国际法院指派了两名专家审查英国提出的损害赔偿数额，而专家在其报告中认为英国的主张是合理和准确的。See Corfu Channel Case (United Kingdom v. Albania), Assessment of the Amount of Compensation Due from Albania to the UK, Judgment, I. C. J. Reports 1949, p. 244, at 247, 248.

[406] See Corfu Channel Case (United Kingdom v. Albania), Order of 17 December 1948, I. C. J. Reports 1948, p. 15; Order of 19 November 1949, I. C. J. Reports 1949, p. 237. Delimitation of the Maritime Boundary in the Gulf of Maine Area, Appointment of Expert, Order of 30 March 1984, I. C. J. Reports 1984, p. 165. Maritime Delimitation in the Caribbean Sea and the Pacific Ocean (Costa Rica v. Nicaragua), Order of 31 May 2016, I. C. J. Reports 2016, p. 235.

[407] ITLOS, Rules, art. 42 (2); Resolution on the Internal Judicial Practice of the Tribunal (ITLOS/10), 27 April 2005, art. 10.

[408] Shabtai Rosenne & Louis B. Sohn (vol. eds.), *United Nations Convention on the Law of the Sea 1982: A Commentary*, Vol. V, Martinus Nijhoff Publishers, 1989, p. 51.

为某一诉讼案件或咨询意见的请求委派襄审官出席法院,但无表决权";襄审官可以参加法院的司法评议。[409] 目前尚无指派《公约》第 289 条专家的实践。如上所述,一些案件的程序规则明确允许当事方对法庭专家提出的报告进行质疑。另外,"圭亚那诉苏里南案"中文件专家的报告以及水文专家提出的"现场访问报告"也受到当事方的质疑。其实,就"巴巴多斯诉特立尼达和多巴哥案""圭亚那诉苏里南案""孟加拉湾海洋边界仲裁案"中的水文专家帮助仲裁法庭准备裁决的作用而言,他们有些类似于第 289 条项下的专家。但是由于第 289 条要求法庭指派"至少两名科学或技术专家列席",因此他们也不属于该条项下的专家。

八、关于行政和常规程序的决定

各附件七程序规则中都含有一条关于仲裁法庭应如何作出决定的规定。除"沿海国权利争端案"外,该规定都包括在各程序规则的"审理"一节中(且大部分为该节的最后一条)。除"恩丽卡·莱克西号事件案"和"沿海国权利争端案"的程序规则将该条称为"仲裁法庭的决定"或"决定"外,该条在其他程序规则中的标题均为"关于行政和常规程序(routine procedure)的决定"。除"沿海国权利争端案"外,其他程序规则有关该问题的规定几乎完全一致:[410]

> 仲裁法庭的程序和实质(substance)裁决应以仲裁员的过半数票作出,但是行政和常规程序问题可以由仲裁法庭庭长决定,除非庭长希望听取仲裁法庭其他成员的意见或者争端各方要求仲裁法庭作出决定。

---

[409]《国际法院规则》第 9 条第 1 款和第 21 条第 2 款。截至 2016 年,尚无委派襄审官的实践。See International Court of Justice: Yearbook 2015-2016, p. 38.
[410] The MOX Plant Case, Rules of Procedure, art. 14; Guyana v. Suriname, Rules of Procedure, art. 13; Barbados v. Trinidad and Tobago, Rules of Procedure, art. 14; Bay of Bengal Maritime Boundary Arbitration between Bangladesh and India, Rules of Procedure, art. 14; Chagos Marine Protected Area Arbitration, Rules of Procedure, art. 14; Arctic Sunrise Arbitration, Rules of Procedure, art. 11; the "Enrica Lexie" Incident, Rules of Procedure, art. 14; ARA Libertad Arbitration, Rules of Procedure, art. 20; Atlanto-Scandian Herring Arbitration, Rules of Procedure, art. 20.

上述规定与"《大西洋环境公约》仲裁案"的程序规则第 17 条十分类似。需要指出的是,"自由号仲裁案"的程序规则第 20 条的最后半句规定的是"或者争端各方要求仲裁法庭全庭 (the full Arbitral Tribunal) 作出决定",而"大西洋鲱鱼仲裁案"的程序规则第 20 条的最后半句规定的是"或者争端一方要求仲裁法庭全庭作出决定"。"沿海国权利争端案"的程序规则在第四节"裁决"中对该问题作出规定,而且其第 18 条分为两款,而非像上述其他程序规则的规定那样只包括一款。此种方式与常设仲裁法院的仲裁规则类似。[411] 但其规定的内容与其他附件七程序规则并无实质差别。

"仲裁法庭的程序和实质裁决应以仲裁员的过半数票作出"的规定基于《公约》附件七第 8 条第 1 句话,所增加的"程序和实质"规定更像是强调仲裁法庭的所有裁决应以多数票作出。1975 年《非正式单一协商案文》和 1976 年 5 月《非正式单一协商案文》(订正一) 的第四部分附件 IB 第 7 条规定:"仲裁法庭的裁决应以过半数票作出。一名或两名仲裁员缺席或弃权,应不妨碍法庭作出裁决。如果票数相等,庭长应投决定票。"1976 年 11 月《订正的单一协商案文》第四部分附件三第 8 条作了修改,将"一名或两名仲裁员缺席或弃权"改为"不到半数的仲裁员缺席或弃权",由此形成了目前的第 8 条规定。所有问题应以法庭多数票决定是"国际实践的一般规则"。[412]《弗吉尼亚评注》认为附件七第 8 条规定的仲裁法庭的"所有决定"应由多数票作出这一原则不需要任何评论。[413] 虽然程序规则中没有包括附件七第 8 条中有关仲裁员缺席或弃权以及庭长投决定票的内容,但是这些规定显然是适用的。"缺席"是指不参加法庭作出决定的会议,而"弃权"是指在投票中弃权。[414] 目前附件七仲裁中尚无仲裁员投弃权票的情况。

然而,附件七程序规则为仲裁法庭多数票决定的原则规定了一个例

---

[411] See PCA Arbitration Rules 1992, art. 31; PCA Arbitration Rules 2012, art. 33.

[412] See Commentary on the Draft Convention on Arbitral Procedure Adopted by the International Law Commission at its Fifth Session, prepared by the Secretariat, 1955 (http://legal.un.org/docs/? path = ../ilc/documentation/english/a_cn4_92.pdf&lang = EF), p. 54.

[413] See Shabtai Rosenne & Louis B. Sohn (vol. eds.), *United Nations Convention on the Law of the Sea 1982: A Commentary*, Vol. V, Martinus Nijhoff Publishers, 1989, p. 432.

[414] Ibid.

外,即授权庭长决定行政问题和常规程序问题,除非庭长希望听取法庭其他成员的意见或者当事方要求法庭就相关问题作出决定。1907年《和平解决国际争端公约》和1958年《仲裁程序示范规则》中都没有规定这样的例外。[415]《PCA仲裁规则1992》和《PCA仲裁规则2012》以及其他一些由常设仲裁法院管理的仲裁案的程序规则中就程序问题的决定规定了例外,即如果没有多数票或法庭如此授权,首席仲裁员可以单独作出决定,但法庭可予以修改。[416] 规定此种修改的可能性是有用处的,因为庭长的决定或许后来遭到其他仲裁员的集体反对。[417]

仲裁法庭的"决定"主要包括"裁决"和"命令"。"查戈斯群岛海洋保护区仲裁案"法庭用"决定"(decision)的形式解决了对仲裁员的质疑。裁决针对的是实体问题和管辖权问题。第六章将对裁决的问题进行分析。国际法庭有权为办理案件和收集证据发布命令。[418] "查戈斯群岛海洋保护区仲裁案"之前的附件七法庭使用"命令"(order),而之后的法庭使用"程序令"(procedural order)来处理程序问题。这两个概念并非完全对等,因为"命令"可以处理的事项多于"程序令"。例如,"自由号仲裁案"和"大西洋鲱鱼仲裁案"法庭在终止程序时,"恩丽

---

[415] 1907年《和平解决国际争端公约》第78条规定:"一切问题由法庭成员以多数票决定。"1958年《仲裁程序示范规则》第28条第1款规定:"裁决应由法庭成员以多数票作出。"

[416] See PCA Arbitration Rules 1992, art. 31 (2); PCA Arbitration Rules 2012, art. 33 (2); Arbitration under the Timor Sea Treaty, Rules of Procedure, art. 27; Arbitration under the Timor Sea Treaty (Case concerning the Meaning of Article 8 (B)), Rules of Procedure, art. 27; Eritrea-Ethiopia Boundary Commission, Rules of Procedure, art. 26; Iron Rhine Arbitration, Rules of Procedure, art. 18. 另外,"帝汶海调解案"的程序规则第11条也含有类似规定。

[417] See Brooks W. Daly, Evgeniya Goriatcheva, Hugh A. Meighen, *A Guide to the PCA Arbitration Rules*, Oxford University Press, 2014, p. 129.

[418] 参见 [英] 切斯特·布朗:《国际裁决的共同法》,韩秀丽、万盈盈、傅贤贞等译,法律出版社2015年版,第124页。《国际法院规约》第48条规定:"法院为进行办理案件应发布命令;对于当事国每造,应决定其必须终结辩论之方式及时间;对于证据之搜集,应为一切之措施。"《国际海洋法法庭规约》第27条规定:"法庭为审理案件,应发布命令,决定当事每一方必须终结辩论的方式和时间,并作出有关收受证据的一切安排。"国际法院分庭认为:"参加法院或分庭审理的各国负有遵行(conform with)法院规约第30条和第48条具体授权法院所为之一切有关程序的决定的义务(duty)。" Land, Island and Maritime Frontier Dispute (El Salvador/Honduras: Nicaragua intervening), Judgment, I. C. J. Reports 1992, p. 351, para. 371.

卡·莱克西号事件案"法庭在规定临时措施时,使用的都是"命令"而非"程序令"。这说明上述事项不能用"程序令"来处理。

"莫克斯工厂案"法庭先后发布了6项"命令",就一些问题作出"决定"。每项命令都有标题,但仅在第3号命令(暂停程序及临时措施)和第6号命令(终止程序)中指出命令是由仲裁法庭全体一致作出的。除了终止程序的命令由所有仲裁员签字外,其他命令都只有庭长签字。此外,书记官长也在所有命令上签字。"巴巴多斯诉特立尼达和多巴哥案"和"圭亚那诉苏里南案"仲裁法庭在审理过程中同样发布了一些"命令",多数命令没有标题,但它们的实施部分都以"仲裁法庭全体一致命令"或"仲裁法庭全体一致决定和命令"开头。这些命令都只有庭长签字,但同时注明是"代表仲裁法庭"。书记官长没有在命令上签字。表3对这些命令的主题事项进行了总结。

表3 《公约》附件七仲裁法庭的部分命令

(截至2019年6月)

案件	命令的标题或主题							
	第1号	第2号	第3号	第4号	第5号	第6号	第7号	第8号
"莫克斯工厂案"	爱尔兰修改的主张说明	提交书状的时限	暂停管辖权和实体程序,以及进一步临时措施的请求	进一步暂停管辖权和实体程序	暂停各方的定期报告	终止程序		
"巴巴多斯诉特立尼达和多巴哥案"	提交书状安排	程序规则、书状、庭审、信息披露	信息披露	信息披露				
"圭亚那诉苏里南案"	获得文件	初步反对主张	文件专家	文件专家	获得文件	水文专家	界标B问题	水文专家的现场访问安排

出处:本书作者根据相关资料整理制作。需要说明的是,"圭亚那诉苏里南案"中的第7号和第8号命令并未公布,有关内容来自仲裁法庭裁决

虽然"圭亚那诉苏里南案"的裁决及所附专家报告中偶尔将法庭的

命令称为"程序令"[419],但"查戈斯群岛海洋保护区仲裁案"法庭才正式采用"程序令"来处理审理过程中的程序问题。仲裁法庭在其发布的第1号程序令中规定了书状的提交要求,在第2号程序令中就英国分解程序的请求作出"决定和命令"。此后,附件七仲裁法庭皆选择"程序令"的方式。就目前可以获得的程序令而言,多数程序令都有标题,而且除"沿海国权利争端案"中的第4号程序令由庭长发布外[420],其他程序令皆由仲裁法庭作出。在由仲裁法庭发布的程序令中,绝大多数程序令的实施部分以"仲裁法庭发布如下程序令"开头,而非使用仲裁法庭"决定"或"命令"[421];除"沿海国权利争端案"中的第3号程序令外,都没有说明作出程序令的表决情况;除"北极日出号仲裁案"中的第1号程序令和"沿海国权利争端案"中的第5号程序令外,程序令都由庭长签署,但同时注明是"代表仲裁法庭"。比较独特的是"北极日出号仲裁案"中的第1号程序令:其中除《指派条件》外没有任何其他内容,最后由庭长代表仲裁法庭以及由常设仲裁法院秘书长代表常设仲裁法院签字。"沿海国权利争端案"中的第5号程序令由庭长签署,但没有注明是"代表仲裁法庭"。表4列出了部分《公约》附件七仲裁法庭程序令的主题事项。

表4 部分《公约》附件七仲裁法庭的程序令

(截至2019年6月)

案件	程序令的标题或主题							
	第1号	第2号	第3号	第4号	第5号	第6号	第7号	第8号
"查戈斯群岛海洋保护区仲裁案"	书状的提交要求	分解程序的请求						
"自由号仲裁案"	程序规则和程序时间表等							

---

[419] See Guyana v. Suriname, Award, para. 279; Technical Report of the Tribunal's Hydrographer, para. 2.
[420] 参见该案程序规则第10条第5款的规定。
[421] 例外的情况如下:"孟加拉湾海洋边界仲裁案"中的程序令的表述是"法庭发布如下命令";"沿海国权利争端案"第2号程序令的表述是"仲裁法庭……制定了关于保密性的程序令",第5号程序令规定"仲裁法庭由此决定"。

续表

案件	程序令的标题或主题							
	第1号	第2号	第3号	第4号	第5号	第6号	第7号	第8号
"孟加拉湾海洋边界仲裁案"	关于2013年10月的现场访问	关于实体问题的庭审	关于现场访问的记录	关于现场访问记录采纳为证据				
"大西洋鲱鱼仲裁案"	程序规则和程序时间表	中止审理						
"北极日出号仲裁案"	指派条件	程序规则;初步程序时间表	绿色和平组织提出法庭之友意见的请求	分解程序				
"杜兹吉特·完整号仲裁案"(审理中)	程序规则和临时程序时间表	拒绝分解程序,修改的程序时间表	争议文件提交请求	拒绝马耳他提交损害验证报告的请求	关于庭审问题	关于庭审问题	关于提交文件和评论	拒绝马耳他提交补充证据的请求
"恩丽卡·莱克西号事件案"(审理中)	临时措施的程序时间表	书面陈词的到期日延期	关于就印度的反诉提交书状的程序安排	修改程序安排	尚未公布	尚未公布	修改程序规则	修改庭审日期
"沿海国权利争端案"(审理中)	不清楚	关于保密性	关于分解程序	关于当事方管辖权书状的时间表	关于管辖权庭审的安排			

出处:本书作者根据相关资料整理制作。需要说明的是,"杜兹吉特·完整号仲裁案"中的程序令尚未公布,有关内容来自仲裁法庭裁决。"沿海国权利争端案"中的第1号程序令尚未公布

第五章　仲裁审理（二）

一、初步反对主张

（一）程序规则的规定

所有附件七程序规则中都含有法庭处理对其管辖权和当事方主张的可受理性的反对主张的专门条款。在大部分程序规则中该条的标题是"初步反对主张"，但在"恩丽卡·莱克西号事件案"和"沿海国权利争端案"的程序规则中，该条（第10条）的标题是"对管辖权和/或可受理性的反对主张"。各程序规则的具体规定之间存在明显差异。一些程序规则关于该问题的规定包括3款，一些包括4款，而"沿海国权利争端案"的程序规则第10条则包括9款。另外，各程序规则通常就以下三方面问题作出规定：（1）仲裁法庭处理反对主张的权力；（2）当事方提出反对主张的时间；（3）法庭对反对主张的处理。

1. 仲裁法庭处理反对主张的权力

这是各程序规则有关该问题的规定中最为一致的地方。《公约》第288条第4款规定："对于法院或法庭是否具有管辖权如果发生争端，这一问题应由该法院或法庭以裁定解决。"各程序规则在这方面都规定，仲裁法庭应有权就对其管辖权或对审理中所提任何主张的可受理性的反对主张作出裁决。而且大部分程序规则中还规定法庭有权裁判对仲裁通知的可受理性的反对主张。[1] 此外,"大西洋鲱鱼仲裁案"的程序规则明确提及了质疑反诉的可受理性问题(第 12 条第 2 款),而"北极日出号仲裁案"的程序规则还规定了主张法庭超越其权限范围的问题(第 20 条第 2 款)。

2. 当事方提出反对主张的时间

各程序规则在这方面的规定大致可以分为两类:一类在初步反对主张和其他反对主张之间加以区分并规定了不同的时间,而另一类则无此区分。关于第一类,"莫克斯工厂案""圭亚那诉苏里南案""查戈斯群岛海洋保护区仲裁案""自由号仲裁案"的程序规则规定:如果被告方请求将其对管辖权和可受理性的反对主张作为初步问题处理,则应不迟于诉状提交后 3 个月内提出;在其他情况下不迟于在辩诉状中提出,针对答辩状的则不迟于在复诉状中提出。[2]"恩丽卡·莱克西号事件案"程序规则的规定基本一致,同时增加了原告对被告在复辩状中提出的诉求提出反对主张的规定(第 10 条第 2 款)。"大西洋鲱鱼仲裁案"的程序规则规定:欧盟在丹麦提交首份书状后 3 个月内提出初步反对主张;在其他情况下,在有关主张或反诉提出后 1 个月内提出(第 12 条第 2 款)。关于第二类,"巴巴多斯诉特立尼达和多巴哥案"的程序规则要求反对主张应在有关书状提交后 60 日内提出(第 10 条第 2 款),而"孟加拉湾海洋边界仲裁案"的程序规则要求在有关书状提交后 3 个月内提出(第 10 条第 2 款)。"沿海国权利争端案"的程序规则规定,如果被告方请求将其对管辖权和可受理性的反对主张作为初步问题处理,则应尽速但不迟于诉状提交后 3 个月内提出。初步反对主张应列举反对主张所依

---

[1] The MOX Plant Case, Rules of Procedure, art. 11 (1); Guyana v. Suriname, Rules of Procedure, art. 10 (1); Barbados v. Trinidad and Tobago, Rules of Procedure, art. 10 (1); Bay of Bengal Maritime Boundary Arbitration between Bangladesh and India, Rules of Procedure, art. 10 (1); Chagos Marine Protected Area Arbitration, Rules of Procedure, art. 11 (1); ARA Libertad Arbitration, Rules of Procedure, art. 13 (2); Dispute concerning Coastal State Rights, Rules of Procedure, art. 10 (1); the "Enrica Lexie" Incident, Rules of Procedure, art. 10 (1). 需要说明的是,"自由号仲裁案"的程序规则第 13 条第 2 款的表述为"A submission that the Arbitral Tribunal does not have jurisdiction or that the notification of a claim made in the pleadings is inadmissible",但是"the notification of a claim"似乎应为"the notification or a claim"。

[2] The MOX Plant Case, Rules of Procedure, art. 11 (2); Guyana v. Suriname, Rules of Procedure, art. 10 (2); ARA Libertad Arbitration, Rules of Procedure, art. 13 (2); Chagos Marine Protected Area Arbitration, Rules of Procedure, art. 11 (2).

据的事实和法律以及诉求。但它没有规定其他情况下反对主张的提出问题。[3] 较为不同的是"北极日出号仲裁案",它的程序规则第 20 条第 2 款规定:

> 仲裁法庭没有管辖权的抗辩应不迟于在辩诉状中提出。争端一方曾指派或参与指派仲裁员的事实并不排除其提出此类抗辩。关于仲裁法庭正超越其权限范围的抗辩应在所声称的超出其权限范围的事项在仲裁程序中被提出后尽速提出。在任何一种情况下,仲裁法庭都可以接受迟到的抗辩,如果它认为该延迟有正当理由的话。

该表述与《PCA 仲裁规则 2012》第 23 条第 2 款的规定十分类似。

可以看出,大部分程序规则要求初步反对主张应在原告提交诉状后 3 个月这个时间段内提出:既不能早于原告提交诉状,也不能晚于原告提交诉状后 3 个月。这样的规定与《国际法院规则》2001 年修正后的规定基本一致。而修正前的《国际法院规则》第 79 条第 1 款要求被告"应在为送交辩诉状所规定的期限内"提出初步反对主张。国际法院曾指出:"按照法院规则第 79 条第 1 款,尽管希望提出初步反对主张的被告有权在这样做之前经由原告提交诉状而知悉主张的性质,然而它可以更早地提出其反对主张。"[4] 由此法院认可被告有权在原告提交诉状前提出其初步反对主张。[5]

3. 法庭对反对主张的处理

这涉及两个问题:是否作为初步问题处理当事方的反对主张,以及如何作为初步问题处理反对主张。关于第一个问题,无论是否作为初步问题处理当事方(特别是被告方)的反对主张,国际法庭在作出实体裁判前都应处理这些反对主张。《国际法院规则》第 79 条和《国际海洋法法庭规则》第 97 条规定,一旦书记处收到初步反对主张,则实体问题的审理应暂停。由此,被告方提出的初步反对主张将"自动导致实体问题

---

[3] Dispute concerning Coastal State Rights, Rules of Procedure, art. 10 (2) - (3).
[4] Aerial Incident of 3 July 1988 (Islamic Republic of Iran v. United States of America), Order of 13 December 1989, I. C. J. Reports 1989, p. 132, at 134.
[5] Ibid. , Separate Opinion of Judge Shahabuddeen, at 145.

审理的暂停",而这将确保法院/法庭在要求被告方答复实体问题前将考虑被告方的反对主张。[6] 国际法院曾指出:"原则上,提出初步反对主张的一方有权在案件的初步阶段获得对这些反对主张的答复。"[7] 就附件七程序规则而言,目前只有"自由号仲裁案"的程序规则规定一旦收到初步反对主张,实体问题的审理就应暂停,并接着规定了如何处理初步反对主张的程序。[8] 由此仲裁法庭应分解程序来处理初步反对主张。至于其他的程序规则,它们并未赋予初步反对主张自动暂停实体问题审理的效力,而是将是否分解程序的决定交由法庭作出。常设仲裁院的仲裁规则也采取了类似做法。《PCA 仲裁规则 1992》第 21 条第 4 款规定:"一般而言,仲裁法庭应当作为初步问题就管辖权抗辩作出裁决。然而,仲裁法庭可以继续进行仲裁而在最终裁决中裁决此类抗辩。"而《PCA 仲裁规则 2012》第 23 条第 3 款规定仲裁法庭可以作为一个初步问题或者在实体裁决中就管辖权抗辩作出裁决。《PCA 仲裁规则 1992》第 21 条第 4 款的规定被包括在"《帝汶海条约》第 8 条(B)仲裁案"的程序规则中[9],但是当事方相同的"《帝汶海条约》仲裁案"的程序规则却规定将在"单一庭审"中处理管辖权和实体问题(第 18 条第 4 款)。

附件七程序规则关于初步反对主张的处理规定大致可分为两类。第一类在是否作为初步问题处理反对主张方面没有倾向性,包括 7 个程序规则。其中,3 个程序规则规定:"仲裁法庭在查明各方观点后,可以作为一个初步问题或者在其最终裁决中就对管辖权或可受理性的反对主张作出裁决。"[10] 2 个程序规则规定:"仲裁法庭在听取各方意见后,应作为一个初步问题或者在其最终裁决中就对管辖权或可受理性的反对主张作出裁决。"[11] 这两种表述之间没有本质差异。"查戈斯群岛海洋保护

---

[6] Barcelona Traction, Light and Power Company, Limited, Preliminary Objections, Judgment, I. C. J. Reports 1964, p. 6, at 43.

[7] Territorial and Maritime Dispute (Nicaragua v. Colombia), Preliminary Objections, Judgment, I. C. J. Reports 2007, p. 832, para. 51.

[8] ARA Libertad Arbitration, Rules of Procedure, art. 13 (3) - (4).

[9] Arbitration under the Timor Sea Treaty (Case concerning the Meaning of Article 8 (B)), Rules of Procedure, art. 18 (4).

[10] The MOX Plant Case, Rules of Procedure, art. 11 (3); Guyana v. Suriname, Rules of Procedure, art. 10 (3); Barbados v. Trinidad and Tobago, Rules of Procedure, art. 10 (3).

[11] Bay of Bengal Maritime Boundary Arbitration between Bangladesh and India, Rules of Procedure, art. 10 (3); the "Enrica Lexie" Incident, Rules of Procedure, art. 10 (4).

区仲裁案"的程序规则规定,仲裁法庭可以在查明各方观点后决定是否应将反对主张作为一个初步问题处理,或者推迟到法庭的最终裁决。该程序规则进一步规定了应如何查明各方观点,据此,如果被告请求将反对主张作为初步问题处理,那么该请求应说明其是否寻求就分解程序的问题单独开庭。在收到被告的反对主张后,原告应就分解程序问题提出意见,而被告应在收到原告意见后提出评论。该规则同时为处理分解程序的问题预先安排了一天的庭审。[12] "大西洋鲱鱼仲裁案"的程序规则规定,一旦收到初步反对主张,法庭应在通过会议方式听取各方口头意见后迅速用程序令决定:分解程序还是将初步反对主张留待最终裁决中处理。[13] 第二类程序规则倾向将反对主张作为初步问题处理。其中,"北极日出号仲裁案"的程序规则第 20 条第 3 款规定:"仲裁法庭应作为初步问题就有关其管辖权的任何抗辩作出裁决,除非仲裁法庭在征询争端各方意见后决定,对其管辖权的反对不具有完全初步的性质,此时它应结合实体问题就此抗辩作出裁决。""沿海国权利争端案"的程序规则第 10 条第 4 款中也含有类似规定。

相比较而言,第一类规定给予仲裁法庭更多裁量权来决定是否与实体问题一起处理对管辖权的反对主张;而第二类规定实际上将法庭应"作为初步问题"处理对管辖权的反对主张确立为"基本规则",而只有在反对主张"不具有完全初步的性质"的情况下才可以将其推迟到实体阶段考虑。[14] 然而,以反对主张是否具有完全初步的性质作为是否分解程序的标准似有不妥,因为这意味着法庭在决定是否分解程序时需要就反对主张的性质作出某种决定。但由于这些决定是在法庭真正处理反对主张之前作出的,因此,法庭在作为初步问题处理反对主张后可能得出不同的结论。其实,"沿海国权利争端案"的程序规则中已经隐含了此种自相矛盾。其第 10 条规定:

> 4. 仲裁法庭应在程序的初步阶段就任何初步反对主张作出裁决,除非仲裁法庭在查明争端各方意见后决定,该反对主张

---

[12] Chagos Marine Protected Area Arbitration, Rules of Procedure, art. 11 (3) - (5).
[13] Atlanto-Scandian Herring Arbitration, Rules of Procedure, art. 12 (3).
[14] 参见俄罗斯在"沿海国权利争端案"中关于分解程序问题的意见。See Dispute concerning Coastal State Rights, Procedural Order No. 3 (Regarding Bifurcation of the Proceedings), 20 August 2018, p. 4.

不具有完全初步的性质而应当结合实体问题作出裁决。

5. 如果在初步阶段处理一些或全部初步反对主张，则实体问题的审理应暂停 [……]。

8. 仲裁法庭应以裁决的形式作出决定，而它应通过该裁决支持该反对主张，或驳回该反对主张，或宣告该反对主张在该案的情况下不具有完全初步的性质。

其中，第 5 款的规定表明并非所有的初步反对主张都会被"在初步阶段处理"，而第 4 款排除了在初步阶段处理不具有完全初步性质的反对主张的情况，由此按照该程序规则作为初步问题处理的反对主张应限于那些法庭在审理前认为具有完全初步性质的主张。但第 8 款却又承认法庭在审理后可以裁决某个反对主张不具有完全初步的性质。如果一个法庭在决定分解程序时认可反对主张的初步性质，但在审理后却得出相反的结论，这不仅将导致增加不合理的仲裁费用和时间，而且在法律上也有问题。法庭之前关于反对主张具有初步性质的认定并非一个初步的决定。在这方面，"北极日出号仲裁案"程序规则第 20 条第 3 款和"沿海国权利争端案"程序规则第 10 条第 4 款的规定同《国际法院规则》第 79 条第 9 款之间存在本质差异。《国际法院规则》第 79 条第 9 款规定："法院在听取争端双方意见后，应以判决形式作出裁决，而它应通过该判决支持该反对主张，或驳回该反对主张，或宣告该反对主张在该案的情况下不具有完全初步的性质。"显然，"不具有完全初步的性质"是国际法院在对当事方的初步反对主张审理过后得出的一种结论。然而，在"北极日出号仲裁案"和"沿海国权利争端案"的程序规则中，"具有完全初步的性质"被当成了法庭"作为初步问题"处理有关其管辖权抗辩的前提。

然而，上述两类附件七程序规则都要求仲裁法庭在决定是否作为初步问题处理对管辖权的反对主张前应征询当事方的意见。鉴于当事方在仲裁程序中的自主性，它们的态度应当在法庭决定是否分解程序时发挥重要作用。如果争端各方在是否分解程序以单独处理初步反对主张的问题上存在某种一致意见，则法庭应当尊重此种意见行事。"沿海国权利争端案"程序规则的第 10 条第 9 款规定，对于当事方之间关于应在实体问题框架内审理和裁判初步反对主张的任何协议，仲裁法庭应予以执行。

该规定几乎照搬了《国际海洋法法庭规则》第 97 条第 7 款。[15]

关于如何作为初步问题处理当事方反对主张的问题，一些程序规则没有具体规定。而另一些则规定了相关程序，特别是关于开庭的问题。其中，"查戈斯群岛海洋保护区仲裁案"的程序规则规定，经任一当事方请求，法庭应在就反对主张作出裁决前开庭。[16] "自由号仲裁案"和"大西洋鲱鱼仲裁案"的程序规则规定，法庭在原告就被告的初步反对主张提交书面意见后，应通过口头庭审的方式处理初步反对主张。[17] "沿海国权利争端案"的程序规则详细规定了处理初步反对主张的程序，其中一些十分类似于《国际海洋法法庭规则》的相关规定。[18] 它规定，在双方就初步反对主张提交书面意见后，除非法庭在查明各方意见后另有决定，否则"下一步程序应是口述程序"。相反，"北极日出号仲裁案"的程序规则将开庭审理初步反对主张的决定权交给法庭，规定"如果仲裁法庭在征询争端各方的意见后认为开庭是必需的或是有帮助的，则应开庭"（第 20 条第 4 款）。至于分解程序处理初步反对主张的结果，"自由号仲裁案"和"大西洋鲱鱼仲裁案"的程序规则规定的是或者对反对主张作出裁决，或者保留到最终裁决。[19] 而如上所述，"沿海国权利争端案"的程序规则规定法庭在管辖权裁决中应决定支持或驳回反对主张，或宣告反对主张不具有完全初步的性质。前一种规定类似 1972 年修改之前的《国际法院规则》第 62 条第 5 款的规定："法院在听取争端双方意见后，应对该反对主张作出裁决，或者应将该反对主张与实体问题合并。"[20] 而后一种表述则类似目前《国际法院规则》的规定。这两种规定的区别在于：国际法院在 1972 年修改之前可以自己决定将初步反对主张与实体问题合并审理，而且它在这样做的时候并不需要界定初步

---

[15] 还参见《国际法院规则》第 79 条第 10 款。
[16] Chagos Marine Protected Area Arbitration, Rules of Procedure, art. 11 (3).
[17] ARA Libertad Arbitration, Rules of Procedure, art. 13 (3) - (4); Atlanto-Scandian Herring Arbitration, Rules of Procedure, art. 12 (4) - (5).
[18] 对照"沿海国权利争端案"的程序规则第 10 条第 6—9 款与《国际海洋法法庭规则》第 97 条第 4—7 款的表述。
[19] ARA Libertad Arbitration, Rules of Procedure, art. 13 (4); Atlanto-Scandian Herring Arbitration, Rules of Procedure, art. 12 (6) - (7).
[20] 该款见 Barcelona Traction, Light and Power Company, Limited, Preliminary Objections, Judgment, I. C. J. Reports 1964, p. 6, at 41. 它完全重复了 1936 年《常设国际法院规则》的相关规定。同上。

反对主张的性质；但目前的规定限制了此种可能性：只有那些不具有完全初步性质的反对主张才能被推迟到实体阶段裁决，而法院需要在判决中决定这些初步反对主张不具有完全初步的性质。[21]

（二）仲裁法庭的实践

在目前已经裁决的附件七仲裁案中，除个别情况外[22]，被告方都提出了对法庭管辖权的反对主张。在"麦氏金枪鱼案"中，日本对法庭的管辖权提出反对主张，而争端双方达成协议首先处理管辖权问题。日本提交了诉状，而澳大利亚和新西兰提交了联合答辩（Reply），法庭随后进行了庭审。[23] 最终法庭裁定它对争端没有管辖权。[24]

在"莫克斯工厂案"中，英国在辩诉状中主张法庭没有管辖权[25]，但它并未按照程序规则的规定在爱尔兰提交诉状3个月内提出初步反对主张。由此该案法庭没有处理初步反对主张的问题。在各方提交了书状后，法庭开庭审理管辖权和实体问题。然而在庭审期间，在各方就管辖权问题进行陈述后，庭长发表声明，表示鉴于法庭对管辖权的决定将涉及欧盟法的问题，因此决定暂停案件的进一步审理。[26] 随后法庭在第3号命令中确认了这一决定。法庭表示其暂停管辖权和实体问题审理的权力来自程序规则第8条。[27] 后来该案由于爱尔兰的撤诉而终止，因此法庭并未就英国对其管辖权的反对主张作出裁判。

在"巴巴多斯诉特立尼达和多巴哥案"中，特立尼达在巴巴多斯提交诉状后提出"初步反对主张说明"（Statement of Preliminary

---

[21] See the International Court of Justice: Handbook, sixth edition, 2014, pp. 61-62; International Court of Justice: Yearbook 2014-2015, p. 86.
[22] 例如，在"孟加拉湾海洋边界仲裁案"中，没有当事方反对法庭的管辖权。See Bay of Bengal Maritime Boundary Arbitration between Bangladesh and India, Award, para. 64.
[23] See the Southern Bluefin Tuna Case, Award on Jurisdiction and Admissibility, paras. 7-20.
[24] Ibid., para. 72.
[25] The MOX Plant Case, Counter-Memorial of the United Kingdom, para. 10.1.
[26] See the MOX Plant Case, Statement by the President, paras. 6-12.
[27] See the MOX Plant Case, Order No. 3 of 24 June 2003, Suspension of Proceedings on Jurisdiction and Merits, and Request for Further Provisional Measures, para. 29. 该案程序规则第8条第1款规定："在本规则的限制下，仲裁法庭可以其认为适当的方式进行仲裁，只要争端各方被平等对待而且每一方在仲裁程序的任何阶段都被给予了陈述意见和提出其主张的充分机会。"

Objections），声称法庭对巴巴多斯的诉求没有管辖权，或者这些诉求是不可受理的。然而，特立尼达并不要求法庭单独就其初步反对主张作出裁判，而是认为"这些反对主张应当和实体问题一起由法庭在最终裁决中决定"[28]。

在"圭亚那诉苏里南案"中，苏里南在指派仲裁员时就表示保留在仲裁法庭组成后就管辖权和其他初步事项提出意见的权利[29]。在圭亚那提交诉状后，苏里南按照程序规则就管辖权和可受理性提出初步反对主张[30]，并要求暂停实体问题的审理，以及就其初步反对主张单独开庭。庭长邀请各方就初步反对主张的处理方式发表意见，而圭亚那主张将反对主张与实体问题一并考虑。随后法庭与各方开会以进一步听取它们的意见[31]。会后法庭发布命令，全体一致决定将在其最终裁决中就苏里南的初步反对主张作出裁决。法庭指出："苏里南提出初步反对主张并不具有暂停程序的效果"，"因为苏里南在初步反对主张中用来支持其意见的事实和论据在很大程度上与案件的实体问题所依据的事实和论据相同，而且这些反对主张并不具有完全初步的性质，法庭不认为在此阶段适宜就初步反对主张作出裁决"[32]。

在"查戈斯群岛海洋保护区仲裁案"中，如何处理初步反对主张是制定程序规则过程中的一个重点问题[33]。后英国按照程序规则的要求对法庭的管辖权提出初步反对主张，并要求作为一个初步问题来处理其反对主张，以及就分解程序问题单独开庭[34]。毛里求斯反对分解程序。在双方提交了书面意见后，法庭就分解程序问题进行了一天庭审。在其几天后发布的程序令中，法庭拒绝作为初步问题单独处理英国的初步反对主张，决定将它们与实体问题一并考虑[35]。但法庭没有说明其决定的理由，而只是提及程序规则第8条第1款和第11条第3款，并表示充分考

---

[28] See Barbados v. Trinidad and Tobago, Award, paras. 19-20.
[29] See Guyana v. Suriname, Award, para. 3.
[30] Guyana v. Suriname, Memorandum of Suriname on Preliminary Objections, 23 May 2005.
[31] See Guyana v. Suriname, Award, paras. 38-46.
[32] Guyana v. Suriname, Order No. 2 (Preliminary Objections), 18 July 2005, p. 2.
[33] See Chagos Marine Protected Area Arbitration, Award, para. 26.
[34] See Chagos Marine Protected Area Arbitration, Preliminary Objections to Jurisdiction Submitted by the United Kingdom, 31 October 2012, paras. 1.3-1.5.
[35] See Chagos Marine Protected Area Arbitration, Award, paras. 29-31.

虑了各方的意见。[36]

在"自由号仲裁案"中，法庭在第 1 号程序令中决定在阿根廷提交诉状后首先审理加纳提出的初步反对主张，并进行开庭。[37] 然而，此时阿根廷尚未提交诉状，而加纳也还未提出初步反对主张。此种安排应与仲裁法庭与各方在首次程序会议上的讨论有关。后由于争端双方达成协议，程序终止。

在"北极日出号仲裁案"中，俄罗斯拒绝参加仲裁程序。在 2013 年 10 月 22 日给荷兰的照会中，俄罗斯提及它批准《公约》时所作的声明，其中将"关于行使主权权利或管辖权的法律执行活动的争端"排除出《公约》规定的导致有拘束力裁判的程序，并由此表示不接受荷兰提起的附件七仲裁程序。[38] 在其后给仲裁法庭的照会中，俄罗斯确认它拒绝参加仲裁，并再次提及它给荷兰的上述照会。[39] 荷兰认为俄罗斯在 2013 年 10 月 22 日照会中的言论是有关仲裁法庭管辖权的抗辩，并一再请求法庭将程序分解成"一个单独的管辖权阶段"和"一个关于可受理性和实体问题的后续阶段"。[40] 法庭邀请俄罗斯就荷兰分解程序的请求发表评论，但俄罗斯未予回应。随后法庭发布程序令，认定俄罗斯在 2013 年 10 月 22 日照会中关于不接受仲裁的言论构成有关法庭管辖权的抗辩，并且此种抗辩具有完全初步的性质，由此法庭决定作为一个初步问题就该抗辩作出裁决，但不进行开庭。[41] 法庭在 2014 年的管辖权裁决中裁定，俄罗斯在批准《公约》时的声明没有将争端排除出法庭的管辖权。[42] 在 2015 年有关实体问题的裁决中，法庭考虑了有关管辖权的

---

[36] See Chagos Marine Protected Area Arbitration, Procedural Order No. 2 (Application to Bifurcate Proceedings), 15 January 2013. 该案程序规则第 8 条第 1 款规定："在本规则的限制下，仲裁法庭可以其认为适当的方式进行仲裁，只要争端各方被平等对待而且每一方在仲裁程序的任何阶段都被给予了陈述意见和提出其主张的充分机会。"第 11 条第 3 款规定："仲裁法庭可以在查明各方观点后决定是否将对管辖权或可受理性的反对主张作为一个初步问题处理，或者推迟到法庭的最终裁决中处理。"

[37] See ARA Libertad Arbitration, Procedural Order No. 1, 31 July 2013, "2. Procedural Timetable".

[38] 该照会的英文翻译载于 Arctic Sunrise Arbitration, Memorial of the Netherlands, Annex N-17。

[39] Note Verbale from the Russian Federation to the PCA dated 27 February 2014.

[40] See Arctic Sunrise Arbitration, Award on Jurisdiction, paras. 18, 25, 41.

[41] Ibid., paras. 42-47. Procedural Order No. 4 (Bifurcation), 21 November 2014.

[42] See Arctic Sunrise Arbitration, Award on Jurisdiction, para. 79 (1).

其他事项以及可受理性问题。

在"杜兹吉特·完整号仲裁案"中,圣多美在辩诉状中对法庭的管辖权和马耳他主张的可受理性提出反对主张,并要求法庭分解程序首先就这些反对主张作出裁决。在马耳他就圣多美分解程序的请求发表评论后,法庭从 2015 年 7 月 20 日到 8 月 10 日听取了各方关于分解程序的意见,并全面暂停了程序的进行。法庭在随后发布的程序令中拒绝了圣多美分解程序的请求。[43] 在其 2016 年的裁决中,法庭一致决定对争端有管辖权,而且马耳他的主张是可受理的。[44]

在"沿海国权利争端案"中,俄罗斯在乌克兰提交诉状后对法庭的管辖权提出了初步反对主张,并要求首先处理这些反对主张。应法庭的要求,争端双方先后就分解程序问题提交了评论和答复。乌克兰反对分解程序,其中的一个理由是俄罗斯的反对主张与案件实体问题密切交织,不具有完全的初步性质,因此应与实体问题一并审理。仲裁法庭在程序令中一致认为俄罗斯的反对主张"在现阶段似乎具有需要在初步阶段对其加以审查的性质",并由此决定分解程序处理俄罗斯的反对主张,同时决定暂停实体问题的审理。[45] 在双方按照法庭的命令就管辖权问题提交了进一步书状后[46],法庭进行了庭审。

综上,截至目前附件七仲裁法庭在一些案件中曾决定单独处理管辖权问题。然而,其中只有"沿海国权利争端案"是较为典型的处理初步反对主张的情况。"麦氏金枪鱼案"的当事方就首先处理法庭的管辖权问题达成协议,由此被告日本首先就管辖权问题提交诉状。"自由号仲裁案"法庭在原告提交诉状前就已经决定首先处理被告将要提出的初步反对主张。而"北极日出号仲裁案"中存在当事一方不参加仲裁的情况。另外,在未被作为初步问题处理的对管辖权质疑的案件中,"巴巴多斯诉特立尼达和多巴哥案"和"莫克斯工厂案"中的被告本身就未提出这样的要求。但值得注意的是,"圭亚那诉苏里南案"和"查戈斯群岛海洋保护区仲裁案"中的被告曾按照各案程序规则的规定提出了初步

---

[43] See Duzgit Integrity Arbitration, Award of 2016, paras. 16-19.
[44] Ibid., para. 342 (1) - (2).
[45] See Dispute concerning Coastal State Rights, Procedural Order No. 3 (Regarding Bifurcation of the Proceedings), 20 August 2018.
[46] See Dispute concerning Coastal State Rights, Procedural Order No. 4 (Regarding the Timetable for the Parties' Written Pleadings on Jurisdiction), 27 August 2018.

反对主张,而"杜兹吉特·完整号仲裁案"中的被告也明确要求法庭首先处理对管辖权的反对主张,但这些案件的法庭都拒绝分解程序来处理反对主张,而是与实体问题一起就法庭的管辖权问题作出裁决。是否分解程序与各案程序规则的规定有关。例如,"自由号仲裁案"程序规则的规定意味着法庭应单独处理初步反对主张;"沿海国权利争端案"程序规则的规定要求法庭应单独处理初步反对主张,除非法庭认定反对主张不具有完全初步的性质;而"圭亚那诉苏里南案"和"查戈斯群岛海洋保护区仲裁案"的程序规则允许仲裁法庭决定作为一个初步问题或者推迟到最终裁决来处理初步反对主张。在采取最后一种规定的仲裁案中,尚未出现分解程序处理初步反对主张的情况。

在仲裁法庭决定是否分解程序的决定中,有的含有理由,有的没有给出理由(如"查戈斯群岛海洋保护区仲裁案")。当案件的程序规则允许仲裁法庭决定是否分解程序而同时没有明确要求法庭为其分解程序的决定给出理由时,法庭似乎可以不必为此决定给出明确理由,因为如何处理管辖权问题可以被认为包括在"仲裁法庭可以其认为适当的方式进行仲裁"的裁量权中,"只要争端各方被平等对待而且每一方在仲裁程序的任何阶段都被给予了陈述意见和提出其主张的充分机会"。[47] 然而,如果程序规则明确要求(如"大西洋鲱鱼仲裁案"的程序规则第12条第3款),则法庭应为其是否分解程序的决定给出理由。另外,如上所述,几个程序规则将对法庭管辖权的反对主张是否具有"完全初步的性质"作为决定分解程序的标准,由此这些案件中的法庭也需要为其分解程序的决定给出相应的理由。实践中,"北极日出号仲裁案"的法庭认定俄罗斯对法庭管辖权的抗辩具有完全初步的性质,而"沿海国权利争端案"的法庭认为俄罗斯的反对主张"在现阶段似乎具有需要在初步阶段对其加以审查的性质"。在认可俄罗斯的管辖权抗辩为初步反对主张的前提下,"北极日出号仲裁案"法庭的做法更符合相关程序规则的规定。但该案法庭在认定俄罗斯的抗辩具有完全初步的性质时只是说荷兰诉状中的材料和俄罗斯2013年照会中的陈述为其就该管辖权问题作出决

---

[47] 例如,"帝汶海调解案"的程序规则第17条明确规定,调解委员会关于其管辖权的裁定应附有理由,但委员会关于是否作为初步问题裁定其管辖权的决定"不必含有理由"。

定提供了充分依据[48],而没有提到其裁决对实体问题的影响。国际法院 2007 年在"尼加拉瓜诉哥伦比亚案"(初步反对主张)中指出:"原则上,提出初步反对的一方有权在程序的初步阶段得到对这些反对主张的答复,除非法院没有掌握就所提出问题作出裁决所必需的所有事实,或者如果答复初步反对主张将决定实体问题的争端或其中的某些要素。"[49] 法院是否掌握了裁决有关初步反对主张所必需的所有事实事关对该反对主张进行裁决的事实上的可能性,而裁决初步反对主张是否将涉及决定争端的实体问题则有关作出此项裁决的法律上的可行性。无论是对于第一个问题的否定答案还是对于第二个问题的肯定答案都应导致该反对主张不具有完全初步性质的结论。国际法院 2015 年在"出入太平洋的谈判义务案"(玻利维亚诉智利)(初步反对主张)中指出:"按照法院规则第 79 条第 9 款,应由它决定是否在本案情况下,一个反对主张不具有完全初步的性质。……本案中,法院认为它已经掌握了裁决智利的反对主张所需的所有事实,并且回答……问题不需要决定实体问题的争端……因此,法院认定未被排除在此阶段裁决智利的反对主张。"[50] "沿海国权利争端案"法庭关于反对主张"在现阶段似乎具有需要在初步阶段对其加以审查的性质"的说法表明它并未确切说明反对主张是否具有"完全初步的性质",而且暗示它的认定是临时性质的。该案法庭的做法充分说明将反对主张是否具有完全初步的性质作为是否分解程序的标准是不妥当的。其实,即使不在程序规则中明确规定这一标准,实践中也并不排除法庭在决定是否分解程序时将这一点作为重要理由,如"圭亚那诉苏里南案"法庭在拒绝分解程序以单独考虑苏里南的初步反对主张时强调"这些反对主张并不具有完全初步的性质"[51]。而且,反对主张是否具有完全初步的性质也并非决定是否分解程序的唯一考量;时间和费用问题也是相关的,虽然它们并非这一决定过程中的关键因素。是否作为初步问题处理管辖权抗辩会直接影响到仲裁的费用和效率。反对分解程序的当事一方除了声称反对主张不具有完全初步的性质外,还会强调

---

[48] See Arctic Sunrise Arbitration, Procedural Order No. 4 (Bifurcation), 21 November 2014.

[49] Territorial and Maritime Dispute (Nicaragua v. Colombia), Preliminary Objections, Judgment, I. C. J. Reports 2007, p. 832, para. 51.

[50] Obligation to Negotiate Access to the Pacific Ocean (Bolivia v. Chile), Preliminary Objection, Judgment, I. C. J. Reports 2015, p. 592, para. 53.

[51] Guyana v. Suriname, Order No. 2 (Preliminary Objections), 18 July 2005, p. 2.

分解程序的时间和费用成本。例如，在"圭亚那诉苏里南案"中，圭亚那反对单独处理苏里南的初步反对主张的一个理由就是这将增加仲裁的费用和延长其时间。[52] 当然，一旦法庭裁定它没有管辖权，则不需要处理实体问题，由此也就会节省处理实体问题的开支。[53] 法庭在决定是否分解程序时需要在其裁量权范围内综合考虑各种因素。

在大多数情况下分解程序的请求都是由被告方提出的，但是"北极日出号仲裁案"的情况却并非如此。该案中分解程序的决定是仲裁法庭应原告反复的请求作出的，而荷兰认为分解程序"至关重要"的原因是它"仍旧希望俄罗斯将重新考虑它的立场并参与本仲裁程序"[54]。结果，该案仲裁法庭审理了它所认定的构成管辖权抗辩的俄罗斯文件中所提出的问题，但却并未涉及其他可能的管辖权抗辩以查明法庭对争端的管辖权。"北极日出号仲裁案"法庭在决定分解程序以处理管辖权抗辩的程序令中提到其程序规则第20条第3款，而该款是用来解决对法庭管辖权的抗辩，而不是被法庭用来查明其管辖权的；后者的范围大于前者。后来法庭在2015年裁决中在按照附件七第9条的要求查明管辖权时没有提及程序规则第20条的事实也证明了这一点。"北极日出号仲裁案"法庭没有试图在其程序规则第20条的框架内履行附件七第9条要求其查明管辖权的责任的做法是正确的。然而，与国际法院的实践相比，仍存在一些不同之处。

根据《国际法院年鉴》(2014—2015)，有11个国际法院受理的案件中存在着当事一方全部或部分不到案的情况。[55] 其中国际法院曾在6个案件中在当事一方缺席的情况下作为初步问题处理了对管辖权或可受理性的反对主张。(1)"诺特鲍姆案"(列支敦士登诉危地马拉)。列支敦士登1951年提起诉讼，并按照法院规定的时间提交了诉状。但危地马拉没有指派代理人，也未提交辩诉状，而是在法院规定的提交辩诉状的时间截止前致函法院，主张法院没有管辖权。在列支敦士登就危地马拉的来文提交书面意见后，法院就危地马拉来文中提出的问题进行了庭审，

---

[52] Guyana v. Suriname, Order No. 2 (Preliminary Objections), 18 July 2005, p. 1.

[53] See Brooks W. Daly, Evgeniya Goriatcheva, Hugh A. Meighen, *A Guide to the PCA Arbitration Rules*, Oxford University Press, 2014, pp. 84-85.

[54] Arctic Sunrise Arbitration, Memorial of the Netherlands, para. 59.

[55] See International Court of Justice: Yearbook 2014-2015, p. 163. 在《国际法院年鉴》(2010—2011)中，这一数字为"12"，还包括"卡塔尔诉巴林案"(管辖权和可受理性阶段)。International Court of Justice: Yearbook 2010-2011, p. 276.

但危地马拉未出庭。[56] 法院 1953 年在判决中认为危地马拉在来文中提出了"初步反对主张",并表示"当前仅限于审查该初步反对主张,而本判决也将仅与此有关"。[57] 法院最终全体一致拒绝了危地马拉的反对主张,决定恢复对实体问题的审理,同时确定了各方提交书状的日期。[58] 此后危地马拉全面参与了案件的审理。(2)"渔业管辖权案"(英国诉冰岛)和"渔业管辖权案"(联邦德国诉冰岛)。1972 年 4 月英国就冰岛打算扩展其渔业管辖权在国际法院提起诉讼,同年 6 月联邦德国也就类似争端在国际法院起诉冰岛。虽然这两个案件中的基本法律问题相同,但是国际法院在征询两原告意见后决定不进行合并,因为两个原告各自的立场和主张之间存在差异,而且合并将与两个原告的意愿相违背。[59] 冰岛在两个案件中采取了类似的立场和做法——没有参加案件任何阶段的审理,但在起诉后不久致信法院,主张法院没有管辖权。国际法院在规定了一些临时措施后[60],决定首先处理管辖权问题。在原告提交了有关管辖权问题的诉状后,法院分别进行了庭审。[61] 在其 1973 年的判决中,法院裁定它有管辖权。[62] 与"诺特鲍姆案"不同,国际法院在"渔业管辖权案"中没有将冰岛的信件视为初步反对主张。法院指出,"冰岛已经选择不任命代理人,提交辩诉状或对法院管辖权提出初步反对主张"[63],而且冰岛也没有遵守法院规则中有关提出初步反对

---

[56] Nottebohm Case (Liechtenstein v. Guatemala) (Preliminary Objection), Judgment, I. C. J. Reports 1953, p. 111, at 112-117.

[57] Ibid., p. 118.

[58] Nottebohm Case (Liechtenstein v. Guatemala) (Preliminary Objection), p. 124.

[59] Fisheries Jurisdiction (United Kingdom v. Iceland), Merits, Judgment, I. C. J. Reports 1974, p. 3, para. 8. Fisheries Jurisdiction (Germany v. Iceland), Merits, Judgment, I. C. J. Reports 1974, p. 175, para. 8.

[60] Fisheries Jurisdiction (United Kingdom v. Iceland), Interim Protection, Order of 17 August 1972, I. C. J. Reports 1972, p. 12. 并在 1973 年 7 月 12 日的命令中再次确认。Fisheries Jurisdiction (United Kingdom v. Iceland), Interim Measures, Order of 12 July 1973, I. C. J. Reports 1973, p. 302.

[61] See Fisheries Jurisdiction (United Kingdom v. Iceland), Jurisdiction of the Court, Judgment, I. C. J. Reports 1973, p. 3, paras. 1-7; Fisheries Jurisdiction (Germany v. Iceland), Jurisdiction of the Court, Judgment, I. C. J. Reports 1973, p. 49, paras. 1-8.

[62] Fisheries Jurisdiction (United Kingdom v. Iceland), Jurisdiction of the Court, para. 46; Fisheries Jurisdiction (Germany v. Iceland), Jurisdiction of the Court, para. 46.

[63] Fisheries Jurisdiction (United Kingdom v. Iceland), Jurisdiction of the Court, para. 45; Fisheries Jurisdiction (Germany v. Iceland), Jurisdiction of the Court, para. 45.

主张的要求。[64] 该案中，国际法院是按照其规约第 53 条的规定主动审查其管辖权的。国际法院明确指出：" 法院规约第 53 条既授权法院，也要求它在本案中就其管辖权问题作出宣告。"[65] 由此，" 法院在审查自己管辖权的过程中将考虑那些在它看来有可能被提出的对其管辖权的反对主张"[66]。(3) "核试验案"（澳大利亚诉法国）和 "核试验案"（新西兰诉法国）。1973 年澳大利亚和新西兰就法国在南太平洋地区进行空中核试验的争端分别在国际法院提起诉讼。法国没有参加案件审理，但却致信法院，主张法院没有管辖权。与 "渔业管辖权案" 一样，法院决定首先处理管辖权和请求书的可受理性问题。在原告提交诉状后，法院进行了庭审。[67] 在 1974 年的判决中，法院裁定澳大利亚和新西兰的诉求不再有任何标的，因此法院不需要就此作出裁决。[68] (4) "爱琴海大陆架案"（希腊诉土耳其）。1976 年 8 月 10 日，希腊将两国在爱琴海的大陆架划界争端提交国际法院，同时请求指示临时措施。土耳其没有参加案件的审理，但先后三次致函法院。其中，8 月 26 日的信件向法院提交了《土耳其政府关于希腊政府 1976 年 8 月 10 日临时措施请求的意见》，主张法院没有管辖权处理希腊的请求书，应当驳回临时措施的请求。9 月 11 日，法院裁定不需要指示临时措施，同时命令首先处理法院的管辖权问题。[69] 希腊按时提交了诉状。土耳其没有提交辩诉状，而是在法院确定的土耳其提交辩诉状的截止日期致信法院，主张法院没有管辖权。在随后进行的庭审中，土耳其没有出庭，

---

[64] Fisheries Jurisdiction (United Kingdom v. Iceland), Jurisdiction of the Court, para. 12; Fisheries Jurisdiction (Germany v. Iceland), Jurisdiction of the Court, para. 13.

[65] Fisheries Jurisdiction (United Kingdom v. Iceland), Jurisdiction of the Court, para. 45; Fisheries Jurisdiction (Germany v. Iceland), Jurisdiction of the Court, para. 45.

[66] Fisheries Jurisdiction (United Kingdom v. Iceland), Jurisdiction of the Court, para. 12; Fisheries Jurisdiction (Germany v. Iceland), Jurisdiction of the Court, para. 13.

[67] See Nuclear Tests (Australia v. France), Judgment, I. C. J. Reports 1974, p. 253, paras 1-10; Nuclear Tests (New Zealand v. France), Judgment, I. C. J. Reports 1974, p. 457, paras. 1-10.

[68] Nuclear Tests (Australia v. France), para. 62; Nuclear Tests (New Zealand v. France), para. 65.

[69] See Aegean Sea Continental Shelf, Interim Protection, Order of 11 September 1976, I. C. J. Reports 1976, p. 3, paras. 7-8; p. 14.

但在开庭的第二天再次致信法院。[70] 国际法院在 1978 年的判决中裁定它没有管辖权。[71] 法院明确指出,本案中土耳其没有提出初步反对主张[72],法院是按照其规约第 53 条的规定主动履行审查管辖权职责的[73]。在上述六个案件中,国际法院只在 1 个较早的案件("诺特鲍姆案")中明确认为缺席一方的来文中提出了初步反对主张。相反,国际法院在 3 个案件(两个"渔业管辖权案"和"爱琴海大陆架案")中明确表示缺席一方没有提出初步反对主张。国际法院在这三个案件中明确指出,它是按照《国际法院规约》第 53 条的规定主动履行审查"对本案有管辖权"这一职责的。国际法院在按照《国际法院规约》第 53 条审查对案件的管辖权时虽然会考虑不到案一方提出的反对主张,但这并不意味着法院在同时处理"初步反对主张"。处理初步反对主张和主动查明管辖权虽然有联系,但却是两项不同的程序。列支敦士登在"诺特鲍姆案"中就注意到两者的区别,指出法院需要考虑危地马拉的来文构成初步反对主张还是等同于不出庭;而它将危地马拉的来文假定为构成初步反对主张,同时强调不妨害它援引《国际法院规约》第 53 条的权利。[74] 如学者指出的,法院在上述案件("诺特鲍姆案"除外)审理中所采用的并非法院规则中的初步反对主张程序,而是法院自行设定的程序。[75] 而且,国际法院在这些案件的判决中或者裁定有管辖权,或者否定管辖权,或者驳回初步反对主张,或者裁定不再需要作出判决;而不存在作为初步事项处理部分管辖权问题的情况。

二、不到案

《公约》附件七第 9 条规定了一方不参加程序的情况。1975 年《非正式单一协商案文》和 1976 年 5 月《非正式单一协商案文》(订正一)

---

[70] See Aegean Sea Continental Shelf, Jurisdiction of the Court, Judgment, I. C. J. Reports 1978, p. 3, paras. 1-14.
[71] Ibid., para. 109.
[72] See Aegean Sea Continental Shelf, Jurisdiction of the Court, para. 44.
[73] Ibid., paras. 15, 47.
[74] See Nottebohm Case (Preliminary Objection), pp. 116-117.
[75] 参见 [日] 杉原高嶺:《国际司法裁判制度》,王志安、易平译,中国政法大学出版社 2007 年版,第 216—217 页。

的第四部分附件 IB 第 8 条规定："争端任何一方缺席或不到案，应不妨碍程序的进行。仲裁法庭在作出有利于任一方的裁决前，必须不但查明对该争端确有管辖权，而且查明所提要求在事实上和法律上均确有根据。"1976 年 11 月《订正的单一协商案文》第四部分附件三第 9 条规定："当争端一方不出庭或对案件不进行辩护时，他方可请求仲裁法庭继续进行程序并作出裁决。争端一方缺席或不到案，应不妨碍程序的进行。仲裁法庭在作出裁决前，必须不但查明对该争端确有管辖权，而且查明该裁决在事实上和法律上均确有根据。"与之前的版本相比，新规定有三个主要变化：(1) 增加了第 1 句话；(2) 第 3 句话中的"仲裁法庭在作出有利于任一方的裁决前"变为"仲裁法庭在作出裁决前"；(3)"查明所提要求在事实上和法律上均确有根据"变为"查明该裁决在事实上和法律上均确有根据"。该规定一直保留在随后的各版草案中[76]，直到 1980 年 9 月的《海洋法公约草案》（非正式案文）附件七第 9 条又将查明"该裁决"在事实上和法律上均确有根据改回为查明"所提要求"在事实上和法律上均确有根据。就目前的第 9 条规定而言，它还有两处变化：(1) 第 1 句话中的"当争端一方不出庭或对案件不进行辩护时"改为"如争端一方不出庭或对案件不进行辩护时"；(2) 第 2 句话"争端一方缺席或不到案，应不妨碍程序的进行"中的"妨碍"一词的英文表述从"impediment"改为"bar"。因为一方不出庭虽然的确会对仲裁法庭的工作造成妨碍，但是却不会阻止它采取行动。[77] 由此这里的"妨碍"是"阻碍"之意。[78]

在"北极日出号仲裁案"中，俄罗斯拒绝参加仲裁。该案程序规则第 25 条就当事一方不到案的情况作出如下规定：

未出庭或提交陈词

1. 根据《公约》附件七第 9 条，如争端一方不出庭或

---

[76] See Informal Composite Negotiating Text, 15 July 1977, A/CONF. 62/WP. 10, Annex VI, art. 9; Informal Composite Negotiating Text/Revision 1, 28 April 1979, A/CONF. 62/WP. 10/Rev. 1, Annex VI, art. 9; Informal Composite Negotiating Text/Revision 2, 11 April 1980, A/CONF. 62/WP. 10/Rev. 2, Annex VII, art. 9.

[77] See Shabtai Rosenne & Louis B. Sohn (vol. eds.), *United Nations Convention on the Law of the Sea 1982: A Commentary*, Vol. V, Martinus Nijhoff Publishers, 1989, p. 433.

[78] 参见《公约》附件五第二节关于强制调解的第 12 条规定："争端一方或数方对提起程序的通知不予答复或不接受此种程序，不应阻碍程序的进行（constitute a bar to the proceedings）。"

对案件不进行辩护,他方可请求仲裁法庭继续进行程序并作出裁决。争端一方缺席或不对案件进行辩护,应不妨碍程序的进行。仲裁法庭在作出裁决前,必须不但查明对该争端确有管辖权,而且查明所提要求在事实上和法律上均确有根据。

2. 当一方不出庭或不对案件进行辩护时,仲裁法庭应邀请出庭的一方就法庭认为该方提交的书状中尚未详细讨论或者讨论不恰当的具体问题提交书面论证,或者就这些问题向其提出问题。出庭的一方应在仲裁法庭作出邀请 45 日内就仲裁法庭指出的问题提交一份补充书面陈词。应将出庭方的补充陈词送交不出庭方,而不出庭方应在补充陈词送交 15 日内表明它是否意图对此提交任何评论。如果不出庭方表明它意图对补充陈词提交评论,那么它应在表明此意图 30 日内提交。仲裁法庭可以在《公约》、附件七以及本规则规定的权力范围内,采取其认为必要的任何其他步骤以给各方提供提出其主张的充分机会。

其中,第 1 款基本上重复了《公约》附件七第 9 条的规定。但重要的是第 2 款,它规定当一方不出庭或不对案件进行辩护时:第一,"仲裁法庭应邀请出庭的一方就法庭认为该方提交的书状中尚未详细讨论或者讨论不恰当的具体问题提交书面论证,或者就这些问题向其提出问题",而出庭方应就仲裁法庭指出的问题提交补充书面陈词;第二,"仲裁法庭可以在《公约》、附件七以及本规则规定的权力范围内,采取其认为必要的任何其他步骤以给各方提供提出其主张的充分机会。"第 2 款在"北极日出号仲裁案"的审理中发挥了巨大作用。仲裁法庭在 2015 年裁决中指出:

> 俄罗斯不参加程序使得法庭的任务较之通常更具挑战性。特别是,它剥夺了法庭知晓俄罗斯关于案件的事实问题和荷兰提出的法律论证的观点的好处。法庭已经采取措施确保它拥有了其认为作出本裁决中的各项裁定所需的信息。这些措施包括就荷兰的书面或口头陈述中的问题三次向荷兰提出进一步的问

题。法庭成员在庭审中还向荷兰的证人提出问题。[79]

2014 年 3 月仲裁法庭发布第 2 号程序令,除其他外规定:俄罗斯应在收到荷兰诉状后 15 日内表明它是否意图提交辩诉状;如果俄罗斯未按时表明意图,法庭就将根据程序规则第 25 条第 2 款向荷兰提出问题。[80] 2014 年 9 月荷兰提交了诉状,后又经法庭许可提交了关于损害赔偿的"补充书状"。鉴于俄罗斯没有表明是否意图提交辩诉状,法庭按照第 2 号程序令向荷兰提出了 12 个需要进一步处理的问题,为此荷兰于 2015 年 1 月提交了"第二份补充书状"。同年 2 月法庭就荷兰的第二份补充书状再次向荷兰提出了 9 个问题,为此荷兰提交了"第三份补充书状"。庭审结束后,荷兰应法庭的要求提交了一些文件。[81] 在赔偿问题阶段,荷兰先是提交了更新的求偿书状,后法庭就该书状向荷兰提出了 15 个问题,而荷兰提交了"第四份补充书状"作为答复。[82]

这样的安排显然是有利于出庭一方而不利于另一方的。尽管程序规则第 25 条第 2 款规定不出庭方可以对出庭方的补充陈词提出评论,但是不出庭的立场已经决定了此种理论上的机会事实上被利用的可能性微乎其微。在上述案件中,俄罗斯从未对荷兰的补充陈词向仲裁法庭提交评论。[83] 而仲裁法庭根据该款"给各方提供提出其主张的充分机会"的安排亦是如此,最终只能变成给出庭一方提供更多提出其主张的机会。

然而,类似的规定并不存在于《国际法院规则》和《国际海洋法法

---

[79] Arctic Sunrise Arbitration, Award on the Merits, para. 19.

[80] Arctic Sunrise Arbitration, Procedural Order No. 2 (Rules of Procedure; Initial Procedural Timetable), 17 March 2014, para. 2. 1.

[81] See Arctic Sunrise Arbitration, Award on the Merits, paras. 43-65.

[82] See Arctic Sunrise Arbitration, Award on Compensation, paras. 15-18. Questions Posed by the Arbitral Tribunal to the Netherlands Pursuant to Article 25 of the Rules of Procedure, 28 January 2016.

[83] 俄罗斯在审理的后期提出了一份立场文件,"Certain Legal Issues Highlighted by the Action of the Arctic Sunrise against Prirazlomnaya Platform"。但仲裁法庭决定不对俄罗斯的立场文件采取正式行动,理由是该文件不构成正式提交,而且是在相当晚的程序阶段才告知法庭的。同时法庭确信相关问题都已经在裁决中得到处理。See Arctic Sunrise Arbitration, Award on the Merits, para. 68.

庭规则》中，尽管《国际法院规约》和《国际海洋法法庭规约》有关当事一方不到案的规定与《公约》附件七第 9 条的规定类似或完全一致。[84] 其实这两个常设国际法庭的规则中都没有关于不到案的规定。国际法委员会的《仲裁程序示范规则》中含有不到案的规定，但是与《国际法院规约》第 53 条的规定无实质差异，只是增加了一个"宽限期"的规定。[85] 在常设仲裁法院的仲裁规则中同样找不到类似"北极日出号仲裁案"程序规则第 25 条第 2 款的规定。《PCA 仲裁规则 1992》第 28 条"未出庭或提交陈词"规定：

> 1. 如果原告未能在仲裁法庭确定的期间内提交申请书且没有为此说明充分的理由，那么仲裁法庭应发布命令终止仲裁程序。如果被告未能在仲裁法庭确定的期间内提交答辩书且没有为此说明充分的理由，那么仲裁法庭应命令程序继续进行。
>
> 2. 如果当事一方在按照本规则被适当地通知后，未出席审且没有为此说明充分的理由，那么仲裁法庭可以继续进行仲裁。
>
> 3. 如果当事一方在被适当地要求提交书证后，未能在规定的期间内这样做且没有为此说明充分的理由，那么仲裁法庭可以根据现有的证据作出裁决。

《PCA 仲裁规则 2012》第 30 条"不到案"基本延续了上述规定。在常设仲裁法院管理的其他一些国家间仲裁案的程序规则中也找不到类似"北极日出号仲裁案"程序规则第 25 条第 2 款的规定。例如，"《帝汶海

---

[84] 《国际法院规约》第 53 条规定："一、当事国一造不到法院或不辩护其主张时，他造得请求法院对自己主张为有利之裁判。二、法院于允准前项请求前，应查明不特依第三十六条及第三十七条法院对本案有管辖权，且请求人之主张在事实及法律上均有根据。"《国际海洋法法庭规约》第 28 条规定："当事一方不出庭或对其案件不进行辩护时，他方可请求法庭继续进行程序并作出裁判。当事一方缺席或对其案件不进行辩护，应不妨碍程序的进行。法庭在作出裁判前，必须不但查明对该争端确有管辖权，而且查明所提要求在事实上和法律上均确有根据。"

[85] 《仲裁程序示范规则》第 25 条规定："1. 在当事一方不出庭或不提出主张时，他方可请求法庭作出对其有利的裁决。2. 仲裁法庭在作出裁决前，可给予缺席一方以宽限期。3. 宽限期届满时，法庭应在查明有管辖权后作出裁决。它只有在查明出庭一方的诉求在事实上和法律上均确有根据，才能作出对其有利的裁决。"

条约》仲裁案"[86]、"《帝汶海条约》第 8 条（B）仲裁案"[87]、"厄立特里亚/埃塞俄比亚边界委员会"的程序规则中规定了"未出庭或提交陈词"[88]，而它们与《PCA 仲裁规则 1992》第 28 条基本一致或稍有不同。"艾恩·莱茵铁路仲裁案"的程序规则第 15 条"未出庭或提交陈词"包括两款，分别采用了《PCA 仲裁规则 1992》第 28 条第 2 款和第 3 款。[89]"《大西洋环境公约》仲裁案"的程序规则第 16 条"缺席或不到案"规定："当事一方缺席或不到案应不对程序构成妨碍。""厄立特里亚/也门仲裁案"中的仲裁协定第 8 条第 7 款规定，如果任何一方未能在规定的时间内提交书状或出庭，"法庭应继续程序并应基于手头的书状作出裁决"。另外，"克罗地亚/斯洛文尼亚仲裁案"法庭适用的是《PCA 仲裁规则 1992》[90]，而"厄瓜多尔诉美国案"仲裁法庭适用的是《联合国国际贸易法委员会仲裁规则》（1976 年）[91]，其第 28 条的规定与《PCA 仲裁规则 1992》第 28 条相同。

三、临时措施

临时措施是一种附带程序，《公约》第 290 条对其作了详细规定。目前一些附件七程序规则中规定了临时措施问题[92]，它们都含有以下四个要素：(1) 临时措施请求的提出；(2) 庭审日期的确定；(3) 法庭规定的临时措施；(4) 临时措施的修改和撤销。它们的规定大致如下：

---

[86] Arbitration under the Timor Sea Treaty, Rules of Procedure, art. 23.

[87] Arbitration under the Timor Sea Treaty (Case concerning the Meaning of Article 8 (B)), Rules of Procedure, art. 24.

[88] Eritrea-Ethiopia Boundary Commission, Rules of Procedure, art. 22.

[89] Iron Rhine Arbitration, Rules of Procedure, art. 15.

[90] Arbitration Agreement between the Government of the Republic of Croatia and the Government of the Republic of Slovenia, art. 6 (2). 该协定于 2009 年 11 月 4 日缔结，2010 年 11 月 29 日生效，是该案最终裁决的附件（Annex HRLA-75）。See also Arbitration between Croatia and Slovenia, Partial Award, para. 142.

[91] 参见常设仲裁法院网站上有关该案情况的介绍。The Republic of Ecuador v. The United States of America (https://pca-cpa.org/en/cases/83/)。

[92] Bay of Bengal Maritime Boundary Arbitration, Rules of Procedure, art. 11; Arctic Sunrise Arbitration, Rules of Procedure, art. 21; the "Enrica Lexie" Incident, Rules of Procedure, art. 11; Dispute concerning Coastal State Rights, Rules of Procedure, art. 12.

1. 根据《公约》第290条第1款，争端一方可以在仲裁过程中随时提出规定［《公约》第290条第1款项下的］临时措施的请求。该请求应［将］是书面的，指明要求采取的措施、请求的理由，以及如果请求不被获准时对保全争端各方的各自权利［或防止对海洋环境的严重损害］［或对海洋环境］可能产生的后果。

2. 仲裁法庭或庭长在仲裁法庭不开庭时，应确定可能的最早庭审日期。

3. 仲裁法庭得规定与所请求的措施全部或部分不同的措施，并指出应采取或遵从每项措施的［争端方或］争端各方。

4. 争端一方可以书面请求修改或撤销临时措施。仲裁法庭在对该请求作出任何决定前，应给予争端各方对此陈述意见［或表示意见］的机会。

上述规定均可以在《国际海洋法法庭规则》中找到相同或类似的表述。[93] 关于第1款，各程序规则间的主要区别在于：(1) 几个程序规则同时提及保全各方权利和海洋环境，而"孟加拉湾海洋边界仲裁案"和"恩丽卡·莱克西号事件案"的程序规则第11条仅提及对当事方权利的保护。这或许与各案的具体情况有关。(2) 它们在关于《公约》第290条第1款以及保护海洋环境的表述上存在差异。考虑到《公约》的规定，"防止对海洋环境的严重损害"的表述更为准确。(3) 多数程序规则要求临时措施的请求"应"(shall)是书面的，而只有"北极日出号仲裁案"的程序规则规定临时措施的请求"将"(will)是书面的。设置义务的"应"的使用是恰当的。关于第2款，上述程序规则的规定完全一致。关于第3款，各程序规则的英文表述之间存在细微差异。[94] 然

---

[93] 参见《国际海洋法法庭规则》第89条第1款、第3款、第5款，第90条第2款和第93条。

[94] 其中，"北极日出号仲裁案"程序规则的规定是："the Arbitral Tribunal [...] may indicate which of the Parties are to take or to comply with each measure.""孟加拉湾海洋边界仲裁案"和"沿海国权利争端案"程序规则的规定是："The Arbitral Tribunal may [...] indicate the Parties which are to take or to comply with each measure.""恩丽卡·莱克西号事件案"程序规则的规定是："The Arbitral Tribunal may [...] indicate the Party or the Parties which are to take or to comply with each measure."

而,《国际海洋法法庭规则》(第 89 条)和《国际法院规则》(第 75 条)都在法庭/法院的规定与所请求的措施不同的临时措施前设置了"在临时措施的请求被提出后"的条件。考虑到《公约》第 290 条第 3 款的要求,增加这样的规定是适宜的。关于第 4 款,各程序规则的差异同样在表述方面。虽然法庭在修改或撤销临时措施前应给予争端各方对此"表示意见"(presenting their observations)的机会的说法与《国际法院规则》(第 76 条)和《国际海洋法法庭规则》(第 93 条)的规定一致,但"陈述意见"(to be heard)的表述更符合《公约》第 290 条第 3 款。

除上述共同点外,各程序规则还有一些其他规定。"北极日出号仲裁案"的程序规则第 21 条第 3 款规定"临时措施仅在争端一方提出请求并使争端各方有陈述意见的机会后,才可根据本条予以规定、修改或撤销",同时第 5 款规定"根据《公约》第 290 条第 6 款,争端各方应迅速遵从仲裁法庭所规定的任何临时措施",但这些规定基本照搬了《公约》第 290 条第 3 款和第 6 款,因此是不必要的。"恩丽卡·莱克西号事件案"的程序规则第 11 条规定:在仲裁法庭开会前,庭长得要求争端双方以能够使法庭就临时措施请求所作的任何命令具有适当效果的方式行事。《国际法院规则》(第 74 条)和《国际海洋法法庭规则》(第 90 条)含有同样的规定。"沿海国权利争端案"的程序规则第 12 条要求当事方随临时措施请求提出支持性证据,迅速披露临时措施所依据的情况的重大变化,并允许仲裁法庭在收到修改或撤销临时措施的请求时可以决定修改、暂停或终止已经规定的临时措施。

实践中,在"莫克斯工厂案"的仲裁法庭组成前,国际海洋法法庭应爱尔兰的请求根据《公约》第 290 条第 5 款规定了一项临时措施。[95] 该案仲裁法庭组成后确认了国际海洋法法庭规定的临时措施,并拒绝了爱尔兰规定进一步临时措施的请求。[96] 类似地,国际海洋法法庭在"恩丽卡·莱克西号事件案"的仲裁法庭组成前应意大利的请求规定了一项临时措施。[97] 2015 年 12 月,意大利在仲裁法庭组成后请求规定新的临

---

[95] The MOX Plant Case (Ireland v. United Kingdom), ITLOS, Request for Provisional Measures, Order of 3 December 2001, para. 89.

[96] See the MOX Plant Case, Order No. 3 (Suspension of Proceedings on Jurisdiction and Merits, and Request for Further Provisional Measures), 24 June 2003.

[97] The "Enrica Lexie" Incident (Italy v. India), ITLOS, Request for Provisional Measures, Order of 24 August 2015, para. 141.

时措施,印度对此表示反对。仲裁法庭在制定程序规则的同日发布程序令,确定了临时措施阶段的程序安排。[98] 在印度提交书面意见后,法庭就临时措施请求举行了庭审。2016 年 4 月,仲裁法庭全体一致规定了意大利所请求的临时措施。[99]

四、第三方问题

"第三方"是指仲裁当事方以外的国家和团体。《公约》附件七及各案程序规则均未专门规定第三方的问题。然而附件七仲裁实践中已经多次出现了法庭处理第三方请求的情况,故需要对此加以提及。第三方的请求主要针对以下问题:获得当事方的书状、提交法庭之友(amicus curiae)意见、出席庭审。此外,还涉及第三方参加程序的问题。

(一)仲裁法庭的实践

在"巴巴多斯诉特立尼达和多巴哥案"审理初期,圭亚那致信法庭庭长,要求获得巴巴多斯的仲裁通知和主张说明,以及当事方的书状,理由是它作为邻国对该案有利益。庭长在征求各方意见后答复圭亚那:基于双方的意愿不能接受其请求。[100] 后来圭亚那外长在庭审结束当日致信庭长,提供了圭亚那专属经济区外部界限的信息。数日后庭长回复说已告知法庭成员。[101]

---

[98] The "Enrica Lexie" Incident, Procedural Order No. 1 (Procedural Timetable for Provisional Measures), 19 January 2016.

[99] See the "Enrica Lexie" Incident, Request for the Prescription of Provisional Measures, Order of 29 April 2016, paras. 18-22, 25-26, 132.

[100] See Barbados v. Trinidad and Tobago, Award, para. 10. See further Barbara Kwiatkowska, "The 2006 Barbados/Trinidad and Tobago Award: A Landmark in Compulsory Jurisdiction and Equitable Maritime Boundary Delimitation", *The International Journal of Marine and Coastal Law*, 22 (2007), pp. 15-16. 该案中巴巴多斯曾援引它与圭亚那间的《合作区条约》作为影响本案划界的有关情况。See Barbados v. Trinidad and Tobago, Award, para. 349. Exclusive Economic Zone Co-operation Treaty between the Republic of Guyana and the State of Barbados concerning the Exercise of Jurisdiction in their Exclusive Economic Zones in the Area of Bilateral Overlap within each of their Outer Limits and beyond the Outer Limits of the Exclusive Economic Zones of other States, done on 2 December 2003 and entered into force on 5 May 2004, 55 Law of the Sea Bulletin (2004), p. 36.

[101] See Barbados v. Trinidad and Tobago, Award, para. 40.

在"北极日出号仲裁案"中，绿色和平组织 2014 年在书面程序阶段向法庭申请允许其提出法庭之友意见来处理案件中可能发生的国际人权法问题，并随申请附上了意见。绿色和平组织的申请和意见被送交各方评论。根据庭长的指示，书记处将绿色和平组织的申请转交法庭成员，但是没有转交其意见，除非"法庭允许绿色和平组织提交该意见"。虽然荷兰不反对绿色和平组织的申请，但是法庭经过审议后发布程序令，全体一致裁定它"没有发现充足理由来允许绿色和平组织的申请"，由此决定拒绝该申请。[102] 其实，类似的情况早在该案临时措施阶段就已经发生过了。2013 年绿色和平组织向处理临时措施请求的国际海洋法法庭申请允许其作为法庭之友提交意见，并将意见作为该信的附件。虽然荷兰表示不反对该请求，但法庭最终决定不接受绿色和平组织的请求。而俄罗斯随后也认为："考虑到绿色和平组织的非政府性质，……没有理由给予该组织向法庭提供信息的机会。"[103] 然而，虽然没有获得法庭之友的地位，但是绿色和平组织还是以其他方式参与了该案的审理。例如，由绿色和平组织撰写的一份"事实陈述"被荷兰作为其诉状的附件提交给了仲裁法庭。[104] 在实体庭审中，荷兰传唤的证人中就包括了一名绿色和平组织的法律顾问，以及两名该组织聘请的律师。[105] 在赔偿问题阶段，由绿色和平组织准备的"主张陈述"被作为荷兰书状的附件提交给仲裁法庭。[106]

（二）评论

关于其他国家请求获得诉讼当事方书状的问题，首先应按照具体案件的程序规则处理。"巴巴多斯诉特立尼达和多巴哥案"的程序规则本身就规定，除非双方另有协议，否则书状应处于保密状态。[107] 如果特定

---

[102] See Arctic Sunrise Arbitration, Award on Jurisdiction, paras. 35-39; Procedural Order No. 3 (Greenpeace International's Request to File an *Amicus Curiae* Submission), 8 October 2014.

[103] See the "Arctic Sunrise" Case (Netherlands v. Russian Federation), ITLOS, Request for Provisional Measures, Order of 22 November 2013, paras. 15-20.

[104] See Arctic Sunrise Arbitration, Award on the Merits, para. 43. 但荷兰在其"第二份补充书状"中对绿色和平组织的事实陈述进行了修正。See Arctic Sunrise Arbitration, Award on the Merits, para. 50.

[105] See Arctic Sunrise Arbitration, Award on the Merits, para. 58.

[106] See Arctic Sunrise Arbitration, Award on Compensation, paras. 15-16.

[107] Barbados v. Trinidad and Tobago, Rules of Procedure, art. 13.

案件的程序规则中没有直接的相关规定，而且争端各方之间未能就此达成协议，那么按照仲裁法庭有权对未决程序性问题作出决定的原则，应由仲裁法庭在征询各方意见后决定。需要强调的是，当事方有权不同意第三方获得其书状，而第三方并无获得当事方诉状的权利。虽《国际法院规则》第53条规定由法院在查明各方观点后对第三方获得书状的请求作出决定，但实践中法院不会在当事一方反对的情况下允许第三方获得书状。[108] 即使第三方获得书状的目的是为其今后参加程序的申请作准备[109]，该第三方也并不能由此享有获得书状的权利。关于第三方获得书状与参加程序的关系，国际法院在"利吉坦和西巴丹岛案"（印度尼西亚/马来西亚）中作了明确表示。菲律宾在该案中首先请求获得当事方的书状，而国际法院在查明各方意见后拒绝了该请求。[110] 不久菲律宾提出了作为非当事方参加诉讼的申请，理由是法院对该案中一些文件的解释可能会影响到菲律宾对北婆罗洲的主权要求，而争端双方均反对菲律宾的参加申请。国际法院最终拒绝了菲律宾的申请，因为菲律宾未能使法院相信它在本案中有具体的法律利益可能受到影响。[111] 值得注意的是，菲律宾在这一阶段强调不能获得书状对其参加申请的妨碍，因为在它看来，除非获得当事方的书状，否则无法真正解释其利益何在。[112] 同时菲律宾的代理人在庭审中再次表示希望获得当事方的书状。国际法院指出，其规则和实践中都没有依据来支持以下观点：参加和获得书状这

---

[108] See International Law Association, Procedure of International Courts and Tribunals, Preliminary Report, 2017, p. 23. 《国际法院规则》第53条第1款规定："法院，或院长在法院不开庭时，得在查明各方观点后随时决定，书状和所附文件的副本应使向有权出庭而且要求提供这些副本的国家提供。"但《国际海洋法法庭规则》第67条的规定有所不同："1. 法庭应在书状提交后尽快向有权出庭而且要求提供这些副本的国家或其他实体提供书状和所附文件的副本。……3. 然而，法庭，或庭长在法庭不开庭时，得应当事一方请求，并在查明他方观点后作出有别于本条规定的决定。"

[109] 国际法学会认为，当一国考虑参加时，它可以请求法庭提供书状。法庭应在与各方协商后作出决定。Institut de Droit International, Judicial and Arbitral Settlement of International Disputes Involving More Than Two States, 24 August 1999, para. 13.

[110] See Sovereignty over Pulau Ligitan and Pulau Sipadan (Indonesia/Malaysia), Application for Permission to Intervene, Judgment, I. C. J. Reports 2001, p. 575, para. 6.

[111] Ibid., paras. 7-13, 93.

[112] See Sovereignty over Pulau Ligitan and Pulau Sipadan (Indonesia/Malaysia), Application for Permission to Intervene, paras. 39, 62.

两种程序间存在密不可分的联系[113];并再次驳回了菲律宾获得书状的要求,指出这样的救济是被允许参加后的程序后果[114]。

关于第三方参加仲裁程序的问题,存在不同看法。国际法学会(Institut de Droit International)1999年在名为"涉及两个以上国家的国际争端的司法和仲裁解决"的决议中认为,适用于国际法院的有关第三国参加的一般原则和规则也可以适用于其他国际法庭。[115] 但也有观点认为不允许第三方参加仲裁程序是"牢固确立的实践"[116]。实践中,1907年《和平解决国际争端公约》规定了一种参加情况。其第84条规定:"当[裁决]涉及争端当事国以外的其他国家为缔约国的某公约的解释时,前者应及时通知一切签署国。这些国家中每一国均有权参加该案件。如其中一国或几国行使了这一权利,则裁决中所包含的解释对它们也同样具有拘束力。"显然,此种参加与后来《国际法院规约》第63条和《国际海洋法法庭规约》第32条中规定的参加情况一致。[117] 然而,1958年《仲裁程序示范规则》中没有规定非仲裁当事方的参加问题,《公约》附件七中也没有包含此类规定。虽然《弗吉尼亚评注》认为程序规则可以规定第三国的参加问题[118],但目前各附件七程序规则中均未包含这样的规定,而且实践中附件七仲裁法庭也没有将案件通知《公约》缔约国的做法。常设仲裁法院的仲裁规则以及常设仲裁法院管理的许多国家间

---

[113] Ibid., para. 22.

[114] See Sovereignty over Pulau Ligitan and Pulau Sipadan (Indonesia/Malaysia), Application for Permission to Intervene, paras. 91-92.

[115] Institut de Droit International, Judicial and Arbitral Settlement of International Disputes Involving More Than Two States, 24 August 1999, para. 3.

[116] See Barbara Kwiatkowska, "The 2006 Barbados/Trinidad and Tobago Award: A Landmark in Compulsory Jurisdiction and Equitable Maritime Boundary Delimitation", *The International Journal of Marine and Coastal Law*, 22 (2007), p. 16, note 15.

[117] 《国际法院规约》第63条规定:"一、凡协约发生解释问题,而诉讼当事国以外尚有其他国家为该协约之签字国者,应立由书记官长通知各该国家。二、受前项通知之国家有参加程序之权;但如该国行使此项权利时,判决中之解释对该国具有同样拘束力。"《国际海洋法法庭规约》第32条规定:"1. 无论何时,如对本公约的解释或适用发生疑问,书记官长应立即通知所有缔约国。2. 无论何时,如依照本附件第二十一或第二十二条对一项国际协定的解释或适用发生疑问,书记官长应通知该协定的所有缔约方。3. 第1和第2款所指的每一方均有参加程序的权利;如该方行使此项权利,判决书中所作解释即对该方同样地有拘束力。"

[118] See Shabtai Rosenne & Louis B. Sohn (vol. eds.), *United Nations Convention on the Law of the Sea* 1982: *A Commentary*, Vol. V, Martinus Nijhoff Publishers, 1989, p. 431.

仲裁案件的程序规则中也没有允许第三方参加的规定。特别值得一提的是,《大西洋环境公约》第 32 条第 9 款允许参加:"案件之裁决可能影响属于该国对争端的主题事项具有法律性质之利益的任何缔约方,经法庭同意可以参加。"但"《大西洋环境公约》仲裁案"的程序规则中同样没有允许第三方参加的规定。

关于法庭之友问题[119],《国际法院规约》第 34 条第 2 款规定:"法院得依其规则,请求公共国际团体供给关于正在审理案件之情报。该项团体自动供给之情报,法院应接受之。"该规定被认为是法庭之友程序。[120] 这里的"公共国际团体"(public international organization)指的是"各国组成的国际组织"(international organization of States)。[121]《国际海洋法法庭规约》中没有类似规定,但是《国际海洋法法庭规则》第 84 条却含有与《国际法院规则》第 69 条类似的规定。据此,法庭可以请求"政府间国际组织"提供关于正在审理案件之情报,而后者也可以主动提供。至于非政府间国际组织在程序中的地位,国际法院的《实践指南》规定,对于非政府间国际组织在咨询案件中主动提交的书面意见和文件,它们将不被视为案件档案的组成部分,而是"作为易于获得的出版物处理",并被置于和平宫的指定位置。[122] 就国际海洋法法庭而言,有观点认为它似乎排除了非政府间国际组织在诉讼案件中的任何地位,由此非政府间国际组织只能作为当事一方传唤的专家或证人出庭,或者其意见被包括在一方的书状中。[123] 无论如何,非政府间国际组织在诉讼案件中提交法庭之友意见需要首先获得法庭的许可。在国际海洋法法庭及其海底分庭审理过的两个咨询案中,都发生了非政府间国际组织请求获得法庭之友地位的情况,但最终都未成功。在 2011 年"区域内活动担保国的责任和义务案"中,绿色和平组织和世界自然基金(World Wide Fund for Nature)联合提交了一份书面意见,并请求国际海洋法法庭海底

---

[119] 关于该问题的一般介绍,可参见赵海峰、高立忠:《论国际司法程序中的法庭之友制度》,《比较法研究》2007 年第 3 期,第 68—79 页。

[120] See International Law Association, Procedure of International Courts and Tribunals, Preliminary Report, 2017, p. 25.

[121] 参见《国际法院规则》第 69 条第 4 款。

[122] See I. C. J., Practice Direction XII.

[123] See P. Chandrasekhara Rao & Ph. Gautier, *The Rules of the International Tribunal for the Law of the Sea: A Commentary*, Martinus Nijhoff Publishers, 2006, p. 236.

争端分庭允许它们作为法庭之友参加咨询程序，但分庭没有同意它们法庭之友的请求。至于它们提交的意见，分庭决定，由于不是按照《法庭规则》第 133 条提交的，因此该意见不会被纳入案件档案；但是该意见被单独张贴在法庭网站上，而且被发给了缔约国、管理局和提交了书面意见的政府间组织。[124] 根据《法庭规则》第 133 条，只有《公约》缔约国和"政府间国际组织"可以在咨询程序中受邀提交书面和口头意见。[125] 在 2015 年"次区域渔业委员会（SRFC）咨询意见案"中，世界自然基金再次申请法庭之友地位，而且除了两次提交书面意见外，还进一步要求在口述程序中发言。关于其提交的书面意见，法庭沿用了海底争端分庭在 2011 年咨询意见案中的做法。至于其参加庭审的请求，庭长明确决定："根据《法庭规则》第 133 条和第 138 条，不可能给予该组织程序参与者的地位。"[126] 由此，"北极日出号仲裁案"法庭拒绝给予绿色和平组织法庭之友地位的做法与国际海洋法法庭的实践一致。

---

[124] See Responsibilities and Obligations of States Sponsoring Persons and Entities with Respect to Activities in the Area, Seabed Disputes Chamber of the International Tribunal for the Law of the Sea, Advisory Opinion, 1 February 2011, paras. 13-14.

[125] 有意见认为法庭应当考虑非政府组织在咨询程序中的作用。See P. Chandrasekhara Rao & Ph. Gautier, *The Rules of the International Tribunal for the Law of the Sea: A Commentary*, Martinus Nijhoff Publishers, 2006, p. 385.

[126] See Request for an Advisory Opinion Submitted by the Sub-Regional Fisheries Commission (SRFC), ITLOS, Advisory Opinion of 2 April 2015, paras. 13, 15, 23, 27.

第六章 裁 决

一、裁决的形式和效力

(一) 裁决的形式

《公约》附件七第8条规定了仲裁法庭"作出裁决所需要的多数",第9条规定了仲裁法庭在一方不到案情况下作出裁决的要求,第10条对裁决书的内容作了规定,而第11条规定了裁决的确定性。

除"莫克斯工厂案"外的程序规则都以某种方式规定仲裁法庭应按照《公约》附件七作出裁决。然而,这些程序规则关于所依据的具体条款的规定有所不同。其中,"巴巴多斯诉特立尼达和多巴哥案""圭亚那诉苏里南案""查戈斯群岛海洋保护区仲裁案"的程序规则规定裁决应按照附件七第10条和第11条作出[1];"孟加拉湾海洋边界仲裁案"和"沿海国权利争端案"的程序规则规定裁决应按照附件七第10条和第11条作出并有效力[2];"恩丽卡·莱克西号事件案"的程序规则规定裁决应按照附件七第10条作出,并应具有第11条所规定的效力[3];"自由号仲裁案"和"大西洋鲱鱼仲裁案"的程序规则

---

[1] Barbados v. Trinidad and Tobago, Rules of Procedure, art. 16 (1); Guyana v. Suriname, Rules of Procedure, art. 15 (1); Chagos Marine Protected Area Arbitration, Rules of Procedure, art. 15 (1).

[2] Bay of Bengal Maritime Boundary Arbitration between Bangladesh and India, Rules of Procedure, art. 16 (1); Dispute concerning Coastal State Rights, Rules of Procedure, art. 19 (1).

[3] The "Enrica Lexie" Incident, Rules of Procedure, art. 16 (1) - (2).

规定裁决应按照附件七第 8—11 条作出[4]；而"北极日出号仲裁案"的程序规则规定应按照附件七第 8—10 条作出裁决，接着用单独一款重复了附件七第 11 条的规定（第 26 条）。就"作出"裁决而言，不加区别地提及关于裁决效力的附件七第 11 条显然是不恰当的。鉴于第 9 条事关一方不到案的情况，而程序规则通常是在仲裁法庭组成后才制定的，此时如果能够确定不会发生当事方不参加仲裁的情况，自然也可以不提及第 9 条。关于第 8 条，由于程序规则之前都规定除了行政和常规程序问题，仲裁法庭的决定需要多数作出，因此，即使在作出裁决的问题上提及第 8 条也只是重申和强调而已。目前的裁决多数是全体一致作出的。

附件七第 10 条规定了裁决书应当包括的一些基本内容：裁决的理由、参与作出裁决的仲裁员的姓名、作出裁决的日期。这些要求被认为是国际诉讼中的普遍规定。[5] 此外，仲裁员还可在裁决书上附加个别意见或反对意见。首次规定仲裁裁决应说明理由的多边条约是 1899 年《和平解决国际争端公约》[6] 该公约第 52 条规定："经多数表决的仲裁裁决应附有理由说明。"1907 年《和平解决国际争端公约》第 79 条要求"仲裁裁决必须给出所依据的理由"。如今许多仲裁协定都明确要求法庭说明裁决的理由。国际法委员会仲裁程序专题的特别报告员塞勒（Scelle）曾表示："仲裁裁决不是圣旨。如果不想无效，就必须说明裁决的理由。"[7] 关于裁判叙明理由的必要性，2009 年"阿卜耶伊仲裁案"的法庭认为，"由于没有一个可以向其上诉的常设和强制机构（这是国际法中的通常情况），因此说明裁判理由的要求还起到非正式控制机制的作用"，同时还将去除法庭决定中的"任何专断的迹象，确保展现公正"。[8] 而达利指出，裁决须说明理由这一要件要求法庭适当考虑

---

[4] ARA Libertad Arbitration, Rules of Procedure, art. 21 (1); Atlanto-Scandian Herring Arbitration, Rules of Procedure, art. 21 (1).

[5] See Shabtai Rosenne & Louis B. Sohn (vol. eds.), *United Nations Convention on the Law of the Sea* 1982: *A Commentary*, Vol. V, Martinus Nijhoff Publishers, 1989, p. 434.

[6] See Kaiyan Homi Kaikobad, *Interpretation and Revision of International Boundary Decisions*, Cambridge University Press, 2007, p. 75.

[7] Draft Convention on Arbitral Procedure Adopted by the Commission at its Fifth Session, Report by Georges Scelle, Special Rapporteur (with a "model draft" on arbitral procedure annexed), Yearbook of the International Law Commission (1957), Vol. II, p. 1, para. 71.

[8] Abyei Arbitration, Final Award, para. 524.

各方的陈述，而不能专断行事。一个某一方在某个问题上胜出的"决定的合法性是通过一个为何该方胜出的可以理解的解释获得的"[9]。虽然《PCA 仲裁规则 2012》第 34 条第 3 款规定当事方可以同意裁决不必给出理由，但是《公约》附件七并无这样的例外规定。需要指出的是，"自由号仲裁案"等几个程序规则规定，在"合意裁决"（a consent award）的情况下，法庭无须为裁决说明理由。[10] 这些规定与《PCA 仲裁规则 2012》第 36 条十分相似。

附件七第 10 条要求裁决书应载明"参与作出裁决的仲裁员姓名"。通常裁决书的封面上都会列出仲裁法庭的组成人员。附件七没有规定裁决的署名问题。仲裁员在裁决上署名的目的是"认证裁决"，主要有两种做法：一是每个仲裁员都署名；二是由法庭庭长和书记官长署名。[11] 1907 年《和平解决国际争端公约》规定裁决应载明仲裁员的姓名，并应由庭长和书记官长署名（第 79 条）。1958 年国际法委员会《仲裁程序示范规则》采用折中方法，规定由庭长和投赞成票的仲裁员署名（第 28 条第 1 款）。仲裁员未在裁决上署名可能是由于反对裁决而拒绝署名，也可能是因故未能署名。[12] 在附件七程序规则中，目前只有"沿海国权利争端案"的程序规则就署名问题作了一般规定，还有一些程序规则在有关终止程序命令和合意裁决的条款中规定了署名问题。其中，"沿海国权利争端案"的程序规则第 19 条第 3 款规定："裁决应由仲裁员署名。如果任何仲裁员未能署名，裁决应说明缺少署名的原因。"该规定与《PCA 仲裁规则 2012》第 34 条第 4 款十分类似。另外，"自由号仲裁案"等几个程序规则规定，仲裁法庭应将由各仲裁员署名的终止仲裁程序的

---

[9] Brooks W. Daly, Evgeniya Goriatcheva, Hugh A. Meighen, *A Guide to the PCA Arbitration Rules*, Oxford University Press, 2014, p. 132.

[10] ARA Libertad Arbitration, Rules of Procedure, art. 22（1）; Atlanto-Scandian Herring Arbitration, Rules of Procedure, art. 22（1）; Arctic Sunrise Arbitration, Rules of Procedure, art. 27（1）.

[11] See Commentary on the Draft Convention on Arbitral Procedure Adopted by the International Law Commission at its Fifth Session, prepared by the Secretariat, 1955（http：//legal. un. org/docs/? path = .. /ilc/documentation/english/a_ cn4_ 92. pdf&lang = EF），p. 87.

[12] See Brooks W. Daly, Evgeniya Goriatcheva, Hugh A. Meighen, *A Guide to the PCA Arbitration Rules*, Oxford University Press, 2014, p. 133.

命令或合意裁决的副本送达争端各方。[13] 该规定与《PCA 仲裁规则 2012》第 36 条第 3 款相同。实践中，除"麦氏金枪鱼案"的裁决由法庭庭长署名外，其他裁决（包括合意裁决）都是由所有仲裁员署名——包括在某些事项上投反对票的仲裁员。除了仲裁员，书记官长也会在裁决上署名。

关于作出裁决的日期，国际法院和国际海洋法法庭的文件规定判决应在公开庭上宣读，并应提前告知当事方这一日期；判决中应载明判决的宣读日期，而判决自宣读之日起对争端各方发生拘束力。[14] 1907 年《和平解决国际争端公约》也要求裁决应在当事国的代理人和律师到场或经正式传唤参加的情况下在公开庭上予以宣读（第 80 条）。1958 年《仲裁程序示范规则》规定裁决一旦作出应对争端各方有拘束力，而裁决在公开庭上宣读即应被视为已经作出（第 28 条和第 30 条）。有观点认为在公开庭上宣读裁决已经成为"习惯"（customary）。[15] 但《公约》附件七和各程序规则并未要求在公开庭上宣读裁决。"公开庭"（public sitting）的规定将要求半数以上的法庭成员出席。[16] "英法大陆架案"的仲裁法庭曾指出，"作出"（rendering）裁决一词的自然含义是"将裁决向争端各方宣布（handing down）或送交（delivering）"。[17] 在没有宣读裁决的情况下，将仲裁法庭向当事方送交裁决作为裁决作出的标准是恰当的。裁决作出之日理论上应是其对争端各方产生拘束力之时，但如果当事方不知晓裁决的内容，则裁决的作出本身将无意义。因此，如果由于裁决上载明的作出日期与向当事方送交裁决的实际日期不一致而引发冲突，则应优先适用实际送交日期。在上述案件中，双方的仲裁协定

---

[13] ARA Libertad Arbitration, Rules of Procedure, art. 22 (3); Atlanto-Scandian Herring Arbitration, Rules of Procedure, art. 22 (3); Arctic Sunrise Arbitration, Rules of Procedure, art. 27 (3).

[14] 参见《国际法院规约》第 58 条和《国际海洋法法庭规约》第 30 条第 4 款；《国际法院规则》第 94—95 条和《国际海洋法法庭规则》第 124—125 条。

[15] See Commentary on the Draft Convention on Arbitral Procedure Adopted by the International Law Commission at its Fifth Session, prepared by the Secretariat, 1955 (http://legal.un.org/docs/? path = ../ilc/documentation/english/a_cn4_92.pdf&lang=EF), p. 88.

[16] See P. Chandrasekhara Rao & Ph. Gautier, *The Rules of the International Tribunal for the Law of the Sea: A Commentary*, Martinus Nijhoff Publishers, 2006, p. 348.

[17] Case concerning the Delimitation of the Continental Shelf between the United Kingdom and France, Decision of 14 March 1978, R. I. A. A., Vol. XVIII, p. 271, at 286, para. 3.

规定:"任一方可以在裁决作出 3 个月内,将当事方间关于裁决的意义和范围的任何争端提交法院。"[18] 该案仲裁法庭于 1977 年 6 月 30 日就两国间的大陆架划界问题作出裁决,但迟至 7 月 18 日才送交各方。10 月 17 日英国提出解释裁决的请求。但法国主张英国的请求不可受理,理由是裁决上载明的日期为"1977 年 6 月 30 日",因此英国提出解释请求时已经超过了 3 个月的期限。[19] 仲裁法庭在其 1978 年关于解释问题的裁决中认为法国的这一反对主张"完全没有根据",强调除非当事方知晓裁决的内容,否则请求解释裁决的权利就将没有对象。[20] 就目前的附件七程序规则而言,大都没有规定裁决的送交问题。"沿海国权利争端案"的程序规则第 19 条第 4 款规定:"书记处应将由仲裁员署名的裁决副本送交当事方。"该规定与《PCA 仲裁规则 2012》第 34 条第 6 款几乎完全一致。另外还有一些程序规则规定了送交终止程序的命令或合意裁决的问题。实践中,除了送交纸质版裁决,书记处还会向当事方送交电子版裁决。"孟加拉湾海洋边界仲裁案"的法庭在其程序令中就裁决的作出问题作了详细规定。据此,仲裁法庭应至少提前一周通知各方作出裁决的日期。在裁决作出之日,应向各方代理人发送裁决的电子版,同时常设仲裁法院秘书长应邀请各方驻荷兰大使到和平宫接收一份纸质版裁决。裁决在发送给各方后将在常设仲裁法院网站上公布,并伴有一份新闻稿以总结程序始末以及仲裁法庭的关键裁决。[21] 在"北极日出号仲裁案"中,书记处通过电子邮件和信使方式将裁决的电子版和纸质版送交争端各方,其中俄罗斯驻荷兰大使早于荷兰政府收到管辖权裁决的纸质版,而双方同日收到实体裁决的纸质版。但是双方收到纸质版裁决的日期均晚于裁决上所载明的裁决作出日期。[22] 这说明裁决的作出日期并非以当

---

[18] Arbitration Agreement between the Government of the French Republic and the Government of the United Kingdom of Great Britain and Northern Ireland, concluded on 10 July 1975 and entered into force on 10 July 1975, 999 U. N. T. S. 137, art. 10.

[19] Case concerning the Delimitation of the Continental Shelf between the United Kingdom and France, Decision of 14 March 1978, R. I. A. A., Vol. XVIII, p. 271, at 285, para. 2.

[20] Ibid., at 286, para. 3.

[21] Bay of Bengal Maritime Boundary Arbitration between Bangladesh and India, Procedural Order No. 2 (Concerning the Hearing on the Merits), 6 November 2013 (corrected: 8 & 12 November 2013), para. 3.4 (d) - (f).

[22] See Arctic Sunrise Arbitration, Award on the Merits, para. 17; Award on Compensation, para. 11.

事方收到纸质版裁决的日期为准。在几个附件七仲裁案中,仲裁法庭通过在常设仲裁法院网站上发布新闻稿的方式提前告知它将发布裁决的具体时间,而该日期就是其裁决中载明的裁决作出日期。在"巴巴多斯诉特立尼达和多巴哥案"中,常设仲裁法院在作出裁决前一天发布新闻稿,指出它将"向当事方发布(issue)裁决"的具体时间,而且"在向当事方送交裁决后"将裁决张贴在常设仲裁法院网站上。[23] 需要注意的是,附件七没有要求裁决中载明仲裁地,但是一些裁决中包含了这一内容。

允许记录或公布仲裁员的个人意见已经成为惯例,但是仲裁协定可以对此加以限制。[24] 在附件七仲裁中,少数仲裁员发表个别或反对意见的权利并不受"除非争端各方另有协议"的限制,由此当事方拒绝仲裁员发表个人意见的权力似乎被排除了。[25] 但附件七没有规定仲裁员可以发表"声明"(declaration),以记录其同意或反对的立场而不陈述理由。[26] 实践中,一些附件七裁决对仲裁员发表个人意见的情况作了明确说明[27],而"孟加拉湾海洋边界仲裁案"的裁决更是将个人意见作为附件[28]。需要注意的是,附件七和各程序规则均未要求裁决载明构成多数和少数仲裁员的姓名[29],而目前的裁决在裁判主文部分也并不包含相关内容。由此,附加个别和反对意见有助于了解仲裁法庭的表决情况。截至目前,在附件七仲裁法庭所作的裁决中,共有 4 份个人意见,分别在 4 份裁决中。考虑到这些案件所涉及的管辖权和实体问题的复杂性,

---

[23] Barbados v. Trinidad and Tobago, PCA Press Release dated 10 April 2006.
[24] See Commentary on the Draft Convention on Arbitral Procedure Adopted by the International Law Commission at its Fifth Session, prepared by the Secretariat, 1955 (http://legal. un. org/docs/? path = .. /ilc/documentation/english/a_ cn4_ 92. pdf&lang = EF), p. 91. 例如,在"克罗地亚/斯洛文尼亚仲裁案"中,当事方的仲裁协定第 7 条 (1) 明确要求不得在裁决书上附加个别或反对意见。
[25] See Shabtai Rosenne & Louis B. Sohn (vol. eds.), *United Nations Convention on the Law of the Sea* 1982: *A Commentary*, Vol. V, Martinus Nijhoff Publishers, 1989, p. 434.
[26] 参见《国际海洋法法庭规则》第 125 条第 2 款和《国际法院规则》第 95 条第 2 款。
[27] For example, see the Southern Bluefin Tuna Case, Award on Jurisdiction and Admissibility, para. 73; Duzgit Integrity Arbitration, Award of 2016, para. 343.
[28] See Bay of Bengal Maritime Boundary Arbitration between Bangladesh and India, Award, p. 167.
[29] 对比《国际海洋法法庭规则》第 125 条第 1 款 (1) 和《国际法院规则》第 95 条第 1 款。

有限的个人意见似乎表明附件七的仲裁员们不太愿意发表个人意见。发表个人意见的主要是那些当事方指派的仲裁员,并且这 4 份意见中没有纯粹的"个别意见",而都是在表决中投反对票后发表的。"麦氏金枪鱼案"的仲裁法庭以 4 票对 1 票就其管辖权作出否定裁决,而原告指派的基斯(Keith)法官发表了"个别意见"。[30] 在"孟加拉湾海洋边界仲裁案"中,法庭以 4 票对 1 票划定了当事国间的海洋边界,而印度指派的仲裁员拉奥(Rao)附加了"同意和反对意见"。[31] 在"查戈斯群岛海洋保护区仲裁案"中,法庭以 3 票对 2 票裁定它对毛里求斯的第一个和第二个诉求没有管辖权,而毛里求斯指派的仲裁员沃尔夫鲁姆(Wolfrum)和国际海洋法法庭庭长指派的仲裁员卡特卡(Kateka)共同发表了"反对和同意意见"。[32] 在"杜兹吉特·完整号仲裁案"中,法庭多数裁定圣多美违反了《公约》第 49 条第 3 款,以及马耳他有权要求赔偿,而国际海洋法法庭庭长指派的第二名仲裁员卡特卡提出了反对意见。[33] 表 5 梳理了目前《公约》附件七仲裁法庭裁决中的个人意见的情况。

表 5 《公约》附件七仲裁法庭裁决中的个人意见

(截至 2019 年 6 月)

序号	案件	裁决 类型	裁决 表决(项数)	裁决 长度(页)	个别/反对意见 类型	个别/反对意见 长度(页)
1	"麦氏金枪鱼案"	管辖权	4:1 (1); 全体一致(1)	112	个别意见	21
2	"孟加拉湾海洋边界仲裁案"	管辖权/实体	全体一致(2); 4:1 (1)	181	同意和反对意见	23
3	"查戈斯群岛海洋保护区仲裁案"	管辖权/实体	3:2 (1); 全体一致(4)	227	反对和同意意见	25

---

[30] See the Southern Bluefin Tuna Case, Award on Jurisdiction and Admissibility, paras. 72-73.
[31] See Bay of Bengal Maritime Boundary Arbitration between Bangladesh and India, Award, para. 509.
[32] See Chagos Marine Protected Area Arbitration, Award, para. 547 (A) (1). Dissenting and Concurring Opinion of Judge James Kateka and Judge Rüdiger Wolfrum.
[33] See Duzgit Integrity Arbitration, Award of 2016, paras. 342-343.

续表

序号	案件	裁决			个别/反对意见	
		类型	表决（项数）	长度（页）	类型	长度（页）
4	"杜兹吉特·完整号仲裁案"	管辖权/实体	全体一致 (5)；2∶1 (2)	104	反对意见	11

出处：本书作者根据相关资料整理制作

除了附件七第 10 条，一些程序规则还就裁决的作出规定了其他要求。例如，关于裁决的内容，"巴巴多斯诉特立尼达和多巴哥案"的程序规则要求仲裁法庭应在水文专家的帮助下以精确的技术方式描述划界的路径（第 16 条第 1 款）；"大西洋鲱鱼仲裁案"的程序规则要求法庭在发布裁决 30 天之前应制作一个机密的裁决草案供各方评论，并应考虑各方在收到裁决草案 10 日内提出的书面评论，同时各方也有 5 天时间评论对方所作的评论（第 21 条第 2 款）。关于作出裁决的时限，"圭亚那诉苏里南案""孟加拉湾海洋边界仲裁案""恩丽卡·莱克西号事件案"的程序规则规定法庭应尽力在庭审/审理结束后 6 个月内作出裁决。[34] 然而，为仲裁法庭规定作出裁决的确定期限被认为是最不好的做法之一，因为这很可能会妨碍争端的解决。[35] 事实上，"圭亚那诉苏里南案"的法庭在庭审结束后用了近 9 个月时间，而"孟加拉湾海洋边界仲裁案"的法庭用了近 7 个月时间才作出裁决。

最后，除"莫克斯工厂案"外的其他程序规则都规定，除了最终裁决外，仲裁法庭有权作出"临时、中期或部分裁决"。该规定与《PCA 仲裁规则 1992》第 32 条第 1 款完全一致。而"自由号仲裁案"等几个案件的程序规则还进一步规定："仲裁法庭可以在不同时间就不同问题作不同的裁决。"[36] 这句话与《PCA 仲裁规则 2012》第 34 条第 1 款完

---

[34] Guyana v. Suriname, Rules of Procedure, art. 14; Bay of Bengal Maritime Boundary Arbitration between Bangladesh and India, Rules of Procedure, art. 15; the "Enrica Lexie" Incident, Rules of Procedure, art. 15.

[35] See Draft on Arbitral Procedure Adopted by the Commission at its Fifth Session: Report by Georges Scelle, Special Rapporteur (with a model draft on arbitral procedure annexed), in Yearbook of the International Law Commission (1958), Vol. II, p. 1, para. 22.

[36] ARA Libertad Arbitration, Rules of Procedure, art. 21 (2); Atlanto-Scandian Herring Arbitration, Rules of Procedure, art. 21 (3); Arctic Sunrise Arbitration, Rules of Procedure, art. 26 (3).

全一致，它承认仲裁法庭有权在一个仲裁案中作出多个裁决以决定不同问题，而每个裁决都有既判力。[37] 然而，"自由号仲裁案"等几个程序规则同时规定这两句话则无疑有重复之嫌。"临时裁决""中期裁决""部分裁决"的说法似乎并非国家间仲裁的典型概念。在商事仲裁中，一般认为中期裁决是指有关程序问题的裁决，而部分裁决则是实体裁决，但两者之间并不存在明确的区分。[38] 至于临时裁决，《PCA 仲裁规则 1992》和几个常设仲裁法院管理的国家间仲裁案的程序规则中规定仲裁法庭可以用临时裁决规定临时措施[39]，而"大西洋鲱鱼仲裁案"的程序规则将对初步反对主张的裁决称为"临时裁决"[40]。这些显然不符合国家间仲裁的一般实践。实践中，虽然常设仲裁法院管理的一些国家间仲裁案中存在"部分裁决"和"最终裁决"的情况，如"克罗地亚/斯洛文尼亚仲裁案"和"印度河水吉申甘加仲裁案"；但截至目前附件七仲裁中尚未出现此种裁决，也未出现"临时裁决"或"中期裁决"。除"麦氏金枪鱼案"外，仲裁法庭在作出一个裁决的情况下都称为"裁决"，而"麦氏金枪鱼案"法庭作出的是"管辖权和可受理性裁决"。附件七仲裁法庭在实践中作出多个裁决的主要原因是将仲裁程序划分为几个不同阶段。"北极日出号仲裁案"法庭首先就部分管辖权问题作出"管辖权裁决"，然后就其他管辖权和实体问题作出第二个裁决——"实体裁决"，最后就有关赔偿问题作出第三个裁决——"赔偿裁决"。[41] "杜兹吉特·完整号仲裁案"法庭 2016 年就管辖权和实体问题作出"裁决"，而将具体的赔偿问题留到以后阶段。

---

[37] See Brooks W. Daly, Evgeniya Goriatcheva, Hugh A. Meighen, *A Guide to the PCA Arbitration Rules*, Oxford University Press, 2014, p. 130.

[38] 参见黄进、宋连斌、徐前权：《仲裁法学》，中国政法大学出版社 2008 年版，第 133 页。

[39] See PCA Arbitration Rules 1992, art. 26（2）; Arbitration under the Timor Sea Treaty, Rules of Procedure, art. 21; Arbitration under the Timor Sea Treaty（Case concerning the Meaning of Article 8（B）), Rules of Procedure, art. 23. 但《PCA 仲裁规则 2012》中无此规定。

[40] See Atlanto-Scandian Herring Arbitration, Rules of Procedure, art. 12（6）-（7）.

[41] 2019 年 5 月，俄罗斯和荷兰就"北极日出号"争端达成最终解决协议，其中俄罗斯承诺向绿色和平组织支付 270 万欧元。See Detention of three Ukrainian Naval Vessels（Ukraine v. Russian Federation), Provisional Measures, ITLOS, Order of 25 May 2019, Declaration of Judge Kittichaisaree, para. 37.

（二）裁决的效力

关于裁决的效力，《公约》附件七第 11 条规定："除争端各方事前议定某种上诉程序外，裁决应有确定性，不得上诉，争端各方均应遵守裁决。"[42] 除"莫克斯工厂案"外的程序规则中都提及了附件七第 11 条。此外，"自由号仲裁案"和"大西洋鲱鱼仲裁案"的程序规则还进一步规定，各方应告知常设仲裁法院用以证明执行法庭裁决的法律、规章或其他文件。[43] 该规定与《PCA 仲裁规则 2012》第 34 条第 7 款类似。但这两个案件后来都由于当事方的请求而终止。

二、和解或其他终止理由

（一）程序规则的规定

就当事方间直接解决争端的情况作出规定被认为是国际法庭程序规则中的通常做法。[44] 然而，较早的一些附件七程序规则中并不含有这样的规定。[45] 就专门规定了"和解或其他终止理由"的程序规则而言，它们可大致分为两类。

（1）"恩丽卡·莱克西号事件案"和"沿海国权利争端案"的程序规则规定[46]：

---

[42] 值得注意的是，1975 年《非正式单一协商案文》第四部分附件 IB 和 1976 年 5 月《非正式单一协商案文》（订正一）第四部分附件 IB 第 10 条要求"争端各方均应立即遵守裁决"。但后来"立即"的规定被删除了。

[43] ARA Libertad Arbitration, Rules of Procedure, art. 21 (3); Atlanto-Scandian Herring Arbitration, Rules of Procedure, art. 21 (4).

[44] See Commentary on the Draft Convention on Arbitral Procedure Adopted by the International Law Commission at its Fifth Session, prepared by the Secretariat, 1955 (http://legal.un.org/docs/?path=../ilc/documentation/english/a_cn4_92.pdf&lang=EF), p. 82.

[45] 参见"莫克斯工厂案""巴巴多斯诉特立尼达和多巴哥案""圭亚那诉苏里南案""孟加拉湾海洋边界仲裁案""查戈斯群岛海洋保护区仲裁案"的程序规则。

[46] The "Enrica Lexie" Incident, Rules of Procedure, art. 17; Dispute concerning Coastal State Rights, Rules of Procedure, art. 21.

如果争端各方在裁决前就争端达成和解协议，那么仲裁法庭应发布命令终止仲裁程序，或者如果争端各方请求而且仲裁法庭接受，根据协议条款用裁决的形式记录所达成的和解。

这样，虽然条款的标题为"和解或其他终止理由"，但实际上这两个程序规则中只规定了仲裁程序因当事方和解而终止的情况。然而，当事方自行解决争端并非导致仲裁程序终止的唯一原因。

（2）"自由号仲裁案""大西洋鲱鱼仲裁案""北极日出号仲裁案"等程序规则相当一致地规定[47]：

1. 如果争端各方在裁决前就争端达成和解协议，那么仲裁法庭应发布命令终止仲裁程序，或者倘若争端各方请求而且仲裁法庭接受，根据协议条款用裁决的形式记录所达成的和解。仲裁法庭无须为这样的裁决说明理由。

2. 如果在裁决前，出于第 1 款未提及的任何原因不需要或不可能继续仲裁程序，则仲裁法庭应告知争端各方它意图发布命令终止仲裁程序。仲裁法庭应有权发布这样的命令，除非有仲裁法庭认为需要裁决的剩余事项。

3. 由各仲裁员署名的终止仲裁程序的命令或根据协议条款作出的裁决的副本，应由仲裁法庭送交争端各方。当根据协议条款作出裁决时，应适用本规则［关于裁决］的规定。

这些规定与《PCA 仲裁规则 2012》第 36 条十分相似。其中，第 1 款规定了因当事方和解而终止程序的情况，第 2 款规定了仲裁法庭因其他原因而终止程序的情况，第 3 款规定了终止程序命令和合意裁决的作出和送交。虽然规定"由仲裁法庭送交争端各方"，但实际上法庭可以要求书记处代其送达。[48]

---

[47] ARA Libertad Arbitration, Rules of Procedure, art. 22; Atlanto-Scandian Herring Arbitration, Rules of Procedure, art. 22; Arctic Sunrise Arbitration, Rules of Procedure, art. 27. "大西洋鲱鱼仲裁案"的程序规则第 22 条第 2 款还规定，法庭在发布终止诉讼命令前应邀请争端各方在 30 日内就此发表意见。

[48] See Brooks W. Daly, Evgeniya Goriatcheva, Hugh A. Meighen, *A Guide to the PCA Arbitration Rules*, Oxford University Press, 2014, p. 143.

此外，"围海造地案"的程序规则中似乎也含有终止程序的规定，因为该案仲裁法庭强调其合意裁决"是根据程序规则第 18 条发布的"[49]。

（二）因和解终止程序

如果争端各方在仲裁法庭就实质问题作出裁决之前就争端达成和解，那么它们自然希望终止仲裁程序。终止程序可以两种方式实现：请求法庭发布命令终止程序，或者请求法庭作出合意裁决。终止程序的命令属于法庭的"决定"，但不是法庭的裁决，由此并不适用程序规则中关于裁决的规定。[50] 如果当事方间的和解协议容易实施或者在告知法庭时已经实施了，那么一个终止程序的命令就足够了。[51] 合意裁决是法庭用裁决的形式记录各方达成的和解协议——"或者在裁决中逐字复制或者通过援引纳入"[52]。和解协议一旦被纳入裁决，它就获得了法庭裁决的效力。[53] 合意裁决是应"争端各方请求"并根据当事方的协议条款作出的，因此仲裁法庭无须为此种裁决说明理由。仲裁法庭对于是否作出合意裁决有一定的裁量权，因为"它被授权而非被要求这样做"[54]，由此仲裁法庭可以同意或者不同意当事方的请求[55]。然而，只有十分严重的理由才能使法庭拒绝作出合意裁决。[56] 国际法委员会在制定"仲裁程序公约"时拒绝将作出合意裁决规定为仲裁法庭的义务，认为虽然原

---

[49] See Land Reclamation by Singapore in and around the Straits of Johor, Award on Agreed Terms, decisions of the Tribunal, para. 2.

[50] See Brooks W. Daly, Evgeniya Goriatcheva, Hugh A. Meighen, *A Guide to the PCA Arbitration Rules*, Oxford University Press, 2014, p. 143.

[51] Ibid., pp. 140-141.

[52] Ibid., p. 141.

[53] See Commentary on the Draft Convention on Arbitral Procedure Adopted by the International Law Commission at its Fifth Session, prepared by the Secretariat, 1955（http://legal.un.org/docs/?path=../ilc/documentation/english/a_cn4_92.pdf&lang=EF）, p. 84.

[54] Ibid.

[55] See Draft Convention on Arbitral Procedure Adopted by the Commission at its Fifth Session, Report by Georges Scelle, Special Rapporteur（with a "model draft" on arbitral procedure annexed）, Yearbook of the International Law Commission（1957）, Vol. II, p. 1, para. 68.

[56] Brooks W. Daly, Evgeniya Goriatcheva, Hugh A. Meighen, *A Guide to the PCA Arbitration Rules*, Oxford University Press, 2014, p. 141.

则上当事方的意愿对于争端的解决是决定性的，但是在一些情况下并不适宜赋予和解协议以裁决的效力，例如当和解协议不符合国际法的重要原则或者是一方以一种司法机关不应赞同的方式对另一方施压的结果。[57] 如果法庭认为当事方达成的和解协议非法，当然不应发布合意裁决；但是由于当事方已经就争端达成和解，因此法庭在此种情况下亦不得作出裁决。[58]

在附件七仲裁法庭的实践中，争端双方达成和解协议并由此终止程序的情况已经出现在"围海造地案"和"自由号仲裁案"中。2003年马来西亚就有关新加坡在柔佛海峡内及其周围围海造地的争端提起附件七的仲裁程序。在仲裁法庭组成后，2005年双方签署了《和解协议》（Settlement Agreement），并立即生效。[59]《和解协议》规定，它是"有关围海造地争端及其所有其他相关问题的全面和最终的解决"，由此"终止了"该案，并要求各方应即刻联合请求仲裁法庭以裁决书的形式采纳该协定中的条款，该裁决对各方有确定性和拘束力。[60] 2005年5月，争端双方共同请求仲裁法庭基于《和解协议》中的条款发布最终裁决。法庭审查了各方提交的文件，包括该和解协议，并认为不需要任何进一步的程序，由此法庭决定接受各方的共同请求发布合意裁决。在其2005年9月的裁决中，仲裁法庭首先决定，"根据各方的共同请求"它有管辖权作出此合意裁决，办法是将该和解协议作为合意裁决的附件。在进一步处理了费用和开支问题后，仲裁法庭决定终止程序。[61] 然而法庭在裁决中没有说明其决定的表决情况。"自由号仲裁案"由阿根廷于2012年提起。2013年9月争端双方通知法庭它们已经就争端达成和解协议，并联合请求仲裁法庭发布命令终止程序。同年11月法庭发布了终止

---

[57] See Report of the International Law Commission Covering the Work of its Fifth Session, 1 June-14 August 1953, in Yearbook of the International Law Commission (1953), Vol. II, p. 200, para. 44.

[58] See Draft on Arbitral Procedure Adopted by the Commission at its Fifth Session: Report by Georges Scelle, Special Rapporteur (with a model draft on arbitral procedure annexed), in Yearbook of the International Law Commission (1958), Vol. II, p. 1, para. 21.

[59] See Land Reclamation by Singapore in and around the Straits of Johor, Award on Agreed Terms, paras. 4-22.

[60] Ibid., para. 23.

[61] Ibid., paras. 24-25, decisions of the Tribunal.

仲裁程序的命令。[62]

(三) 因其他理由终止程序

除了当事方就争端达成和解协议外，仲裁程序还可能因其他原因而"不需要或不可能继续"从而终止。如下所述，几乎所有附件七项下的程序规则都规定，如果当事方未能支付法庭所要求的缴存金额，则仲裁法庭可以终止程序。这属于"不可能继续仲裁程序"的原因。另外，如果争端双方都不配合仲裁法庭的审理，也将导致程序不可能继续。

关于导致仲裁程序因"不需要继续"而终止的情况，1958年《仲裁程序示范规则》第22条规定了两种情形：（1）争端双方就停止程序达成协议；（2）原告停止程序。关于第一种情形，它同样被《国际法院规则》和《国际海洋法法庭规则》规定为停止诉讼的原因。[63] 无论当事方是否就争端达成和解协议，它们都可以就终止仲裁程序达成协议。[64] 在"大西洋鲱鱼仲裁案"中，2014年6月争端双方共同致信法庭，要求中止程序60天。法庭在程序令中同意了该请求，同时要求各方应在2014年8月29日前告知法庭关于重起程序或继续暂停的立场。[65] 2014年8月21日，各方联合致信法庭庭长，请求法庭发布命令终止仲裁程序。随后法庭发布命令："根据程序规则第22条第1款终止本仲裁程序。"[66] 但需要指出的是，该案程序规则第22条第1款规定的是因和解而终止程序的情况。然而仲裁法庭在终止命令中并没有提及当事方已经就争端达成和解，而是指出各方强调"它们的请求不妨害任何一方"在《公约》项下的权利和义务。由此似乎各方只是就终止程序达成协议，而并未就争端达成和解。关于原告单独撤诉的问题，虽然国际司法和仲裁程序一般都承认原告撤诉可能导致程序终止，但通常会规定一些限制条件，特别是被告方的意见。[67] 1958年《仲裁程序示范规则》第22条第1款规

---

[62] ARA Libertad Arbitration, Termination Order, 11 November 2013.

[63] 参见《国际法院规则》第88条第1款、《国际海洋法法庭规则》第105条第1款。

[64] See P. Chandrasekhara Rao & Ph. Gautier, *The Rules of the International Tribunal for the Law of the Sea: A Commentary*, Martinus Nijhoff Publishers, 2006, p. 297.

[65] Atlanto-Scandian Herring Arbitration, Procedural Order No. 2, 30 June 2014. 该案程序规则第13条第3款规定："如果争端各方同意暂停程序，仲裁法庭应命令暂停程序。"

[66] Atlanto-Scandian Herring Arbitration, Termination Order, 23 September 2014.

[67] 例如，参见《国际法院规则》第89条和《国际海洋法法庭规则》第106条。

定:"除非原告承认被告主张的正确性(soundness),否则法庭未经被告同意不应接受原告方停止程序的请求。""莫克斯工厂案"是一个由于原告撤诉而终止的附件七仲裁。该案由爱尔兰于2001年提起,一开始按部就班地进行,直到2003年6月仲裁法庭鉴于欧共体法律问题可能对本案管辖权产生影响,在庭审中主动决定暂停审理管辖权和实体问题直到2003年12月1日[68],同时要求各方采取可行措施尽速在欧共体组织框架内解决这些欧共体法律问题,并通知法庭相关进展[69]。在欧洲委员会决定向欧洲法院起诉爱尔兰后,爱尔兰致信仲裁法庭,请求进一步暂停审理,直到欧洲法院作出判决。仲裁法庭同意了爱尔兰的请求,并要求它定期向法庭报告欧洲法院的审理进展。[70] 2006年欧洲法院作出判决,裁定爱尔兰就莫克斯工厂问题针对英国提起《公约》附件七仲裁程序的做法违反了其在欧盟法项下的义务。[71] 在爱尔兰将该判决告知法庭后,法庭征询了各方关于"莫克斯工厂案"下一步程序的意见。[72] 2007年爱尔兰正式向仲裁法庭申请撤诉,而双方就如何分担仲裁费用的问题交换了意见。2008年仲裁法庭发布命令终止程序。[73]

除上述情形外,特定案件中还可能规定其他终止程序的原因。例如,由常设仲裁法院管理的"《帝汶海条约》第8条(B)仲裁案"的程序规则规定,对违反保密性的制裁属于仲裁法庭的裁量权,包括终止程序。[74]

一旦出现仲裁法庭认为不需要或不可能继续程序的情况,仲裁法庭有权发布命令终止程序,除非仲裁法庭认为还有需要裁决的剩余事项。有学者认为"剩余事项"可能包括当事方的费用主张,或者在原告不参

---

[68] The MOX Plant Case, Order No. 3, paras. 29-30.
[69] The MOX Plant Case, Order No. 3, p. 20, Disposition (6).
[70] The MOX Plant Case, Order No. 4 (Further Suspension of Proceedings on Jurisdiction and Merits), 14 November 2003.
[71] See Commission of the European Communities v. Ireland, European Court of Justice (Grand Chamber), Case C-459/03; Sweden intervened in support of Ireland, Judgment of 30 May 2006 (eur-lex. europea. eu), Disposition (1).
[72] The MOX Plant Case, Order No. 5 (Suspension of Periodic Reports by the Parties), 22 January 2007.
[73] See the MOX Plant Case, Order No. 6 (Termination of Proceedings), 6 June 2008.
[74] Arbitration under the Timor Sea Treaty (Case concerning the Meaning of Article 8 (B)), Rules of Procedure, art. 22 (7).

加的情况下被告的反诉。[75] 然而，法庭在发布终止命令前应告知争端各方它的这一意图，以便让它们在某些情况下能够有机会纠正局面。[76]

三、裁决的解释、执行、更正、补充、复核和无效

（一）裁决的解释或执行

1975 年《非正式单一协商案文》和 1976 年 5 月《非正式单一协商案文》（订正一）的第四部分附件 IB 第 11 条规定："争端各方之间对裁决的解释或执行（execution）的任何争议，可由任何一方提请作出该裁决的仲裁法庭，或者如果该法庭已不存在，提交按原来法庭同样方式为此目的组成的另一仲裁法庭作出决定。"1976 年 11 月《订正的单一协商案文》第四部分附件三做了修改，遂成了如今《公约》附件七第 12 条。它的第 1 款规定："争端各方之间对裁决的解释或执行（implementation）方式的任何争议，可由任何一方提请作出该裁决的仲裁法庭决定。为此目的，法庭的任何出缺，应按原来指派仲裁员的方法补缺。"关于裁决的解释和执行问题，附件七项下的程序规则有三种处理方式：(1) 没有规定，如"莫克斯工厂案"的程序规则。(2) 规定了裁决的解释问题，但没有规定裁决的执行方式问题。如"莫克斯工厂案"以后的一些程序规则都规定，按照《公约》附件七第 12 条提出的解释裁决的请求应通过向法庭和争端他方发出通知提出，而法庭的解释构成裁决的组成部分。但这些程序规则之间也存在明显差异。"自由号仲裁案"之前的四个程序规则都规定解释的请求应在收到裁决后 30 日内提出，而法庭应在收到请求后 45 日内作出书面解释。[77]《PCA 仲裁规则 2012》第 37 条中也含有类似规定。但"自由号仲裁案"以来的几个程序规则则不含有时限的内容。(3) 规定了裁决的解释和执行方式问题。如"恩丽卡·莱克西号事件案"和"沿海国权利争端案"的程序

---

[75] See Brooks W. Daly, Evgeniya Goriatcheva, Hugh A. Meighen, *A Guide to the PCA Arbitration Rules*, Oxford University Press, 2014, pp. 142-143.

[76] Ibid., p. 142.

[77] Guyana v. Suriname, Rules of Procedure, art. 16; Barbados v. Trinidad and Tobago, Rules of Procedure, art. 17; Bay of Bengal Maritime Boundary Arbitration between Bangladesh and India, Rules of Procedure, art. 17; Chagos Marine Protected Area Arbitration, Rules of Procedure, art. 16.

规则规定，任何按照《公约》附件七第12条的解释裁决或有关其执行方式的请求应在收到裁决后6个月内，通过向法庭和争端他方发出通知提出。"恩丽卡·莱克西号事件案"的程序规则还要求法庭应努力在收到请求后45日内作出决定，但"沿海国权利争端案"的程序规则没有为法庭的决定设定期限。[78] 关于"裁决的解释"和"裁决的执行方式"的关系，由于《公约》附件七第12条将两者相提并论，因此，附件七程序规则中也应当提及两者。但它们之间关系密切，因为"有关解释的争端很容易就被具体化为有关判决执行方式的争端"[79]。

关于裁判的解释问题，《国际法院规约》第60条规定的是"判词（judgment）之意义或范围发生争端"，《国际海洋法法庭规约》第33条规定的是"对裁判（decision）的意义或范围发生争端"，而1958年《仲裁程序示范规则》第33条规定的是"关于裁决（award）的意义和范围的争端"。没有理由认为附件七第12条规定的"裁决的解释"具有与这些重要文件不同的含义。由此，该条中的争议指的应是对裁决的"意义或范围"的争议。关于该术语的含义，常设国际法院指出，要使当事方间的意见分歧成为解释判决请求的主题，该分歧必须与"那些在相关判决中已经被有拘束力地裁决了的问题"有关，但也包括"关于某个特定问题是否已经被有拘束力地裁决了的意见分歧"[80]。国际法院认为，其规约"第60条含义中的争端必须与相关判决的实施条款（operative clause）而非判决的理由有关，除非判决的理由与实施条款不可分割"或构成"法院判决的基本条件"[81]。需要指出的是，虽然附件七第12条中使用的是"争议"（controversy）一词，而上述文件中使用的是"争端"（dispute）；但就裁判的解释而言，两者并无差异。国际法院曾指出，虽然其规约第60条的英文本使用的是"争端"一词，但法文本使用的是"论争"（contestation），其含义比争端"广泛"。然国际法院

---

[78] The "Enrica Lexie" Incident, Rules of Procedure, art. 18; Dispute concerning Coastal State Rights, Rules of Procedure, art. 22.

[79] Shabtai Rosenne & Louis B. Sohn (vol. eds.), *United Nations Convention on the Law of the Sea 1982: A Commentary*, Vol. V, Martinus Nijhoff Publishers, 1989, p. 436.

[80] See Interpretation of Judgments Nos. 7 and 8 (the Chorzów Factory), Judgment of 16 December 1927, P. C. I. J. Series A, No. 13, pp. 11-12.

[81] Request for Interpretation of the Judgment of 15 June 1962 in the Case concerning the Temple of Preah Vihear (Cambodia v. Thailand) (Cambodia v. Thailand), Judgment, I. C. J. Reports 2013, p. 281, para. 34.

更倾向于法文本，认为就当事方之间关于判决的含义或范围发生争端而言，只要"两个政府事实上已经表现为对法院判决的意义或范围持有相反的观点就足够了"，而"不需要满足确定存在规约第 36 条第 2 款项下的争端那些同样的标准"，也不要求该争端"已然以正式的方式表现出来"。[82] 然而，一方认为判决模糊而另一方认为判决相当清楚并不能构成解释的争端；"争端要求双方在一些具体问题上存在意见分歧。"[83]

解释裁决的请求可以由当事"任何一方"提出，而不依赖各方间关于此事存在特别协议。《国际法院规则》第 98 条第 2 款和《国际海洋法法庭规则》第 126 条第 2 款都要求解释请求中应指明关于判决的意义或范围的确切争议之点。需要强调的是，"请求应当以解释判决为其目的"，"即准确界定法院意图给予有关判决的含义和范围"。[84] 国际法院指出：

> 请求的真正目的必须是获得对判决的解释。这意味着其目的必须仅仅是获得对法院已经作出有拘束力裁判的事项的意义和范围的澄清，而不是获得对未被如此裁判的问题的答案。对《规约》第 60 条的任何其他阐释将使得该条有关判决是最终和不得上诉的规定无效。[85]

相反，如果解释的请求是"伪装的上诉"或是为了拖延执行裁决[86]，或是"超出该判决本身的界限"[87]——为了获得对未被法院裁判的问题的答案，或是意图实现对判决的复核，则是不可受理的[88]。"厄立特

---

[82] Request for Interpretation of the Judgment of 15 June 1962 in the Case concerning the Temple of Preah Vihear (Cambodia v. Thailand), para. 33.

[83] Request for Interpretation of the Judgment of 20 November 1950 in the Asylum Case, Judgment of 27 November 1950, I. C. J. Reports 1950, p. 395, at 403.

[84] Interpretation of Judgments Nos. 7 and 8 (the Chorzów Factory), Judgment of 16 December 1927, P. C. I. J. Series A, No. 13, p. 10.

[85] Request for Interpretation of the Judgment of 15 June 1962 in the Case concerning the Temple of Preah Vihear (Cambodia v. Thailand), para. 55.

[86] Brooks W. Daly, Evgeniya Goriatcheva, Hugh A. Meighen, *A Guide to the PCA Arbitration Rules*, Oxford University Press, 2014, p. 144.

[87] See Interpretation of Judgment No. 3, Judgment of 26 March 1925 (Chamber of Summary Procedure), P. C. I. J. Series A, No. 4, p. 7.

[88] See Request for Interpretation of the Judgment of 15 June 1962 in the Case concerning the Temple of Preah Vihear (Cambodia v. Thailand), para. 56.

里亚/埃塞俄比亚边界委员会"曾拒绝了埃塞俄比亚的解释请求,强调"解释的概念并不开启对裁决提出上诉的可能性,也不重新审理那些裁决中已经清楚解决了的问题";不得利用解释程序对裁决进行实质修改或影响其拘束力;"不允许重新辩论"。[89]

附件七第 12 条没有就当事方提出解释请求的期限作出规定,而目前各程序规则的规定也不一致:6 个规定了 30 天或 6 个月的期限,而一些没有规定期限。《PCA 仲裁规则 1992》第 35 条规定了 60 天的请求解释的期限,而《PCA 仲裁规则 2012》第 37 条将其压缩到 30 天。有观点认为,规定较短的提出解释请求的期限是为了在裁决发布后尽快实现其终局性。[90] 一些常设仲裁法院管理的国家间仲裁案的程序规则中也规定了提出解释请求的期限。[91] 仲裁程序中为解释请求规定期限应与仲裁法庭的临时性质有关。"艾恩·莱茵铁路仲裁案"的法庭强调"应由法庭根据它自己在作出裁决时的意图来解释应如何理解裁决"[92]。国际法委员会在制定《仲裁程序示范规则》过程中认为 1 个月是申请解释裁决的最长期限,因为在如此短的时间内法庭的组成几乎不可能发生变化。[93] 但后来该期限被扩展到 3 个月(《仲裁程序示范规则》第 33 条)。然而考虑到所需解释的问题的复杂程度不同,似乎没有必要为法庭作出解释设置时限要求。

目前附件七仲裁中尚未发生请求解释裁决的情况。在几个常设仲裁

---

[89] See Eritrea-Ethiopia Boundary Commission, Decision Regarding the "Request for Interpretation, Correction and Consultation" Submitted by the Federal Democratic Republic of Ethiopia on 13 May 2002, 24 July 2002, para. 16.

[90] Brooks W. Daly, Evgeniya Goriatcheva, Hugh A. Meighen, *A Guide to the PCA Arbitration Rules*, Oxford University Press, 2014, p. 143.

[91] 例如,"厄立特里亚/埃塞俄比亚边界委员会"的程序规则第 28 条规定了 30 天的期限;"艾恩·莱茵铁路仲裁案"的程序规则第 23 条、《帝汶海条约》仲裁案"的程序规则第 32 条和《帝汶海条约》第 8 条(B)仲裁案"的程序规则第 31 条规定了 60 天的期限;"《大西洋环境公约》仲裁案"的程序规则第 20 条规定了 90 天的期限。需要指出的是,《大西洋环境公约》第 32 条中并无提出解释请求时限的规定,而《帝汶海条约》附件 B 中没有解释裁决的规定。

[92] Iron Rhine Arbitration, Interpretation of the Award of the Arbitral Tribunal, 20 September 2005, para. 4.

[93] Draft Convention on Arbitral Procedure Adopted by the Commission at its Fifth Session, Report by Georges Scelle, Special Rapporteur (with a "model draft" on arbitral procedure annexed), Yearbook of the International Law Commission (1957), Vol. II, p. 1, para. 75.

法院管理的国家间仲裁案中出现了解释裁决的实践。例如，除上述"厄立特里亚/埃塞俄比亚边界委员会"外，还有"艾恩·莱茵铁路仲裁案"和"印度河水吉申甘加仲裁案"[94]。在这些案件中，当仲裁法庭收到一方的解释请求时，会让另一方就此发表意见，随后作出决定，但法庭并不为此目的开庭。这些法庭关于解释问题的决定也不使用裁决的形式：有的称为"决定"，而有的就称为"解释"。

（二）裁决的更正

《公约》附件七没有规定裁决的更正问题。然而，更正裁决中的表述错误或计算错误可以被视为法庭的一项固有权力，因此不需要获得明确授权[95]。就附件七项下的程序规则而言，除"莫克斯工厂案"外，"自由号仲裁案"之前的4个案件以及"恩丽卡·莱克西号事件案"的程序规则规定[96]：

> 1. 争端任何一方在收到裁决后30日内，可请求仲裁法庭对裁决中的任何计算、文字或印刷错误以及任何类似性质的错误进行更正，并通知另一方。仲裁法庭可以在送交裁决后30日内主动进行此类更正。
>
> 2. 更正应采用书面形式，并应适用本规则第［ ］条的规定。

这些规定和《PCA 仲裁规则 1992》第 36 条十分接近，只是后者为争端方规定了 60 日的请求更正的期限。更正书写等错误是对裁决的完善，而不涉及对裁决的修改[97]。之所以法庭需要有主动进行更正的权力，

---

[94] See the Indus Waters Kishenganga Arbitration, Decision on India's Request for Clarification or Interpretation Dated 20 May 2013, 20 December 2013.

[95] See J. G. Merrills, *International Dispute Settlement*, Cambridge University Press, 2011, 5th edition, p. 103.

[96] Guyana v. Suriname, Rules of Procedure, art. 17; Barbados v. Trinidad and Tobago, Rules of Procedure, art. 18; Bay of Bengal Maritime Boundary Arbitration between Bangladesh and India, Rules of Procedure, art. 18; Chagos Marine Protected Area Arbitration, Rules of Procedure, art. 17; the "Enrica Lexie" Incident, Rules of Procedure, art. 19.

[97] See Commentary on the Draft Convention on Arbitral Procedure Adopted by the International Law Commission at its Fifth Session, prepared by the Secretariat, 1955 (http: //legal. un. org/docs/? path = . . /ilc/documentation/english/a_ cn4_ 92. pdf&lang = EF), pp. 93-94.

是因为有些错误当事方不可能注意到,例如法庭说错了自己的开支。[98]

"自由号仲裁案"以来的几个程序规则基本沿用了上述规定,但在时限问题上有所不同。[99] 首先,取消了关于仲裁法庭主动进行更正的时限规定。其次,延长了当事方请求法庭更正的时限。其中,"自由号仲裁案"和"北极日出号仲裁案"的程序规则规定为 90 天,而"大西洋鲱鱼仲裁案"的程序规则规定为 45 天。"沿海国权利争端案"的程序规则关于更正裁决的规定(第 23 条)由 3 款组成,与《PCA 仲裁规则 2012》第 38 条基本一致:

> 1. 争端任何一方在收到裁决后 30 日内,可请求仲裁法庭对裁决中的任何计算、文字或印刷错误以及任何类似性质的错误进行更正,并通知另一方和书记处。如果仲裁法庭认为该请求是合理的,它应在收到请求后 45 日内进行更正。
> 2. 仲裁法庭可以在送交裁决后 30 日内主动进行此类更正。
> 3. 更正应采用书面形式,并应构成裁决的组成部分。适用本规则第 18 条第 1 款和第 19 条的规定。

与之前的附件七程序规则相比,"沿海国权利争端案"的程序规则要求将更正请求通知书记处,规定了法庭作出更正的时限,并且明确更正构成裁决的组成部分。常设仲裁法院管理的其他国家间仲裁案的程序规则中关于更正裁决的规定与"恩丽卡·莱克西号事件案"等的程序规则类似,都为当事方请求更正或法庭主动更正规定了时限,而且许多都为法庭主动更正规定了 30 天的期限。[100] 此外,国际法委员会的《仲裁程序示范规则》也为更正裁决规定了一个月的期限(第 31 条)。

---

[98] See Brooks W. Daly, Evgeniya Goriatcheva, Hugh A. Meighen, *A Guide to the PCA Arbitration Rules*, Oxford University Press, 2014, p. 147.

[99] ARA Libertad Arbitration, Rules of Procedure, art. 24 (1); Atlanto-Scandian Herring Arbitration, Rules of Procedure, art. 24 (1); Arctic Sunrise Arbitration, Rules of Procedure, art. 29 (1).

[100] 例如,"厄立特里亚/埃塞俄比亚边界委员会"的程序规则第 29 条为当事方请求更正和法庭主动更正都规定了 30 天的期限;"艾恩·莱茵铁路仲裁案"的程序规则第 24 条、"《帝汶海条约》仲裁案"的程序规则第 33 条和"《帝汶海条约》第 8 条(B)仲裁案"的程序规则第 32 条为当事方请求更正和法庭主动更正分别规定了 60 天和 30 天的期限。

实践中，常设仲裁法院管理的"艾恩·莱茵铁路仲裁案"的法庭曾更正过裁决的文字。2003 年比利时和荷兰签订仲裁协定，将它们之间有关一条名为"艾恩·莱茵"铁路的争端提交仲裁。鉴于各方均未要求开庭，仲裁法庭根据各方的书面陈词于 2005 年 5 月作出裁决。[101] 该案的程序规则允许当事方在收到裁决后 60 日内提出更正请求。2005 年 7 月，比利时请求更换裁决中的一个词语，而荷兰同意比利时的请求。9 月法庭裁定应作此更正。[102] 就附件七仲裁而言，"巴巴多斯诉特立尼达和多巴哥案"中曾更正过裁决的文字错误[103]，但不清楚更正的具体内容及其过程。

（三）补充裁决

"自由号仲裁案"等几个程序规则相当一致地规定[104]：

1. 争端一方在收到裁决后［］日内，可以请求仲裁法庭就在仲裁程序中提出的但仲裁法庭未裁决的主张作出裁决或补充裁决，并通知另一方和书记处（常设仲裁法院）。

2. 如果仲裁法庭认为作出裁决或补充裁决的请求是合理的，它应在收到请求后的合理期限内作出或完善其裁决。如需要，仲裁法庭可以延长它应作出裁决的期限。

3. 当作出这样的裁决或补充裁决时，应适用本规则第［］条的规定。

上述规定显然来自《PCA 仲裁规则 2012》第 39 条，但是延长了当事方提出补充裁决请求的期限。[105] 其中，"大西洋鲱鱼仲裁案"的程序规则规定为 45 天，而其余几个程序规则规定为 90 天。并且这些程序规则没有为仲裁法庭作出补充裁决设置具体期限。《PCA 仲裁规

---

[101] See Iron Rhine Arbitration, Award of the Arbitral Tribunal, 24 May 2005.
[102] See Iron Rhine Arbitration, Correction to the Award, 20 September 2005.
[103] 参见常设仲裁法院网站上有关该案情况的介绍。
[104] ARA Libertad Arbitration, Rules of Procedure, art. 25; Atlanto-Scandian Herring Arbitration, Rules of Procedure, art. 25; Arctic Sunrise Arbitration, Rules of Procedure, art. 30.
[105] 按照《PCA 仲裁规则 2012》第 39 条第 1 款，当事方应在收到裁决后 30 日内提出补充裁决的请求。

则 2012》第 39 条第 2 款规定："如果仲裁法庭认为作出裁决或补充裁决的请求是合理的，它应在收到请求后 60 日内作出或完善其裁决。如需要，仲裁法庭可以延长它应作出裁决的期限。"这样规定的原因是为了在裁决作出后尽快实现其终局性，同时承认补充裁决中可能涉及处理复杂的问题，由此需要更长的时间。[106] 然而，既然上述附件七程序规则中没有规定法庭作出补充裁决的具体期限，那么其有关"如需要，仲裁法庭可以延长它应作出裁决的期限"的规定就显得多余了。

更为重要的是，《公约》附件七没有规定补充裁决的问题，而且目前多数附件七程序规则中也没有这方面的规定。1907 年《和平解决国际争端公约》和 1958 年《仲裁程序示范规则》，以及国际法院和国际海洋法法庭的规约和规则中也没有补充裁决的规定。其实，如果仲裁法庭未能对提交给它的属于其管辖权范围内的争议事项作出裁决，则构成一种越权[107]，因为法庭不恰当地限制了其管辖权。而此种越权可能会导致法庭所作的其他相关裁决无效。实践中，几内亚比绍曾主张 1989 年"几内亚比绍和塞内加尔海洋边界划界案"的仲裁裁决无效，理由是该案仲裁法庭未答复仲裁协定中提出的第二个问题，由此构成越权。几内亚比绍将该问题诉至国际法院，是为"1989 年仲裁裁决案"。[108] 国际法院在 1991 年判决中虽然承认仲裁法庭的行事方式有可以"批评"之处，但却没有支持几内亚比绍的无效诉求，理由是认为仲裁法庭已经在裁决中就第二个问题作出了决定——只是未能将其包括在裁决的主文中，因此"裁决中没有任何未作决定的错误"[109]。

---

[106] See Brooks W. Daly, Evgeniya Goriatcheva, Hugh A. Meighen, *A Guide to the PCA Arbitration Rules*, Oxford University Press, 2014, p. 148.

[107] 参见郑斌：《国际法院与法庭适用的一般法律原则》，韩秀丽、蔡从燕译，法律出版社 2012 年版，第 267 页。

[108] Case concerning the Arbitral Award of 31 July 1989 (Guinea-Bissau v. Senegal), Judgment, I. C. J. Reports 1991, p. 53, paras. 10, 35. Case concerning the Delimitation of Maritime Boundary between Guinea-Bissau and Senegal, Arbitral Award of 31 July 1989. 1989 年裁决的原文为法文，英译本参见"1989 年仲裁裁决案"请求书的附件（Annex to the Application instituting Proceedings of the Government of the Republic of Guinea-Bissau）。

[109] Case concerning the Arbitral Award of 31 July 1989, para. 41.

（四）裁决的复核

复核（revision）是指基于发现新事实而重审案件。[110] 复核裁决制度是对既判力原则的限制，两者之间的关系反映了裁决的终局性和实现正义之间的利益冲突。[111] 规定复核裁决是基于公平正义的考虑，因为一个问题不会得到解决，直到其得到正确的解决。[112] 一些重要的国际文件对仲裁裁决的复核问题作了规定，如 1899 年《和平解决国际争端公约》第 55 条、1907 年《和平解决国际争端公约》第 83 条、1958 年《仲裁程序示范规则》第 38 条。就国际司法而言，《国际法院规约》第 61 条规定了判决的复核，而《国际法院规则》第 99 条进行了补充。《国际海洋法法庭规约》没有规定复核判决的问题，但其规则作了规定。其中，第 127 条实质上遵循了《国际法院规约》第 61 条第 1 款，而第 128 条则遵循了《国际法院规则》第 99 条。[113]

关于复核裁决的条件和程序，上述文件中的规定大同小异。[114] 复核申请应当满足三个前提条件：（1）复核申请应当基于发现了一个事实；（2）所发现的新事实必须具有决定性；（3）此项事实应当在裁决作出时为

---

[110] See Commentary on the Draft Convention on Arbitral Procedure Adopted by the International Law Commission at its Fifth Session, prepared by the Secretariat, 1955（http：//legal.un.org/docs/? path = ../ilc/documentation/english/a_cn4_92.pdf&lang = EF），p.101.

[111] Ibid.

[112] See Draft on Arbitral Procedure Adopted by the Commission at its Fifth Session: Report by Georges Scelle, Special Rapporteur（with a model draft on arbitral procedure annexed），in Yearbook of the International Law Commission (1958), Vol. II, p.1, para.27.

[113] See P. Chandrasekhara Rao & Ph. Gautier, *The Rules of the International Tribunal for the Law of the Sea: A Commentary*, Martinus Nijhoff Publishers, 2006, pp.358, 367.

[114] 1907 年《和平解决国际争端公约》第 83 条规定，提出复核要求"只能以发现某些对裁决有可能起决定性影响的新事实为理由，且截至辩论结束时，法庭及要求复核的当事国都不知道该事实。复核程序之开始应由法庭作出决定，明文确认新事实的存在，承认它具有前款规定的性质，并宣告该要求据此可以受理"。1958 年《仲裁程序示范规则》第 38 条规定："任一当事方可以发现具有决定性之事实为由提出复核裁决的申请，但以此项事实在裁决作出时为法庭及申请复核之当事方所不知，而且非因申请复核之当事方的过失而不知者为限。……在复核程序中，法庭应首先就所声称的新事实的存在作出认定，并裁判申请的可受理性。"《国际法院规约》第 61 条规定："声请法院复核判决，应根据发现具有决定性之事实，而此项事实在判决宣告时为法院及声请复核之当事国所不知者，但以非因过失而不知者为限。复核程序之开始应由法院下以裁决，载明新事实之存在，承认此项新事实具有使本案应予复核之性质，并宣告复核之声请因此可予接受。"

法庭及申请复核之当事方所不知,而且《国际法院规约》和《仲裁程序示范规则》还进一步强调对该事实的不知应非因申请复核之当事方的过失所致。[115] 此外,这些文件中还规定了提出复核申请的时限问题。《和平解决国际争端公约》规定由仲裁协定确定提出复核申请的期限。《国际法院规约》和《仲裁程序示范规则》规定申请复核应于新事实发现后 6 个月内为之,而且不得超过自裁决之日起十年。国际法院强调,只有满足了其规约第 61 条规定的"每个条件,复核申请才是可受理的。如果其中任何一个没有满足,就必须驳回该申请"[116]。而且,这些条件是否已经满足是由处理该申请的法院来查明的,而"无论各方对复核申请的可受理性的态度如何","并非仅仅由于各方的同意,而是只有当第 61 条的条件获得满足,才可以进行复核"。[117] 由此,争端双方的同意并不能免除复核请求的可受理性要件。[118] 鉴于复核裁决对既判力原则的影响,法庭通常只有在例外情况下才会宣布复核的申请为可受理。[119] 截至目前,国际法院共收到 4 个复核判决的案件,其中除 1 个因争端双方达成停止诉讼协议而被从案件目录中注销外[120],法院在其他 3 个案件中均裁定复核申请不可受理,由此没有复核任何一个判决[121]。

---

[115] 国际法院把"非因过失而不知者"作为一个单独条件。See Application for Revision of the Judgment of 11 September 1992 in the Case concerning the Land, Island and Maritime Frontier Dispute (El Salvador/Honduras: Nicaragua intervening) (El Salvador v. Honduras), Judgment, I. C. J. Reports 2003, p. 392, para. 19.

[116] Application for Revision of the Judgment of 11 September 1992 in the Case concerning the Land, Island and Maritime Frontier Dispute (El Salvador/Honduras: Nicaragua intervening), para. 20.

[117] Ibid., para. 22.

[118] See P. Chandrasekhara Rao & Ph. Gautier, *The Rules of the International Tribunal for the Law of the Sea: A Commentary*, Martinus Nijhoff Publishers, 2006, p. 361.

[119] Ibid., p. 359.

[120] See Application for Revision of the Judgment of 23 May 2008 in the Case concerning Sovereignty over Pedra Branca/Pulau Batu Puteh, Middle Rocks and South Ledge (Malaysia/Singapore) (Malaysia v. Singapore), Order of 29 May 2018.

[121] See International Court of Justice: Yearbook 2015-2016, p. 81. 这三个案件是:1985 年"申请复核和解释 1982 年 2 月 24 日大陆架案(突尼斯/阿拉伯利比亚民众国)的判决案"(突尼斯诉利比亚);2003 年"申请复核 1996 年 7 月 11 日对《防止及惩治灭绝种族罪公约》的适用案(波斯尼亚和黑塞哥维那诉南斯拉夫)的初步反对主张所作判决案"(南斯拉夫诉波斯尼亚和黑塞哥维那);2003 年"申请复核 1992 年 9 月 11 日对陆地、岛屿和海洋边界争端案(萨尔瓦多/洪都拉斯:尼加拉瓜参加)所作判决案"(萨尔瓦多诉洪都拉斯)。

当事方请求复核裁决的唯一理由是其在法庭作出裁决后"发现"了某个可能对裁决产生决定性影响的事实,即如果法庭在作出裁决前就知道此项事实,那么它就会作出不同的裁决。[122] 声称裁决存在重大法律错误不足以引发复核程序[123],因为这不是一项"事实"。而发现另一当事方欺诈可以作为一个新事实要求复核裁决。[124] 由于事关对原先裁判的影响,因此引发复核的"新事实"限于那些新被发现的在裁决时已经发生但未被知晓的事实,而并不包括裁决之后发生的新事实。[125] 对该事实的不知应非因申请复核之当事方的过失所致,因为复核程序不能被当事方用作消除其在原先程序中所犯错误的工具。[126] 国际法院1985年在"申请复核和解释1982年2月24日大陆架案(突尼斯/阿拉伯利比亚民众国)的判决案"(突尼斯诉利比亚)中指出:

  只要能够从在导致原先判决的程序中提交给法院的书状和材料中获知相关事实,法院知晓的任何事必定同样为主张复核的当事方所知晓。法院必须被认为知晓提交给它的资料所确立的每个事实,而无论它是否在其判决中明确提及该事实;同样地,一方不能够声称它不知晓某个在其对手书状中,或在作为这些书状的附件或者其他正常提交给法院的文件中展示的事实。[127]

---

[122] See Draft on Arbitral Procedure Adopted by the Commission at its Fifth Session: Report by Georges Scelle, Special Rapporteur (with a model draft on arbitral procedure annexed), in Yearbook of the International Law Commission (1958), Vol. II, p. 1, para. 27.

[123] See Commentary on the Draft Convention on Arbitral Procedure Adopted by the International Law Commission at its Fifth Session, prepared by the Secretariat, 1955 (http://legal.un.org/docs/? path = ../ilc/documentation/english/a_cn4_92.pdf&lang=EF), p. 102.

[124] Ibid., p. 109.

[125] Ibid., p. 102.

[126] See P. Chandrasekhara Rao & Ph. Gautier, *The Rules of the International Tribunal for the Law of the Sea: A Commentary*, Martinus Nijhoff Publishers, 2006, p. 363.

[127] Application for Revision and Interpretation of the Judgment of 24 February 1982 in the Case concerning the Continental Shelf (Tunisia/Libyan Arab Jamahiriya) (Tunisia v. Libyan Arab Jamahiriya), Judgment, I. C. J. Reports 1985, p. 192, para. 19.

关于复核裁决的程序，受理申请的法庭应首先处理和决定复核申请的可受理性问题。只有当法庭认定申请是可受理的，才会进一步处理申请的实质问题，即复核先前判决并对争端的实质作出裁判。[128] 由此，处理复核申请应遵循"两阶段程序"。[129] 如果法庭在第一阶段裁定复核申请是可受理的，则其裁决必须记录三项决定：存在新事实；该新事实要求重新考虑原先判决；出于这些原因，该申请是可受理的。[130] 当然，即使法庭在第一阶段裁定复核申请是可受理的，也并不意味着法庭在第二阶段就必定会对原先裁决作出修改。[131] 关于受理复核申请的法庭，一个"基本原则"是，应当尽可能由作出原先裁决的法庭决定该裁决的解释或复核问题。[132] 1899年和1907年《和平解决国际争端公约》规定："除非有相反的协议"，复核要求必须向作出该裁决的法庭提出。1958年《仲裁程序示范规则》第38条规定，"复核的申请应尽可能向作出裁决的法庭提出"，而且应相关当事方的请求，受理申请的法庭可以在情况需要时允许在就复核申请作出最终裁判前"暂停执行"原先裁决。[133]《国际法院规则》第100条规定："如果要求复核或解释的判决是由法院作出的，则复核或解释的请求应由法院处理。如果判决是由分庭作出的，则复核或解释的请求应由该分庭处理。"[134]《国际海洋法法庭规则》在沿

---

[128] 参见《国际法院规则》第99条第4款。See also 1958 Model Rules on Arbitral Procedure, art. 38（4）.

[129] See Application for Revision of the Judgment of 11 September 1992 in the Case concerning the Land, Island and Maritime Frontier Dispute (El Salvador/Honduras: Nicaragua intervening), para. 18.

[130] See P. Chandrasekhara Rao & Ph. Gautier, *The Rules of the International Tribunal for the Law of the Sea: A Commentary*, Martinus Nijhoff Publishers, 2006, p. 364.

[131] Ibid., pp. 364-365.

[132] See P. Chandrasekhara Rao & Ph. Gautier, *The Rules of the International Tribunal for the Law of the Sea: A Commentary*, Martinus Nijhoff Publishers, 2006, p. 370.

[133] 对比，《国际法院规约》第61条第3款规定："法院于接受复核诉讼前得令先行履行判决之内容。"

[134] 关于该规定在实践中的适用，see Hugh Thirlway, *The Law and Procedure of the International Court of Justice: Fifty Years of Jurisprudence*, Vol. II, Oxford University Press, 2013, pp. 1757-1759. 该作者提出以下问题：能够重组同样的分庭吗？能够将分庭中已经退休了的国际法院的前成员重新召回吗？争端各方原来指派的专案法官是继续在职，还是各方有义务重新指派他们？同上，第1758页。

用上述规定的同时，对于解释或复核分庭所作判决作了更细致的规定。[135]

《公约》附件七未规定仲裁裁决的复核问题，目前各程序规则中也无相关规定。关于复核裁决在仲裁制度中的地位问题，存在不同的看法。一方面，梅里尔斯（Merrills）认为，倘无明确的授权，就不存在复核裁决以便考虑新事实的一般性权力。[136] 而常设国际法院1923年在"亚沃日诺问题（波兰/捷克斯洛伐克边界）案"中也指出："倘无各方间的明示协议，仲裁员无权解释，更不用说通过复核来修改其裁决了。"[137] 另一方面，有学者主张复核权是国际法庭的固有权利。[138] 实践中，虽然《美洲人权公约》、美洲国家间人权法院的规约和规则中没有复核判决的规定，但是美洲国家间人权法院1997年在"吉尼－拉卡约（Genie-Lacayo）诉尼加拉瓜案"中认为它有权处理美洲国家间人权委员会针对其判决提出的复核申请——尽管最终裁定该申请"不合规"（out of order），因为在它看来："根据国内和国际程序法的一般原则，以及按照一般接受的理论标准，判决的决定性或不可上诉性与在一些特殊案件中存在复核这种救济并不相矛盾。"[139] 无论如何，附件七似乎并不禁止当事方就复核裁决达成一致意见并反映在程序规则中。在此种情况下，

---

[135]《国际海洋法法庭规则》第129条第2款规定："如果判决是由分庭作出的，则复核或解释的请求应由该分庭处理——如果可能的话。如果不可能，则该请求应由一个按照规约和本规则的相关规定组成的分庭处理。如果按照规约和本规则，该分庭的组成需要争端各方的许可，而这无法在法庭确定的时限内获得，则该请求应由法庭处理。"

[136] See J. G. Merrills, *International Dispute Settlement*, Cambridge University Press, 2011, 5th edition, p. 102.

[137] Question of Jaworzina (Polish-Czechoslovakian Frontier), Advisory Opinions of 6 December 1923, P. C. I. J. Series B, No. 8, p. 38. 另外，1899年和1907年两个《和平解决国际争端公约》规定："当事国可在'仲裁协定'中保留要求复核裁决的权利。"

[138] 参见［英］切斯特·布朗：《国际裁决的共同法》，韩秀丽、万盈盈、傅贤贞等译，法律出版社2015年版，第250页。

[139] See Case of Genie-Lacayo v. Nicaragua, Inter-American Court of Human Rights, Order of the Court of 13 September 1997 (Application for Judicial Review of the Judgment of Merits, Reparations and Costs), paras. 6-12, 15, and p. 6. 《美洲人权公约》（American Convention on Human Rights）于1969年11月22日制定，1978年7月18日生效，1144 U. N. T. S. 123。《美洲国家间人权法院规约》（Statute of the Inter-American Court of Human Rights）于1979年10月由美洲国家组织大会通过（http://www.corteidh.or.cr/index.php/en/about-us/estatuto）。《美洲国家间人权法院程序规则》（Rules of Procedure of the Inter-American Court of Human Rights）于1980年通过，现行的程序规则于2009年通过，2010年1月1日生效（http://www.corteidh.or.cr/index.php/en/about-us/reglamento/reglamento-vigente）。

复核裁决的请求也应提交"作出该裁决的仲裁法庭",并可比照适用附件七第 12 条的规定。

(五) 裁决的无效[140]

虽然仲裁是一种能够导致有拘束力裁判的争端解决方法,但是学者们很早就认识到仲裁裁决无效的问题。例如,法泰尔(Vattel)在其《国际法》(1758 年)中就曾说:"一旦争端各方缔结了仲裁条款,它们就应遵守仲裁员的裁判……但是,如果仲裁员宣布的裁决明显不公正和不合理,那么他们就应当丧失曾被给予的性质,而他们的判决就不值得关注。"[141] 而霍尔(Hall)在 1910 年指出:"当法庭明显超越仲裁条约赋予它的权力,当裁决公然否定正义,当裁决是通过诈欺或贿赂获得的,以及当裁决的内容含混不清时,裁决可以被宣布无效(avoided)。"[142] 就国家实践而言,1831 年"东北边界案"(英国诉美国)"是第一个被当事一方正式拒绝的裁决,"因此被视为国际仲裁历史上的一个"里程碑"。[143] 该案中荷兰国王被要求在当事双方各自主张的两条界线中选择一条,但是他在裁决中却建议了第三条界线。[144] 美国对裁决提出质疑,最终两国于 1842 年缔结条约,解决了该问题。[145] 与此类似的是 1911 年"查米佐尔案"(墨西哥/美国)。两国缔结条约将查米佐尔(Chamizal)地区的归属问题提交仲裁,要求国际边界委员会"应只决定查米佐尔地

---

[140] 该部分主要基于笔者之前发表的《国际仲裁法庭越权:判定标准与发生情形》(《边界与海洋研究》2017 年第 2 期)。

[141] Emer de Vattel, *The Law of Nations*, Liberty Fund, 2008, p. 451.

[142] Arnold Bennett Hall, *International Law*, La Salle Extension University, 1910, p. 65. See also George Fox Tucker & George Grafton Wilson, *International Law*, Silver, Burdett and Company, 1901, p. 219. [奥] 阿·菲德罗斯等:《国际法》(下册),李浩培译,商务印书馆 1981 年版,第 502—503 页。

[143] Kaiyan Homi Kaikobad, *Interpretation and Revision of International Boundary Decisions*, Cambridge University Press, 2007, p. 65.

[144] See Commentary on the Draft Convention on Arbitral Procedure Adopted by the International Law Commission at its Fifth Session, prepared by the Secretariat, 1955 (http://legal.un.org/docs/?path=../ilc/documentation/english/a_cn4_92.pdf&lang=EF), pp. 107-108.

[145] 参见郑斌:《国际法院与法庭适用的一般法律原则》,韩秀丽、蔡从燕译,法律出版社 2012 年版,第 265—266 页。

区的国际主权属于美国还是墨西哥"。[146] 然而该委员会却将该地区在两国之间进行了划分。[147] 美国对裁决提出了抗议。[148] 虽然1907年《和平解决国际争端公约》未对质疑裁决效力的问题作出规定，但在由常设仲裁法院处理的1910年"奥里诺科轮船公司案"（美国/委内瑞拉）中，仲裁法庭作出了部分无效的认定。[149] 有学者认为，到20世纪初，"基于各种理由质疑仲裁裁决的权利被接受为一项法律原则"[150]。1950年联合国秘书处在一份文件中表示，难以说仲裁裁决的既判力是"一个绝对的和没有例外的规则。出于各种充分理由，当事一方可能不满意裁决并希望质疑它"[151]。1958年国际法委员会在《仲裁程序示范规则》中用三个条款规定了裁决的无效问题。关于承认裁决无效的可能性的意义，沙哈布丁（Shahabuddeen）法官在"1989年仲裁裁决案"（几内亚比绍诉塞内加尔）的个别意见中指出："国际仲裁程序提供了一种有用的和平解决争端程序。……显然，必须保护其功用免受无限制的对裁决终局性的挑战。同样清楚的是，忍受其运行中的严重错误而不提供救济以图来保护该制度的想法也是错误的：保护该制度和证明其可信性是相互联系的。"[152] 虽然《公约》附件七未规定仲裁裁决的无效问题，而且目前各程序规则中也无相关规定，但是这绝不意味着《公约》附件七仲裁程序中不存在裁决无效的可能性。正如《弗吉尼亚评注》所言："虽然关于仲裁裁决的终局性的规定如今十分普遍，但是国际法一直承认可能存在一些裁决或许无效的理由"，并认为附件七第10条关于"仲裁法庭的裁决书应以争

---

[146] Convention of the Arbitration of the Chamizal Case, 24 June 1910, in R. I. A. A., Vol. XI, p. 313, art. 3.

[147] See the Chamizal Case (Mexico, United States), 15 June 1911, R. I. A. A., Vol. XI, p. 316, at 333.

[148] 美国代理人提出的抗议理由包括：违背提交条件、无法适用、在某些方面未按照要求说明理由，以及根本性的法律和事实错误。See Editorial Comment, "The Chamizal Arbitration Award", *American Journal of International Law*, 5 (1911), p. 714.

[149] The Orinoco Steamship Company Case (United States, Venezuela), 25 October 1910, R. I. A. A., Vol. XI, p. 237, at 240-241.

[150] Kaiyan Homi Kaikobad, *Interpretation and Revision of International Boundary Decisions*, Cambridge University Press, 2007, pp. 66-67.

[151] Memorandum prepared by the Secretariat, 1950, in Yearbook of the International Law Commission (1950), Vol. II, p. 157, para. 96a.

[152] Case concerning the Arbitral Award of 31 July 1989, Separate Opinion of Judge Shahabuddeen, p. 119.

端的主题事项为限"的规定"开启了一条质疑裁决效力的途径"。[153] 目前附件七仲裁实践中也已经出现了当事方主张裁决无效的情况。

关于导致仲裁裁决无效的理由，1958 年国际法委员会在《仲裁程序示范规则》第 35 条中列出了一些"普遍承认地导致裁决无效的……情况"。[154] 第 35 条规定："任一当事方得依据下列理由中的一个或一个以上质疑裁决的效力：（1）法庭超越其权力；（2）法庭成员有受贿的情况；（3）对裁决未叙明理由或严重偏离基本的程序规则；（4）仲裁承诺或仲裁协定无效。"上述并非导致裁决无效的全部理由。例如，当事方欺诈和"根本性错误"也被认为是导致裁决无效的理由。[155]

仲裁法庭越权不仅"可能是最古老也是最获普遍承认的无效理由"[156]，而且实践中也是当事方"拒绝承认裁决有拘束力的主要理由"[157]。"法庭越权"是一个范围很广的概念，而并不限于仲裁法庭超越其对事管辖权的情况。当事国对仲裁程序的较大控制程度是仲裁有别于司法的一个重要特征：仲裁法庭不仅需要解决当事方提交的具体争端，而且需要按照当事方规定的方式解决争端。而法庭越权被普遍接受为裁决无效的理由反映了如下观点，维护国际仲裁制度的完整性涉及"双重考量：尊重所作出的仲裁裁决的终局性和将仲裁程序控制在作为这些程序的基础的仲裁协定的范围内"。[158] 由此，作为仲裁裁决无效的理由，"法庭越权"是指法庭严重背离仲裁协定的规定进行裁判。这大致可分为两种情况：1）仲裁法庭错误界定管辖权；2）仲裁法庭错误行使管辖权。第一种情况包括法庭裁决了不属于其管辖权范围内的事项，裁决的事项超出

---

[153] Shabtai Rosenne & Louis B. Sohn (vol. eds.), *United Nations Convention on the Law of the Sea 1982: A Commentary*, Vol. V, Martinus Nijhoff Publishers, 1989, p. 435.

[154] Draft on Arbitral Procedure Adopted by the Commission at its Fifth Session: Report by Georges Scelle, Special Rapporteur (with a model draft on arbitral procedure annexed), in Yearbook of the International Law Commission (1958), Vol. II, p. 1, para. 26.

[155] J. G. Merrills, *International Dispute Settlement*, Cambridge University Press, 2011, 5th edition, p. 106.

[156] Commentary on the Draft Convention on Arbitral Procedure Adopted by the International Law Commission at its Fifth Session, prepared by the Secretariat, 1955 (http://legal.un.org/docs/? path=../ilc/documentation/english/a_cn4_92.pdf&lang=EF), p. 107.

[157] H. Lauterpacht (ed.), *Oppenheim's International Law*, Longmans, Green and Co Ltd, 1952, 7th edition, Vol. II, p. 28.

[158] Case concerning the Arbitral Award of 31 July 1989, Dissenting Opinion of Judge Weeramantry, p. 173.

了当事方的请求范围，未对当事方提交的问题作出裁决。第二种情况指的是法庭未按照当事方的要求履行其职责。例如，法庭未遵守仲裁协定的规定，错误地适用准据法，这方面的典型案例是 1910 年 "奥里诺科轮船公司案"（美国/委内瑞拉）。1903 年两国签订协议，将美国公民对委内瑞拉的赔偿要求提交一个混合委员会，同时规定，对于委员会成员无法达成一致的问题，提交一名仲裁人裁决。1904 年仲裁人巴季（Barge）就一些问题作出裁决。然而，美国声称仲裁人"过度行使管辖权"，而且裁决中存在许多法律和事实错误，等同于"根本性错误"。[159] 此后两国达成另一协议，将相关问题提交仲裁，要求仲裁法庭应首先考虑仲裁人巴季所作裁决的有效性问题；如果法庭认为无效，则应就实体问题作出自己的裁决。[160] 仲裁法庭 1910 年作出裁决，宣告巴季裁决中的四点无效，理由是"过度行使权力"：两国 1903 年的协议要求仲裁员基于绝对公平作出决定，而不考虑技术性的反对主张或当地立法，但是被法庭宣告无效的巴季裁决部分却恰恰考虑了这些因素。[161]

  1958 年《仲裁程序示范规则》列出的另一个导致裁决无效的理由是"对裁决未叙明理由或严重偏离基本的程序规则"。在 1960 年 "西班牙国王仲裁裁决案"（洪都拉斯诉尼加拉瓜）中，尼加拉瓜主张裁决无效的一个理由是裁决缺乏支持其结论的理由或理由不当。虽然 1894 年两国的仲裁协定中并未规定仲裁法庭应说明裁决的理由，但是国际法院并未由此认为尼加拉瓜无权以裁决未叙明理由来主张无效。相反，法院认为，裁决给出了理由，因此尼加拉瓜的主张"没有根据"。[162] 如果仲裁协定要求法庭说明裁决的理由，那么未叙明理由就不仅构成偏离基本的程序规则，而且构成越权，因为此时叙明理由的义务就成为"其授权的固有部分"。[163] 2009 年 "阿卜耶伊仲裁案" 法庭就明确指出："未叙明裁判的理由可以导致'超越授权'。"[164] 该案中，2008 年苏丹政府和当时的苏丹人民解放运动/解放军签署仲裁协定，要求法庭裁判 "阿卜耶伊边界委员会"（Abyei Boundaries Commission）专家在划定该地区边界时是

---

[159] See the Orinoco Steamship Company Case, p. 238.
[160] Ibid., p. 237.
[161] Ibid., pp. 239-240.
[162] See Case concerning the Arbitral Award made by the King of Spain on 23 December 1906, p. 216.
[163] See Abyei Arbitration, Final Award, para. 525.
[164] Ibid., p. 335.

否超越了授权（mandate）；如果确定存在越权，则法庭应自己划出该地区边界。[165] 尽管边界委员会并非一个严格意义上的裁判机构，但当事双方和仲裁法庭都认为可以"比照适用"关于仲裁法庭越权的案例法[166]。仲裁法庭最终裁定，除南部界线外委员会专家都超越了授权，因为他们未能就其相关决定给出理由或者给出的理由不充分。[167] "严重偏离基本的程序规则"的规定确认了如下原则，即仲裁法庭"必须以司法机构的方式行事"，必须尊重调整司法机构的诉讼基本规则。[168] 虽然并非所有未遵守仲裁协定中的程序要求的问题都将导致裁决无效，但如果仲裁法庭在审理中否定当事方的如下基本程序性权利，则将导致其裁决无效：(1) 要求裁判说明理由的权利；(2) 被听取意见的权利，包括提出证据和论据的适当机会的权利；(3) 平等和公正对待各方的权利。[169]

关于1958年《仲裁程序示范规则》中列出的其他导致裁决无效的理由，可以质疑通过贿赂获得的裁决是一项广为承认的法律原则。[170] 至于将"仲裁承诺或仲裁协定无效"作为裁决无效是因为："原则上难以否认，一旦确认最初的承诺或协定无效，必然自动导致裁决的无效。"[171] 显然，如果作为仲裁法庭权力来源的文件"是无效的、尚未生效或已经终止的"，那么法庭自然无权作出裁决。[172] 一个近来的例子是，在"克罗地亚/斯洛文尼亚仲裁案"中，克罗地亚以斯洛文尼亚与斯方指派的仲裁员私下接触的行为构成重大违约为由宣布终止双方间的《仲裁协定》，并退出了仲裁程序。虽然仲裁法庭重组后认定《仲裁协定》仍然有效，并于2017年作出最终裁决，但克罗地亚表示裁决对其没有拘

---

[165] Arbitration Agreement between the Government of Sudan and the Sudan People's Liberation Movement/Army on Delimiting Abyei Area, art. 2.
[166] See Abyei Arbitration, Final Award, para. 404.
[167] Ibid., paras. 519-523.
[168] Commentary on the Draft Convention on Arbitral Procedure Adopted by the International Law Commission at its Fifth Session, prepared by the Secretariat, 1955 (http://legal.un.org/docs/? path=../ilc/documentation/english/a_ cn4_ 92. pdf&lang = EF), p. 109.
[169] Ibid., pp. 109-110.
[170] Ibid., p. 109.
[171] ILC, Comments on particular articles of the Model Rules on Arbitral Procedure, in Yearbook of the International Law Commission (1958), Vol. II, p. 86, para. 43.
[172] J. G. Merrills, *International Dispute Settlement*, Cambridge University Press, 2011, 5th edition, p. 103.

束力。[173]

除了规定导致裁决无效的理由,1958年《仲裁程序示范规则》还规定了处理当事方质疑裁决效力的程序及其后果。其第36条规定,如果当事双方未就将有关裁决效力的争议提交其他法庭达成协议,则国际法院有权处理当事任何一方的申请,并进一步规定了当事方提出效力异议的时限。需要明确的是,裁决可能被宣布全部无效,也可能被宣布部分无效。1910年"奥里诺科轮船公司案"法庭就曾指出:"当一个仲裁裁决包含几个独立的诉求,由此包括几个决定时,一个决定的无效不影响任何其他决定,特别是当(如本案的情况)仲裁员的诚实正直和善意未受到质疑的时候。"[174] 第37条进一步规定,如果裁决被国际法院宣告无效,争端应提交新组建的法庭。历史上,国际法院在"西班牙国王仲裁裁决案"和"1989年仲裁裁决案"中专门处理过当事方之间有关仲裁裁决效力的争端。目前法院正在审理"1899年10月3日仲裁裁决案"(圭亚那诉委内瑞拉)。该案由圭亚那于2018年提起,除其他外,请求国际法院确认划定当事双方边界的1899年裁决的法律效力和拘束力。[175]

四、开支、费用及开支的缴存

(一)仲裁法庭的开支和当事方的费用

与诉诸司法程序不同,仲裁程序的当事方不仅需要承担自身的案件费用,还需要支付仲裁法庭的开支。1907年《和平解决国际争端公约》第85条规定,每一当事国负担自己的开支,并平均分担法庭的开支。这是仲裁当事方在费用问题方面习惯遵循的表述。[176] 1975年《非正式单一协商案文》第四部分附件IB第6条就规定:"除非仲裁法庭因案情特殊而另有决

---

[173] 参见高健军:《"克罗地亚/斯洛文尼亚仲裁案"中的海洋划界问题》,《边界与海洋研究》2018年第3期,第19—20、30页。

[174] The Orinoco Steamship Company Case, p. 238.

[175] See Arbitral Award of 3 October 1899 (Guyana v. Venezuela), Application Instituting Proceedings, 29 March 2018 (https://www.icj-cij.org/en/case/171).

[176] See Commentary on the Draft Convention on Arbitral Procedure Adopted by the International Law Commission at its Fifth Session, prepared by the Secretariat, 1955 (http://legal.un.org/docs/?path=../ilc/documentation/english/a_cn4_92.pdf&lang=EF), p. 42.

定，否则法庭的开支，包括仲裁员的报酬，应由争端各方平均分担。"该规定后来成为《公约》附件七第 7 条。就附件七仲裁法庭的程序规则而言，除个别情况外，它们关于法庭开支的规定差别不大，基本都包括以下三款：

  1. 除非仲裁法庭因案情特殊而另有决定，否则仲裁法庭的开支，包括仲裁员的报酬，应由争端各方平均分担。
  2. 考虑到主题事项的复杂性、仲裁员花费的时间以及案件其他有关情况，仲裁法庭的开支金额应是合理的。
  3. 书记处应记录所有开支，并应向争端各方提供开支的决算表。

  其中，第 1 款照搬了《公约》附件七第 7 条的规定。但"孟加拉湾海洋边界仲裁案"（第 19 条第 1 款）、"恩丽卡·莱克西号事件案"（第 20 条第 1 款）和"沿海国权利争端案"（第 24 条第 1 款）的程序规则中没有"除非仲裁法庭因案情特殊而另有决定"的规定。没有例外规定并不意味着不能偏离一般规则。在近来的"克罗地亚/斯洛文尼亚仲裁案"中，仲裁法庭在部分裁决中认定斯洛文尼亚违反《仲裁协定》的行为导致仲裁费用大幅增加，由此命令斯洛文尼亚提供必要金额来支付由于程序延长而产生的费用，同时决定将费用的分配问题保留至最终裁决。[177] 双方《仲裁协定》第 6 条第 7 款规定法庭的费用应由各方平均分担。仲裁法庭在最终裁决中裁定由争端双方平均分担法庭和书记处的费用，理由是《仲裁协定》中的平摊规定以及没有当事方要求法庭就费用问题作出任何其他决定。[178] 该案表明，要仲裁法庭背离各方平均分担法庭开支的原则需要当事方提出请求。目前《公约》附件七的实践中尚未出现"仲裁法庭因案情特殊而另有决定"的情况。
  第 2 款要求仲裁法庭的开支应是合理的，并规定了一些需要考虑的相关因素。它们也出现在常设仲裁法院的仲裁规则中。[179] 该款规定目前包括在除"大西洋鲱鱼仲裁案"外的其他程序规则中。此外，几个程序规则还将争议的金额列为应考虑的有关情况，而"巴巴多斯诉特立尼达和多巴哥案"的程序规则将庭审的地点列为有关情况（第 19 条）。与常

---

[177] See Arbitration between Croatia and Slovenia, Partial Award, paras. 229-231.
[178] See Arbitration between Croatia and Slovenia, Final Award, paras. 1143-1144.
[179] See PCA Arbitration Rules 1992, art. 39（1）；PCA Arbitration Rules 2012, art. 41（1）.

设仲裁法院的仲裁规则相比,附件七的程序规则在这方面的规定有两点明显不同。第一,附件七的程序规则没有界定仲裁法庭开支的范围。《PCA 仲裁规则 1992》第 38 条规定,"仲裁费用"包括:(1)仲裁法庭的收费;(2)仲裁员的旅行和其他开支;(3)仲裁法庭要求的专家建议和其他帮助的费用;(4)经仲裁法庭同意的证人的旅行和其他开支;(5)指派机构的收费和开支以及常设仲裁法院秘书长的开支。该规定也包含在一些常设仲裁法院管理的案件的程序规则中。[180] 而按照《公约》附件五成立的"帝汶海调解案"强制调解委员会的程序规则也规定了委员会费用的范围。[181] 实践中,个别附件七法庭曾在裁决中对仲裁法庭的开支范围作过简要说明。例如,"北极日出号仲裁案"的法庭在裁决中说,当事方的缴存涵盖了法庭成员、书记处和法庭所指派的专家的费用和开支,以及其他开支,包括庭审和会议、信息技术支持、餐饮、法庭书记员、缴存管理、归档、翻译、信使、通信。[182] 第二,《PCA 仲裁规则 1992》(第 38 条)和《PCA 仲裁规则 2012》(第 40 条第 1 款)明确规定由仲裁法庭确定仲裁费用,同时为常设仲裁法院秘书长规定了一定的作用以制约仲裁法庭这一权力的行使[183];但除了"大西洋鲱鱼仲裁案"

---

[180] For example, Arbitration under the Timor Sea Treaty, Rules of Procedure, art. 35; Arbitration under the Timor Sea Treaty (Case concerning the Meaning of Article 8 (B)), Rules of Procedure, art. 34.

[181] 该案程序规则第 21 条第 1 款规定,"费用"仅包括:(1)委员会按照委员会的《指派条件》的收费;(2)委员会按照委员会的《指派条件》的旅行和其他开支;(3)委员会经各方同意所要求的专家建议的费用;(4)书记处的收费和开支;(5)常设仲裁法院秘书长和国际局所提供的任何服务的费用。

[182] See Arctic Sunrise Arbitration, Award on Compensation, para. 113.

[183] 《PCA 仲裁规则 1992》第 39 条第 2 款规定:"如果当事一方提出要求,仲裁法庭应在与常设仲裁法院秘书长协商后方可确定其收费,而后者可以就收费向仲裁法庭提出任何他/她认为适宜的评论。"为了施加控制,《PCA 仲裁规则 2012》在这方面规定了更为严格的监督机制。See Brooks W. Daly, Evgeniya Goriatcheva, Hugh A. Meighen, *A Guide to the PCA Arbitration Rules*, Oxford University Press, 2014, pp. 153-156. 根据《PCA 仲裁规则 2012》第 41 条第 2 款和第 3 款,首先,仲裁法庭在组成后应迅速告知当事方它打算如何确定其收费和开支。而当事方可以将仲裁法庭的开支计划交由常设仲裁法院秘书长审查。如果秘书长认为仲裁法庭的开支计划不合理,可以作出必要的调整,而这对仲裁法庭有拘束力。其次,仲裁法庭在确定仲裁费用前,应向常设仲裁法院秘书长提交所确定的费用以及费用计算方式的解释,供后者审查。如果秘书长认为仲裁法庭所确定的费用不合理,或者不符合仲裁法庭的开支计划,则可以作必要的调整。该调整对仲裁法庭在确定仲裁费用时有拘束力。

的程序规则，附件七的程序规则通常并无由谁确定法庭开支的明确规定。该案程序规则没有规定仲裁法庭开支的合理性要求，而是规定仲裁员和专家的报酬由争端各方按照《指派条件》确定，而书记处的开支由争端各方和书记处按照类似案件中的做法确定（第26条第2款）。关于仲裁法庭的收费标准，有报告指出国家间仲裁案的仲裁员的报酬为500—700欧元/时。[184]"北极日出号仲裁案"的《指派条件》规定，仲裁员的报酬为每小时600欧元，每天最多8小时，而仲裁员旅行的时间按照上述标准的一半支付报酬。[185] 同时，书记处的工作按照常设仲裁法院的收费标准收费。[186] 显而易见，仲裁法庭的开支对于当事方是一个颇为沉重的负担。以"北极日出号仲裁案"为例，仲裁法庭曾先后四次要求当事方缴存仲裁开支，总计高达125万欧元。[187]

另外，《PCA仲裁规则1992》和《PCA仲裁规则2012》第40条第3款都规定，仲裁法庭不能就解释、更正或补充裁决另行"收费"（fees）。[188] 该规定的目的是鼓励法庭尽可能明白无误地作出裁决以避免解释和更正的要求，同时尽速处理一方出于推翻裁决的目的而提出的无意义的请求。[189] 这样的规定并未包含在附件七的程序规则中。

关于仲裁当事方自己的费用问题，《公约》附件七没有规定。目前的程序规则大致有三种规定模式：（1）5个程序规则规定法庭可以就各方在仲裁中的费用作出其认为适当的裁决。[190]（2）"大西洋鲱鱼仲裁案"的程序规则明确规定各方应承担自己的费用（第27条）。（3）几个

---

[184] See International Law Association, Procedure of International Courts and Tribunals, Preliminary Report, 2017, p.59.

[185] Arctic Sunrise Arbitration, Procedural Order No.1 (Terms of Appointment), 17 March 2014, para. 5.

[186] Ibid., para. 6.1.3. 常设仲裁法院的收费标准载于 Schedule of Fees and Costs (https://pca-cpa.org/en/fees-and-costs/)。

[187] See Arctic Sunrise Arbitration, Award on Compensation, para.126.

[188] See also Arbitration under the Timor Sea Treaty (Case concerning the Meaning of Article 8 (B)), Rules of Procedure, art. 36 (2).

[189] See Brooks W. Daly, Evgeniya Goriatcheva, Hugh A. Meighen, *A Guide to the PCA Arbitration Rules*, Oxford University Press, 2014, p.151.

[190] The MOX Plant Case, Rules of Procedure, art. 17; Guyana v. Suriname, Rules of Procedure, art. 19; Barbados v. Trinidad and Tobago, Rules of Procedure, art. 20; ARA Libertad Arbitration, Rules of Procedure, art. 27; Chagos Marine Protected Area Arbitration, Rules of Procedure, art. 19.

程序规则在规定各方承担自己费用的同时，允许法庭对费用进行分配。具体而言，"孟加拉湾海洋边界仲裁案"（第20条）、"恩丽卡·莱克西号事件案"（第21条）和"沿海国权利争端案"（第25条）的程序规则规定，除非法庭另有决定，否则各方应承担自己的费用；如有必要，法庭可以就各方在仲裁中的费用作出裁决。而"北极日出号仲裁案"的程序规则第32条规定："除仲裁法庭因案件情况特殊而另有裁定外，各方应承担提出自己主张的费用。当仲裁法庭决定适宜对费用进行分配时，这些费用应构成裁决的组成部分。"其中，第一种模式没有明确当事方各自承担自己仲裁费用的原则，而第二种模式没有规定法庭在这方面的权力。

在国家间的国际司法和仲裁程序中，争端各方承担自己的诉讼费用是一般规则。《PCA仲裁规则1992》第40条规定："各方应承担自己的仲裁费用。然而，仲裁法庭可以在各方间分配每一项此种费用，如果它确定考虑到案件的情况，分配是合理的话。"《国际法院规约》第64条和《国际海洋法法庭规约》第34条都规定，除法院/法庭另有裁定外，诉讼费用应由争端各方自行负担。实践中，虽然不时有当事一方以当事他方的不当程序行为为由请求国际法院作出费用裁定的情况，但是国际法院从未行使该权力以偏离上述一般规则。[191] 同样，国际海洋法法庭在"赛加号案（第2号）"和"弗吉尼亚G号案"中拒绝了当事方有关费用的请求，认定在这些案件中"没有必要背离各方应承担自己的费用这一一般规则"[192]。

就附件七仲裁法庭的实践而言，一些法庭并未在裁决中涉及法庭的开支和当事方的费用问题。通常只有在当事方提出诉求的情况下，仲裁法庭才需就费用问题作出决定。截至目前，附件七仲裁法庭从未支持过当事一方要求对方支付其费用的请求。在"围海造地案"中，仲裁法庭在合意裁决中决定："根据程序规则第19条，各方应承担它们自己的案件费用"；"按照程序规则第20条，各方应平均分担法庭的开支"。[193] 在

---

[191] See International Law Association, Procedure of International Courts and Tribunals, Preliminary Report, 2017, p. 46.

[192] The M/V "Saiga" (No. 2) Case (Saint Vincent and the Grenadines v. Guinea), ITLOS, Judgment of 1 July 1999, paras. 181-183. The M/V "Virginia G" Case (Panama/Guinea-Bissau), ITLOS, Judgment of 14 April 2014, paras. 449-452.

[193] Land Reclamation by Singapore in and around the Straits of Johor, Award on Agreed Terms, decisions of the Tribunal, paras. 3, 4.

"莫克斯工厂案"中,争端双方都要求对方支付自己的费用。[194] 仲裁法庭在第3号命令中认为不适宜在这一阶段就费用问题作出决定,而决定将该问题保留到最终裁决中。[195] 在终止程序的命令中,仲裁法庭认为"没有理由背离国家间诉讼中的仲裁法庭有关费用分配的实践",由此决定各方应平均分担法庭的开支并承担自己的费用。[196] 在其他两个终止程序的案件("自由号仲裁案"和"大西洋鲱鱼仲裁案")中,仲裁法庭在其终止命令中都提及《公约》附件七第7条有关开支的规定,并指示书记处将向各方发送其缴存金额的会计报表,并将未开支部分平均退还各方。[197] 在"查戈斯群岛海洋保护区仲裁案"中,英国在法庭处理对仲裁员质疑的阶段要求法庭以后就质疑程序的费用作出决定,而仲裁法庭决定将该问题保留到实体问题阶段讨论和决定。[198] 然而,仲裁法庭后来没有对英国的这一要求作出具体答复。此外,英国在该案的最终诉求中请求法庭裁判毛里求斯应承担英国的费用,并偿还英国缴付的法庭开支份额。[199] 对此仲裁法庭指出:

> 本仲裁提出了大量《公约》解释中的困难问题,双方关于这些问题真的存在争端。虽然毛里求斯并未完全获胜,但是在一个重要部分上获胜了。法庭还认为双方的法律论据无论是否被采纳,都是经过仔细推敲的,而且双方在提出各自主张时行动熟练、迅速和经济。由此驳回英国关于费用的申请。各方应承担自己的费用。法庭的费用应平摊。[200]

在"北极日出号仲裁案"中,仲裁法庭认为没有"特殊情况"要求

---

[194] See the MOX Plant Case, Reply of Ireland, para. 9.2; Rejoinder of the United Kingdom, para. 10.2.
[195] The MOX Plant Case, Order No. 3 of 24 June 2003, Suspension of Proceedings on Jurisdiction and Merits, and Request for Further Provisional Measures, para. 70.
[196] See the MOX Plant Case, Order No. 6 of 6 June 2008, Termination of Proceedings, pp. 2, 3.
[197] ARA Libertad Arbitration, Termination Order, 11 November 2013; Atlanto-Scandian Herring Arbitration, Termination Order, 23 September 2014.
[198] See Chagos Marine Protected Area Arbitration, Reasoned Decision on Challenge against Judge Christopher Greenwood, para. 185, Decision (2).
[199] See Chagos Marine Protected Area Arbitration, Award, para. 159.
[200] Ibid., para. 546.

背离"平均分配法庭开支的推定（presumption）"。[201] 关于当事方的仲裁费用，法庭认为"通常的规则（normal rule）是各方承担它自己的费用"，而本案没有理由背离该规则。[202] 在"杜兹吉特·完整号仲裁案"中，争端双方都要求对方承担自己在本案中的所有费用和开支。[203] 为支持其请求，圣多美主张马耳他自始就知道或应当知道仲裁没有结果，但是它仍开启仲裁；而且马耳他在被告知大多数诉求已经解决的情况下仍拒绝撤诉。[204] 仲裁法庭采用了与"北极日出号仲裁案"法庭类似的理由，认为"没有特殊情况要求背离平分法庭开支这一推定"，也没有理由背离各方承担自己的费用这一"通常的规则"。[205]

（二）仲裁法庭开支的缴存

各附件七程序规则关于缴存仲裁法庭开支的规定十分相似，而且接近《PCA 仲裁规则 1992》第 41 条。大致包括以下四款：

> 1. 书记处（国际事务局或常设仲裁法院）可以要求各方缴存相同数额的款项作为第 [ ] 条中规定的开支的预付款。争端各方根据本条缴存的所有款项都应给书记处（国际事务局或常设仲裁法院），并由其支付这些开支，如仲裁员和书记处（国际事务局或常设仲裁法院）的费用等。
>
> 2. 书记处（国际事务局或常设仲裁法院）或仲裁法庭在仲裁过程中还可以要求争端各方就第 [ ] 条中规定的开支补充缴存。
>
> 3. 如果在收到缴存要求后 [ ] 日内未全额支付，仲裁法庭应将此事通知争端各方以便其中一方支付缴存。如果仍未能支付，仲裁法庭可以命令暂停或终止仲裁程序。
>
> 4. 在作出裁决后，书记处（国际事务局或常设仲裁法院）应给争端各方收到缴存的会计账目，并将未用完之余额退还争

---

[201] Arctic Sunrise Arbitration, Award on the Merits, paras. 399, 401（J）.
[202] Ibid., paras. 400, 401（K）.
[203] See Duzgit Integrity Arbitration, Award of 2016, paras. 121-122.
[204] Ibid., para. 337.
[205] See Duzgit Integrity Arbitration, Award of 2016, paras. 338-341, 342（e）-（f）.

端各方。

关于第 1 款，有权要求当事方支付缴存的应当是仲裁法庭而非书记处。关于第 2 款，只有"巴巴多斯诉特立尼达和多巴哥案"的程序规则采用了不同的表述：仲裁法庭可以不时审查缴存是否充足，并要求进一步缴存所需的相同数额的款项（第 21 条第 2 款）。各程序规则在这方面的主要差异是第 3 款规定的当事方交付缴存的期限。其中，7 个程序规则规定了 60 天的期限[206]，"北极日出号仲裁案"的程序规则规定了 45 天的期限（第 33 条第 3 款），"巴巴多斯诉特立尼达和多巴哥案"的程序规则规定了 30 天的期限（第 21 条第 3 款），而"沿海国权利争端案"规定的是 60 天的期限或书记处设定的其他期限（第 26 条第 3 款）。另外，3 个程序规则还为延迟支付缴存款规定了 30 天的期限，并规定仲裁法庭在当事方未全额支付缴存的情况下，除了命令暂停或终止程序外，还可以"采取它认为适当的其他步骤"[207]。《PCA 仲裁规则 1992》（第 41 条）和常设仲裁法院管理的一些国家间仲裁案的程序规则中规定的是 60 天支付缴存的期限。当事方未支付缴存时，通常仲裁法庭会暂停程序，但如果当事方在合理期间内仍未能支付缴存，则法庭可以选择终止程序。[208] 显然仲裁法庭的这方面享有裁量权。"北极日出号仲裁案"的法庭认为"支付此类缴存的要求必须被视为《公约》第十五部分和附件七中的义务所固有的"[209]。该案程序规则规定的缴存期限是 45 天。2015 年 3 月 19 日，法庭向当事方提出了第三次缴存的要求，但直到 5 个多月后——

---

[206] The MOX Plant Case, Rules of Procedure, art. 18（3）; Guyana v. Suriname, Rules of Procedure, art. 20（3）; Bay of Bengal Maritime Boundary Arbitration between Bangladesh and India, Rules of Procedure, art. 21（3）; ARA Libertad Arbitration, Rules of Procedure, art. 28（3）; Atlanto-Scandian Herring Arbitration, Rules of Procedure, art. 28（3）; Chagos Marine Protected Area Arbitration, Rules of Procedure, art. 20（3）; the "Enrica Lexie" Incident, Rules of Procedure, art. 22（3）.

[207] Bay of Bengal Maritime Boundary Arbitration between Bangladesh and India, Rules of Procedure, art. 21（3）; the "Enrica Lexie" Incident, Rules of Procedure, art. 22（3）; Dispute concerning Coastal State Rights, Rules of Procedure, art. 26（3）.

[208] See Brooks W. Daly, Evgeniya Goriatcheva, Hugh A. Meighen, *A Guide to the PCA Arbitration Rules*, Oxford University Press, 2014, p. 163.

[209] Arctic Sunrise Arbitration, Award on the Merits, para. 367.

2015 年 8 月 22 日，荷兰才支付了未参加仲裁程序的俄罗斯的缴存份额。[210] 代替支付缴存份额不影响仲裁法庭以后关于其开支分配的决定。[211] 该案中，仲裁法庭命令俄罗斯返还荷兰所支付的俄罗斯的缴存份额，并支付利息。[212] 关于第 4 款，它要求书记处在仲裁结束后将当事方缴存的余额退还当事方。余额通常按照争端各方支付缴存的相同比例返还各方，除非它们另有协议。[213] 有 3 个程序规则要求退还余额需要"根据仲裁法庭的指示"作出。[214] 此外，几个程序规则规定的是"在作出终止命令或裁决后"，而非"在作出裁决后"。[215]

---

[210] See Arctic Sunrise Arbitration, Award on the Merits, para. 364; Award on Compensation, para. 126.

[211] See Brooks W. Daly, Evgeniya Goriatcheva, Hugh A. Meighen, *A Guide to the PCA Arbitration Rules*, Oxford University Press, 2014, p. 163.

[212] See Arctic Sunrise Arbitration, Award on the Merits, para. 401（I）; Award on Compensation, para. 128（E）-（H）.

[213] See Brooks W. Daly, Evgeniya Goriatcheva, Hugh A. Meighen, *A Guide to the PCA Arbitration Rules*, Oxford University Press, 2014, p. 163. 例如，"帝汶海调解案"的程序规则第 22 条第 4 款就规定按照从各方收到的缴存款比例返还余额。

[214] Bay of Bengal Maritime Boundary Arbitration between Bangladesh and India, Rules of Procedure, art. 21（4）; the "Enrica Lexie" Incident, Rules of Procedure, art. 22（4）; Dispute concerning Coastal State Rights, Rules of Procedure, art. 26（4）.

[215] Arctic Sunrise Arbitration, Rules of Procedure, art. 33（4）; Dispute concerning Coastal State Rights, Rules of Procedure, art. 26（4）.

结　论

对目前可以获得的《公约》附件七仲裁法庭的程序规则的考察清楚地显示，这些程序规则之间无论在结构还是在具体内容方面都存在着各种程度的相似甚至相同性。然而，它们在结构方面的相似性更为突出和广泛，而在具体规定方面的相似性则主要体现在某些程序规则之间，例如"自由号仲裁案"之前的5个程序规则之间以及"自由号仲裁案"之后的几个程序规则之间。这些相似性既源于它们同为《公约》附件七项下的仲裁案的程序规则，又源于这些仲裁案都为常设仲裁法院所管理的事实。前者使得这些程序规则的制定者需要参照《公约》附件七的规定并参考先前制定的附件七项下的程序规则；而后者使得这些程序规则的制定在客观上必定受到常设仲裁法院的仲裁规则——《PCA 仲裁规则1992》和《PCA 仲裁规则2012》的影响。考虑到将来的附件七仲裁很有可能同样交由常设仲裁法院管理，有理由相信在今后的《公约》附件七仲裁法庭的程序规则中依然会延续与之前程序规则的某些相同和相似规定。另外，考察同时显示出各个程序规则之间存在各种各样的差异。不仅没有两个程序规则的规定完全一致，而且所有程序规则对某一问题采取一致规定的情况也不常见。通常的情况是一些程序规则对某一问题采取了一种规定，而另一些则采取了另一种规定。其中有的差异显然是出于适应特定案件的具体情况的目的，而有的则涉及法理问题。

就具体规定而言，本书对目前的附件七程序规则逐条进行了比较分析，并提出了一些看法，它们反映在下述"《公约》附件七仲裁法庭程序规则示范条款"中。需要说明的是，这些条款无论在结构还是在内容方面均依赖现今的附件七程序规则。其结构是基于目前大多数附件七程序规则所采用的结构，而且其绝大部分内容也来自这些程序规则。其中虽然许多规定包含在所有或大多数程序规则中，但也有些规定来自部分或个别的程序规则。各个条款的情况也不相同。具体而言，许多条款的内容依据或采用了某个、某些或全部程序规则中的相关规定，例如第 2 条"书记处"、第 4 条"程序的开始"、第 5 条"代表和协助"、第 11 条"仲裁地点"、第 14 条"书状的顺序和内容"、第 15 条"书状的格式"、第 16 条"初步反对主张"、第 17 条"临时措施"、第 23 条"和解或其他终止理由"、第 23 条"裁决的更正"、第 26 条"开支"等。许多条款的内容来自不同程序规则中的规定。例如，第 1 条"适用范围"第 1 款的第 1 句话来自"自由号仲裁案"和"大西洋鲱鱼仲裁案"的程序规则第 1 条第 1 款的前半部分规定，而第 2 句话来自其他程序规则第 1 条第 1 款的第 2 句话；第 2 款的前半句话来自"自由号仲裁案"和"大西洋鲱鱼仲裁案"程序规则第 1 条第 2 款的部分规定，而后半句则基于其他程序规则的规定。第 3 条"通知、期间的计算"基于多数程序规则的规定，同时第 1 款中增加了"自由号仲裁案"等程序规则中关于按照仲裁法庭授权的地址向当事方送达的内容。第 10 条"总则"、第 13 条"程序的公开"、第 20 条"仲裁法庭指派的专家"、第 22 条"裁决的形式和效力"、第 24 条"裁决的解释或执行"也属此种情况。一些条款在采用某些程序规则规定的同时基于法理方面的考虑作了修改，例如：第 6 条"仲裁员的数量和指派"在采用绝大多数程序规则中的表述的同时添加了"应"字；第 28 条"开支的缴存"中将第 1 款和第 2 款中要求当事方支付缴存的主体确定为仲裁法庭。除了附件七的程序规则，"示范条款"的一些内容还参考了其他仲裁文件以及国际法院和国际海洋法法庭的文件。例如：第 7 条"质疑仲裁员的理由"第 1 款第 1 句话中"一旦被指派"的表述来自《PCA 仲裁规则 1992》第 9 条，而第 2 句话来自《PCA 仲裁规则 2012》第 11 条；第 8 条"质疑仲裁员的程序"第 4 款主要基于"自由号仲裁案"等几个程序规则的规定模式，但是采纳了"莫克斯工厂案""查戈斯群岛海洋保护区仲裁案""北极日出号仲裁案"中关于由法庭其他成员裁判质疑的规定，同时参考"厄立特里亚/埃塞俄比亚边界委员会"的程序规则增加了"如果法庭未受到质疑的成员少于三人，则应将质疑提交国际海洋法法庭庭长决定"的规定；第 18 条"证据"的第 1 款和第 2 款基于目前所有附件七程序规则的规定，但第 3 款第 1 句话的后半句和第 4 款则主要基于《国际法院规则》和《国际海洋法法庭规则》的规定；第 19 条"庭审"第 8 款第 1 句话基于《国际法院规约》和《国际海洋法法庭规则》的规定；第 21 条"关于行政和常规程序的决定"依据的是目前多数程序规则的规定，但所添加的最后半句"法庭全庭可以修改庭长的决定"来自常设仲裁法院的仲裁规则以及其他一些由常设仲裁法院管理的仲裁案的程序规则。特别需要指出的是,基于法理的考虑,"示范条款"没有采纳目前许多程序规则中的一些规定。例如:第 12 条"仲裁语言"没有将仲裁语言定为英语;第 18 条"证据"没有采纳"仲裁法庭可采取一切适当措施来确立事实"的规定;第 22 条"裁决的形式和效力"没有采纳"除了最终裁决外,仲裁法庭有权作出临时、中期或部分裁决"的规定;第 9 条"更换仲裁员"第 1 款完全没有采纳目前附件七程序规则的规定,而是参照了"帝汶海调解案"(东帝汶诉澳大利亚)强制调解委员会程序规则的规定,并增加了第 3 句话。

《公约》附件七仲裁法庭程序规则示范条款

第一节　引　言

第 1 条　适用范围

1. 本规则应在补充的基础上在本案中适用,从属于《公约》(包括其附件七)。仲裁法庭在征询争端各方意见后可以对本规则做修改或补充[或争端各方可以在与仲裁法庭协商后,达成书面协议对本规则做修改或补充]。

2. 对于《公约》(包括其附件七)和本规则没有明确规定的任何程序问题,如果争端各方未另有协议,该问题应由仲裁法庭在与争端各方协商后确定。

【说明】第 1 款第 2 句话中的两种表述可在制定程序规则时加以选择。

第 2 条　书记处

常设仲裁法院的国际事务局应作为本案书记处,并应负责仲裁程序的档案。

第 3 条　通知、期间的计算

1. 为本规则的目的,任何通知,包括通知书、公文或提议,一俟送达书记处或当事方指定的代理人或仲裁法庭授权的地址,即视为仲裁法庭或该方收讫。

2. 为计算本规则中的期间的目的，此期间应从通知收讫的第二天开始计算。如果期间的最后一天在有关当事方的国家或在荷兰为官方假日或非工作日，则期间顺延至第一个工作日。在期间内发生的官方假日或非工作日包括在期间的计算之内。

第 4 条　程序的开始

本程序应视为自〔日期〕开始。

【说明】日期应以被告方实际收到仲裁通知的日期为准。

第 5 条　代表和协助

每一方应由一名代理人和一名或一名以上共同代理人（如果它如此决定的话）代表。各方还可以由它们选择的人员予以协助。代理人和任何共同代理人的姓名和地址必须书面通知另一方和书记处。

第二节　仲裁法庭的组成

第 6 条　仲裁员的数量和指派

仲裁法庭应由按照《公约》附件七第 3 条指派的五名成员组成。

第 7 条　质疑仲裁员的理由

1. 一旦被指派，每名仲裁员应作出全面的书面声明，以披露可能引发对其公正性或独立性的合理怀疑的任何情况。在整个仲裁过程中，仲裁员应不迟延地向争端各方和其他仲裁员披露任何此类情况，除非其已经告知了他们这些情况。

2. 如果存在引发对仲裁员的公正性或独立性的合理怀疑的情况，可以质疑仲裁员。

3. 指派该仲裁员的争端一方，只有基于其在作出指派后才知道的理由方可质疑该仲裁员。

4. 当仲裁员不作为或者在事实或法律上不可能履行职责时，应适用第 8 条规定的质疑仲裁员的程序。

第 8 条　质疑仲裁员的程序

1. 意图质疑仲裁员的争端一方应在得知第 7 条所提之情况后 30 日内发出书面质疑通知。

2. 质疑通知应通知另一方、被质疑的仲裁员以及书记处。质疑通知应说明质疑的理由。

3. 受到质疑的仲裁员可以辞职；如果争端双方都如此请求的话，则应当辞职。但是这均不意味着接受质疑理由的有效性。

4. 如果在发出质疑通知 15 日内被质疑的仲裁员未辞职，则提出质疑的一方可以选择继续。此时它应在发出质疑通知 30 日内寻求仲裁法庭其他未受到质疑的成员对该质疑作出裁判，但条件是他们至少为三人以上。如果法庭未受到质疑的成员少于三人，则应将质疑提交国际海洋法法庭庭长决定。

第 9 条　更换仲裁员

1. 如果对仲裁员指派的质疑被认可，或者在审理过程中有任何其他需要更换仲裁员的情况，应按照原来的指派方法指派替代仲裁员。在所有情况下应充分使用《公约》附件七第 3 条规定的程序来指派替代仲裁员，即使一方在指派将被更换的仲裁员的过程中未曾行使其指派的权利或未曾参与该指派。为指派替代仲裁员的目的，该条中的期限应当自争端各方被告知有关仲裁员的辞职、死亡或认可对其的质疑之日起算。

2. 在此情况下，仲裁法庭可在征询争端各方的意见后自由裁量决定全部或部分重复之前的庭审。

第三节　审　理

第 10 条　总则

1. 在《公约》（包括附件七）和本规则的限制下，仲裁法庭可以其认为适当的方式进行仲裁，只要争端各方被平等对待而且每一方在仲裁程序的任何阶段都被给予了陈述意见和提出其主张的充分机会。仲裁法庭在行使裁量权进行仲裁程序时应避免不必要的延迟和开支，并为解决各方争端提供公正有效的程序。

2. 争端一方给仲裁法庭的所有公文应同时由该方送交另一方和书记处。

3. 在本规则的限制下，争端各方应按照《公约》附件七第 6 条便利仲裁法庭的工作。

第 11 条　仲裁地点

1. 仲裁程序的所在地应为荷兰海牙。

2. 在与争端各方协商后，仲裁法庭可以在其认为适当的地点进行庭审。仲裁法庭还可以在其认为适当的地点举行会议。

第 12 条 仲裁语言

1. 仲裁语言应为_____，提交仲裁法庭的任何非仲裁语言书写的文件均应附有仲裁语言译本。

【说明】除非争端各方另有协议，仲裁语言应按照如下原则确定：如果各方的官方语言一致，则采用该官方语言；如果各方的官方语言不一致，则同时使用双方的官方语言或者使用第三种语言。

第 13 条 程序的公开

1. 本仲裁的存在应公开。书记处应在常设仲裁法院网站上指明争端各方的名称、仲裁法庭成员，以及争端各方的代理人和律师。

2. 争端各方的书状和它们提交的其他书面材料和证据应保密，直至与其相关的庭审开始，届时仲裁法庭在与各方协商后得决定将它们公之于众。

3. 除非各方另有协议，否则庭审不应对公众开放。仲裁法庭在与各方协商后得决定公布庭审笔录。

4. 仲裁法庭的命令应公开。除非各方另有协议，否则仲裁法庭的裁决也应予以公开。

5. 仲裁法庭可以不时就案件的进展发布新闻稿。

第 14 条 书状的顺序和内容

1. 在［日期］或之前，［原告］应向［被告］和书记处送交诉状，其中包含：

（a）［原告］所依据的事实的陈述；

（b）［原告］有关法律的陈词；

（c）［原告］所寻求的救济。

2. 在［日期］或之前，［被告］应提交辩诉状，其中包含：

（a）［被告］对诉状中所声称的事实的承认或否认，以及所依据的任何补充事实的陈述；

（b）［被告］对诉状中的法律陈词的意见，被告回应的法律陈词；

（c）［被告］所寻求的裁决。

3. 在［日期］或之前，［原告］可以提交答辩状。

4. 在［日期］或之前，［被告］可以提交复辩状。

5. 应争端任何一方的请求，并在查明争端他方的意见后，仲裁法庭可以延长上述各款中规定的书状提交时间。

6. 在仲裁程序过程中，争端任何一方经仲裁法庭许可可以修改或补充其主张或抗辩，但是（未经他方同意）对主张的修改或补充不得超出争端的范围。

第 15 条　书状的格式

1. 争端各方应连同书状提交所有它们意图依赖的书证、证人证言、专家报告和其他证据。

2. 争端各方的书状应以如下方式传送：

（a）提交方应通过电子邮件向另一方和书记处传送其书状以及所附证据和法律依据的电子副本。

（b）同一天，提交方应通过信使向另一方和书记处派发通过电子邮件发送的文件的硬拷贝，连同所有所附的书证、证人证言和专家报告的硬拷贝。提交方应向另一方派发＿＿＿＿份副本、书记处＿＿＿＿份副本。

（c）连同每份硬拷贝，提交方应派发存有完整电子副本（包括所附的证据和法律依据）的 USB 闪存盘或其他电子设备，如果可能的话，使用可供查询的 Adobe PDF 格式。

3. 争端各方书状所附的证据和法律依据应按照如下方式进行编排：

（a）整个仲裁过程中呈交仲裁法庭的文件应连续编号，并应清楚区分不同种类的文件（例如：证据、证人证言、专家报告、法律依据）。争端各方应议定它们之间一致的文件编号和标记方法。

（b）文件的硬拷贝应按照适当的卷册顺序提交。

（c）书状应附有详细的内容目录，尽可能通过证据编号、日期、文件类型、作者或接受者，描述所附的所有证据和法律依据。

【说明】第 2 款中争端各方提交书状的份数可由它们议定。

第 16 条　初步反对主张

1. 仲裁法庭应有权就对其管辖权或对仲裁通知或审理中所提任何主张的可受理性的反对主张作出裁决。

2. 关于仲裁法庭没有管辖权或仲裁通知或书状中所提主张不可受理的诉求应以如下方式书面提出：

（a）如果［被告方］请求将该诉求作为初步问题处理，则应尽速但不迟于诉状提交后三个月内提出；

（b）在所有其他情况下，不迟于在辩诉状中提出；针对答辩状则不迟于在复诉状中提出。

3. 仲裁法庭在查明各方观点后，可以作为一个初步问题或者在其最终裁决中就对管辖权或可受理性的反对主张作出裁决。

第 17 条 临时措施

1. 根据《公约》第 290 条第 1 款，争端一方可以在仲裁过程中随时提出规定临时措施的请求。该请求应是书面的，指明要求采取的措施、请求的理由，以及如果请求不被获准时对保全争端各方的各自权利或防止对海洋环境的严重损害可能产生的后果。

2. 仲裁法庭或庭长在仲裁法庭不开庭时，应确定可能的最早庭审日期。

3. 在临时措施的请求被提出后，仲裁法庭得规定与所要求的措施全部或部分不同的措施，并指出应采取或遵从每项措施的争端各方。

4. 争端一方可以书面请求修改或撤销临时措施。仲裁法庭在对该请求作出任何决定前，应给予争端各方对此陈述意见的机会。

第 18 条 证据

1. 每一方对其所依据的用以支持其主张或抗辩的事实应负有证明责任。

2. 仲裁法庭应确定所提证据的可接受性、相关性、实质性和重要性。

3. 仲裁法庭可以在仲裁程序中的任何时间要求争端各方在仲裁法庭确定的期间内提交法庭认为必要的文件或其他证据，或作出法庭认为必要的解释。仲裁法庭应记载任何拒绝以及所给出的任何理由。

4. 仲裁法庭在必要时得主动或应争端一方的请求决定视察同案件有关的地点，但须遵从法庭在查明各方意见后所决定的条件。

第 19 条 庭审

1. 应当有争端各方能够提出口头陈词的庭审。庭审应最好在书面程序结束后 3 个月内举行。

2. 仲裁法庭应将庭审的日期、时间和地点给予争端各方充分的提前通知。

3. 如需听讯证人包括专家证人，每一方应至少在庭审_____日之前将它拟提出的证人的姓名和地址、证明事项，以及证人作证时将使用的语言通知书记处和争端他方。争端一方对于其希望盘问的没有包括在上述通知中的他方证人，应在该通知_____日内将该证人的姓名通知书记处和争端他方。

4. 除仲裁法庭应争端一方的申请而允许的情况外，除非证人，包括专家证人已经提供了书面的证人陈述或专家报告，而且构成书状的组成部分并作为该证人的主证据，否则不应被听讯。

5. 仲裁法庭应在考虑争端各方的意见后决定询问证人的方式。仲裁法庭在其他证人作证时可要求任何证人，包括专家证人退庭。当证人不使用仲裁语言作证时，书记处应做必要的安排翻译成仲裁语言，费用由相关一方承担。

6. 如果被传唤作证的证人或专家没有出庭作证，那么该证人或专家证人的书面证词应从记录中删除，除非仲裁法庭认为适用例外情况。

7. 书记处应安排制作每次庭审的逐字记录。

8. 争端各方的代理人、律师及辅佐人在法庭指挥下陈述其主张已完毕时，庭长应宣告庭审终结。在作出最终裁决前，如果仲裁法庭认为有必要，可以重开口述程序。

【说明】第 3 款中争端各方传唤证人的时间要求可在制定程序规则时确定。

第 20 条　仲裁法庭指派的专家

1. 在征询争端各方的意见后，仲裁法庭可以指派一名或多名独立专家。该专家可被要求就法庭需要决定的具体问题以书面形式向法庭报告。仲裁法庭确定的专家职责范围的副本应送交争端各方。

2. 任何专家在接受指派前，原则上应向仲裁法庭和争端各方提交一份对其资质的描述以及一份公正性和独立性声明。争端各方应在仲裁法庭规定的时间内，通知仲裁法庭它们是否对专家的资质、公正性或独立性有反对意见。仲裁法庭应立即决定是否接受任何此类反对意见。在专家指派后，争端一方只有基于其在作出指派后才知道的理由方可反对专家的资质、公正性或独立性。仲裁法庭应立即决定是否，以及采取何种行动。

3. 争端各方应按照《公约》附件七第 6 条与仲裁法庭按照前款指派的专家合作。争端各方应向专家提供其要求的任何相关信息或出示其要求的任何相关文件供其审查。争端一方和专家之间任何关于所要求的信息或出示的相关性的争端应交由仲裁法庭裁断。

4. 如果专家被要求提交报告，仲裁法庭应在收到该报告后将其副本送交争端各方，并应给争端各方机会使其能够书面表达它们各自对该报告的意见。争端一方应有权审查专家在其报告中依据的任何文件。

5. 如果争端一方如此要求或者如果仲裁法庭认为有必要，专家应在提交报告后参加庭审，而争端各方应有机会向其提问，以及提出专家证人以便在相关问题上作证。第 19 条的规定应适用于这些程序。

第 21 条　关于行政和常规程序的决定

仲裁法庭的程序和实质裁决应以仲裁员的过半数票作出，但是行政和常规程序问题可以由仲裁法庭庭长决定，除非庭长希望听取仲裁法庭其他成员的意见或者争端各方要求仲裁法庭作出决定，然法庭全庭可以修改庭长的决定。

第四节　裁　决

第 22 条　裁决的形式和效力

1. 仲裁法庭的裁决应按照《公约》附件七第 10 条作出，并应具有《公约》附件七第 11 条所规定的效力。

2. 仲裁法庭可以在不同时间就不同问题分别作出裁决。

3. 书记处应将由仲裁员署名的裁决书副本送交争端各方。

第 23 条　和解或其他终止理由

1. 如果争端各方在裁决前就争端达成和解协议，那么仲裁法庭应发布命令终止仲裁程序，或者倘若争端各方请求而且仲裁法庭接受，根据协议条款用裁决的形式记录所达成的和解。仲裁法庭无须为这样的裁决说明理由。

2. 如果在裁决前，出于第 1 款未提及的任何原因不需要或不可能继续仲裁程序，则仲裁法庭应告知争端各方它意图发布命令终止仲裁程序。仲裁法庭应有权发布这样的命令，除非有仲裁法庭认为需要裁决的剩余事项。

3. 书记处应将由仲裁员署名的终止仲裁程序的命令或根据协议条款作出的裁决书的副本送交争端各方。

第 24 条　裁决的解释或执行

1. 任何按照《公约》附件七第 12 条的解释裁决或有关其执行方式的请求应在收到裁决后＿＿＿＿日内，由争端一方通过向仲裁法庭和争端他方发出通知提出。

2. 仲裁法庭应就第 1 款的请求作出书面决定。法庭的决定应构成裁决的组成部分，并应适用本规则第 22 条的规定。

【说明】第 1 款中的时间要求可在制定程序规则时确定。

第 25 条　裁决的更正

1. 争端任何一方在收到裁决后 30 日内，可请求仲裁法庭对裁决中的任何计算、文字或印刷错误以及任何类似性质的错误进行更正,并通知另一方。仲裁法庭可以在送交裁决后 30 日内主动进行此类更正。

2. 更正应采用书面形式,并应适用本规则第 22 条的规定。

第 26 条 开支

1. 除非仲裁法庭因案情特殊而另有决定,否则仲裁法庭的开支,包括仲裁员的报酬,应由争端各方平均分担。

2. 考虑到主题事项的复杂性、仲裁员花费的时间以及案件其他有关情况,仲裁法庭的开支金额应是合理的。

3. 书记处应记录所有开支,并应向争端各方提供开支的决算表。

第 27 条 费用

除仲裁法庭另有裁定外,争端各方应承担自己的费用。

第 28 条 开支的缴存

1. 仲裁法庭可以要求各方缴存相同数额的款项作为第 26 条中规定的开支的预付款。争端各方根据本条缴存的所有款项都应给书记处,并由其支付这些开支,如仲裁员和书记处的费用等。

2. 仲裁法庭在仲裁过程中还可以要求争端各方就第 26 条中规定的开支补充缴存。

3. 如果在收到缴存要求后 60 日内未全额支付,仲裁法庭应将此事通知争端各方以便其中一方支付缴存。如果仍未能支付,仲裁法庭可以命令暂停或终止仲裁程序。

4. 在作出裁决或终止命令后,书记处应给争端各方收到缴存的会计账目,并将未用完之余额退还争端各方。

附　录

附录一　《联合国海洋法公约》附件七

第一条　程序的提起

在第十五部分限制下,争端任何一方可向争端他方发出书面通知,将争端提交本附件所规定的仲裁程序。通知应附有一份关于其权利主张及该权利主张所依据的理由的说明。

第二条　仲裁员名单

1. 联合国秘书长应编制并保持一份仲裁员名单。每一缔约国应有权提名四名仲裁员,每名仲裁员均应在海洋事务方面富有经验并享有公平、才干和正直的最高声誉。这样提名的人员的姓名应构成该名单。

2. 无论何时如果一个缔约国提名的仲裁员在这样构成的名单内少于四名,该缔约国应有权按需要提名增补。

3. 仲裁员经提名缔约国撤回前仍应列在名单内,但被撤回的仲裁员仍应继续在被指派服务的任何仲裁法庭中工作,直到该仲裁法庭处理中的任何程序完成时为止。

第三条　仲裁法庭的组成

为本附件所规定程序的目的,除非争端各方另有协议,仲裁法庭应依下列规定组成:

(a) 在 (g) 项限制下,仲裁法庭应由仲裁员五人组成。

(b) 提起程序的一方应指派一人,最好从本附件第二条所指名单中选派,并可为其本国国民。这种指派应列入本附件第一条所指的通知。

(c) 争端他方应在收到本附件第一条所指通知三十天内指派一名仲

裁员，最好从名单中选派，并可为其国民。如在该期限内未作出指派，提起程序的一方，可在该期限届满后两星期内，请求按照（e）项作出指派。

（d）另三名仲裁员应由当事各方间以协议指派。他们最好从名单中选派，并应为第三国国民，除非各方另有协议。争端各方应从这三名仲裁员中选派一人为仲裁法庭庭长。如果在收到本附件第一条所指通知后六十天内，各方未能就应以协议指派的仲裁法庭一名或一名以上仲裁员的指派达成协议，或未能就指派庭长达成协议，则经争端一方请求，所余指派应按照（e）项作出。这种请求应于上述六十天期间届满后两星期作出。

（e）除非争端各方协议将本条（c）和（d）项规定的任何指派交由争端各方选定的某一人士或第三国作出，应由国际海洋法法庭庭长作出必要的指派。如果庭长不能依据本项办理，或为争端一方的国民，这种指派应由可以担任这项工作并且不是争端任何一方国民的国际海洋法法庭年资次深法官作出。本项所指的指派，应于收到请求后三十天期间内，在与当事双方协商后，从本附件第二条所指名单中作出。这样指派的仲裁员应属不同国籍，且不得为争端任何一方的工作人员，或其境内的通常居民或其国民。

（f）任何出缺应按照原来的指派方法补缺。

（g）利害关系相同的争端各方，应通过协议共同指派一名仲裁员。如果争端若干方利害关系不同，或对彼此是否利害关系相同，意见不一致，则争端每一方应指派一名仲裁员。由争端各方分别指派的仲裁员，其人数应始终比由争端各方共同指派的仲裁员少一人。

（h）对于涉及两个以上争端各方的争端，应在最大可能范围内适用（a）至（f）项的规定。

第四条　仲裁法庭职务的执行

依据本附件第三条组成的仲裁法庭，应按照本附件及本公约的其他规定执行职务。

第五条　程序

除非争端各方另有协议，仲裁法庭应确定其自己的程序，保证争端每一方有陈述意见和提出其主张的充分机会。

第六条　争端各方的职责

争端各方应便利仲裁法庭的工作，特别应按照其本国法律并用一切

可用的方法:

(a) 向法庭提供一切有关文件、便利和情报;并

(b) 使法庭在必要时能够传唤证人或专家和收受其证据,并视察同案件有关的地点。

第七条 开支

除非仲裁法庭因案情特殊而另有决定,法庭的开支,包括仲裁员的报酬,应由争端各方平均分担。

第八条 作出裁决所需要的多数

仲裁法庭的裁决应以仲裁员的过半数票作出。不到半数的仲裁员缺席或弃权,应不妨碍法庭作出裁决,如果票数相等,庭长应投决定票。

第九条 不到案

如争端一方不出庭或对案件不进行辩护,他方可请求仲裁法庭继续进行程序并作出裁决。争端一方缺席或不对案件进行辩护,应不妨碍程序的进行。仲裁法庭在作出裁决前,必须不但查明对该争端确有管辖权,而且查明所提要求在事实上和法律上均确有根据。

第十条 裁决书

仲裁法庭的裁决书应以争端的主题事项为限,并应叙明其所根据的理由。裁决书应载明参与作出裁决的仲裁员姓名以及作出裁决的日期。任何仲裁员均可在裁决书上附加个别意见或不同意见。

第十一条 裁决的确定性

除争端各方事前议定某种上诉程序外,裁决应有确定性,不得上诉,争端各方均应遵守裁决。

第十二条 裁决的解释或执行

1. 争端各方之间对裁决的解释或执行方式的任何争议,可由任何一方提请作出该裁决的仲裁法庭决定。为此目的,法庭的任何出缺,应按原来指派仲裁员的方法补缺。

2. 任何这种争执,可由争端所有各方协议,提交第二八七条所规定的另一法院或法庭。

第十三条 对缔约国以外的实体的适用

本附件应比照适用于涉及缔约国以外的实体的任何争端。

附录二　部分附件七仲裁实践一览表

年份	案件	事件
1999	"麦氏金枪鱼案"（澳大利亚和新西兰诉日本）	7月15日，提起仲裁 8月27日，国际海洋法法庭规定临时措施
2000	"麦氏金枪鱼案"	5月7—11日，管辖权庭审 8月4日，仲裁法庭裁决没有管辖权，案件结束
2001	"莫克斯工厂案"（爱尔兰诉英国）	10月25日，提起仲裁 12月3日，国际海洋法法庭规定临时措施
2002	"莫克斯工厂案"	7月2日，仲裁法庭第1号命令（爱尔兰修改的主张说明） 12月10日，仲裁法庭第2号命令（提交书状的时限）
2003	"莫克斯工厂案"	6月10—13日，庭审 6月13日，仲裁法庭庭长声明（暂停程序） 6月17—21日，临时措施庭审 6月24日，仲裁法庭第3号命令（暂停管辖权和实体程序，以及进一步临时措施的请求） 11月14日，仲裁法庭第4号命令（进一步暂停管辖权和实体程序）
2003	"新加坡在柔佛海峡内及其周围围海造地案"（马来西亚诉新加坡）	7月4日，提起仲裁 10月8日，国际海洋法法庭规定临时措施
2004	"巴巴多斯诉特立尼达和多巴哥案"	2月16日，提起仲裁 6月7日，仲裁法庭第1号命令，关于提交书状 8月23日，仲裁法庭第2号命令，关于程序规则、书状、庭审、信息披露 9月17日，仲裁法庭第3号命令，关于信息披露 10月26日，仲裁法庭第4号命令，关于信息披露
2004	"圭亚那诉苏里南案"	2月24日，提起仲裁

续表

年份	案件	事件
2005	"巴巴多斯诉特立尼达和多巴哥案"	10月17—28日,庭审
	"圭亚那诉苏里南案"	7月18日,仲裁法庭第1号命令(获得文件) 7月18日,仲裁法庭第2号命令(初步反对主张) 10月12日,仲裁法庭第3号命令,关于文件专家 10月12日,仲裁法庭第4号命令,关于获得文件
	"新加坡在柔佛海峡内及其周围围海造地案"	9月1日,合意裁决,终止程序
2006	"圭亚那诉苏里南案"	2月16日,仲裁法庭第5号命令,关于获得文件 11月27日,仲裁法庭第6号命令,关于水文专家 12月7—20日,庭审
	"巴巴多斯诉特立尼达和多巴哥案"	4月11日,仲裁法庭裁决
2007	"莫克斯工厂案"	1月22日,仲裁法庭第5号命令(暂停各方的定期报告)
	"圭亚那诉苏里南案"	3月12日,仲裁法庭第7号命令,关于界标B 5月21日,仲裁法庭第8号命令,关于水文专家的现场访问安排 9月17日,仲裁法庭裁决
2008	"莫克斯工厂案"	6月6日,仲裁法庭第6号命令(终止程序)
2009	"孟加拉湾海洋边界仲裁案"(孟加拉国诉印度)	10月8日,提起仲裁
2010	"查戈斯群岛海洋保护区仲裁案"(毛里求斯诉英国)	12月20日,提起仲裁
2011	"查戈斯群岛海洋保护区仲裁案"	10月13日,仲裁法庭驳回对格林伍德指派的质疑,随后于11月30日作出有理由的决定
2012	"自由号仲裁案"(阿根廷诉加纳)	10月29日,提起仲裁 12月15日,国际海洋法法庭规定临时措施
	"查戈斯群岛海洋保护区仲裁案"	12月13日,仲裁法庭第1号程序令,关于书状的提交要求

续表

年份	案件	事件
2013	"查戈斯群岛海洋保护区仲裁案"	1月15日，仲裁法庭第2号程序令（分解程序的请求）
	"自由号仲裁案"	7月31日，仲裁法庭第1号程序令，关于程序规则和程序时间表等 11月11日，仲裁法庭命令，终止程序
	"大西洋鲱鱼仲裁案" ［丹麦（法罗群岛）诉欧盟］	8月16日，提起仲裁
	"孟加拉湾海洋边界仲裁案"	8月28日（10月11日修改），仲裁法庭第1号程序令（关于2013年10月的现场访问） 11月6日（11月8日和12日更正），仲裁法庭第2号程序令（关于实体问题的庭审） 11月20日，仲裁法庭第3号程序令（关于现场访问的记录） 12月6日，仲裁法庭第4号程序令（关于现场访问记录采纳为证据） 12月9—18日，实体问题庭审
	"北极日出号仲裁案" （荷兰诉俄罗斯）	10月4日，提起仲裁 11月22日，国际海洋法法庭规定临时措施
	"杜兹吉特·完整号仲裁案" （马耳他诉圣多美和普林西比）	10月22日，提起仲裁
2014	"大西洋鲱鱼仲裁案"	3月15日，仲裁法庭第1号程序令，关于程序规则和程序时间表 6月30日，仲裁法庭第2号程序令，中止审理 9月23日，仲裁法庭命令，终止程序
	"北极日出号仲裁案"	3月17日，仲裁法庭第1号程序令（指派条件） 3月17日，仲裁法庭第2号程序令（程序规则；初步程序时间表） 10月8日，仲裁法庭第3号程序令（绿色和平组织提出法庭之友意见的请求） 11月21日，仲裁法庭第4号程序令（分解程序） 11月26日，仲裁法庭就管辖权作出肯定裁决（针对俄罗斯照会）
	"孟加拉湾海洋边界仲裁案"	7月7日，仲裁法庭裁决
	"查戈斯群岛海洋保护区仲裁案"	4月22日—5月9日，庭审
	"杜兹吉特·完整号仲裁案"	5月27日，仲裁法庭第1号程序令，制定了程序规则和临时程序时间表

续表

年份	案件	事件
2015	"北极日出号仲裁案"	2月10—11日，管辖权和实体问题庭审（不包括赔偿问题） 8月14日，实体裁决
	"查戈斯群岛海洋保护区仲裁案"	3月18日，仲裁法庭裁决
	"杜兹吉特·完整号仲裁案"	8月24日，仲裁法庭第2号程序令，拒绝分解程序，并确定了修改的程序时间表 10月1日，仲裁法庭第3号程序令，就马耳他的争议文件提交请求作出裁定 11月19日，仲裁法庭第4号程序令，拒绝马耳他提交损害验证报告的请求
	"恩丽卡·莱克西号事件案"（意大利诉印度）	6月26日，提起仲裁 8月24日，国际海洋法法庭规定临时措施
2016	"杜兹吉特·完整号仲裁案"	1月22日，仲裁法庭第5号程序令，关于庭审问题 2月4日，仲裁法庭第6号程序令，关于庭审问题 2月23—24日，庭审（不包括损害数额问题） 2月25日，仲裁法庭第7号程序令，关于提交文件和评论 3月25日，仲裁法庭第8号程序令，拒绝马耳他提交补充证据的请求 9月5日，裁决
	"恩丽卡·莱克西号事件案"	1月19日，仲裁法庭第1号程序令（临时措施的程序时间表） 4月29日命令，规定临时措施 9月9日，仲裁法庭第2号程序令（书面陈词的到期日延期）
	"黑海、亚速海和刻赤海峡的沿海国权利争端案"（乌克兰诉俄罗斯）	9月16日，提起仲裁
2017	"北极日出号仲裁案"	7月10日，赔偿裁决
	"恩丽卡·莱克西号事件案"	6月1日，仲裁法庭第3号程序令（关于就印度的反诉提交书状的程序安排）

续表

年份	案件	事件
2018	"恩丽卡·莱克西号事件案"	2月12日,仲裁法庭第4号程序令(修改程序安排) 7月30日,仲裁法庭第5号程序令 9月14日,仲裁法庭第6号程序令
2018	"黑海、亚速海和刻赤海峡的沿海国权利争端案"	1月18日,仲裁法庭第2号程序令(关于保密性) 8月20日,仲裁法庭第3号程序令(关于分解程序) 8月27日,仲裁法庭第4号程序令(关于当事方管辖权书状的时间表)
2019	"恩丽卡·莱克西号事件案"	5月16日,仲裁法庭第7号程序令(修改程序规则) 5月16日,仲裁法庭第8号程序令(修改庭审日期)
2019	"黑海、亚速海和刻赤海峡的沿海国权利争端案"	4月8日,仲裁法庭第5号程序令(关于管辖权庭审安排)

出处:笔者根据相关资料整理制作

附录三 "莫克斯工厂案"程序规则[1]

2002年7月2日

(略)

第一节 引 言

适用范围

第1条

1. 仲裁法庭应按照本规则、《公约》和《公约》附件七的相关规定执行职务。争端各方可以在与仲裁法庭协商后达成书面协议对本规则做修改或补充。

2. 对于本规则、附件七和《公约》其他规定没有明确规定的任何程序问题,如果争端各方未另有协议,该问题应由仲裁法庭在与争端各方

---

[1] 该程序规则由本书作者翻译。

协商后决定。

3. 常设仲裁法院的国际事务局（"国际事务局"）应作为书记处，并应负责仲裁程序的档案。

通知、期间的计算

第 2 条

1. 为本规则的目的，任何通知，包括通知书、公文或提议，一俟送达国际事务局或按照第 4 条指定的当事方的代理人即视为国际事务局或该方收讫。

2. 为计算本规则中的期间的目的，此期间应从通知收讫的第二天开始计算。如果期间的最后一天在当事方的国家或在荷兰为官方假日或非工作日，则期间顺延至第一个工作日。在期间内发生的官方假日或非工作日包括在期间的计算之内。

程序的开始

第 3 条

本程序应视为自 2001 年 10 月 25 日开始。

代表和协助

第 4 条

每一方应由一名代理人和一名或一名以上副代理人（如果它如此决定的话）代表。各方还可以由它们选择的人员予以协助。代理人和任何副代理人的姓名和地址必须书面通知另一方、国际事务局和仲裁法庭的所有成员（在其被指派后）。

第二节 法庭的组成

仲裁员的数量和指派

第 5 条

仲裁法庭由五名按照《公约》附件七第 3 条指派的成员组成。

质疑仲裁员

第 6 条

1. 任一当事方可以在被通知仲裁员的指派后 30 日内，以存在引发对仲裁员的公正性或独立性的合理怀疑的情况，或者他/她不具备适合该职责的资质为由质疑仲裁员。任何此类质疑应是书面的，并应通知国际事务局和仲裁法庭全体成员。

2. 其指派受到质疑的仲裁员可以辞职；如果争端双方都如此请求的话，则应当辞职。但如果未辞职，则仲裁法庭的其他成员应最好在自质疑之日起 30 日内，但最迟不超过 60 日内对该质疑作出裁判。

更换仲裁员

第 7 条

1. 如果对仲裁员指派的质疑得到认可，或者当仲裁员在仲裁过程中死亡或离职，应按照如下规定指派替代仲裁员：

（a）当被更换的仲裁员原来是由当事各方自己按照《公约》附件七第 3 条（b）项或第 3 条（c）项指派的，则由做出原来指派的一方在质疑被认可，或者仲裁员死亡或离职 30 日内（可能的话），或不迟于 60 日内指派替代仲裁员；

（b）当被更换的仲裁员原来是由争端各方按照《公约》附件七第 3 条（d）项协议指派的，则由各方协议，或如果未能达成协议，则由法庭的其他成员在质疑被认可，或者仲裁员死亡或离职 30 日内（可能的话），或不迟于 60 日内指派替代仲裁员。

2. 在此情况下，仲裁法庭得自由裁量决定重复之前的庭审。

第三节 审 理

总 则

第 8 条

1. 在本规则的限制下，仲裁法庭可以其认为适当的方式进行仲裁，只要争端各方被平等对待而且每一方在仲裁程序的任何阶段都被给予了陈述意见和提出其主张的充分机会。

2. 在本规则的限制下，争端各方应按照《公约》附件七第 6 条便利仲裁法庭的工作。

仲裁的地点和语言

第 9 条

1. 进行仲裁的地点应是荷兰海牙。

2. 仲裁法庭可以在其认为适当的任何地点举行会议。

3. 裁决应在仲裁地作出。

4. 仲裁语言是英语。

书状的顺序和内容

第 10 条

1. 爱尔兰应在 2002 年 7 月 26 日当日或之前向英国、国际事务局和每位仲裁员书面送交诉状，其中包括：

（a）爱尔兰所依据的事实的陈述；

（b）爱尔兰的法律陈词；

（c）爱尔兰所寻求的救济。

2. 英国应在 2003 年 1 月 2 日当日或之前送交辩诉状，其中包括：

（a）对诉状中所声称的事实的承认或否认，以及英国所依据的补充事实的陈述；

（b）对诉状中法律陈词的意见，英国对其答复的法律陈词；

（c）英国所寻求的命令形式。

3. 爱尔兰可以在 2003 年 2 月 28 日当日或之前提交答辩状。

4. 英国可以在 2003 年 4 月 25 日当日或之前提交复辩状。

5. 应争端任何一方的请求，并在查明争端他方的意见后，仲裁法庭可以延长本条第 1、2、3、4 款中规定的书状提交期限。

6. 每一书状的原件应附有可资佐证书状中所称事实的任何有关文件的经核证的副本。

7. 在仲裁审理过程中，任一当事方经仲裁法庭许可可以修改或补充其主张或抗辩，但是（未经他方同意）对主张的修改或补充不得超出争端的范围。

初步反对主张

第 11 条

1. 仲裁法庭应有权就对其管辖权或对仲裁通知或审理中所提任何主张的可受理性的反对主张作出裁决。

2. 关于仲裁法庭没有管辖权或者仲裁通知或书状中所提主张不可受理的诉求应按照下列方式之一提出：

（a）如果英国请求将该诉求作为初步问题处理，则应尽速，但不迟于诉状提交后 3 个月内提出；或者

（b）在所有其他情况下，不迟于在辩诉状中提出；针对答辩状的则不迟于在复诉状中提出。

3. 仲裁法庭在查明各方观点后，可以作为一个初步问题或者在其最终裁决中就对管辖权或可受理性的反对主张作出裁决。

证据和庭审

第 12 条

1. 每一方对其所依据的用以支持其主张或抗辩的事实应负有证明责任。仲裁法庭应确定所提证据的可接受性、相关性、实质性和重要性。

2. 在下述第 3 款的限制下，仲裁法庭可采取一切适当措施来确立事实。

3. 任一当事方在其提交的或者将要提交的书面或口头诉状或其他文件中认定为"机密和敏感"的部分应仅限于对仲裁法庭、当事他方的独立律师以及各方同意的其他人员公开，除非和直至仲裁法庭按照与各方协商后所确定的程序作出相反的命令。仲裁法庭将不会命令在更大范围内披露这些资料，除非给予提交该资料的当事一方撤回该资料的机会。对于任何如此撤回的资料，该保密性的要求仍然有效。仲裁法庭可以要求任何向其披露"机密和敏感"资料的人员作出适当的书面承诺以尊重和保守资料的机密性。

第 13 条

1. 应当有仲裁法庭认为适宜的、争端各方能够提出口头陈词的庭审。

2. 仲裁法庭应将任何口头庭审的日期、时间和地点给予争端各方充分的提前通知。

3. 如需听讯证人包括专家证人，每一当事方应至少在庭审前 30 天将

它拟提出的证人的姓名和地址、证明事项,以及证人作证时将使用的语言告知国际事务局、仲裁法庭成员和当事他方。如果证人使用英语以外的语言,国际事务局应作出必要安排翻译成英语,费用由有关当事方承担。

4. 仲裁法庭在其他证人作证时可要求任何证人,包括专家证人退庭。仲裁法庭应在考虑争端各方的意见后决定询问证人的方式。

5. 在依照第 12 条第 3 款采取了或将采取任何步骤以保护任一当事方提交的或将要提交的且认定为"机密和敏感"的诉状或其他文件的前提下,并且在与各方协商以建立适当方式后,口头庭审应对公众开放,除非仲裁法庭另有决定。

6. 在第 12 条第 3 款的限制下,当事各方的书状以及它们提交的任何文件或证据应保密至与其相关的庭审开始,届时仲裁法庭在查明各方观点后可以决定公开。

7. 国际事务局应安排制作每次庭审的逐字记录。

关于行政和常规程序的决定

第 14 条

仲裁法庭关于程序和实体的裁决应以仲裁员的过半数票作出,但是行政和常规程序问题可以由仲裁法庭庭长决定,除非庭长希望听取仲裁法庭其他成员的意见或者争端各方要求仲裁法庭作出决定。

第四节 裁 决

裁决的公布

第 15 条

在适用本规则第 12 条第 3 款所产生的任何要求的限制下,裁决应予公开,但以不披露机密信息为限。

开支和费用

第 16 条

1. 除非仲裁法庭因案情特殊而另有决定,否则仲裁法庭的开支,包括仲裁员的报酬,应由争端各方平均分担。

2. 考虑到主题事项的复杂性、仲裁员花费的时间、争议的金额(如果有的话），以及案件其他有关情况，仲裁法庭的开支金额应是合理的。

3. 国际事务局应记录所有开支，并应向争端各方提供开支的决算表。

第 17 条

仲裁法庭可以就各方在提出它们各自主张时所产生的费用作出其认为适当的裁决。

开支的缴存

第 18 条

1. 国际事务局可以要求各方缴存相同数额的款项作为第 16 条中规定的开支的预付款。争端各方根据本条缴存的所有款项都应给国际事务局，并由其支付这些开支，如仲裁员和国际事务局的费用等。

2. 国际事务局或仲裁法庭在仲裁过程中还可以要求争端各方就第 16 条中规定的开支补充缴存。

3. 如果在收到缴存要求后 60 日内未全额支付，仲裁法庭应将此事通知争端各方以便其中一方支付缴存。如果仍未能支付，仲裁法庭可以命令暂停或终止仲裁程序。

4. 在作出裁决后，国际事务局应给争端各方收到缴存的会计账目，并将未用完之余额退还争端各方。

附录四　"自由号仲裁案"程序规则[2]

2013 年 7 月 31 日

（略）

第一节　引　言

适用范围

第 1 条

1. 本规则应在补充的基础上在本案中适用，从属于《公约》（包括

---

[2] 该程序规则由本书作者翻译。

其附件七)、2013 年 5 月 21 日的《指派条件》,以及仲裁法庭后续的程序令。

2. 对于《公约》(包括其附件七)、本规则,以及仲裁法庭发布的现有程序令没有明确规定的任何程序问题,该问题应由仲裁法庭在与争端各方协商后确定。

3. 海牙的常设仲裁法院的国际事务局应作为本案的书记处。它应管理仲裁程序的档案,并按照仲裁法庭的指示提供适当的书记处服务。

通知、期间的计算

第 2 条

1. 通知,包括通知书、公文或提议,可以使用任何能够提供传送记录的通信方式传送。

2. 如果某一地址是当事一方为此目的专门指定的或者是仲裁法庭授权的,那么任何通知应在该地址送达该当事方,而一旦如此送达则应视为收讫。使用电子方式,如传真或电子邮件送达,只能发送到被指定或授权的地址。

3. 通知应视为在按照第 2 款送达日收讫。使用电子方式传送的通知视为在发送日收讫。

4. 为计算本规则中的期间的目的,此期间应从通知收讫的第二天开始计算。如果期间的最后一天在收件人的住所或营业地为官方假日或休息日,则期间顺延至第一个工作日。在期间内发生的官方假日或休息日包括在期间的计算之内。

程序的开始

第 3 条

本程序应视为自 2012 年 10 月 29 日开始。

代表和协助

第 4 条

1. 每一方应指派一名代理人和一名或一名以上共同代理人(如果它如此决定的话)。每一方还可以由它们选择的人员协助。

2. 代理人、当事方的代表、其他协助当事方的人员的姓名和地址必须通知所有当事方、仲裁法庭以及常设仲裁法院。该通知必须明确指派的目的是代表还是协助。对于作为当事一方的代理人或代表行事的人员，仲裁法庭可以主动或应任一当事方的请求，随时要求提供按照仲裁法庭所决定的形式给予该代理人或代表的授权证明。

第二节 仲裁法庭的组成

仲裁员的数量和指派

第 5 条
仲裁法庭由五名按照《公约》附件七第 3 条指派的成员组成。

质疑仲裁员

第 6 条
1. 如果存在引发对仲裁员的公正性或独立性的合理怀疑的情况，可以质疑仲裁员。
2. 指派该仲裁员的争端一方，只有基于其在作出指派后才知道的理由方可质疑该仲裁员。
3. 当仲裁员不作为或者在事实或法律上不可能履行职责时，应适用第 7 条规定的质疑仲裁员的程序。

第 7 条
1. 意图质疑仲裁员的争端一方应在得知第 6 条所提之情况后 30 日内发出质疑通知。
2. 质疑通知应通知另一方、被质疑的仲裁员、其他仲裁员以及常设仲裁法院。质疑通知应说明质疑的理由。
3. 当仲裁员被争端一方质疑时，争端他方可以同意该质疑。被质疑的仲裁员也可以离职。但是这均不意味着接受质疑理由的有效性。
4. 如果在发出质疑通知 15 日内各方未就质疑达成一致或被质疑的仲裁员未离职，则提出质疑的一方可以选择继续。此时它应在发出质疑通知 30 日内寻求国际海洋法法庭庭长对该质疑作出裁判。

更换仲裁员

第 8 条
1. 如果对仲裁员指派的质疑得到认可，或者当仲裁员在仲裁过程中死亡或离职，应按照如下规定指派替代仲裁员：

（a）当被更换的仲裁员原来是由当事各方自己按照《公约》附件七第 3 条（b）项或第 3 条（c）项指派的，则由做出原来指派的一方在质疑被认可，或者仲裁员死亡或离职 30 日内（可能的话），或不迟于 60 日内指派替代仲裁员；

（b）当被更换的仲裁员原来是由国际海洋法法庭庭长按照《公约》附件七第 3 条（e）项指派的，如果争端各方在质疑被认可，或者仲裁员死亡或离职 30 日内未另有协议，则由国际海洋法法庭庭长在与争端各方协商后作出指派。

2. 在此情况下，仲裁法庭得自由裁量决定重复之前的庭审。

第三节　审　理

总　则

第 9 条

1. 在《公约》附件七、2013 年 5 月 21 日的《指派条件》和本规则的限制下，仲裁法庭可以其认为适当的方式进行仲裁，只要争端各方被平等对待而且每一方在仲裁程序的任何阶段都被给予了陈述意见和提出其主张的充分机会。仲裁法庭在行使裁量权进行仲裁程序时应避免不必要的延迟和开支，并为解决各方争端提供公正有效的程序。

2. 仲裁法庭组成后应尽快在邀请争端各方表达它们的观点后，建立仲裁的临时时间表。仲裁法庭在邀请争端各方表达它们的观点后，可以随时延长或缩短根据本规则规定的或争端各方议定的期间。

3. 如果任何一方在审理的适当阶段提出请求，仲裁法庭应进行庭审以便审查证人和专家，以及/或者进行口头辩论。倘无这样的请求，仲裁法庭应决定是否进行这样的庭审，或者是否应根据文件和其他材料进行审理。

4. 争端一方给仲裁法庭的所有公文应同时由该方送交另一方和常设仲裁法院。

5. 在本规则的限制下，争端各方应根据《公约》附件七第 6 条便利仲裁法庭的工作。

仲裁地点

第 10 条

1. 仲裁程序的所在地应为荷兰海牙。

2. 在与争端各方协商后，仲裁法庭可以在其认为适当的地点进行庭审。为评议或相关目的，仲裁法庭还可以在其认为适当的地点举行会议。

仲裁语言

第 11 条

1. 仲裁语言应是英语和西班牙语。

2. 仲裁法庭的任何决定或裁决应以英语和西班牙语作出。倘若争端双方之间没有协议，仲裁法庭应确定当英语和西班牙语版本不一致时何种优先。

3. 仲裁法庭的程序令应有英语和西班牙语版。如果情况紧急，仲裁法庭可以英语或西班牙语发布这些文件，然后迅速发布另一种语言版本。

4. 各方的书面陈词、证人证言、专家报告，以及给仲裁法庭的公文，应以英语或西班牙语提交。

5. 所有证据应提交原文，并连同英语或西班牙语翻译，如果原文不是其中一种语言的话。当一方认为某个文件的内容并非全部相关，翻译可以限于相关段落以及构成这些段落上下文所需的该文件的其他部分。但是如果仲裁法庭要求，或者另一方要求而仲裁法庭（在提交方反对的情况下）认为适宜，则应提供全部翻译。

6. 证人证言和专家报告应提交原文，并连同一种仲裁语言的翻译，如果需要的话。

7. 应法庭的要求，一方应向法庭、常设仲裁法院和他方提供用英语或西班牙语提交的书状或证据的另一种仲裁语言的翻译。一方提供的翻译将被接受为准确的，除非受到他方质疑；在此情况下，双方应努力就翻译达成协议。

8. 常设仲裁法院将为所有庭审安排英语和西班牙语的同声传译和转录。庭审中各方代理人和律师的口头陈词，以及对证人和/或专家的询问，可以用英语或西班牙语进行，并伴有同声传译（或交替传译，如果仲裁法庭这样命令的话）。

程序公开

第 12 条

1. 本仲裁应列于常设仲裁法院网站。应指明仲裁各方的名称、仲裁法庭的成员，以及争端各方的代理人、共同代理人、律师、辅佐人和顾问。

2. 仲裁法庭作出的任何程序令或决定应在通知各方后的第二天在常设仲裁法院网站上公布。

3. 除非双方反对，否则仲裁法庭的任何裁决都应予以公开。裁决的公开方式应由仲裁法庭在与各方磋商后确定。

4. 仲裁法庭将在与各方协商后就公开当事方的书面陈词、庭审笔录，以及公开进行庭审的可能性问题发布指示。

5. 仲裁法庭可以在与各方协商后不时就本案的进展在常设仲裁法院网站上发布新闻稿。

初步反对主张

第 13 条

1. 仲裁法庭应有权就对其管辖权或对审理中所提任何主张的可受理性的反对主张作出裁决。

2. 关于仲裁法庭没有管辖权或者仲裁通知［或］书状中所提主张不可受理的诉求应按照下列方式之一提出：

（a）如果加纳请求将该诉求作为初步问题处理，则应尽速，但不迟于阿根廷的诉状提交后 3 个月内提出；或者

（b）在所有其他情况下，不迟于在辩诉状中提出；针对答辩状的则不迟于在复诉状中提出。

3. 一旦收到第 2 款（a）项下的初步反对主张，有关实体问题的审理就应暂停。阿根廷应有权在加纳提出反对主张的诉求后 3 个月内提交书面意见及诉求。

4. 应通过口头庭审的方式处理加纳的任何初步反对主张。仲裁法庭在听取各方意见后，应作为一个初步问题或者在其最终裁决中就加纳的反对主张作出裁决。如果法庭拒绝了初步反对主张或者决定在最终裁决中加以裁判，那么加纳应在该决定后 6 个月内提交辩诉状。法庭应决定进一步程序的期限。

书面陈词的格式

第 14 条

1. 争端各方应连同书面陈词提交所有它们意图依赖的书证、证人、专家和其他证据。争端各方还应附上它们在陈词中引用的法律依据（例如：条约、法律、法令或司法判决）。

2. 争端各方的书面陈词应以如下方式传送：

（a）提交方应通过电子邮件向另一方、仲裁法庭和书记处传送其陈词以及所附证据和法律依据的电子副本。

（b）同一天，提交方应通过信使向另一方、仲裁法庭和书记处派发通过电子邮件发送的文件的硬拷贝，连同所有所附的书证、证人证言、专家报告和法律依据的硬拷贝。提交方应向另一方派发两份副本、仲裁法庭每位成员一份副本，以及书记处四份副本。

（c）连同每份硬拷贝，提交方应派发存有完整电子副本（包括所附的证据和法律依据）的 USB 闪存盘或其他电子设备，如果可能的话，使用可供查询的 Adobe PDF 格式。

3. 争端各方书面陈词所附的证据和法律依据应按照如下方式进行编排：

（a）整个仲裁过程中呈交仲裁法庭的文件应连续编号，并应清楚区分不同种类的文件（例如：证据、证人证言、专家报告、法律依据）。争端各方应议定它们之间一致的文件编号和标记方法。

（b）文件的硬拷贝应按照适当的卷册顺序提交。

（c）书面陈词应附有详细的内容目录，尽可能通过证据编号、日期、文件类型、作者或接受者，描述所附的所有证据和法律依据。

4. 陈词以外的公文应通过电子邮件发送仲裁法庭，并应同时发送给争端他方和书记处。

5. 只有当争端各方之间的通信有关仲裁法庭需要采取行动的事项或应当告知仲裁法庭时才应将通信的副本送交法庭。

证　据

第 15 条

1. 每一方对其所依赖的用以支持其主张或抗辩的事实应负有证明责任。

2. 仲裁法庭可采取一切适当措施来确立事实，包括必要时视察同案件有关的地点。

3. 仲裁法庭可以在仲裁程序中的任何时间要求争端一方在仲裁法庭确定的期间内提交文件、证物或其他证据。

4. 仲裁法庭应确定所提证据的可接受性、相关性、实质性和重要性。

5. 提交给仲裁法庭的所有文件，包括原始文件的副本都应被视为可信的，除非提交方另有表示或者他方迅速提出质疑。

第 16 条

1. 按照第 14 条第 1 款提交的每份书面证人陈述应作为证人的主证据。不得在给予各方提交它们各自书面陈词的期限过后提交证人陈述。

2. 每份证人陈述应至少包含如下信息：证人的姓名和出生日期；有关证人的背景、职位、资格以及/或经历的描述，如果与该争端或陈述的内容相关；关于该证人作证的事实的描述，以及证人知识的来源（如果适当的话）；以及证人的签名。证人陈述应附有该证人所依赖的所有文件或信息，除非这些文件或信息已经随各方的书面陈词提交。第 11 条第 5 款的规定应比照适用于这些文件和信息。

3. 如需听讯证人包括专家证人，每一当事方应至少在庭审前 40 天将它拟提出的证人的姓名和地址清单、证明事项，以及证人作证时将使用的语言告知常设仲裁法院、仲裁法庭成员和当事他方。

4. 在交换证人名单 10 日内，希望盘问他方一名或多名证人的当事方应告知当事他方、仲裁法庭和常设仲裁法院此类证人的姓名。仲裁法庭将在庭审前的合适时间，在与各方协商后处理询问、盘问和再直接询问证人的细节问题。总体上，对证人的直接询问应限于向仲裁法庭简要介绍证人，以及告知对证人陈述的任何小的更正或更新。

第 17 条

1. 每一方可以聘请并向仲裁法庭提出一名或多名专家证据。

2. 第 16 条有关证人证据的规定应比照适用于专家证据。

庭　审

第 18 条

1. 如果进行口头庭审的话，仲裁法庭应将庭审的日期、时间和地点给予争端各方充分的提前通知。

2. 可以按照仲裁法庭规定的方式询问证人和专家。

3. 仲裁法庭在其他证人作证时可要求任何证人或专家退庭，但原则上不应要求为仲裁当事一方的证人或者专家退庭。

仲裁法庭指派的专家

第 19 条

1. 在同争端各方协商后，仲裁法庭可以指派一名或多名独立专家。该专家可被要求就法庭需要决定的具体问题以书面形式向法庭报告。仲裁法庭确定的专家职责范围的副本应送交争端各方。

2. 根据它们在《公约》附件七第 6 条中的义务，争端各方应向专家提供其要求的任何相关信息或出示其要求的任何相关文件或实物供其审查。争端一方和专家之间任何关于所要求的信息或出示的相关性的争端应交由仲裁法庭裁断。

3. 如果被要求准备专家报告，仲裁法庭应在收到该报告后将其副本送交争端各方，并应给争端各方机会使其能够书面表达它们各自对该报告的意见。争端一方应有权审查专家在其报告中依据的任何文件。

4. 如果争端一方如此要求或者如果仲裁法庭认为有必要，专家应在提交报告后参加庭审，而争端各方应有机会向其提问，以及提出专家证人以便在相关问题上作证。第 18 条的规定应适用于这些程序。

5. 任何专家在接受指派前，原则上应向仲裁法庭和争端各方提交一份对其资质的描述以及一份公正性和独立性声明。争端各方应在仲裁法庭规定的时间内，通知仲裁法庭它们是否对专家的资质、公正性或独立性有反对意见。仲裁法庭应立即决定是否接受任何此类反对意见。在专家指派后，争端一方只有基于其在作出指派后才知道的理由方可反对专家的资质、公正性或独立性。仲裁法庭应立即决定是否，以及采取何种行动。

关于行政和常规程序的决定

第 20 条

仲裁法庭关于程序和实体的裁决应以仲裁员的过半数票作出，但是行政和常规程序问题可以由仲裁法庭庭长决定，除非庭长希望听取仲裁法庭其他成员的意见或者争端各方要求仲裁法庭全庭作出决定。

第四节　裁　决

裁　决

第 21 条

1. 仲裁法庭应按照《公约》附件七第 8—11 条作出裁决。

2. 除了作出最终裁决，仲裁法庭应有权作出临时、中期或部分裁决。仲裁法庭可以在不同时间就不同问题作不同的裁决。

3. 争端各方应告知常设仲裁法院用以证明执行仲裁法庭裁决的法律、规章或其他文件。

和解或其他终止理由

第 22 条

1. 如果争端各方在裁决前就争端达成和解协议，那么仲裁法庭应发布命令终止仲裁程序，或者倘若争端各方请求而且仲裁法庭接受，根据协议条款用裁决的形式记录所达成的和解。仲裁法庭无须为这样的裁决说明理由。

2. 如果在裁决前，出于第 1 款未提及的任何原因不需要或不可能继续仲裁程序，则仲裁法庭应告知争端各方它意图发布命令终止仲裁程序。仲裁法庭应有权发布这样的命令，除非有仲裁法庭认为需要裁决的剩余事项。

3. 由各仲裁员署名的终止仲裁程序的命令或根据协议条款作出的裁决的副本，应由仲裁法庭送交争端各方。当根据协议条款作出裁决时，应适用第 21 条的规定。

裁决的解释

第 23 条

1. 任何按照《公约》附件七第 12 条提出的解释裁决的请求应由争端一方通过向仲裁法庭和争端他方发出通知提出。

2. 解释应构成裁决的组成部分，并应适用第 21 条的规定。

裁决的更正

第 24 条

1. 争端任何一方在收到裁决后 90 日内,可请求仲裁法庭对裁决中的任何计算、文字或印刷错误以及任何类似性质的错误进行更正,并通知另一方。仲裁法庭可以在送交裁决后主动进行此类更正。

2. 更正应采用书面形式,并应适用本规则第 21 条的规定。

补充裁决

第 25 条

1. 争端一方在收到裁决后 90 日内,可以请求仲裁法庭就在仲裁程序中提出的但仲裁法庭未裁决的主张作出裁决或补充裁决,并通知另一方和常设仲裁法院。

2. 如果仲裁法庭认为作出裁决或补充裁决的请求是合理的,它应在收到请求后的合理期限内作出或完善其裁决。如需要,仲裁法庭可以延长它应作出裁决的期限。

3. 当作出这样的裁决或补充裁决时,应适用第 21 条的规定。

开支和费用

第 26 条

1. 除非仲裁法庭因案情特殊而另有决定,否则仲裁法庭的开支,包括仲裁员的报酬,应由争端各方平均分担。

2. 考虑到主题事项的复杂性、仲裁员花费的时间、争议的金额(如果有的话),以及案件其他有关情况,仲裁法庭的开支金额应是合理的。

3. 常设仲裁法院应记录所有开支,并应向争端各方提供开支的决算表。

第 27 条

仲裁法庭可以就各方在提出它们各自主张时所产生的费用作出其认为适当的裁决。

开支的缴存

第 28 条

1. 常设仲裁法院可以要求各方缴存相同数额的款项作为第 27 条

(应为第 26 条——译者注）中规定的开支的预付款。争端各方根据本条缴存的所有款项都应给常设仲裁法院，并由其支付这些开支，如仲裁员和常设仲裁法院的费用等。

2. 常设仲裁法院或仲裁法庭在仲裁过程中还可以要求争端各方就第 27 条（应为第 26 条——译者注）中规定的开支补充缴存。

3. 如果在收到缴存要求后 60 日内未全额支付，仲裁法庭应将此事通知争端各方以便其中一方支付缴存。如果仍未能支付，仲裁法庭可以命令暂停或终止仲裁程序。

4. 在作出裁决后，常设仲裁法院应给争端各方收到缴存的会计账目，并将未用完之余额退还争端各方。

参考文献

一、程序规则

(一)《联合国海洋法公约》附件七仲裁法庭的程序规则

1. The MOX Plant Case (Ireland v. United Kingdom), Rules of Procedure, 2 July 2002.

2. Guyana v. Suriname, Rules of Procedure, 30 July 2004.

3. Barbados v. Trinidad and Tobago, Rules of Procedure, 23 August 2004.

4. Bay of Bengal Maritime Boundary Arbitration between Bangladesh and India (Bangladesh v. India), Rules of Procedure, 26 May 2010.

5. Chagos Marine Protected Area Arbitration (Mauritius v. United Kingdom), Rules of Procedure, 29 March 2012.

6. ARA Libertad Arbitration (Argentina v. Ghana), Rules of Procedure, 31 July 2013.

7. Atlanto-Scandian Herring Arbitration (Denmark in respect of the Faroe Islands v. the European Union), Rules of Procedure, 15 March 2014.

8. Arctic Sunrise Arbitration (the Netherlands v. the Russian Federation), Rules of Procedure, 17 March 2014.

9. The "Enrica Lexie" Incident (Italy v. India), Rules of Procedure, 19 January 2016.

10. Dispute concerning Coastal State Rights in the Black Sea, Sea of Azov, and Kerch Strait (Ukraine v. the Russian Federation), Rules of Procedure, 18 May 2017.

（二）其他程序规则

1. International Law Commission, Model Rules on Arbitral Procedure, in Yearbook of the International Law Commission (1958), Vol. II, pp. 83-86.

2.《联合国国际贸易法委员会仲裁规则》(1976 年) (UNCITRAL Arbitration Rules (1976)), 载于联合国国际贸易法委员会网站 (http：//www.uncitral.org/)。

3. International Court of Justice, Rules of Court (1978), adopted on 14 April 1978 and entered into force on 1 July 1978.

4. Iran-United States Claims Tribunal, Tribunal Rules of Procedure, 3 May 1983 (https：//www.iusct.net/Pages/Public/A-Documents.aspx).

5. Permanent Court of Arbitration Optional Rules for Arbitrating Disputes between Two States, effective 20 October 1992 (https：//pca-cpa.org/en/documents/pca-conventions-and-rules/).

6. International Tribunal for the Law of the Sea, Rules of the Tribunal (ITLOS/8), adopted on 28 October 1997, amended on 15 March and 21 September 2001, on 17 March 2009 and on 25 September 2018.

7. International Tribunal for the Law of the Sea, Resolution on the Internal Judicial Practice of the Tribunal (ITLOS/10), adopted on 31 October 1997.

8. Dispute concerning Access to Information under Article 9 of the OSPAR Convention (Ireland v. United Kingdom) (OSPAR Arbitration), Rules of Procedure, 21 February 2002 (https：//pca-cpa.org/en/cases/34/).

9. Eritrea-Ethiopia Boundary Commission, Rules of Procedure, 11 April 2002 (https：//pca-cpa.org/en/cases/99/).

10. Iron Rhine Arbitration (Belgium/Netherlands), Rules of Procedure, 23 July 2003 (https：//pca-cpa.org/en/cases/1/).

11. Inter-American Court of Human Rights, Rules of Procedure, approved in November 2009 and entered into force on 1 January 2010 (http：//www.corteidh.or.cr/index.php/en/about-us/reglamento/reglamento-vigente).

12.《联合国国际贸易法委员会仲裁规则》(2010 年修订) (UNCITRAL Arbitration Rules (as revised in 2010)), 载于联合国国际贸易法委员会网站

(http：//www. uncitral. org/)。

13. PCA Arbitration Rules 2012, effective 17 December 2012 (https：//pca-cpa. org/en/documents/pca-conventions-and-rules/).

14.《联合国国际贸易法委员会仲裁规则》(新增 2013 年通过的第 1 条第 4 款)(UNCITRAL Arbitration Rules (with new article 1, paragraph 4, as adopted in 2013)),载于联合国国际贸易法委员会网站(http：//www. uncitral. org/)。

15. Arbitration under the Timor Sea Treaty (Timor-Leste v. Australia), Rules of Procedure, 6 December 2013 (https：//pca-cpa. org/en/cases/37/).

16. In the Matter of the Maritime Boundary between Timor-Leste and Australia before a Conciliation Commission constituted under Annex V to the 1982 United Nations Convention on the Law of the Sea (Timor-Leste v. Australia) (The Timor Sea Conciliation), Rules of Procedure, 22 August 2016 (https：//pca-cpa. org/en/cases/132/).

17. Arbitration under the Timor Sea Treaty of 20 May 2002 between the Democratic Republic of Timor-Leste and the Commonwealth of Australia, Case concerning the Meaning of Article 8 (B) (Timor-Leste v. Australia), Rules of Procedure, 9 September 2016 (https：//pca-cpa. org/en/cases/141/).

18. International Court of Justice, Practice Directions.

二、条约和其他资料

(一) 条约

1. 1899 Convention for the Pacific Settlement of International Disputes (https：//pca-cpa. org/en/documents/pca-conventions-and-rules/).

2. 1907 Convention for the Pacific Settlement of International Disputes (https：//pca-cpa. org/en/documents/pca-conventions-and-rules/).

3. 1945 年《国际法院规约》(https：//www. icj-cij. org)。

4. Revised General Act for the Pacific Settlement of International Disputes, adopted on 28 April 1949 and entered into force on 20 September

1950, 71 U. N. T. S. 101.

5. American Convention on Human Rights, adopted on 22 November 1969 and entered into force on 18 July 1978, 1144 U. N. T. S. 123.

6. Arbitration Agreement between the Government of the French Republic and the Government of the United Kingdom of Great Britain and Northern Ireland, concluded on 10 July 1975 and entered into force on 10 July 1975, 999 U. N. T. S. 137.

7.《联合国海洋法公约》, 1982 年 12 月 10 日开放签字, 1994 年 11 月 16 日生效, 1833 U. N. T. S. 202。

8. The Special Agreement between Guinea and Guinea-Bissau, 18 February 1983, in Guinea/Guinea-Bissau Maritime Delimitation Case, Decision of 14 February 1985, 77 I. L. R. 635 (1988), para. 1.

9. Convention for the Protection of the Marine Environment of the North-East Atlantic, concluded on 22 September 1992 and entered into force on 25 March 1998, 2354 U. N. T. S. 67.

10. Agreement concerning the Headquarters of the Permanent Court of Arbitration between the Kingdom of the Netherlands and the Permanent Court of Arbitration, concluded on 30 March 1999 and entered into force on 9 August 2000, 2304 U. N. T. S. 101.

11. Agreement between the Government of the Federal Democratic Republic of Ethiopia and the Government of the State of Eritrea, concluded on 12 December and entered into force on the date of signature (https://pca-cpa.org/en/cases/99/).

12. Arbitration Agreement between Belgium and Netherlands, 22 July 2003 (https://pca-cpa.org/en/cases/1/).

13. Arbitration Agreement between the Government of Sudan and the Sudan People's Liberation Movement/ Army on Delimiting Abyei Area, 7 July 2008 (https://pca-cpa.org/en/cases/92/).

14. Arbitration Agreement between the Government of the Republic of Croatia and the Government of the Republic of Slovenia, concluded on 4 November 2009 and entered into force on 29 November 2010, in Arbitration between Croatia and Slovenia (https://pca-cpa.org/en/cases/3/), Final Award, Annex HRLA-75.

（二）其他资料

1. Memorandum prepared by the Secretariat, 1950, in Yearbook of the International Law Commission (1950), Vol. II, p. 157.

2. Report of the International Law Commission Covering the Work of its Fifth Session, 1 June-14 August 1953, in Yearbook of the International Law Commission (1953), Vol. II, p. 200.

3. Commentary on the Draft Convention on Arbitral Procedure Adopted by the International Law Commission at its Fifth Session, prepared by the Secretariat, 1955 (http：//legal. un. org/docs/？ path =.. /ilc/documentation/english/a_ cn4_ 92. pdf&lang = EF）.

4. Draft Convention on Arbitral Procedure Adopted by the Commission at its Fifth Session：Report by Georges Scelle, Special Rapporteur（with a "model draft" on arbitral procedure annexed）, in Yearbook of the International Law Commission (1957), Vol. II, p. 1.

5. Draft on Arbitral Procedure Adopted by the Commission at its Fifth Session：Report by Georges Scelle, Special Rapporteur（with a model draft on arbitral procedure annexed）, in Yearbook of the International Law Commission (1958), Vol. II, p. 1.

6. ILC, Comments on particular articles of the Model Rules on Arbitral Procedure, in Yearbook of the International Law Commission (1958), Vol. II, p. 86.

7. Informal Single Negotiating Text (part IV), 21 July 1975, A/CONF. 62/WP. 9.

8. Informal Single Negotiating Text (part IV), 6 May 1976, A/CONF. 62/WP. 9/Rev. 1.

9. Revised Single Negotiating Text (part IV), 23 November 1976, A/CONF. 62/WP. 9/Rev. 2.

10. Informal Composite Negotiating Text, 15 July 1977, A/CONF. 62/WP. 10.

11. Informal Composite Negotiating Text/Revision 1, 28 April 1979, A/CONF. 62/WP. 10/Rev. 1.

12. Informal Composite Negotiating Text/Revision 2, 11 April 1980, A/

CONF. 62/WP. 10/Rev. 2.

13. Draft Convention on the Law of the Sea (Informal Text), 22 September 1980, A/CONF. 62/WP. 10/Rev. 3.

14. Draft Convention on the Law of the Sea, 28 August 1981, A/CONF. 62/L. 78.

15. Notifications made under article 2 of annexes V and VII (List of conciliators and arbitrators), https://treaties.un.org/Pages/ViewDetailsIII.aspx?src=TREATY&mtdsg_no=XXI-6&chapter=21&Temp=mtdsg3&clang=_en.

16. Procedure for Requesting the Secretary-General to Act as Appointing Authority, https://pca-cpa.org/en/services/appointing-authority/pca-secretary-general-as-appointing-authority/.

17. Schedule of Fees and Costs for the PCA (https://pca-cpa.org/en/fees-and-costs/).

18. International Court of Justice: Handbook, sixth edition, 2014.

19. International Court of Justice: Yearbook 2010-2011.

20. International Court of Justice: Yearbook 2014-2015.

21. International Court of Justice: Yearbook 2015-2016.

22. ITLOS/Press 143, 8 March 2010.

23. ITLOS/Press 164, 25 March 2011.

24. ITLOS/Press 189, 5 February 2013.

25. ITLOS/Press 191, 25 April 2013.

26. TLOS/Press 197, 24 June 2013.

27. ITLOS/Press 198, 19 July 2013.

28. ITLOS/Press 207, 13 January 2014.

29. ITLOS/Press 209, 18 March 2014.

30. 《国际海洋法法庭 1998 年年度报告》, SPLOS /35。

31. 《国际海洋法法庭 2000 年年度报告》, SPLOS /63。

32. 《国际海洋法法庭 2003 年年度报告》, SPLOS /109。

33. 《国际海洋法法庭 2010 年年度报告》, SPLOS /222。

34. 《国际海洋法法庭 2011 年年度报告》, SPLOS /241。

35. 《国际海洋法法庭 2013 年年度报告》, SPLOS /267。

36. 《国际海洋法法庭 2014 年年度报告》, SPLOS /278。

37.《国际海洋法法庭 2015 年年度报告》，SPLOS /294。

38.《国际海洋法法庭 2016 年年度报告》，SPLOS /304。

三、案　例

（一）《联合国海洋法公约》附件七仲裁案

1. The Southern Bluefin Tuna Case (Australia and New Zealand v. Japan), Award on Jurisdiction and Admissibility, 4 August 2000, reprinted in 119 I. L. R. 508 （2002）. 该案的材料载于 https://icsid.worldbank.org/en/Pages/about/Southern-Bluefin-Tuna-Case-Australia-and-New-Zealand-v.-Japan.aspx。

2. The MOX Plant Case (Ireland v. United Kingdom):

Counter-Memorial of the United Kingdom, 9 January 2003;

Reply of Ireland, 7 March 2003;

Rejoinder of the United Kingdom, 24 April 2003;

Hearing Transcript;

Order No. 1 (Ireland's Amended Statement of Claim), 2 July 2002;

Order No. 2 (Time-Limits for Submission of Pleadings), 10 December 2002;

Order No. 3 (Suspension of Proceedings on Jurisdiction and Merits, and Request for Further Provisional Measures), 24 June 2003;

Order No. 4 (Further Suspension of Proceedings on Jurisdiction and Merits), 14 November 2003;

Order No. 5 (Suspension of Periodic Reports by the Parties), 22 January 2007;

Order No. 6 (Termination of Proceedings), 6 June 2008;

Statement by the President of the Arbitral Tribunal, 13 June 2003;

PCA Press Release dated 2 June 2003: "Hearings in MOX Plant arbitration under UN Convention on the Law of the Sea to be held at Peace Palace";

PCA Press Release dated 17 June 2003: "MOX Plant Hearings suspended; Ireland requests provisional measures".

3. Land Reclamation by Singapore in and around the Straits of Johor (Malaysia v. Singapore): Award on Agreed Terms, 1 September 2005.

4. Barbados v. Trinidad and Tobago:

Hearing Transcript;

Order No. 1, 7 June 2004;

Order No. 2, 23 August 2004;

Order No. 3, 17 September 2004;

Order No. 4, 26 October 2004;

Award, 11 April 2006.

5. Guyana v. Suriname:

Hearing Transcript;

Tribunal Hydrographer's Corrected Report on Site Visit, 30 July 2007;

Order No. 1 (Access to Documents), 18 July 2005;

Order No. 2 (Preliminary Objections), 18 July 2005;

Order No. 3, 12 October 2005;

Order No. 4, 12 October 2005;

Order No. 5, 16 February 2006;

Order No. 6, 27 November 2006;

Award, 17 September 2007.

6. Bay of Bengal Maritime Boundary Arbitration between Bangladesh and India (Bangladesh v. India):

Hearing Transcript;

Procedural Order No. 1 (Concerning the Site Visit of October 2013), 28 August 2013 (revised: 11 October 2013);

Procedural Order No. 2 (Concerning the Hearing on the Merits), 6 November 2013 (corrected: 8 & 12 November 2013);

Procedural Order No. 3 (Concerning the Record of the Site Visit), 20 November 2013;

Procedural Order No. 4 (Concerning Admission of the Site Visit Record into Evidence), 6 December 2013;

Award, 7 July 2014.

7. The Chagos Marine Protected Area Arbitration (Mauritius v. United Kingdom):

Preliminary Objections to Jurisdiction Submitted by theUnited Kingdom, 31 October 2012;

Hearing Transcript;

Reasoned Decision on Challenge against Judge Christopher Greenwood, 30 November 2011;

Procedural Order No. 1, 13 December 2012;

Procedural Order No. 2 (Application to Bifurcate Proceedings), 15 January 2013;

PCA Press Release dated 16 May 2014: "Hearing on Jurisdiction and the Merits Held in Istanbul, Turkey";

Award, 18 March 2015.

8. ARA Libertad Arbitration (Argentina v. Ghana):

Procedural Order No. 1, 31 July 2013;

Termination Order, 11 November 2013.

9. Atlanto-Scandian Herring Arbitration (Denmark in respect of the Faroe Islands v. the European Union):

Procedural Order No. 1, 15 March 2014;

Procedural Order No. 2, 30 June 2014;

Termination Order, 23 September 2014.

10. Arctic Sunrise Arbitration (the Netherlands v. the Russian Federation):

NoteVerbale from the Russian Federation to the PCA, 27 February 2014;

Memorial of the Netherlands, 31 August 2014;

Hearing Transcript;

Expert Terms of Reference of Mr. Allan Larsen;

Expert Terms of Reference of Mr. Iain Potter;

Questions Posed by the Arbitral Tribunal to the Netherlands Pursuant to Article 25 of the Rulesof Procedure, 28 January 2016;

Procedural Order No. 1 (Terms of Appointment), 17 March 2014;

Procedural Order No. 2 (Rules of Procedure; Initial Procedural Timetable), 17 March 2014;

Procedural Order No. 3 (Greenpeace International's Request to File an *Amicus Curiae* Submission), 8 October 2014;

Procedural Order No. 4 (Bifurcation), 21 November 2014;

Award on Jurisdiction, 26 November 2014;

Award on the Merits, 14 August 2015;

Award on Compensation, 10 July 2017.

11. Duzgit Integrity Arbitration (Malta v. São Tomé and Príncipe):

PCA Press Release dated 2 March 2016: "Hearing held at the Peace Palace, in The Hague";

Award, September 2016.

12. The "Enrica Lexie" Incident (Italy v. India):

Request for the Prescription of Provisional Measures, Order of 29 April 2016;

Procedural Order No. 1 (Procedural Timetable for Provisional Measures), 19 January 2016;

Procedural Order No. 2 (Extension of the Due Dates for Written Submissions), 9 September 2016;

Procedural Order No. 3 (Procedural Calendar for Pleadings in respect of India's Counter-Claim), 1 June 2017;

Procedural Order No. 4 (Amendments to the Procedural Calendar), 12 February 2018;

Procedural Order No. 7 (Amendments to the Rules of Procedure), 16 May 2019;

Procedural Order No. 8 (Amendments to the Dates of the Hearing), 16 May 2019;

PCA Press Release dated 27 November 2018: "Appointment by India of Dr. Pemmaraju Sreenivasa Rao as Arbitrator";

PCA Press Release dated 19 December 2018: "Hearing Scheduled in Arbitration concerning the 'Enrica Lexie' Incident".

13. Dispute concerning Coastal State Rights in the Black Sea, Sea of Azov, and Kerch Strait (Ukraine v. the Russian Federation):

PCA Press Releasedated 22 May 2017: "First Procedural Meeting in Arbitration under Law of the Sea Convention";

Procedural Order No. 2 (Regarding Confidentiality), 18 January 2018;

Procedural Order No. 3 (Regarding Bifurcation of the Proceedings), 20 August 2018;

Procedural Order No. 4 (Regarding the Timetable for the Parties' Written Pleadings on Jurisdiction), 27 August 2018;

Procedural Order No. 5 (Regarding the Schedule for the Hearing on Jurisdiction), 8 April 2019;

PCA Press Release dated 23 May 2019: "Hearing Concerning Preliminary Objections of the Russian Federation";

PCA Press Release dated 7 June 2019: "Commencement of Hearing Concerning Preliminary Objections of the Russian Federation".

(二) 其他案件

1. Delimitation of A Certain Part of the Maritime Boundary between Norway and Sweden (Grisbådarna Case), Award, 23 October 1909. 裁决的非官方英文翻译载于常设仲裁法院网站 (https://pca-cpa.org/en/cases/77/)。

2. The Orinoco Steamship Company Case (United States, Venezuela), 25 October 1910, R. I. A. A., Vol. XI, p. 237.

3. The Chamizal Case (Mexico, United States), 15 June 1911, R. I. A. A., Vol. XI, p. 316.

4. Question of Jaworzina (Polish-Czechoslovakian Frontier), Advisory Opinions, 6 December 1923, P. C. I. J. Series B, No. 8.

5. The Island of Palmas (or Miangas) Case (United States of America/The Netherlands), Award, 4 April 1928 (https://pca-cpa.org/en/cases/94/).

6. Diversion of Water from the Meuse (the Netherlands v. Belgium), Order of 13 May 1937, P. C. I. J., Series C, No. 81.

7. Diversion of Water from the Meuse (the Netherlands v. Belgium), Judgment, 28 June 1937, P. C. I. J., Series A/B, No. 70.

8. Corfu Channel Case (United Kingdom v. Albania), Order of 17 December 1948, I. C. J. Reports 1948, p. 15.

9. Corfu Channel Case (United Kingdom v. Albania), Merits, Judgment, I. C. J. Reports 1949, p. 4.

10. Corfu Channel Case (United Kingdom v. Albania) (Assessment of the Amount of Compensation Due from Albania to the UK), Order of 19

November 1949, I. C. J. Reports 1949, p. 237.

11. Corfu Channel Case (United Kingdom v. Albania) (Assessment of the Amount of Compensation Due from Albania to the UK), Judgment, I. C. J. Reports 1949, p. 244.

12. Interpretation of Peace Treaties, Advisory Opinion, I. C. J. Reports 1950, p. 65.

13. Interpretation of Peace Treaties (second phase), Advisory Opinion, I. C. J. Reports 1950, p. 221.

14. Nottebohm Case (Liechtenstein v. Guatemala) (Preliminary Objection), Judgment, I. C. J. Reports 1953, p. 111.

15. Barcelona Traction, Light and Power Company, Limited (Belgium v. Spain), Preliminary Objections, Judgment, I. C. J. Reports 1964, p. 6.

16. South West Africa (Ethiopia v. South Africa; Liberia v. South Africa), Order of 18 March 1965, I. C. J. Reports 1965, p. 3.

17. South West Africa (Ethiopia v. South Africa; Liberia v. South Africa), Second Phase, Judgment, I. C. J. Reports 1966, p. 6.

18. Legal Consequences for States of the Continued Presence of South Africa in Namibia (South West Africa) notwithstanding Security Council Resolution 276 (1970), Order No. 1 of 26 January 1971, I. C. J. Reports 1971, p. 3.

19. Legal Consequences for States of the Continued Presence of South Africa in Namibia (South West Africa) notwithstanding Security Council Resolution 276 (1970), Order No. 2 of 26 January 1971, I. C. J. Reports 1971, p. 6.

20. Legal Consequences for States of the Continued Presence of South Africa in Namibia (South West Africa) notwithstanding Security Council Resolution 276 (1970), Order No. 3 of 26 January 1971, I. C. J. Reports 1971, p. 9.

21. Legal Consequences for States of the Continued Presence of South Africa in Namibia (South West Africa) notwithstanding Security Council Resolution 276 (1970), Advisory Opinion, I. C. J. Reports 1971, p. 16.

22. Fisheries Jurisdiction (United Kingdom v. Iceland), Interim Protection, Order of 17 August 1972, I. C. J. Reports 1972, p. 12.

23. Fisheries Jurisdiction (United Kingdom v. Iceland), Interim Measures, Order of 12 July 1973, I. C. J. Reports 1973, p. 302.

24. Fisheries Jurisdiction (United Kingdom v. Iceland), Jurisdiction of the Court, Judgment, I. C. J. Reports 1973, p. 3.

25. Fisheries Jurisdiction (Germany v. Iceland), Jurisdiction of the Court, Judgment, I. C. J. Reports 1973, p. 49.

26. Fisheries Jurisdiction (United Kingdom v. Iceland), Merits, Judgment, I. C. J. Reports 1974, p. 3.

27. Fisheries Jurisdiction (Germany v. Iceland), Merits, Judgment, I. C. J. Reports 1974, p. 175.

28. Nuclear Tests (Australia v. France), Judgment, I. C. J. Reports 1974, p. 253.

29. Nuclear Tests (New Zealand v. France), Judgment, I. C. J. Reports 1974, p. 457.

30. Aegean Sea Continental Shelf (Greece v. Turkey), Interim Protection, Order of 11 September 1976, I. C. J. Reports 1976, p. 3.

31. Aegean Sea Continental Shelf (Greece v. Turkey), Jurisdiction of the Court, Judgment, I. C. J. Reports 1978, p. 3.

32. Case concerning the Delimitation of the Continental Shelf between the United Kingdom and France, Decision of 14 March 1978, R. I. A. A., Vol. XVIII, p. 271.

33. United States Diplomatic and Consular Staff in Tehran (United States of America v. Iran), Judgment, I. C. J. Reports 1980, p. 3.

34. Delimitation of the Maritime Boundary in the Gulf of Maine Area (Canada/United States of America), Appointment of Expert, Order of 30 March 1984, I. C. J. Reports 1984, p. 165.

35. Delimitation of the Maritime Boundary in the Gulf of Maine Area (Canada/United States of America), Judgment, I. C. J. Reports 1984, p. 246.

36. Military and Paramilitary Activities in and against Nicaragua (Nicaragua v. United States), Jurisdiction and Admissibility, Judgment, I. C. J. Reports 1984, p. 392.

37. Application for Revision and Interpretation of the Judgment of 24 February 1982 in the Case concerning the Continental Shelf (Tunisia/Libyan

Arab Jamahiriya) (Tunisia v. Libyan Arab Jamahiriya), Judgment, I. C. J. Reports 1985, p. 192.

38. Guinea/Guinea-Bissau Maritime Delimitation Case, Decision of 14 February 1985, 77 I. L. R. 635 (1988).

39. Military and Paramilitary Activities in and against Nicaragua (Nicaragua v. United States of America), Merits, Judgment, I. C. J. Reports 1986, p. 14.

40. Case concerning the Delimitation of Maritime Boundary between Guinea-Bissau and Senegal, Arbitral Award of 31 July 1989, see Annex to the Application instituting Proceedings of the Government of the Republic of Guinea-Bissau in Case concerning the Arbitral Award of 31 July 1989.

41. Aerial Incident of 3 July 1988 (Islamic Republic of Iran v. United States of America), Order of 13 December 1989, I. C. J. Reports 1989, p. 132.

42. Case concerning the Arbitral Award of 31 July 1989 (Guinea-Bissau v. Senegal), Judgment, I. C. J. Reports 1991, p. 53.

43. Land, Island and Maritime Frontier Dispute (El Salvador/Honduras: Nicaragua intervening), Judgment, I. C. J. Reports 1992, p. 351.

44. Case of Genie-Lacayo v. Nicaragua, Inter-American Court of Human Rights, Order of the Court of 13 September 1997 (Application for Judicial Review of the Judgment of Merits, Reparations and Costs).

45. Gabčikovo-Nagymaros Project (Hungary/Slovakia), Order of 5 February 1997, I. C. J. Reports 1997, p. 3.

46. Gabčikovo-Nagymaros Project (Hungary/Slovakia), Judgment, I. C. J. Reports 1997, p. 7.

47. Land and Maritime Boundary between Cameroon and Nigeria (Cameroon v. Nigeria: Equatorial Guinea Intervening), Order of 16 June 1994, I. C. J. Reports 1994, p. 105.

48. Land and Maritime Boundary between Cameroon and Nigeria (Cameroon v. Nigeria: Equatorial Guinea Intervening), Preliminary Objections, Judgment, I. C. J. Reports 1998, p. 275.

49. The Eritrea/Yemen Arbitration (First Stage: Territorial Sovereignty and Scope of Dispute), Award of 9 October 1998 (https://pca-cpa. org/en/

cases/81/).

50. The M/V "Saiga" (No. 2) Case (Saint Vincent and the Grenadines v. Guinea), ITLOS, Judgment, 1 July 1999.

51. Larsen v. Hawaiian Kingdom, Award, 5 February 2001 (https://pca-cpa.org/en/cases/35/).

52. Maritime Delimitation and Territorial Questions between Qatar and Bahrain (Qatar v. Bahrain), Merits, Judgment, I. C. J. Reports 2001, p. 40.

53. Sovereignty over Pulau Ligitan and Pulau Sipadan (Indonesia/Malaysia), Application for Permission to Intervene, Judgment, I. C. J. Reports 2001, p. 575.

54. The MOX Plant Case (Ireland v. United Kingdom), ITLOS, Request for Provisional Measures, Order of 3 December 2001.

55. Eritrea-Ethiopia Boundary Commission, Decision regarding Delimitation of the Border between Eritrea and Ethiopia, Decision of 13 April 2002, R. I. A. A., Vol. XXV, p. 83.

56. Eritrea-Ethiopia Boundary Commission, Decision Regarding the "Request for Interpretation, Correction and Consultation" Submitted by the Federal Democratic Republic of Ethiopia on 13 May 2002, 24 July 2002.

57. Application for Revision of the Judgment of 11 September 1992 in the Case concerning the Land, Island and Maritime Frontier Dispute (El Salvador/Honduras: Nicaragua intervening) (El Salvador v. Honduras), Judgment, I. C. J. Reports 2003, p. 392.

58. Dispute concerning Access to Information under Article 9 of the OSPAR Convention (Ireland v. United Kingdom) (OSPAR Arbitration), Final Award of 2 July 2003 (https://pca-cpa.org/en/cases/34/).

59. Legal Consequences of the Construction of a Wall in the Occupied Palestinian Territory, Order of 30 January 2004, I. C. J. Reports 2004, p. 3.

60. Avena and Other Mexican Nationals (Mexico v. United States of America), Judgment, I. C. J. Reports 2004, p. 12.

61. Iron Rhine Arbitration (Belgium/the Netherlands), Award, 24 May 2005 (https://pca-cpa.org/en/cases/1/).

62. Iron Rhine Arbitration (Belgium/the Netherlands), Correction to the Award, 20 September 2005.

63. Iron Rhine Arbitration (Belgium/the Netherlands), Interpretation of the Award, 20 September 2005.

64. Commission of the European Communities v. Ireland, European Court of Justice (Grand Chamber), Case C-459/03; Sweden intervened in support of Ireland, Judgment of 30 May 2006 (eur-lex. europea. eu).

65. Application of the Convention on the Prevention and Punishment of the Crime of Genocide (Bosnia and Herzegovina v. Serbia and Montenegro), Judgment, I. C. J. Reports 2007, p. 43.

66. Arbitration regarding the Delimitation of the Abyei Area between the Government of Sudan and the Sudan People's Liberation Movement/Army (Abyei Arbitration), Final Award of 22 July 2009, R. I. A. A., Vol. XXX, p. 145.

67. Pulp Mills on the River Uruguay (Argentina v. Uruguay), Judgment, I. C. J. Reports 2010, p. 14.

68. Responsibilities and Obligations of States Sponsoring Persons and Entities with Respect to Activities in the Area, Seabed Disputes Chamber of the International Tribunal for the Law of the Sea, Advisory Opinion, 1 February 2011.

69. Request for Interpretation of the Judgment of 15 June 1962 in the Case concerning the Temple of Preah Vihear (Cambodia v. Thailand) (Cambodia v. Thailand), Judgment, I. C. J. Reports 2013, p. 281.

70. The Indus Waters Kishenganga Arbitration (Pakistan v. India), Partial Award, 18 February 2013 (https://pca-cpa. org/en/cases/20/).

71. The "Arctic Sunrise" Case (Netherlands v. Russian Federation), ITLOS, Request for Provisional Measures, Order of 22 November 2013.

72. The Indus Waters Kishenganga Arbitration (Pakistan v. India), Decision on India's Request for Clarification or Interpretation Dated 20 May 2013, 20 December 2013.

73. The M/V "Virginia G" Case (Panama/Guinea-Bissau), ITLOS, Judgment of 14 April 2014.

74. Railway Land Arbitration (Malaysia/Singapore), Award of 30 October 2014, reprinted in 162 I. L. R. 588.

75. Obligation to Negotiate Access to the Pacific Ocean (Bolivia v. Chile), Preliminary Objection, Judgment, I. C. J. Reports 2015, p. 592.

76. Request for an Advisory Opinion Submitted by the Sub-Regional Fisheries Commission (SRFC), ITLOS, Advisory Opinion, 2 April 2015.

77. The "Enrica Lexie" Incident (Italy v. India), ITLOS, Request for Provisional Measures, Order of 24 August 2015.

78. In the Matter of the Maritime Boundary between Timor-Leste and Australia before a Conciliation Commission constituted under Annex V to the 1982 United Nations Convention on the Law of the Sea (Timor-Leste v. Australia) (The Timor Sea Conciliation), Decision on Australia's Objections to Competence, 19 September 2016 (https://pca-cpa.org/en/cases/132/).

79. Maritime Delimitation in the Caribbean Sea and the Pacific Ocean (Costa Rica v. Nicaragua), Order of 31 May 2016, I. C. J. Reports 2016, p. 235.

80. Obligations concerning Negotiations relating to Cessation of the Nuclear Arms Race and to Nuclear Disarmament (Marshall Islands v. Pakistan), Jurisdiction and Admissibility, Judgment, I. C. J. Reports 2016, p. 552.

81. An Arbitration under the Arbitration Agreement between the Government of the Republic of Croatia and the Government of the Republic of Slovenia, Signed on 4 November 2009 between the Republic of Croatia and the Republic of Slovenia, Partial Award of 30 June 2016 (https://pca-cpa.org/en/cases/3/).

82. An Arbitration under the Arbitration Agreement between the Government of the Republic of Croatia and the Government of the Republic of Slovenia, Signed on 4 November 2009 between the Republic of Croatia and the Republic of Slovenia, Final Award of 29 June 2017 (https://pca-cpa.org/en/cases/3/).

83. Dispute concerning Delimitation of the Maritime Boundary between Ghana and Côte d'Ivoire in the Atlantic Ocean (Ghana/Côte d'Ivoire), the Special Chamber of the ITLOS, Judgment of 23 September 2017.

84. Maritime Delimitation in the Caribbean Sea and the Pacific Ocean (Costa Rica v. Nicaragua), I. C. J., Judgment of 2 February 2018.

85. In the Matter of the Maritime Boundary between Timor-Leste and Australia before a Conciliation Commission constituted under Annex V to the 1982 United Nations Convention on the Law of the Sea (Timor-Leste v. Australia) (The Timor Sea Conciliation), Report and Recommendations of

the Compulsory Conciliation Commission, 9 May 2018（https://pca-cpa.org/en/cases/132/）.

86. Application for Revision of the Judgment of 23 May 2008 in the case concerning Sovereignty over Pedra Branca/Pulau Batu Puteh, Middle Rocks and South Ledge (Malaysia/Singapore) (Malaysia v. Singapore), I. C. J., Order of 29 May 2018 (Removal from the List).

87. The M/V "Norstar" Case (Panama v. Italy), ITLOS, Judgment of 10 April 2019.

88. Detention of three Ukrainian Naval Vessels (Ukraine v. Russian Federation), ITLOS, Provisional Measures, Order of 25 May 2019.

89. The Republic of Ecuador v. The United States of America, https://pca-cpa.org/en/cases/83/.

90. Arbitral Award of 3 October 1899 (Guyana v. Venezuela), I. C. J., pending (https://www.icj-cij.org/en/case/171).

四、著　述

（一）中文

1. ［奥］阿·菲德罗斯等：《国际法》（下册），李浩培译，商务印书馆1981年版。

2. 王铁崖、田如萱编：《国际法资料选编》，法律出版社1982年版。

3. 叶兴平主编：《国际争端解决重要法律文献》，法律出版社2006年版。

4. ［日］杉原高嶺：《国际司法裁判制度》，王志安、易平译，中国政法大学出版社2007年版。

5. 王鹏：《论国际混合仲裁的性质——与国际商事仲裁和国家间仲裁的比较研究》，人民出版社2007年版。

6. 黄进、宋连斌、徐前权：《仲裁法学》，中国政法大学出版社2008年版。

7. ［美］克里斯多佛·R. 德拉奥萨、理查德·W. 奈马克主编：《国际仲裁科学探索：实证研究精选集》，陈福勇、丁建勇译，中国政法大学出版社 2010 年版。

8. 杨良宜、莫世杰、杨大明：《仲裁法——从开庭审理到裁决书的作出与执行》，法律出版社 2010 年版。

9. 易延友：《证据法的体系与精神——以英美法为特别参照》，北京大学出版社 2010 年版。

10. 张卫彬：《国际法院证据问题研究：以领土边界争端为视角》，法律出版社 2012 年版。

11. 郑斌：《国际法院与法庭适用的一般法律原则》，韩秀丽、蔡从燕译，法律出版社 2012 年版。

12. 池漫郊：《国际仲裁体制的若干问题及完善——基于中外仲裁规则的比较研究》，法律出版社 2014 年版。

13. ［英］切斯特·布朗：《国际裁决的共同法》，韩秀丽、万盈盈、傅贤贞等译，法律出版社 2015 年版。

14. 丁夏：《国际投资仲裁中的裁判法理研究》，中国政法大学出版社 2016 年版。

15. 中国国际法学会：《南海仲裁案裁决之批判》，外文出版社 2018 年版。

16. 赵海峰、高立忠：《论国际司法程序中的法庭之友制度》，《比较法研究》2007 年第 3 期。

17. 张华：《国际海洋争端解决中的"不应诉"问题》，《太平洋学报》2014 年第 12 期。

（二）英文

1. Arnold Bennett Hall, *International Law*, La Salle Extension University, 1910.

2. Brooks W. Daly, Evgeniya Goriatcheva, Hugh A. Meighen, *A Guide to the PCA Arbitration Rules*, Oxford University Press, 2014.

3. Emer de Vattel, *The Law of Nations*, Liberty Fund, 2008.

4. George Fox Tucker & George Grafton Wilson, *International Law*, Silver, Burdett and Company, 1901.

5. Georgios Petrochilos, *Procedural Law in International Arbitration*, Oxford University Press, 2004.

6. H. Lauterpacht (ed.), *Oppenheim's International Law*, Longmans, Green and Co Ltd, 1952, 7th edition, Vol. II.

7. Hugh Thirlway, *The Law and Procedure of the International Court of Justice: Fifty Years of Jurisprudence*, Vol. II, Oxford University Press, 2013.

8. J. G. Merrills, *International Dispute Settlement*, Cambridge University Press, 2011, 5th edition.

9. Kaiyan Homi Kaikobad, *Interpretation and Revision of International Boundary Decisions*, Cambridge University Press, 2007.

10. P. Chandrasekhara Rao & Ph. Gautier, *The Rules of the International Tribunal for the Law of the Sea: A Commentary*, Martinus Nijhoff Publishers, 2006.

11. Shabtai Rosenne, *The Law and Practice of the International Court*, Martinus Nijhoff Publishers, 1985, 2nd revised edition.

12. Shabtai Rosenne & Louis B. Sohn (vol. eds.), *United Nations Convention on the Law of the Sea 1982: A Commentary*, Vol. V, Martinus Nijhoff Publishers, 1989.

13. Anne Peters, "International Dispute Settlement: A Network of Cooperational Duties", *European Journal of International Law*, 14 (2003).

14. Barbara Kwiatkowska, "The 2006 Barbados/Trinidad and Tobago Award: A Landmark in Compulsory Jurisdiction and Equitable Maritime Boundary Delimitation", *The International Journal of Marine and Coastal Law*, 22 (2007).

15. Brooks Daly, "The Abyei Arbitration: Procedural Aspects of An Intra-State Border Arbitration", *Leiden Journal of International Law*, 23 (2010).

16. Chester Brown, "The Cross-Fertilization of Principles Relating to Procedure and Remedies in the Jurisprudence of International Courts and Tribunals", *Loyola of Los Angeles International and Comparative Law Review*, 30 (2008).

17. Geraldine Giraudeau, "A Slight Revenge and a Growing Hope for Mauritius and the Chagossians: The UNCLOS Arbitral Tribunal's Award of 18 March 2015 on Chagos Marine Protected Area (Mauritius v. United Kingdom)", *Brazilian Journal of International Law*, 12 (2015).

18. Gilbert Guillaume, "The Contribution of the Permanent Court of

Arbitration and its International Bureau to Arbitration between States" (https://pca-cpa.org/en/about/introduction/history/).

19. J. L. B. , "The Hague Conventions and the Nullity of Arbitral Awards", *British Yearbook of International Law* (1928).

20. Leah Sturtz, "Southern Bluefin Tuna Case: Australia and New Zealand v. Japan", *Ecology Law Quarterly*, 28 (2001).

21. Remarks of Professor Philippe Sands QC on the occasion of a Celebration of the Centenary of the PCA, The Hague, 18 October 2007 (https://pca-cpa.org/en/about/introduction/history/).

22. Robert Jennings, "The Difference between Conducting a Case in the ICJ and in an ad hoc Arbitration Tribunal-An Inside View", in N. Ando (et al.) eds., *Liber Amicorum Judge Shigeru Oda*, Kluwer Law International, 2002.

23. Rüdiger Wolfrum, "Arbitration and the Law of the Sea: A Comparison of Dispute Resolution Procedures", in John Norton Moore ed., *International Arbitration: Contemporary Issues and Innovations*, Martinus Nijhoff Publishers, 2013.

24. Sean D. Murphy ed., "Contemporary Practice of the United States Relating to International Law", *American Journal of International Law*, 94 (2000).

25. S. I. Strong, "Intervention and Joinder as of Right in International Arbitration: An Infringement of Individual Contract Rights or A Proper Equitable Measure?", *Vanderbilt Journal of Transnational Law*, 31 (1998).

26. Statement by Mr. L. Dolliver M. Nelson, President of the International Tribunal for the Law of the Sea on Agenda Item 52 (A) at the Plenary of the Fifty-Eighth Session of the United Nations General Assembly, 24 November 2003 (https://www.itlos.org/press-media/statements-of-the-president/statements-of-president-nelson/).

27. Editorial Comment, "The Chamizal Arbitration Award", *American Journal of International Law*, 5 (1911).

28. Tjaco T. Van den Hout, "Resolution of International Disputes: the Role of the Permanent Court of Arbitration - Reflections on the Centenary of the 1907 Convention for the Pacific Settlement of International Disputes", *Leiden Journal of International Law*, 21 (2008).

29. Valencia-Ospina, "Editorial Comment", *The Law and Practice of International Courts and Tribunals*, 1 (2002).

30. Institut de Droit International, Non-Appearance before the International Court of Justice, 31 August 1991 (https: //www. idi-iil. org/).

31. Institut de Droit International, Judicial and Arbitral Settlement of International Disputes Involving More Than Two States, 24 August 1999 (https: //www. idi-iil. org/).

32. Institut de Droit International, The Position of the International Judge, 9 September 2011 (https: //www. idi-iil. org/).

33. International Law Association, Procedure of International Courts and Tribunals, Preliminary Report, 2017 (http: //www. ila-hq. org/index. php/committees).